Aaron David Bernstein

**Die Märztage : Geschichtliche Skizze**

Aaron David Bernstein

**Die Märztage : Geschichtliche Skizze**

ISBN/EAN: 9783743653054

Hergestellt in Europa, USA, Kanada, Australien, Japan

Cover: Foto ©ninafisch / pixelio.de

Weitere Bücher finden Sie auf **www.hansebooks.com**

# Die März-Tage.

## Geschichtliche Skizze

von

## A. Bernstein.

Zweite Auflage.

Berlin.
Verlag von Franz Duncker.
1873.

# Einleitung.

Die fünfundzwanzigste Wiederkehr des großen Tages, von welchem ab ein neues, noch immer in Entwicklung begriffenes, öffentliches Volksleben in Preußen datirt, soll nicht, wie zuerst angeregt war, durch ein großartiges, öffentliches Fest der Berliner Wahlbezirke in Gemeinschaft mit den Abgeordneten gefeiert werden. Wir verstehen diesen Beschluß der Vorstände der Berliner Wahlbezirke und achten deren Motive. Wir geben zu, daß demagogische Gelüste diesem Feste einen ganz anderen Charakter beimischen könnten, als wir wünschen. Wir stellen auch nicht in Abrede, daß viele Vorgänge in den Märztagen noch der Läuterung und Abklärung bedürfen, um in öffentlichen Festlichkeiten in historischer Ruhe gewürdigt werden zu können. Wir tragen endlich auch die Zuversicht in uns, daß der Tag nicht ausbleiben wird, wo man in ungetrübterer Erinnerung den großen Umschwungstagen ihr Recht wird angedeihen lassen, und leisten im Hinblick auf die bessere Zukunft Verzicht auf großartige, öffentliche Festlichkeiten, wenngleich solche Tage erst nach den Tagen unseres Lebens eintreffen wollten.

So mögen denn die Tage des öffentlichen, nationalen Festes unsern Kindern im Genuß der Freiheit und der Wohlfahrt des Vaterlandes zu Theil werden!

Aber der edleren Pflicht können wir uns nicht entschlagen, was in den Gemüthern derer fortlebt, die in Jugendluft und Manneskraft an der großen Umschwungszeit vollsten Antheil hatten, auch der herangewachsenen Jugend in dem Lichte vorzuführen, wie es uns selbst in den trübsten und traurigsten Tagen der Reaction tröstend geleuchtet. Es ist so unendlich schwer, sich selber zurückzuversetzen in die Simplicität der vormärzlichen Zeiten, daß wir mit jedem neuen Jahr des Fortschritts an der Aufgabe verzweifeln, unsern Kindern deutlich zu machen, wie die Welt ausgesehen, als wir in unabwendbarer Erregung für ihre Erneuerung und Umgestaltung die Ruhe des bürgerlichen Lebens aufgeopfert und in den Sturm einer Revolution hinausgetreten sind. Die Errungenschaften jener großen Zeit sind so sehr zu alltäglichen Erscheinungen des öffentlichen und legalen Staatslebens geworden, daß man nur begreift, um was man gestritten und gelitten hat, wenn man sich ein Bild des Lebens vergegenwärtigt, welches ein ruhiges, loyales Volk zu einem hellaufbrausenden revolutionären Sturm aufgerufen hat.

Sind aber unsere Tage noch nicht reif und abgeklärt genug zur vollen Verherrlichung der großen Umschwungszeit in öffentlichen Festlichkeiten, so sind sie gerade sehr geeignet, das geschichtliche Verständniß jener Zeit zu fördern. Die Märztage liegen fern genug hinter uns, um ohne Scheu offen zu bekennen, was sie Unreifes, Uebereiltes und Trauriges auftauchen ließen in einem des öffentlichen Lebens völlig entfremdeten Volke. Wir dürfen uns jetzt des Bekenntnisses nicht mehr schämen, daß selbst die Bessern unter uns manchmal im edlen Eifer mit fortgerissen worden sind von den Wogen einer Straßen-Demagogie, welche in bewußtem und unbewußtem Triebe dem Princip der Revolution gehuldigt hat, auch wo es nicht mehr galt, Altes zu zerstören, sondern in Einmüthigkeit Neues aufzurichten. Aber mehr noch eignet sich die Gegenwart zum Hinweis auf jene großen Tage, weil wir jetzt in Zeiten leben, wo jeder staatliche und nationale Fortschritt, dessen wir uns erfreuen, in jenen Umschwungszeiten seine Wurzeln hat und dem Auge des unbefangenen Beobachters die Wahrheit aus der Geschichte aller Völker entgegen leuchtet, daß das vielgeschmähte Jahr 1848 das Geburtsjahr einer neuen, alles Große unserer Zeit anbahnenden, und noch immer fortwirkenden, Epoche war.

Nicht blos ein Blick auf unser engeres Vaterland Preußen erweist dies, sondern der Ausblick auf Deutschland giebt hiervon laut sprechende Kunde. Ja, weit hinaus über die Grenzen des deutschen Reiches, in allen Richtungen der Himmelsgegend erblicken wir die Früchte jenes Umschwungsjahres fort und fort gestaltend und arbeitend an dem Fortschritt des Volkslebens, des Staatswesens und des nationalen Daseins. Die Geschichte der Gegenwart hat gleich einem Weltgericht ihren Urtheilsspruch durch die Thatsache gefällt, daß, wo eine Nation in innerlicher Zerrüttung leidet, sie dies nur verschuldet in der Verleugnung der Wahrheit jener großen schöpferischen Zeit. Frankreich büßt diese Verleugnung im Elend, welches das Retterthum ihm bereitet. Oestreich ringt im schweren Kampfe, um sich aus der Epoche der hellbejubelten Reaction herauszuretten und zurückzukehren zu den Grund-Ideen, welche das vielgeschmähte Jahr 1848 ihm dargeboten. Selbst Rußland und England, unberührt vom Sturme jenes Jahres, sind von dessen Grundgedanken tief ergriffen worden und gestalten ein Volksleben auf dem Wege der Reform, deren Urquell die demokratischen Lehren des großen Umschwungstages sind. Italien und Deutschland aber stehen im Aufschwung der Geschichte, die einzig und allein in der Umschwungszeit jenes Jahres wurzelt. Wer jenes Jahr verkennt, verharrt nicht blos in Blindheit über die Vergangenheit, sondern lebt auch in der Gegenwart in geistiger Finsterniß und geht verschlossenen Blicks einer ihm unverständlichen Zukunft entgegen. —

Ein Rückblick auf jene große Zeit, auf ihre Vorgeschichte, auf ihren unabweisbaren Einbruch, auf ihren Verlauf und auf den Kampf, den wir durchlebt, heißt nicht blos die Vergangenheit beleuchten, sondern auch die Regungen der Gegenwart und die Bewegung der Zukunft ermessen. Einem solchen Rückblick sollen die folgenden Betrachtungen gewidmet sein.

## Vormärzliche Zeiten.

Das Geschlecht, welches in frischem Jugend- und reiferm Mannesalter die Bewegungen des Jahres 1848 vollführt hat, war in einem stillen und gedrückten Zeitalter aufgewachsen. Die patriotische Begeisterung der sogenannten „Freiheitskriege" in den Jahren 1813—1815 lebte wohl in den Gemüthern der Väter fort; aber die im gegenwärtigen Jahrhundert geborene Jugend wurde in Zuständen erzogen, unter welchen man die Begeisterung für ein neues deutsches Reich und ein freies Staatswesen gewaltsam niederdrückte. Die Fürsten, welche in ihren Aufrufen zur Befreiung des Vaterlandes vom französischen Joch feierlich versprochen hatten, des Volkes Freiheit und des Reiches Einheit gründen zu wollen, haben nach dem Siege über Frankreich ihr Wort nicht eingelöst, sondern im Gegentheil die Zerrissenheit des deutschen Reiches und das vollständigste Polizeiregiment in den einzelnen Staaten decretirt. Im Jahre 1819 wurde auf Antrieb Oestreichs und Preußens der Absolutismus als ein unerschütterliches System in Deutschland ausgebildet. Wer für freiere Verfassungen der Staaten und einheitliche Organisation Deutschlands schwärmte, wurde als „Demagoge" von einer direkt zu diesem Zweck eingesetzten „Untersuchungs-Commission des deutschen Bundes" eingekerkert, nach jahrelanger Haft von Sondergerichtshöfen in geheimen Verhandlungen als Hochverräther zum Tode verurtheilt und im Gnadenwege auf die Festungen geschickt. Die kleinen deutschen Staaten, welche bereits constitutionelle Verfassungen eingeführt hatten, wurden von Oestreich und Preußen angewiesen, daß sie die Veröffentlichung der Kammer-Reden nicht gestatten und überhaupt nicht zugeben dürfen, daß durch die Kammern die Rechte der Fürsten geschmälert würden. Und um das Volk zu schützen vor jedem Anhauch eines freien Geistes, der sich eine Kritik über die Handlungsweise der Regierungen erlauben könnte, wurde ein Institut anbefohlen, welches unter dem Titel „Censur" die Fessel jeder geistigen Regung bildete.

Da unser gegenwärtiges junges Geschlecht kaum eine Ahnung haben kann von dem, was „Censur" bedeutet, so mag eine leichte Skizze dieses Instituts wohl geeignet sein, den geistigen Druck zu vergegenwärtigen, unter welchem das ältere Geschlecht herangewachsen war.

In jedem Orte, wo eine Buchdruckerei existirte, wurde von der Regierung ein Beamter angestellt, dem man Alles, ohne Ausnahme, selbst Visitenkarten und Speisezettel, vorlegen mußte, was gedruckt werden sollte. Was diesem Beamten nicht gefiel, das wurde gestrichen und durfte nicht gedruckt werden. Was er zum Druck gestattete, das erhielt seine Unterschrift als Druckerlaubniß, wofür ihm redlich jedesmal auch ein Groschen, der „Censur-Groschen", gezahlt werden mußte.

Diesem Censor mußten die Correcturbogen oder die Manuscripte vierundzwanzig Stunden vor der Veröffentlichung vorgelegt werden. Da selbst städtische Angelegenheiten in den Stadtverordneten-Versammlungen nicht öffentlich verhandelt werden durften, und Staatsangelegenheiten ganz und gar zu den Dingen gehörten, welche die Beamtenwelt unter dem Siegel des Amtsgeheimnisses abzumachen hatte, da Kammerverhandlungen in den kleinen deutschen Staaten ebenfalls unter Censur gestellt waren und alle Criminal-Prozesse nur bei verschlossenen Thüren abgeurtheilt wurden, so existirte eigentlich in den wenigen privilegirten Zeitungen die Rubrik „Inland" so gut wie gar nicht, und wurde nur ausgefüllt durch die Publicationen der Behörden und durch die Veröffentlichung der Gesetze, welche die Regierung ganz allein fertig machte, ohne irgend einer Meinung des Volkes Gehör zu schenken.

Der Censor war somit der unbedingte Hüter des Geistes, der nur drucken ließ, was den Behörden keinen Anstoß gab. Selbst Theater-Kritiker mußten sich in Acht nehmen, Künstler und Künstlerinnen, die vom Hofe begünstigt wurden, einem scharfen Tadel auszusetzen. Die Fürsorge des Censor's erstreckte sich auf Verhinderung der Nennung sogenannter „schlechtgesinnter Namen". Es gab eine Zeit, wo unter dem Titel „das junge Deutschland" die Namen „Gutzkow", „Mundt", „Laube", „Wienbarg" u. s. w. gebannt waren und selbst in der harmlosesten Weise eines persönlichen Erlebnisses nicht gedruckt werden durften. Ja, auf Romane und Erzählungen erstreckte sich die Fürsorge des Censors, damit nicht hohen Behörden ein Aergerniß bereitet werde. Der gutgesinnte Volksschriftsteller Heinrich Smidt, der eine Novelle mit der Scene einleitete, worin die Fahrpost bei nächtlichem Unwetter vor dem Thor umstürzte, wurde zu einer Aenderung dieser Schilderung veranlaßt, weil der Censor erklärte, daß Se. Excellenz der General-Postmeister von Nagler sich dadurch in seiner amtlichen Würde gekränkt fühlen würde.

Im Jahr 1831 wurde wegen der herrschenden Cholera das Verbot, auf der Straße zu rauchen, in Berlin zeitweise aufgehoben, und als die Cholera Berlin verließ, wiederum in Geltung gesetzt. Diesem Verbot für die Stadt Berlin entgegenzutreten, durfte natürlich eine Zeitung nicht wagen; allein die Vossische Zeitung hatte den Muth, die Frage aufzuwerfen, ob auch im Thiergarten dieses Verbot gelten solle? Ein paar Tage hatte der Censor der Discussion über diese Frage freien Lauf gelassen; aber auch diese Discussion störte die Ruhe der Gemüther. Der Censor erhielt den Auftrag, dergleichen fortan nicht drucken zu lassen.

Im grellen Widerspruch mit dieser kindischen Bevormundung wurde die Schulpflicht der Jugend mit gewissenhafter Strenge überwacht. Es wuchs ein Volk heran, das allgemein wie nirgend lesen und schreiben konnte, und dem gute Schulbücher den Anreiz zum erweiterten Wissen gewährten; allein über seine eigenen Angelegenheiten durfte dieses Volk nichts lesen oder schreiben. Sie wurden von einem Beamtenthum besorgt, welches eine stille, schweigsame, allmächtige, actenschreibende Kaste für sich war. Daß dem Volk ein Anrecht gebühre, seine Meinung auszusprechen, das wurde wohl in den gebildetsten Kreisen tief empfunden. Man wußte auch, daß der König im Jahre 1815, in den Tagen der Gefahr — als Napoleon seinen Verbannungsort Elba verlassen hatte und plötzlich in Frankreich erschien — dem preußischen Volke feierlich die Einberufung von Reichsständen verheißen hatte. Auch der deutsche Bund hatte die Einführung ständischer Ver-

fassungen in den einzelnen Staaten in sein Programm aufgenommen. Allein diese Verheißungen blieben nicht blos unerfüllt, sondern jede Mahnung daran wurde verboten. Die
höheren Klassen der Gesellschaft blickten mit Neid auf England
und Frankreich, wo dem Volke eine Vertretung seiner Interessen gegönnt war, und trugen das absolute Regiment mit Unmuth, welches das ganze preußische Volk gleich unwissenden
Kindern unter die Vormundschaft einer allmächtigen Bureaukratie stellte. Im Volke selber lebte nur ein dunkeles Gefühl
über diese unwürdigen Zustände, das aber grade deshalb, wie
wir weiterhin sehen werden, ein plötzliches Erwachen zu einer
schweren Katastrophe gestaltete.

## Vormärzliche Politik.

Die erbärmliche Art der Ueberwachung und Bevormundung
wurde, wie gesagt, vom gebildeteren Theil des preußischen Volkes
am schmerzlichsten empfunden. Preußen hatte in den Unglücksjahren der französischen Oberherrschaft gewaltige Fort-
schritte in seiner Gesetzgebung gemacht. Diese Gesetzgebung
hatte durchweg den demokratischen Charakter, der gleiche Rechte
und gleiche Pflichten für Alle dekretirte, die Vorrechte des Adels
beseitigte, die Abhängigkeit des Bauernstandes aufhob und das
„Staatsbürgerthum" an die Stelle der „Unterthanenschaft" setzte.
Die Städte-Ordnung, die Gewerbefreiheit, die Gesinde-Ord-
nung, alles war auf das Ziel hin gerichtet, das Volk aus dem
dumpfen Joch des Unterthanenwesens zu befreien und ihm die
Kraft einzuhauchen, die Fremdherrschaft von sich abzuwälzen. —
In der That war es das preußische Volk, welches zuerst den
Impuls zu dem großen Befreiungskriege gab und in dieser
Befreiung auch zugleich die Aussicht auf ein freies, modernes
Staatswesen bejubelte, das ganz Deutschland umfassen sollte.
Auch die Männer, welche in den unglücklichsten Zeiten an der
Spitze Preußens standen, waren voll von diesen edlen Hoff-

nungen. Stein, Boyen, Wilhelm von Humboldt, Hardenberg, Altenstein waren Namen, auf welche man mit Vertrauen blickte und den Einsichtsvollsten die Gewähr gaben, daß die von der Franzosenherrschaft befreite Nation zu einer auch im Innern freien Nation werden würde.

Als aber kurze Zeit nach den Befreiungskriegen gerade das Gegentheil eintrat, als die freisinnigen Minister entlassen, die Universitäten unter Kuratel der Bundes-Aufsicht gestellt, die verheißenen Reichsstände nicht einberufen wurden, als die treuesten Vaterlandsfreunde, die das Volk für den Befreiungskampf vorbereitet und begeistert hatten, als „Demagogen" behandelt, in den Kerkern der geheimen Bundes-Kommission schmachteten und die Presse einer unglaublich jammervollen Willkür erbärmlicher Censoren Preis gegeben wurde, da bemächtigte sich der tiefste Unmuth aller wahren Freunde eines freien Staatswesens. Dieser Unmuth wuchs zur peinlichsten Erbitterung empor, je klarer es den Einsichtigen wurde, daß Preußen, welches sich an die Spitze eines verjüngten Deutschland stellen sollte, nunmehr im Schlepptau Oestreichs gefangen war, welches in der Unterdrückung der deutschen Nation nur seinen Zweck, die Unterdrückung seiner buntzusammengewürfelten Nationalitäten verfolgte.

Eine natürliche Consequenz dieses kläglichen Zustandes war es, daß jeder Freidenkende den Blick auf das Ausland gerichtet hielt. Da Alles, was die Heimat betraf, unter dem Siegel der bürcaukratischen Verschwiegenheit gefesselt lag, wendete sich die Aufmerksamkeit all' dem zu, was in Frankreich und England vorging. Zwar sorgte die Censur auch dafür, daß nicht allzuviel davon bekannt wurde, was vom Staatsleben jener Länder in den Volksvertretungen derselben zur Sprache kam. Allein selbst das Wenige, was die Censur nicht unterdrücken konnte, war hinlänglich, die gedrückten Gemüther auf's Höchste zu interessiren. Französische und englische Zeitungen waren daher die politische Nahrung der Gebildeten. Während man kurz nach den Befreiungskriegen mit Verachtung auf Frankreich blickte, fing man jetzt an, die dortigen Zustände zu beneiden. Der Bann, welcher auf der Heimat lastete, führte dahin, daß man mit Begeisterung die Talente anstaunte, welche sich in den öffentlichen Debatten der französischen Volksvertretung hören ließen.

Bis zum Jahre 1830 waren es nur zwei Gesetze, welche in Preußen eine gewisse politische Bedeutung erlangt hatten. Das eine Gesetz vom 17. Januar 1820 stellte die existirenden Staatsschulden auf die Summe von 180 Millionen Thaler fest und bestimmte ausdrücklich, daß diese Schulden regelrecht abgezahlt und nicht vermehrt werden sollen durch neue Anleihen. Wenn jedoch die Umstände eine neue Anleihe nöthig machen sollten, so soll eine solche nur aufgenommen werden dürfen mit Genehmigung von einberufenen „Reichsständen". — Obwohl nun diese längst verheißenen Reichsstände anscheinend nur als Nothbehelf für wünschenswerthe Anleihen in diesem Gesetze erwähnt wurden, so erblickte man darin doch immerhin eine Spur von Hoffnung, daß man die Verheißung nicht für alle Ewigkeit verleugnen wolle. — Das zweite Gesetz jedoch zeigte die reaktionäre Verkümmerung dieser schwachen Hoffnung. Es erschien im Jahre 1823 und sprach aus, daß der König in „landesväterlicher Huld" das Versprechen der ständischen Verfassung zu erfüllen entschlossen sei durch die Bildung von „Provinzialständen". Diese Stände sollen bestehen aus reichsunmittelbaren Fürsten, aus Vertretern der Ritterschaft, aus Vertretern der Bürger in den Städten und aus Vertretern der nicht ritterlichen Gutsbesitzer, Erbpächter und Bauern. — Diese „Stände", die jede Provinz für sich erhalten, deren Stimme gehört werden solle in allen Fällen, wo das Interesse der Provinz es erfordere, und denen auch das Recht verliehen wurde Petitionen an den König zu richten, so weit sie die Provinz betreffen, durften natürlich nicht öffentliche Berathungen halten. Was sich von ihren Berathungen für die öffentliche Kenntniß eignete, das wurde von dem königlichen Commissarius derselben bestimmt. Reden wurden natürlich nicht mitgetheilt, sondern nur die Resultate der Abstimmungen. Wenn irgend eine Ansicht dennoch in dem Referate vorgeführt werden mußte, so durfte der Name des Vertreters nicht genannt werden, damit das Volk nicht etwa an solchen Namen besondere Hoffnungen auf parlamentarische Oeffentlichkeit knüpfe.

In dieser Schöpfung von Provinzialständen sollte man das landesväterliche Versprechen von Reichsständen als erfüllt ansehen! Eine Mahnung an das Versprechen, welches in ganz anderem Geiste im Gesetz vom 22. Mai 1815 gelautet, wurde als eine „Anmaßung" abgewiesen, die sich ein „Unterthan" gegenüber der Weisheit der Majestät nicht dürfe zu Schulden kommen lassen. Unter solchen Zuständen vegetirte das politische Leben in Preußen nur im stillen Unmuth aller Gebildeten fort, welche den Druck des Geistes in tiefer Bekümmerniß trugen. Man nannte das System, nach seinem geistigen Urheber, das System Metternich, der im Interesse Oestreichs den deutschen Bund zu einer bloßen Polizei-Anstalt machte, um den Geist der Nation niederzudrücken. Censur und politische Verfolgungen sorgten auch dafür, daß aus den Mittelstaaten Deutschlands, wo Kammern existirten kein freies Wort ins Volk bringe. Der Schmerz, daß Preußen im Schlepptau des östreichischen Interesses seine eigne Aufgabe in Deutschland ganz verkenne, wurde nur in vertrautesten Kreisen laut. In diesen Kreisen befestigte sich denn auch die Ueberzeugung, daß eine Aenderung der Zustände nicht aus innerer Entwickelung, sondern nur aus einer von außen her wiederum einbrechenden Erschütterung hervorgehen könnte. Der Blick auf das Ausland und namentlich an den Zustand Frankreichs wurde dadurch nur noch geschärft.

Da trat denn im Jahre 1830 wirklich eine Katastrophe in Frankreich ein, welche Hoffnungen in Deutschland aufregte und mindestens auf kurze Zeit die Dumpfheit des politischen Daseins auch in Preußen verscheuchte.

## Die Wirkung der Juli-Revolution.

Der tiefe Unmuth, mit welchem die gebildeteren Volksklassen die schmähliche Polizeiwirthschaft des deutschen Bundes trugen, wurde durch die glücklichen Erfolge der Juli-Revolution des Jahres 1830 in Frankreich zu einem hellen Sturm in allen Kleinstaaten Deutschlands angefacht. Frankreich verjagte den absolutistischen König Karl X., weil er durch Ordonanzen die Freiheit der Presse zu vernichten versuchte. Nach wenig Tagen eines siegreichen Kampfes setzte das freie Volk den Orleanisten Ludwig Philipp auf den Thron, der feierlich verhieß, die Freiheit zu schützen und die Verfassung zur Wahrheit werden zu lassen. Die siegreiche Revolution, welche die Fürsten vermeinten im Jahre 1815 für immer vernichtet zu haben, riß mit Sturmesgewalt die Gemüther aller Freiheitliebenden hin. Alle Völker, die sich tief verletzt fühlten durch die Willkür der Kabinetspolitik und die Zustände, welche im Jahre 1815 geschaffen wurden, faßten Muth, um gleich Frankreich die Fesseln zu sprengen. Das von Pfaffen und Despoten geknebelte Spanien, das von östreichischer Reaktion geknechtete und zerrissene Italien, das von Holland ausgesogene Belgien und das von Rußland mißregierte Polen erhoben sich nach und nach in Befreiungskämpfen. Auch in Deutschland wollte man das Joch des Bundes nicht mehr tragen. In Baden, in Würtemberg, in Baiern, in Sachsen, in Kurhessen, in Hannover und in Braunschweig erhob sich ein Volkssturm gegen die Verkümmerung der Landesverfassungen und forderte höhere ständische Rechte, freiere Verfassungen und Beseitigung der Censurschranken. Der Eindruck der siegreichen Revolution in Frankreich und ihr Einfluß auf die Völker ringsumher war mächtig genug, um den Bund zeitweise zu lähmen. Auch Oestreich und Preußen wagten es nicht, dem Sturm der öffentlichen Meinung sofort einen Damm entgegenzusetzen, und so erhob sich denn auch ein freier Luftzug des Volksbewußtseins in den vorgeschrittensten Provinzen des preußischen Staates. Allein das Volk selbst im Ganzen und Großen war und blieb auch in dieser Epoche noch zu tief in dem naiven Wesen des väterlichen Absolutismus versunken. Die exakte Verwaltung, die gewissenhafte Rechtspflege, die rationelle Gewerbefreiheit, die Vortheile der Zollvereinsbestrebungen, die Sparsamkeit des Staatshaushalts, die Mäßigkeit der Steuern, die Ehrlichkeit des Beamtenthums, die gute Schulverwaltung, das mäßig freisinnige

Kirchenregiment und vor allem die Achtung vor dem König, der in den Unglücksjahren mit dem Volke gelitten und nach dem großen Siege ein bescheidenes, still bürgerliches Leben führte, — all' das bewirkte eine kindliche Zufriedenheit mit dem patriarchalischen Regiment des Absolutismus und ließ den Wunsch nach politischer Freiheit nur in Denjenigen aufkommen, deren erweiterter Einblick in die Weltlage erkannte, daß ein in Bildung und Gesittung heranwachsendes Volk wie das preußische nicht auf die Dauer regiert werden kann gleich den sklavischen Russen und halbcivilisirten Oestreichern.

Die Juli-Revolution in Frankreich blieb demnach ohne direkten Einfluß auf Preußen. Als Ludwig Philipp die Revolution gebändigt hatte und sich eifrig um die Sympathien der Fürsten bemühte, schöpfte der deutsche Bund auch wieder Athem und bildete, wiederum von Oestreich und Preußen geleitet, sein Unterdrückungssystem nur noch schärfer aus. Die Presse, die in den kleinen deutschen Staaten zeitweise ihre Freiheit in mißliebiger Weise gebraucht hatte, wurde wiederum bundesmäßig geknebelt. Die Liberalen wurden von der auf's neue in Thätigkeit gesetzten Untersuchungs-Kommission in verstärktem Grade als Demagogen, Landesverräther, Hochverräther, Majestätsbeleidiger in die Kerker gesteckt. Universitäts-Lehrer und Studenten wurden der strengeren Bewachung überwiesen, und auf die jammervollsten Denunziationen hin in die Gefängnisse gesteckt. Die Zahl dieser Leidenden, sämmtlich der gebildetsten Gesellschaft angehörend, die der grausigen Willkür der Untersuchungshaft noch lange Jahre ausgesetzt waren, beläuft sich auf fast neunzehnhundert meist junge Menschen, deren Unglück viel Trauer in die besten und bravsten Familie brachte.

Die Heimlichkeit des ganzen Verfolgungssystems und der Bann, welchen die verstärkte Zensur der Presse auferlegte, verhüllte all' die Vorgänge dem Auge des Volkes. So ging benn diese Epoche scheinbar ohne weitere Folge am preußischen Volke vorüber. Nur Eine Errungenschaft datirt von dieser Zeit her, die hervorgehoben zu werden verdient, weil wir sie nunmehr verloren haben und wiederum werden erringen müssen. Es ist dies die zweijährige Dienstzeit, welche man einführte, nachdem der Staatsschatz durch eine Mobilmachung erschöpft war. Da man laut dem Gesetz von 1820 die Steuern nicht erhöhen, Anleihen nicht aufnehmen durfte ohne Einberufung von Reichsständen, so entschloß sich der König zur Einführung der zweijährigen Dienstzeit, um nur nicht in die Lage versetzt zu werden, eine wirkliche Landesvertretung ins Leben rufen zu müssen.

Wie sehr man sich aber auch einbildete, dem natürlichen Entwickelungsgang des Volkslebens einen Damm von Maßregelungen entgegen setzen zu können, so sehr drang gleichwohl ein freieres politisches Bewußtsein in immer weitere Schichten des Volkes ein. Der Verfassungsbruch, welchen der König von Hannover, Ernst August, vollführte, regte die Gemüther von ganz Deutschland auf und weckte die allgemeinste Theilnahme für sieben Professoren der Universität Göttingen, welche dem Gewaltstreich nicht durch die geforderte Eides-Leistung huldigen wollten. Der deutsche Bund, der die Verfassung vor solchem Einbruch hätte schützen sollen, zog sich die vollste Verachtung der Nation durch seine Inkompetenz-Erklärung zu. Als sich die Stadtverordneten in Elbing an den König Friedrich Wilhelm III. mit der Bitte wandten, das Recht der Hannoveraner vertreten zu wollen, erhielten sie den abweisenden Bescheid, daß sie in ihrem „beschränkten Unterthanen-Verstand" sich nicht anmaßen sollen, in dergleichen Angelegenheiten ein Urtheil zu äußern. Diese Charakterisirung des „Unterthanen-Verstandes" im Gegensatz zu der allmächtigen Regierungsweisheit drang in erbitternder Weise tief in alle Gemüther ein. Dies Wort blieb unvergessen in den kommenden Zeiten, wo ein unglaublich beschränkter Regierungsverstand in greller Weise an den Tag trat. Vorerst freilich siegte die Reaktion und die Unterdrückung jeder öffentlichen Meinung; aber die Epoche der Juli-Revolution war gleichwohl der erste Bruch im System der heiligen Allianz, die man in Deutschland bitter haßte und deren Unterdrückungskunst nur noch mächtiger darauf hinwirkte, daß man den Blick auf das öffentliche Leben Frankreichs gerichtet hielt und von dort her jede Regung eines freien Volkslebens zu empfangen geneigt ward.

## Das Erwachen eines öffentlichen Geistes.

Der tiefe Abscheu des Königs Friedrich Wilhelm III. vor jeder Aeußerung einer öffentlichen Meinung war in dem von ihm wirklich gehegten Glauben begründet, daß „Unterthanen" keine Einsicht in die höhere Aufgabe des Staatswesens haben können, und daß wenn Jemand ausnahmsweise in einer Angelegenheit etwas Gutes und Förderliches zu sagen weiß, er dies den betreffenden Regierungen anvertrauen möge.

So kümmerlich diese Anschauung war und so wenig sie dem Zustand der allgemeinen Bildung entsprach, so sehr verdient es doch hervorgehoben zu werden, daß der König dem Beamtenthum eine unbefangene Prüfung der Ansichten in allen Staatsangelegenheiten einschärfte und in den geheimnißvollen Acten der Behörden jeder freien Meinung die vollste Aussprache gönnte, wodurch sich denn in der That ein gewisser Beamten-Liberalismus entwickelte, der später von großer Bedeutung ward. Eine liberale Verwaltung sollte Ersatz bieten für die schwere Einschränkung jeder öffentlichen Discussion.

Gleichwohl wurden die letzten Lebensjahre des Königs von Ereignissen bewegt, welche gar mächtig an dem patriarchalischen System rüttelten.

In Königsberg machte ein wunderlicher Mysticismus in höheren Gesellschaftskreisen gewaltiges Aufsehen und führte zu einer weitläufigen Untersuchung, welche unter dem Titel „Mucker-Proceß" ungeheure Aufregung erzeugte. — Je beschränkter die Presse in Preußen war, desto fleißiger wurden heimlich verbotene Schriften verbreitet, welche in den Kleinstaaten trotz der vorschriftsmäßigen Censur gedruckt wurden. Hamburg und Leipzig wetteiferten in Veröffentlichung von Broschüren und Büchern, welche preußische Zustände möglichst schwarz schilderten. Börne's Briefe aus Paris, welche die deutsche Misere mit unbeschränkter Bitterkeit aufdeckten, wurden mit wahrem Enthusiasmus gelesen. Das Verbot ähnlicher Schriften, die in der Schweiz erschienen, erhöhte nur den Reiz der heimlichen Verbreitung. Sie gingen von Hand zu Hand und wurden auch von liberalen Beamten mit größtem Beifall genossen.

Im Jahre 1837 begann auch das in Deutschland eindringende Eisenbahnwesen das Bewußtsein der bürgerlichen Gesellschaft und das Selbstvertrauen zu ihrer Thätigkeit zu heben. Die Regierung legte dem Entstehen von Eisenbahnen freilich schwere Hindernisse in den Weg, und namentlich war es der Minister und der General-Postmeister v. Nagler, der jedem Plane dieser Art einen Widerstand entgegenstellte und die Post für das befriedigendste Beförderungsmittel des Verkehrs erklärte. Als jedoch die Bahn zwischen Leipzig und Dresden gewaltigen Anklang fand, entschloß man sich auch in Preußen, dem Streben der Neuzeit Zugeständnisse zu machen. In einem Staate, wo bisher das Beamtenthum einzig und allein für fähig gehalten wurde, etwas zu schaffen, zu organisiren und regelrecht zu verwalten, verursachte die Entstehung der Eisenbahnen, welche „Unterthanen" bauen und dirigiren, einen starken Aufschwung des Selbstbewußtseins. Der günstige Erfolg dieser Unternehmungen unter alleiniger Leitung von Privat-Personen war ein gewaltiger Widerspruch gegen die officielle Theorie vom beschränkten Unterthanen-Verstand.

Zu all' dem trat nun noch ein sehr erbitterter Kampf zwischen der absolutistischen Regierung und der katholischen Kirche, der wie immer zur Folge hatte, daß beide Feinde der öffentlichen Meinung sich genöthigt sahen, auf das Volksbewußtsein zu speculiren.

Der Streit entspann sich wegen des von dem Erzbischof in Köln erlassenen Verbots, Misch-Ehen zwischen Katholiken und Protestanten kirchlich einzusegnen, wenn die Brautleute nicht feierlich geloben, die Kinder dieser Ehe in der katholischen Religion zu erziehen. Dies Verbot war gegen die Staatsgesetze, welche bestimmten, daß hierin die freie Uebereinstimmung der Eltern nicht beschränkt werden dürfe und wo diese Uebereinstimmung nicht vorhanden ist, die Kinder in der Religion des Vaters erzogen werden sollen. Der Papst hatte freilich diese Grundsätze des Staates niemals acceptirt; allein das Herkommen hatte eine milde Praxis in der katholischen Geistlichkeit zur Geltung gebracht und die Streitigkeiten gemieden. Der im Jahre 1835 verstorbene Erzbischof von Köln, der Graf Spiegel, war ein aufgeklärter, weltgebildeter Mann, der den Geistlichen jeden Conflict untersagte. Sein Nachfolger, Freiherr von Droste, versprach zwar vor Antritt seines Amtes, die Weise seines Vorgängers gleichfalls beobachten zu wollen und überhaupt die Landesgesetze zu respektiren. Kaum jedoch hatte dieser fanatische Anhänger des römischen Kirchenregiments sein Amt angetreten, als er sein Wort brach und mit herausfordernder Offenheit erklärte, durch sein Versprechen sich nicht gebunden zu fühlen, weil es den Grundsätzen der Kirche widerspreche und die „Religionsfreiheit" ihm durch Verträge verbürgt sei. Zugleich mit dieser Erklärung, welche der Geistlichkeit vorschrieb, nur der „Kirche" zu gehorchen, verfolgte der Erzbischof die katholischen Professoren der Universität Bonn, welche einen gewissen aufgeklärten Katholicismus lehrten. Die Schüler derselben wurden wegen „Ketzerei" nicht angestellt und der strenggläubige Katholicismus, der nicht durch Philosophie gestützt sein will, für allein berechtigt zum Amte erklärt.

Bei der Scheu des Königs vor jeder öffentlichen Verhandlung wurden Anfangs die allerheimlichsten Verständigungen mit dem starren Erzbischof versucht. Als diese zu keinem Resultate führten, schritt die absolutistische Regierung ganz in ihrer Weise zu Gewaltmitteln. In der Nacht vom 27. November 1837 wurde der Erzbischof sammt seinem Kaplan Michaelis verhaftet und nach der Festung Minden abgeführt, um den geistigen Widerstand durch Gewaltmaßregeln zu brechen.

Die Aufregung, welche dieser Act erzeugte, war um so ungeheurer, je überraschender er kam. Die katholische Geistlichkeit fanatisirte die Menge, um den Held des Glaubens, den leidenden Märtyrer der Kirche zu glorificiren. Sie rief die „öffentliche Meinung" zum Schutz der Glaubensfreiheit der Katholiken auf. Die Regierung, überrascht von dieser auflodernden Agitation, war nun trotz ihrer Scheu vor aller Oeffentlichkeit gleichfalls zu einer Appellation an die verhaßte öffentliche Meinung genöthigt. Die verachteten Zeitungen wurden zum Beistand aufgerufen. Beamte, die sonst die Heimlichkeit der Bureaukratie für das einzige Palladium des geordneten Staatswesens erklärten, fanden sich veranlaßt, die Heimlichkeit zu verlassen und an die Oeffentlichkeit zu treten. Die Regierung machte die erschreckende Wahrnehmung, daß die von ihr stets verfolgte öffentliche Meinung aus liberalem Trieb ihre Gewaltmaßregel nicht billigte. Das Beispiel der Rheinprovinz zündete, durch fanatische Agitation angeschürt, auch in den Provinzen Posen und Schlesien. Der Erzbischof von Posen, Dunin, folgte dem Beispiel des heiligen Märtyrers von Köln und die Regierung war der Consequenz halber genöthigt, auch diesem die Ehre der Verhaftung zu gönnen. Er wurde gefangen nach Berlin und später nach Kolberg abgeführt. In Schlesien waltete zwar der aufgeklärte und hochgebildete Fürstbischof Graf von Sedlnitzky im milden Geiste der Versöhnung und der Achtung vor den Staatsgesetzen; allein die Geistlichkeit wurde dermaßen von den Jesuiten aufgewiegelt, daß der Fürstbischof ohnmächtig gegen den Fanatismus blieb. Der Ehrenmann mußte später sein Amt niederlegen und trat offen als Feind des Ultramontanismus auf.

Die verachtete „Oeffentlichkeit" erhielt aber noch in dem nächsten Jahre einen neuen Impuls des Aufstrebens. Der Frieden in Europa wurde plötzlich bedroht. Die Türkei und Egypten geriethen in Streit und Frankreich schien entschlossen, die Unabhängigkeit Egyptens durch einen Krieg zu unterstützen. Das öffentliche Leben in Frankreich erhielt durch die Ernennung des liberalen Thiers zum Minister einen gewaltigen Aufschwung. Preußen sah mit Schrecken einer Kriegs-Möglichkeit entgegen wo die Rheingrenze der Schwerpunkt des Kampfes werden konnte. Das Rhein-Gelüste ließ sich in Frankreich offen hören, wogegen ein sehr mittelmäßiges politisches Gedicht von Nikolaus Becker „Sie sollen ihn nicht haben" in Deutschland mit vollstem Enthusiasmus aufgenommen wurde. — Und Preußen? Ein politisches Lied!? ein volksaufregendes Lied? Die allmächtige Censur wußte nicht, wo ihr der Kopf stehe! Soll man's verbieten, soll man's gestatten, oder gar begünstigen? Das war die große Frage, welche die Regierungsweisheit im höchsten Grade in Verwirrung setzte! Die verachtete, öffentliche.

Meinung des beschränkten Unterthanen-Verstandes aber hatte selber ohne zu fragen entschieden. Das Lied wurde in den Theatern und auf den Straßen gesungen, ehe noch die Weisheit der Cabinette es auszuklügeln vermochte, ob es staatsgefährlich sei oder nicht. Die politische Gefahr ging zwar bald vorüber. Das Ministerium Thiers verschwand wieder von der Bühne, aber in Preußen blieb als Bodensatz der politischen Katastrophe Europa's das Bewußtsein zurück, daß es ein unerträglicher Frevel sei, eine Nation so kindisch zu behandeln, wie es der väterliche Absolutismus that.

Der König verblieb freilich bei seinem System der heimlichsten Bevormundung. Das vierhundertjährige Fest der Erfindung der Buchdruckerei durfte in Preußen während der Lebzeiten Friedrich Wilhelm III. nicht gefeiert werden, und wurde erst nachträglich unter der Regierung des neuen Königs begangen. Der alte König starb am 7. Juni 1840. Der Thronwechsel ward naturgemäß zu einem höchst aufregenden Systemwechsel.

---

## Der Kampf mit dem Unterthanen-Verstand.

In conservativen Kreisen herrscht noch heutigen Tages der Wahn, daß die Stimme des Volkes, die sogenannte, öffentliche Meinung, dem Staatswesen eine unklare, hin- und herschwankende, ewig wechselnde und Alles vernichtende Bewegung verleihen würde, während das Königthum das feste Fundament sei, worauf der Staatsbau sicher ruhe und geborgen vor den Stürmen der Tagesmeinungen einen Schutz aller dauernden Volksinteressen bilde.

Wenn es irgend einen Staat giebt, dessen Geschichte diesen Wahn zerstört, so ist es gerade der unserige. Das Volk in seinem Wollen und Meinen ist nach Maßgabe seiner wachsenden Bildung freilich fortgeschritten, aber es läßt sich nicht verkennen, daß dieser Fortschritt nicht ein Schwanken nach verschiedenen Systemen, sondern ein consequenter nach einer und derselben Richtung ist, wie sie vor hundert Jahren der Geist Friedrichs des Großen ihm angewiesen. Das Königthum dagegen zeigt uns fast durchgehend mit jedem Thronwechsel einen Systemwechsel und ein Schwanken des Staatsbaues, das schon öfter hätte Zerrüttungen zur Folge gehabt, wenn nicht der gesunde Unterbau des Volkslebens ein festes Fundament des Staates wäre.

Am schärfsten zeigte sich diese Erscheinung beim Thronwechsel des Jahres 1840.

An die Stelle des schweigenden, jede Oeffentlichkeit ängstlich meidenden Königs trat Friedrich Wilhelm IV. eine neue, im höchsten Grade imponirende Erscheinung, als redender, die Oeffentlichkeit suchender König auf. Der prosaische, trockene Verstand des militärisch-bureaukratisch-geschulten Vorgängers wurde abgelöst durch ein hochpoetisches, schwungvolles Naturell von künstlerischem Zuge in Wort und Wesen. Reich an Geist, vielseitig im Wissen, selbst der seltensten Fächer, beweglichen Gemüthes, begeistert für alles Schöne und muthvoll genug, um das zeitherige System in seinen Mängeln zu erkennen, stand der neue König in den Augen aller Hoffenden als ein Ideal da, an welches man die kühnsten Erwartungen einer Neugestaltung nicht blos Preußens, sondern auch Deutschlands knüpfen konnte.

Das Volk jubelte dem König entgegen. Die Bureaukratie war dermaßen erschrocken, daß sie kaum ihren actenreichen Mechanismus in Bewegung zu halten wußte. Die Zeitungen, die nicht einmal das Buchdrucker-Jubiläum hatten besprechen dürfen, traten jetzt mit Reden des Königs, mit seinen freien Aeußerungen gegenüber den Deputationen auf und knüpften Betrachtungen daran, welche nahezu wie „Leitartikel" aussahen. Die Censoren wußten nicht, wie ihnen der Kopf steht, und kamen heimlich zu den von ihnen sonst gemaßregelten Literaten auf das Zimmer, um zu hören, was denn da aus der Welt werden solle, wenn das so fortgeht! Ein Strom heller Freude ging durch das Land, als man öffentlich gedruckt zu lesen bekam, wie der König den Minister Kamptz, den eigentlichen Verfolger aller eingekerkerten Demagogen, abweisend behandelt habe. Eine Amnestie wurde in Aussicht gestellt und auch decretirt, durch welche die Festungen entleert wurden von all' den Unglücklichen, die Jahre lang unter den Quälereien Zschoppe's und Dambach's und unter dem Militärbefehl der Festungs-Commandanten gelitten hatten. Der edle Ernst Moritz Arndt wurde von dem Bann erlöst und wieder in sein Amt als Professor der Universität Bonn eingesetzt. Auch das Turnen, das als „Demagogie" streng verboten war, sollte wieder gestattet und der Turnvater Jahn zu Ehren gebracht werden. Alexander von Humboldt wurde an den Hof berufen und lebte in nächster Umgebung des Monarchen. Die Zeitungen — man bedenke wohl, was das damals bedeutete — die Zeitungen durften mittheilen, daß Humboldt dem Könige gesagt, es sei im Volke der Glaube verbreitet, daß fortan der Adel begünstigt werden solle, und der König darauf erwidert habe: „Als Kronprinz war ich der erste Edelmann, als König werde ich der erste Bürger sein!"

Auch später, als bereits trübe Wolken um all' die schönen Hoffnungen auftauchten, erregte die Berufung von Boyen und Schön, zweier Männer, deren freie Gesinnung man hochschätzte, freudige Aussichten. Der Grundgedanke aller freieren Volksmänner Preußens aus den Jahren des Befreiungskrieges, der Grundgedanke, daß Preußen an die Spitze Deutschlands treten solle, fand frischen Anklang in diesen Berufungen. Auch Eichhorn gehörte einst zu diesen ehedem freien Geistern, wenngleich man seine Vorliebe für einen religiösen Mysticismus mißbilligte. Jetzt, wo er zum Minister der geistlichen Angelegenheiten berufen wurde, knüpfte man politisch freudige Hoffnungen daran, an welchen ganz Deutschland Theil nahm.

Den Conflict, den der König von seinem Vorgänger zwischen Staat und Kirche überkommen, sah man freilich in einer Weise schnell gelöst, die wohlbegründete Bedenken für die Zukunft erregte; gleichwohl konnte man es nur billigen, daß die Kerker der Erzbischöfe schnell geöffnet und die Gewaltthätereien des Absolutismus beseitigt wurden. Man hoffte! und wie stets die Hoffnung, erblickte man seine Wünsche der Erfüllung nahe.

Um so schwerer jedoch machte sich nach und nach die Kehrseite des Bildes geltend.

Der stumme, schweigende, bureaukratische Absolutismus war eine dem Volke durchweg widerstrebende Regierungsmethode; aber das Beamtenthum war von einem gewissen Rationalismus durchtränkt. Die Bureaukratie hat etwas Demokratisches an sich und widerstrebt dem Wesen der discretionären Gewalt der Feudalen, die im persönlichen Regiment wurzelt. Sie steht den Liberalen und den Feudalen gleich feindlich gegenüber. Ihr prosaischer Verstand, ihr praktischer Blick fand es nun bald heraus, daß das neue Regiment trotz aller erregten Hoffnungen nicht zu Gunsten der Liberalen, sondern zu Gunsten der Feudalen ausfallen werde.

Dieser bedenkliche Zug des neuen Regiments sollte sich nur gar zu bald offenbaren.

Auf Wunsch des Königs wurde eine Huldigungsfeierlichkeit in der alten Krönungsstadt Königsberg veranstaltet, zu welchem Zweck die „Stände" der Provinz Preußen einberufen wurden, um daselbst ihre Gerechtsame vor der Huldigung zu wahren. Dieser Act war an sich schon eine romantische Idee, die auf der mittelalterlichen Vorstellung fußte, daß nicht Landesgesetze die Rechte des Königs und des Volkes verbürgen, sondern daß Vertrags-Abkommen, Gelöbnisse zwischen huldigenden Ständen und mit Gnaden von Seiten des Königs den Ständen gewährten Rechten den Pact bei jeder Krönung neu schließen. Die Formalität der Huldigungsfeierlichkeit konnte nur einen natürlichen, praktischen Sinn haben, wenn der König wirklich die Absicht hegte, dem Lande neue Rechte zu gewähren. Und welche andere Rechte konnten da wohl gemeint sein, als die constitutionellen Verheißungen vom 22. Mai 1815, welche die Einberufung von allgemeinen Reichsständen versprochen hatten, denen ein Votum zustehen sollte in Gesetzgebung und Besteuerung!?

In dieser Hoffnung auf einen constitutionellen Verfassungszustand wurde das Prachtgepränge der Huldigung als ein freudiges Schauspiel aufgenommen. Der König hielt am 29. August 1840 seinen Einzug in die Krönungsstadt, welche sich herrlich zu dem Feste schmückte. Der Huldigungslandtag wurde zum 5. September einberufen und der wackere Oberpräsident v. Schön eröffnete denselben. Da verbreitete sich die Nachricht, daß der Landtag, auf Antrag des Mitgliedes Heinrich aus Königsberg, beschlossen habe, den König um Anerkennung der Verheißung vom 22. Mai 1815 zu bitten, und zu ersuchen, eine Commission zu ernennen, welche die Ausarbeitung einer Verfassungs-Urkunde dieses Sinnes übernehmen solle.

Der Nachricht wurde nicht widersprochen. Es wurde auch von Seiten des Königs nicht versucht, diesem Verlangen der Stände ein Schweigen aufzulegen. Am 9. September wurden dem Könige drei Denkschriften der Stände überreicht, worunter auch die Forderung nach Reichsständen enthalten war. Die Antwort des Königs am darauf folgenden Krönungstage, wiederum mündlich ertheilt, war ungemein huldvoll. Die Forderung wurde weder bewilligt noch abgelehnt, sondern auf das Vertrauen verwiesen, welches die Stände zu seinen Absichten hegen dürfen!

Der Jubel, der sich hierauf erhob, wurde indessen gar bald durch eine Bekanntmachung gedämpft, welche auf Befehl des Königs veröffentlicht wurde. Die Bekanntmachung besagte, daß sie dem Irrthum entgegentreten wolle, als ob der König die Absicht habe, die Forderung von Reichsständen zu bewilligen! Unterzeichnet war diese Bekanntmachung von dem Minister von Rochow, dem Erfinder des „beschränkten Unterthanen-Verstandes", aus guter, alter, bureaukratisch-absolutistischer Zeit!

Von hier ab beginnt denn auch eigentlich der Kampf des sogenannten „Unterthanen-Verstandes", der nicht abließ, bis die Märztage ihn zur Entscheidung brachten.

## Die kämpfenden Principien.

Der Kampf, welcher die ganze Regierungszeit Friedrich Wilhelm IV. einnimmt, kann nur richtig aufgefaßt werden, wenn man sich klar macht, daß hier nicht, wie man gewöhnlich meint, zwei Principien gegeneinander um den Sieg rangen, sondern daß hier drei Principien in den Kampfplatz eintraten, und zwar drei Principien, von welchen immer je zwei dem dritten den Sieg streitig zu machen suchten.

Der König, die Bureaukratie und das Volksbewußtsein bildeten die Repräsentanten dieses denkwürdigen Kampfes. Der König, erfüllt von dem Ideal eines persönlichen Regimentes, das wir noch näher bezeichnen werden, war ein entschiedener Gegner der trockenen, prosaischen, actenschreibenden Bureaukratie. In dieser Gegnerschaft stand ihm das Volksbewußtsein ganz und gar zur Seite und bejubelte jeden königlichen öffentlichen Rede-Act, der die bureaukratischen Schranken mit Zertrümmerung bedrohte.

Die Bureaukratie, in schweigender Regierungs-Arbeit erzogen, war im höchsten Grade beängstigt von all' den öffentlichen Rede-Acten des Königs, die unausgesetzt eine Durchbrechung des alten Zustandes und eine Neugestaltung des Staatswesens verkündeten, aus welcher die praktische Bureaukratie nichts zu machen wußte. In diesem stillen Widerstand gegen die unpraktische Theorie des persönlichen Regiments fühlte sich das Volksbewußtsein gar oftmals zur Seite des altpreußischen Beamtenthums hingeneigt.

Das Volksbewußtsein, in der Zeit des schweigenden Regiments einzig und allein auf die moderne Form des öffentlichen Constitutionalismus hingewiesen, fühlte die Gegnerschaft der beiden ihm widerstrebenden Principien und suchte bald Schutz gegen das persönliche Regiment hinter der Actenmauer der Bureaukratie, bald gegen die bureaukratische Allmacht hinter den zu einer Neugestaltung herausfordernden Reden des nach einem persönlichen Regiment hinstrebenden Königs.

In der Mechanik des Himmels, in der rechnenden Astronomie giebt es eine ungelöste Aufgabe, welche man das „Problem der drei Körper" nennt, worin jeder Körper in seiner Anziehungskraft von zwei anderen gestört wird. Die Regierungs-Epoche Friedrich Wilhelm IV. war solch ein Problem der drei Körper auf politischem Gebiet. Es war und blieb unlösbar, so ernstlich auch der Wille Aller war, eine Lösung zu suchen.

Was als entschiedene Forderung im Volksbewußtsein lebte, war klar genug. Man wollte nicht wie Oestreich und Rußland regiert sein, sondern forderte ein constitutionelles, öffentliches Staatsleben, wie es in England und Frankreich an der Tagesordnung war. Das preußische Volk war nicht revolutionär. Es war der Dynastie — und mit Recht — zugethan, die thatsächlich den preußischen Staat geschaffen und durch Rechtsinstitutionen und Volksunterricht fest gegründet hatte. Man fühlte sich im Volke und namentlich in den höher gebildeten Schichten reif für ein öffentliches verfassungsmäßiges Regiment, und war tief empört über die Verdächtigung eines nach Unruhe und Revolution geneigten Sinnes. Durch die Verheißung von Reichsständen in dem Gesetz vom 22. Mai 1815 befand man sich in dieser Forderung auf einem ganz loyalen Rechtsboden und empfand jede Verdrehung, Ableugnung und Verkümmerung derselben als einen starren Eigensinn. Der deutsche Bund war verhaßt in seiner reinen polizeimäßigen Thätigkeit, die nichts als ein Hemmniß für die Nation war. Das preußische Volk konnte es nicht ertragen, unwürdiger behandelt zu werden, nicht blos wie England und Frankreich, Spanien und Portugal, sondern auch unmündiger als die kleinen deutschen Mittelstaaten Sachsen, Hannover, Baiern, Würtemberg und Baden, wo doch mindestens Volksvertretungen mit gesetzgeberischen Befugnissen existirten. Man begriff es sehr wohl, weshalb das leibeigene Rußland und das von uncivilisirten Nationalitäten zerrissene Oestreich nur absolutistisch regiert werden könne. Weshalb das preußische, durch die Reformgesetze Stein's und Hardenberg's herangebildete, loyale Volk in den Fesseln Metternich's und in dem System des absolutistischen Nikolaus schmachten müsse, begriff kein Freund des gesunden Geistes in Preußen. Je mehr der König von Fortschritt, von Neugestaltung redete und „Vertrauen" forderte, desto unbegreiflicher wurde er, wenn er gegen Einberufung von Reichsständen eiferte und durchaus ein revolutionäres, böswilliges, auf Zerstörung sinnendes Verlangen darin erblickte.

Die Bureaukratie, die in ihrer Weise ein großes Verdienst um die Exactität des Staatsdienstes hatte, war in stiller Verzweiflung sowohl wegen der ewigen Reden des Königs, der zur Oeffentlichkeit anreizte, wie wegen der Volksforderungen, welche nach Zertrümmerung des bureaukratischen Wesens schmachteten.

Der König aber — hatte in seiner Seele sich ein ganz anderes Ideal ausgebildet. Ein künstlerisches Naturell, ein glaubensvolles Gemüth, getragen von dem Bewußtsein des Gottesgnadenthums, und von der Idee beherrscht, ein System schaffen zu können, wo „freie Fürsten und freie Völker" einander in ihrer Aufgabe stützten und belebten, war mit allem, was die Wirklichkeit bot, unzufrieden. Zu hochgebildet, um ein nackter Absolutist zu sein, und zu eigenwillig, um sich in die bescheidene Rolle eines constitutionellen Königs zurechtzufinden, wollte er durchaus schöpferisch wirken und ein Ideal ausgestalten, das eine romantische Phantasie ihm als das Schöne, Gute und Wahre erscheinen ließ.

Das Ideal des Königs war kein Gebilde einer bloßen subjectiven Willkür, sondern das Product einer Zeit, wo sehr viele Gemüther und selbst hochbegabte Naturen von einem romantischen Zuge ergriffen waren. Der außerordentlich rege und gewandte Geist des Königs empfing nämlich seine Ausbildung in den Jahren nach den Befreiungskriegen, wo eine tiefe Unzufriedenheit viele Gemüther ergriff und sie zurückführte zu Gebilden der Vorzeit, die der großen Aufklärungs-Epoche Europa's vorangegangen waren. Friedrich der Große und Joseph der Zweite waren Erscheinungen der Aufklärungs-Epoche, in welcher der Bruch mit dem Mittelalter sich zu vollziehen strebte. Da kam der gewaltige Revolutionssturm von Frankreich her und zeigte in grellen, blutigen Thaten die Folgen eines solchen Bruches. Nachdem die Kriege Europa's mit ihrem Blute die furchtbaren Thaten der Revolution fortgeschwemmt und der längst ersehnte Frieden eine Ruhe dem völlig erschöpften Europa dargeboten, kehrten sich die bewegtesten Gemüther mit Entsetzen von der Aufklärungsepoche ab und wendeten sich in romantischer Empfindung dem Mittelalter zu. Es waren nicht unbedeutende Persönlichkeiten, welche sich dem Katholizismus in voller Begeisterung zuwendeten. Die deutsche Literatur wurde dem Geiste Lessing's, Herder's, Goethe's und Schiller's untreu und schwelgte in romantischen Idealen deutscher Ritterthümlichkeit und mystischer Christlichkeit. In dieser Zeitrichtung wurde der Geist Friedrich Wilhelm IV. herangebildet, im vollen Gegensatz zu der toleranten Büreaukraten-Epoche, welche von dem regierenden Vater als die einzige Form der Erhaltung des praktischen, preußischen Staatswesens gepflegt wurde. Die romantische Epoche wurde in der deutschen Nation schnell überwunden, aber sie blieb in dem Gemüth des Kronprinzen haften, der seine künstlerische Neigung darin befriedigt fand. Als er den Thron seines Vaters betrat, fand er eine wohlgeschulte, fertige Bureaukratie vor, die ihm in ihrer halbaufklärenden Bevormundung im tiefsten Wesen widerstrebte, und stand einem Volke gegenüber, das einen sehr prosaischen Rechtsboden zur Geltung bringen wollte, der die natürliche, dem König sehr widerstrebende Konsequenz der Aufklärung war. Ein romantisches Staatssystem schaffen war hier eine unausführbare Aufgabe.

Sehen wir uns dieses romantische System und dessen unüberwindlichen Kämpfe mit der Wirklichkeit näher an, so werden wir erkennen, wie dies nur in eine von Niemand beabsichtigte Revolution auslaufen konnte.

## Das Ideal des Königs und der erwachende Widerstand.

In der Seele des Königs lebte als Ideal eines monarchischen Zustandes das Abbild eines himmlischen Regimentes. Der Monarch von Gottes Gnaden trägt die Krone zu Lehen und regiert auf Erden unter dem Bewußtsein, nur vor Gott verantwortlich zu sein für sein Regiment. Wie man zu Gott nur beten kann, aber nichts von ihm zu fordern hat, so soll auch das Volk wohl Wünsche gegenüber dem Monarchen äußern dürfen, allein kein Recht zugesichert erhalten, auf Grund dessen er Etwas fordern darf. Freilich ist der Monarch nicht allwissend wie Gott und darum ist er außer Stande zu verhüten, daß seine Beamten in seinem Namen Unrecht thun und ihre Willkür walten lassen. Deßhalb soll sich der König mit Männern umgeben, welche, eben so wie er, durchdrungen sind von der Ueberzeugung, daß alles irdische Regiment ein Abglanz des himmlischen sein müsse. Diese christliche Ueberzeugung sei das erste Erforderniß eines gewissenhaft geführten Amtes und stehe höher als die zur Ueberhebung anreizende Geistesfähigkeit eines Beamten.

Als Stütze des Thrones und als Gehilfen im Regiment, als Vorbilder des Gehorsams und erhabene Beispiele von Unterthanen-Glück, müsse sich der Monarch umgeben mit einem Kreise von Autoritäten, die in richtiger Stufenfolge von der Höhe des Thrones hinab leiten bis zum niedrigsten Unterthan. Kirchenfürsten, weltliche Fürsten, Grafen, Ritter müssen jeder nach der Stufenfolge seines Standes nach unten hin regieren und zugleich die Freude des Gehorsams nach oben hin bekunden. Auch dem Gelehrten- und dem Künstlerstand soll ein Ehrenplatz am Thron gesichert sein und das Regiment überwiesen werden über die Jünger der Wissenschaft und der Kunst. Dem Bürgerstande sollen seine Ehren gegönnt sein, und er gleichfalls ein Regiment üben über Gilden, Gewerbe, Handwerksmeister, Gesellen und Lehrburschen. Ganz besonders aber soll der Bauernstand wohlerhalten bleiben und es soll sowohl durch Erbregulirungen wie durch Verkaufsbeschränkungen verhütet werden, daß ein Bauerngut in kleinere Güter zertheilt werde. Die Bauernschaft als der unterthanenreichste Stand sollte eben so gut wie der höchste Stand den Schutz seines Bestehens in der neuen Ordnung finden, und nicht minder in seinem Kreise zum Regiment berufen sein über die ihm unterworfenen Knechte und Mägde, zu welchem Zweck freilich eine neue Gesinde-Ordnung geschaffen werden mußte.

Der Monarch von Gottes Gnaden, in solcher Weise von Ständen umgeben, soll wohl von Zeit zu Zeit den einen oder den anderen Stand aufrufen, damit er ausspreche, ob und was er wohl noch wünsche. Hören solle der Monarch Alles und besonders auch die Stimme „der gesinnungsvollen Opposition"; aber frei wie jeder Unterthan in seinem ihm von Gott zugewiesenen Kreise soll auch der Monarch auf seinem Throne sein. Er soll in Freiheit, nur im Aufblick auf Gott, prüfen und entscheiden! Er soll in keinem Falle zugeben, daß etwa ein schriftliches Dokument, eine sogenannte Verfassung seine Freiheit fessele und ihn zwinge, Stände und deren Repräsentanten zusammenzuberufen, wenn er es nicht für nöthig oder rathsam findet.

Diesem politischen System, das dem Könige als Ideal vorschwebte, stand die Wirklichkeit schroff entgegen. Die Gesetze der Reformzeit unter Stein und Hardenberg hatten die ehemaligen ständischen Unterschiede bereits aufgehoben und an die Stelle derselben das Staatsbürgerthum allgemeinen Charakters gesetzt. Das Princip der Gleichheit in Recht und Pflicht hatte das ganze Volksleben bereits durchdrungen. Dieses Gleichheitsgefühl war um so volksthümlicher als thatsächlich aus demselben jener herrliche Kriegsmuth entsprungen war, der Preußen rettete und ihm im Befreiungskriege eine Ehrenstellung in Europa wiedergab, die es unter dem alten Regiment des ständischen Wesens eingebüßt hatte. Die Gesetze aus der guten Reformzeit wurden zwar in einzelnen Punkten nicht ausgeführt. Es genossen noch die Rittergüter das Vorrecht der Grundsteuerbefreiung, der gutsherrlichen Gerichtsbarkeit und der Polizei; aber diese Vorrechte waren nicht mehr persönlicher Natur, sondern mit dem Besitz der Rittergüter verbunden, deren Ankauf auch Nichtadeligen gestattet war. Fürsten, Grafen, Ritter, Bürger, Bauern, das waren seit einem Menschenalter nur hergebrachte Bezeichnungen, die ihren wesentlichen Sinn längst eingebüßt hatten. Die Scheidewände zwischen diesen sogenannten Ständen waren längst durchbrochen, und mußten erst wieder neu geschaffen werden, wenn man daraus einen vielgliedrigen Organismus hätte machen wollen. Das Regieren nach unten und der Gehorsam nach oben, was jeder Stand fortan in seinem Kreise darthun sollte, war ein völlig unverständlich gewordenes System, nachdem faktisch die Staatsordnung auf dem Princip der Gesetzesautorität beruhte, welche von dem Beamtenthum gewahrt wurde. Dem Ideal des Königs stand die Städte-Ordnung, die Gewerbefreiheit, die Gesinde-Ordnung entgegen, deren Durchführung, aber nicht deren Durchlöcherung man zu wünschen hatte. Vor Allem aber widerstrebte der Gedanke dem Volke, daß man die Mängel des bureaukratischen Systems heilen wolle durch einen Schritt ins Mittelalter, wo die diskretionäre Gewalt der Stände eine allgemeine Knechtung herbeigeführt hatte.

Wie ernstlich aber der König dieses ideal-romantische System auszuführen gedachte, das zeigte er bereits in den ersten Monaten seiner Regierung. Der Huldigungsact war an sich schon ein Zugeständniß an diese Romantik. Der König ließ dem Huldigungslandtag aber noch gar die Frage vorlegen: ob und welche Privilegien er noch etwa bestätigt haben will? ob er nach altem Recht 12 Mitglieder der Ostpreußischen Ritterschaft wählen wolle, welche bei der Huldigung den Herren-Stand vertreten sollen? — Der Landtag begriff diese Frage gar nicht! „Privilegien?" „Herrenstand?" das waren ihm fern liegende Erinnerungen an untergegangene Zeiten. Er verneinte diese romantische Frage und forderte mit 89 gegen 5 Stimmen die Einberufung von Reichsständen. Dieses Verhalten der Stände hätte doch wohl genügend zum Beweise dienen können, daß selbst in den Klassen der ehemals Bevorrechteten, das Ideal des Mittelalters nicht mehr einen Boden in der Wirklichkeit habe. Der König jedoch war so durchdrungen von seinem Ideal, daß er den Huldigungstag in Königsberg zum Geburtstag eines in Preußen ganz neuen Adels machte. Nach diesem neuen Ideal sollte der Adelstitel nicht auf alle Kinder des Geadelten übergehen, sondern — gleichwie in England — nur auf denjenigen Erben, der das Grundeigenthum des väterlichen Besitzes inne hat. Diese Neuschöpfung trat so überraschend in die Welt, daß die damit beglückten Väter im höchsten Grade bestürzt waren über die Gunst des Königs, der tief in das Erbrecht ihrer Kinder eingriff. Die Folge hiervon war, daß bereits wenige Wochen nach dem Geburtstag dieses neuen Adels, eine Modification stattfinden mußte, welche die Neuschöpfung wesentlich abmilderte.

Noch vor Ablauf des ersten Regierungs-Jahres 1840 machte die Berufung zweier Männer in den Staatsdienst einen tief verstimmenden Eindruck auf die einsichtsvollsten Kreise des Volkes. Stahl und Hassenpflug wurden herbeigeholt. Stahl, bereits damals bekannt als Feind jeder Wissenschaft, die nicht umkehren will, wurde bei seinem ersten Auftreten in der Universität mit offenkundigen Zeichen des Mißfallens begrüßt. Hassenpflugs Berufung als Mitglied des Ober-Tribunals wurde im Volke sofort als ein Hohn auf die Unabhängigkeit des Richterstandes aufgefaßt. Man verbreitete damals von Hand zu Hand ein heimlich gedrucktes Lied, welches als Parodie des bekannten Rheinliedes mit den Versen anhob:

„Wir wollen ihn nicht haben
Den Herrn von Haß und Fluch."

Da auch die Berufung eines Schriftstellers Namens Zinkeisen zum Redacteur der Staatszeitung als Zeichen des Rückschritts aufgenommen wurde, lief das Wortspiel von Mund zu Mund, der Freiheitsthron des hoffnungsreichen Monarchen sei umgeben von Haß und Fluch und Stahl und Zink und Eisen.

Die Verstimmung wuchs nun immer mehr und mehr Sie wurde mit jedem neuen Jahr durch immer weitere Entwicklung des Ideals des Königs neu angefacht, welches ebenso dem praktischen Wesen des Staates und dem prosaischen Sinn des Volkes widerstrebte.

## Wie die Mißstimmung tiefer ins Volk eingreift.

Im nüchternen, modernen Berlin erregte das poetische, mittelalterliche Ideal des Königs sehr schnell Mißtrauen. Berlin war wohl geneigt, den Liebhabereien des Königs entgegen zu kommen und gelegentlich auch in einer mittelalterlichen Maskerade einmal eine Rolle zu übernehmen. Obwohl die Gewerbefreiheit all den alten Gilden-Kram, Zünfte-Schmuck und Gewerks-Pomp längst in die Rumpelkammer abgethaner Dinge gedrängt hatte, war Berlin dennoch dem König zu Liebe ganz gilde-, zunft- und gewerksmäßig herausgeputzt bei der Einholung. Ja, man ging in der Freude, nunmehr ein Stück öffentliches Leben auf der Straße genießen zu können, was in den Tagen des verstorbenen Königs schwer vergönnt war, sogar so weit auf die mittelalterliche Liebhaberei ein, daß man jedem prächtig geschmückten Festzuge eines Gewerkes zwei als Schalksnarren bunt gekleidete Seiltänzer voraufmarschiren ließ, welche Purzelbäume zur Belustigung schossen und Fähnchen zwischen den Beinen hindurch in die Luft warfen und wieder auffingen. — Als man jedoch nach all' dem hochpoetischen Mummenschanz auch Thaten sehen wollte, da wurde Berlin mehr als nüchtern, es wurde tief mißtrauisch in seinem Unmuth und sagte mit einer Bestimmtheit den Einbruch einer trüben Reactions-Epoche voraus, die mancher Wohlwollende nicht früher glauben mochte, als bis er sie mit Entsetzen verwirklicht sah.

Zunächst freilich war Mißtrauen und Unmuth nur in der höheren Klasse der Gesellschaft verbreitet. Was wir jetzt „Volk" nennen, existirte damals noch gar nicht als Factor der öffentlichen Meinung. Woher sollte auch in einem Staate, wo der Censor alles Gedruckte vor der Veröffentlichung prüfte und zu streichen berechtigt war, das „Volk" im jetzigen Sinne des Wortes etwas davon wissen, was man von Stahl, von Haffenpflug und ihresgleichen zu erwarten habe? Nur in den Klassen der Gelehrten, in den Kreisen der höheren Beamten, in den Gesellschaften der Gebildeten und in den Conditoreien und Lesecabinetten der Literaten verstand man die kommenden Anzeichen. Die höhere Bureaukratie war ganz besonders in Verzweiflung. „Wir gerathen in den schlimmsten Zustand!" klagte ein durchaus nicht freisinniger Ministerial-Beamter seinem vertrauten Freunde: „charakterlose Phantasterei kann der Staat des alten Fritz nicht vertragen."

Das herbe Urtheil war nur zu sehr berechtigt. Die Gebrüder Grimm wurden als Mitglieder der Akademie mit bedeutendem Gehalt nach Berlin berufen, und doch blieb Rochow, der gerade wegen der Theilnahme der Elbinger für die göttinger Professoren die Theorie vom „beschränkten Unterthanen-Verstand" erfunden hatte, als Minister des Königs im Amte! Humboldt wird Mitglied des Staatsraths; aber auch zugleich die Herren Kleist und Uhden. Der freisinnige wackere Boyen wird berufen, aber zugleich wird General v. Thile Kabinetsminister. Es gab nicht wenig Gemüther, die solche Widersprüche als glückliche Ausgleiche der kämpfenden Principien ansahen und darin das große Regierungs-Genie des Monarchen erblicken wollten. Die Praktiker des alten Systems und die Anhänger der modernen Anschauung sahen schärfer und charakterisirten den Zustand richtiger. In's Volk aber fing der Unmuth erst an einzudringen, als sich das Ideal des Königs auf religiösem Gebiet zu verwirklichen strebte und hier ein Kampf entzündet wurde, woran sich Jedermann betheiligt fühlte.

In gebildeten Kreisen der Gesellschaft wußte man längst, daß in der Wilhelmstraße ein Klub der Frommen existirte, der in der Stille des bureaukratisch-rationalistischen Regiments unter Friedrich Wilhelm III. nach einer Verherrlichung des christlich germanischen Staates seufzte. Diesem Klub war die Union der lutherischen und reformirten Kirche ein freventlicher Eingriff, der dem wahren Lutherthum Abbruch thue. Der Staat war ihm zu ungläubig. Das allgemeine preußische Landrecht wurde ein „gottloses Werk" genannt, das in den Irrthümern der Aufklärungszeit entstanden sei. Ganz besonderes Aergerniß nahm dieser fromme Klub an den Gesetzen des allgemeinen Landrechts über die Ehescheidung. Die Ehescheidung — das hat ja der Herr im Evangelio offenbart — sei nur wegen der Herzenshärtigkeit gestattet worden, und sie dürfe nur stattfinden wegen ehelicher Untreue und böswilliger Verlassung. Das Landrecht aber gestattet die Ehescheidung aus sehr mannigfachen Gründen und die Gerichte sind genöthigt, Ehen aufzulösen, welche nach der heiligen Schrift nicht gelöst werden dürfen. Da müsse denn die Geistlichkeit, wenn sie wahrhaft christlich sein wolle, dagegen Front machen und jedenfalls ihrerseits die Einsegnung der Ehe eines geschiedenen Gatten nur vornehmen, wenn die Ehescheidung durch biblische Motive gerechtfertigt wäre.

So lange Friedrich Wilhelm III. lebte, wagte nur Ein Geistlicher dem frommen Impulse der Wilhelmstraße zu willfahren; er wurde jedoch von dem damaligen Consistorium entschieden mit seinen biblischen Bedenken abgewiesen und ihm der Befehl ertheilt, jede Ehescheidung anzuerkennen, welche richterlich vollzogen worden ist. Im neuen Regiment sollte es jedoch bald anders kommen.

Der Wilhelmstraßen-Club, das wußte man, stand bei Lebzeiten Friedrich Wilhelm III. unter der Protection des Kronprinzen. Man hatte also Ursache aufzumerken, welchen Charakter die Regierung annehmen werde, nachdem der Prinz den Thron des Vaters bestiegen. Die Berufung von Stahl und Hassenpflug, Kleist und Thile waren bedenkliche Vorzeichen. Die Nachfolge blieb denn auch nicht aus. Noch vor Ablauf des ersten Regierungsjahres wurde es bekannt, daß die Herren Göschel und Götze den Auftrag erhalten haben, ein neues Ehescheidungsgesetz unter Beihilfe der evangelischen Bischöfe und General-Superintendenten zu entwerfen, ein Ehescheidungsgesetz, welches den Aergernissen des Landrechtes Abhilfe schaffen solle.

Zur näheren Beleuchtung dieses Bestrebens kamen noch

Umstände, die in den Augen aller Denkenden tiefere Besorgnisse auftauchen ließen.

Daß der König die katholischen Erzbischöfe gleich nach seinem Regierungs-Antritt aus den Gefängnissen entließ, nahm man als kluge und gerechte Maßregel mit Beifall auf. Die Erfahrung hat es oft genug gelehrt und wird es auch fortan erweisen, daß bureaukratische Gewaltstreiche ganz unglückselige Folgen nach sich ziehen und dem katholischen Klerus in all' seinen Verfinsterungsplänen nur Vorschub leisten. Aber es geschah von Friedrich Wilhelm IV. viel mehr als gut war. Der König setzte einen Werth darin, seinen Regierungs-Antritt allen katholischen Bischöfen in einem eigenhändigen Schreiben anzuzeigen, als ob sie Mächte wären, bei welchen neue Souveräne sich durch formale Anzeigen zu beglaubigen hätten! Die befreiten Erzbischöfe wurden auch als Märtyrer durch Demonstrationen der katholischen Bevölkerung öffentlich gefeiert und verherrlicht, als ob sie erhabene Triumphe des Glaubens über den Unglauben erfochten hätten. Die gutgesinnte Vermuthung, daß die Erzbischöfe nunmehr den Staatsgesetzen nicht den Respekt versagen werden, erwies sich als thörichter Irrthum. Sie wurden in ihrem Widerstand nur desto hartnäckiger und bereiteten sich vor, ein Schauspiel aufzuführen, welches beweisen sollte, welche Macht der Klerus noch über das Volk habe! Dieses Schauspiel, welches der Bischof Arnoldi in Trier später mit der Ausstellung des heiligen Rocks auch richtig in Scene setzte, war in der That ein Schlag ins Gesicht des rationellen Staatswesens, welches unter Friedrich Wilhelm III. dergleichen Wallfahrten nicht gestattet hatte. Der neue König weihte aber sein Regiment nicht blos durch Beseitigung jedes polizeilichen Hindernisses solcher Demonstrationen ein, sondern durch sehr bedenkliche Erlasse, an deren Folgen wir noch heutigen Tages zu tragen haben. Am Neujahrstage wurde der katholische Klerus mit dem Geschenk des ganz freien Verkehrs mit Rom erfreut! Bald darauf wurden auch die Beschränkungen aufgehoben, welche bis dahin der Anstellung solcher katholischen Geistlichen in den Weg standen, die in Rom im Collegium der Jesuiten ihre Weihe empfangen hatten. Sodann wurde eine besondere Abtheilung im geistlichen Ministerium zur Bearbeitung der katholischen Angelegenheiten unter einem katholischen Director errichtet. Eine Ministerial-Verfügung machte auch bald bekannt, daß ein katholischer Geistlicher, der durch rechtskräftiges Erkenntniß seines Amtes entsetzt worden ist, nicht wegen Lesens einer einfachen, oder sogenannten stillen Messe zur Untersuchung gezogen werden solle! — Die neue Regierung störte durch all' das nicht blos die Maßnahmen der vorhergehenden, sondern schob auch dem Klerus gegenüber die richterlichen Entscheidungen und die Bestimmungen des Landrechts bei Seite. Die protestantische Geistlichkeit, die bisher den Respect vor den Staatsgesetzen bewahrte, wurde durch fromme Agitation angereizt, den „Gottlosigkeiten des Landrechts" einen Widerstand entgegenzusetzen. Die Schaffung eines neuen Ehestandsgesetzes hatte daher den Charakter einer wohlorganisirten Umkehr, wie wir sie auch später wirklich zu kosten bekommen haben.

All' dies fing nun auch an in den tiefern Schichten der Bevölkerung richtig begriffen zu werden und die Verstimmung wurde so allgemein, daß der Staatsanzeiger bereits im Januar 1841 zur Beruhigung des Volkes officiell zu erklären sich veranlaßt sah, wie das Gerücht ganz unbegründet sei, daß ein Religions-Edikt in Kurzem erscheinen solle, worin eine strenge Kirchendisciplin, Anordnungen über die Sonntagsfeier und über den regelmäßigen Kirchenbesuch der Staatsdiener und Beamten enthalten sein werden.

Daß man sechs Monate nach dem bejubelten Regierungsantritt dergleichen zur Beruhigung dem Volke sagen mußte, damit bewies man nur, wie gerechtfertigt die tiefe Mißstimmung war.

## Wie der Kampf nach und nach persönlich wird.

Die officielle Versicherung, daß der König kein Religions-Edict erlassen werde, regte natürlich die Gemüther mehr auf als alle umlaufenden Gerüchte. Sie zwang den heimlich circulirenden Befürchtungen den Charakter einer öffentlichen Angelegenheit auf, die das ganze Volk zu interessiren anfing. Es steigerte sich aber noch die Aufregung, als man im Laufe der nächsten Monate erfuhr, daß der König beschlossen habe, im Verein mit England, ein Bisthum in Jerusalem zu errichten und zu diesem heiligen Zweck eine Summe von funfzehntausend Pfund ausgesetzt habe.

Ein Bisthum in Jerusalem? Der nüchterne Verstand des preußischen Volkes konnte den hohen Sinn dieses Entschlusses gar nicht fassen. Auch die evangelischen Geistlichen lernten erst nach und nach den Plan kennen, womit sie beglückt werden sollten. Die englische Hochkirche, in ihrer imposanten Macht und Pracht, in ihrer politischen Bedeutung, in ihren gewaltigen Pfründen, in ihren überreichen Ceremonien, in ihrer alttestamentarischen Sabbat-Heiligung und ihrem überreich mit Psalmen und Responsorien gesegneten Cultus, diese Hochkirche schwebte dem König als Ideal vor. Er sendete Geistliche nach England, um die dortigen Zustände zu studiren, die ihm für Preußen sehr wünschenswerth erschienen. Aber noch mehr machte dem Könige der Umstand viele Sorge, daß vor dreihundert Jahren der Protestantismus in Preußen nicht ein reformatorisches Werk der berechtigten, geweihten Kirchenfürsten, sondern ein revolutionärer Act des Volkes, ein Bruch mit der Tradition gewesen ist, daß hiernach der protestantischen Kirche die rechte Weihe fehle, welche in ununterbrochener Reihe von den Aposteln her der päpstlichen Kirche eine so hohe Bedeutung gäbe. In diesem Punkte erfreute sich England des großen Segens, daß wirkliche, katholische, geweihte Bischöfe zum Protestantismus übergegangen und dadurch im Stande waren, ihren Nachfolgern bis auf den heutigen Tag die richtige Weihe zu verleihen. Solchem Mangel der preußischen Staatskirche sollte der von Preußen dotirte Bischof in Jerusalem abhelfen. „Von Zion sollte die Lehre ausgehen und Gottes Wort aus Jerusalem." Das Vaterland sollte, nach dreihundertjährigem Mißstand, durch wirkliche, in Jerusalem geweihte Bischöfe beglückt werden!

Es gehörte eine stärkere Portion Phantasie, als sie das nüchterne Preußen jemals besessen hatte, dazu, um solche Pläne zu würdigen. Selbst eine Synode in Berlin gab unzweideutig zu erkennen, daß sie für dieses Glück kein Verständniß habe. Vergeblich bemühte sich der Minister Eichhorn, diesen bevorstehenden Segen den protestantischen Geistlichen deutlich zu machen. Das alte phantasielose Beamtenthum jammerte im Stillen über diese Bestrebungen und klagte die neue Umgebung des Königs, die ehemaligen Mitglieder des Wilhelmstraßen-Clubs an, eine tiefe, ganz aussichtslose Zerrüttung herbeizuführen. Zu all' dem kam noch Hengstenberg's und seiner Genossen jetzt offen auftretende Agitation gegen die Union, die einen stürmischen Unmuth unter den Geistlichen erzeugte. Die Berufung des orthodoxen Hävernick an die Universität Königsberg steigerte die Mißstimmung und führte Scenen herbei, welche in der bis dahin so still und schweigsam regierten Staatsmaschine einen offenen, höchst aufregenden Kampf zeigten.

Vorerst war es eine kleine Schrift unter dem Titel: „Vier Fragen, beantwortet von einem Ostpreußen", welche wie ein Lichtstrahl in dunkler Nacht wirkte. Die Schrift war durchweg loyal gehalten. Sie zeigte in unwiderleglicher Schärfe, daß die Provinzialstände verpflichtet seien, die Einberufung von Reichsständen zu fordern, und erregte durch ihren klassischen Styl wie durch ihre scharfe Gesetzeskenntniß ganz ungeheures Aufsehen. Der Verfasser hatte sich nicht genannt. Man rieth auf die verschiedensten Persönlichkeiten aus den Kreisen der freisinnigen Beamten. Die Aufmerksamkeit auf diese Schrift wurde noch verstärkt durch die Nachricht, daß der König darin Majestätsbeleidigung und Hochverrath erblicke. Da nannte sich ein bis dahin unbekannter Mann, Dr. Johann Jacoby in Königsberg, dem Könige selber als Verfasser — und die Folge war, daß der König die Einleitung einer Criminal-Untersuchung gegen den Verfasser befahl, wodurch naturgemäß die Aufmerksamkeit auf die Schrift nur gesteigert wurde.

Selbstverständlich brach der politische Streit dadurch nur noch entschiedener aus. Magistrat und Stadtverordnete der Stadt Breslau forderten nunmehr gleichfalls die Einberufung von Reichsständen auf Grund der Verheißungen vom Jahre 1815. Der König, erzürnt über diese ihre Befugnisse überschreitende Forderung, ließ durch den Oberpräsidenten erklären, daß er bei seiner bevorstehenden Reise durch Schlesien weder eine feierliche Einholung, noch irgend ein Fest von der Stadt Breslau annehmen wolle, weil sie offene Opposition treibe. Die Stadtverordneten erklärten in einer sehr loyal gehaltenen Adresse an den König, daß sie ein verfassungs- und gesetzmäßig ihnen zustehendes Recht ausgeübt hätten. Eine Neuwahl der Stadtverordneten fiel ganz zu Gunsten der bisherigen Majorität aus und steigerte damit nur noch den offenen Conflict. Zwar wurde dieser wieder durch eine Loyalitäts-Erklärung der Stadtbehörden vorläufig ausgeglichen und der König entschloß sich, die Festlichkeiten in Breslau anzunehmen; aber in einer Rede, die er daselbst hielt, entzündete er wiederum den Streit durch die Erklärung, wie eine fünfundzwanzigjährige Erfahrung ihm gezeigt, **daß Reichsstände unzweckmäßig seien und keine Macht der Erde solle ihm dergleichen abzwingen!**

Der Druck, der hiernach auf jeder Aeußerung hierüber in Preußen lastete, führte es herbei, daß in auswärtigen Zeitungen und Broschüren der Kampf desto rücksichtsloser aufgenommen wurde. Beschlagnahmen und Verbote reizten die Neugier nur desto mehr und der gesteigerte Verkehr durch die Eisenbahnen machte die Reisenden zu Verbreitern verbotener Schriften, die fleißig von Hand zu Hand gingen. „Lichtfreunde" in religiöser und Verfassungsfreunde in politischer Beziehung wuchsen in solchem Grade an, daß die inländische Censur weder ein noch aus wußte, wie sie diesem Strome entgegenwirken soll. Dieses Gewirre von Maßnahmen und politischem Drängen, das allenthalben den Streit anfachte, wurde noch verwickelter durch viele einander widersprechende Pläne und Aeußerungen, die bald Hoffnungen auf bessere Zustände erweckten, bald niederschlagend bekundeten, daß eine natürliche Verständigung zwischen Regierung und Volk nicht in Aussicht stehe. Der Widerstand gegen die Intentionen des Königs wurde nicht gemäßigt, sondern verstärkt durch jedes Zugeständniß, welches er der öffentlichen Meinung zu machen versuchte. Eine etwas „freiere" Censur — was konnte die anderes bewirken als eine freiere Aussprache der Volks-Forderungen? Aufhebung der Bilder-Censur — was anders konnte die Folge sein, als Verbreitung von Carricaturen politischen Sinnes, die man mit Leidenschaft weiter trug, bis die „Freiheit" wieder aufgehoben wurde? Die Provinzial-Stände, so kümmerlich deren Zusammensetzung war, wurden hingerissen von der Ueberzeugung, daß es so nicht fortgehen könne. Die Universitäten vermochten nicht dem Unwillen gegen die Fömmeleien Eichhorns zu widerstehen und geriethen in Discussionen mit ihm, die einen grellen Charakter der Opposition annahmen. Ja, was den Mißstand noch steigerte, das war der Impuls des Königs persönlich in solche Streitigkeiten einzutreten und durch Reden verfänglicher Natur den Widerstand gegen sich selber herauszufordern.

Ein charakteristisches Beispiel dieser Art führen wir in nachstehender Scene vor, welche in Königsberg spielte.

Der König, von einer Reise nach Petersburg heimkehrend, traf am 20. Juli 1841 in Königsberg ein, wo die Professoren der Universität sich ihm vorstellten. Die Berufung des orthodoxen Hävernick an die Universität hatte einen Streit zwischen dieser und dem Minister Eichhorn entzündet. Der König nahm gradezu den Streit in Person auf und sprach sich hierüber in aufgeregtester Weise dahin aus, daß die Beschwerden gegen Eichhorn eigentlich gegen ihn, den König gerichtet seien; denn in seinem Namen habe der Minister Eichhorn den Professor Hävernick berufen und in sein Amt eingesetzt. Der Minister Eichhorn sei ein „Ehrenmann", so sehr ihn auch das junge Deutschland für einen „Mucker und Pietisten" verschreien möge. „Ich versichere es Ihnen auf mein Ehrenwort, der Minister Eichhorn ist ein Ehrenmann und was er verfügt, hat ganz und gar meinen Beifall." Was die Beschwerde über den Professor Hävernick betreffe, so nähme dieselbe Bezug auf die angebliche Denunciation gegen die Professoren Gesenius und Wegscheider. Er habe die Sache untersuchen lassen, sie verhalte sich nicht so wie man in Königsberg meinte. Aber wäre sie auch wahr, „wer von uns, meine Herren, kann in seine Jugendzeit zurückblicken, ohne ähnliche Verstöße, vielleicht noch größere zu finden?"

Ferner hätten sie sich beschwert, der Professor Hävernick sei dem evangelischen Glauben zu sehr zugethan: „Ich muß Ihnen aber sagen, daß auch ich diesem Glauben ganz und gar zugethan bin. Ich bin durch viele Irrsale in diesem Leben gegangen und dennoch zu diesem Glauben wieder zurückgekehrt, fühle mich darin glücklich und stolz, und so lange ich das Heft der Regierung in dieser meiner Hand halte, werde ich diesen Glauben mit meiner ganzen Macht zu schützen wissen". Dann tadelte er in harten Ausdrücken die Universität wegen der falschen Nachsicht, die sie den Studirenden bei ihrer Opposition gegen Hävernick erwiesen, und schloß in leidenschaftlicher Erregtheit mit den Worten: „Uebrigens verdrießt mich die Sache so, daß ich sicher das Rektorat dieser Universität niedergelegt hätte, wenn mich nicht noch so manche angenehme Erinnerung aus meiner Jugendzeit — denn auch ich habe hier einige Collegia gehört — an die Universität knüpfte. Jetzt habe ich gesprochen, nun reden Sie."

Selbstverständlich folgte hierauf ein Schweigen der Professoren; aber ein Schweigen, das schon damals gar zu deutlich bekundete, wie nach solchem persönlich werdenden Kampf das Reden kaum mehr eine Verständigung herbeiführen kann.

## Wie der Conflict alle Institutionen ergreift.

Der immer offenkundiger werdende Zwiespalt zwischen den Intentionen des Königs und dem Geiste des Volkes konnte sich durch die stets herausfordernden Reden des Königs nur steigern. Die wachsende Spannung nahm auch mit jedem neuen Jahr zu, und wurde um so stärker, je heftiger das Naturell des Königs sich gegen Alles entrüstete, was seinem Ideal in den Weg trat.

Und in der That, es waren nicht geringfügige Widerstände, welche sich geltend machten. Der König fand sich gar bald von den höchsten Institutionen des Staates verlassen. Eichhorn's verhaßtes Regiment der Frömmeleien stieß in allen Universitäten des Landes auf Widerspruch, wie sehr der König es auch betonte, daß der Minister nur den Willen des Monarchen ausführe.

Das Schulwesen war unter Altenstein durch und durch rationalistisch angelegt. Von der höchsten bis zur niedrigsten Unterrichtsanstalt waltete der Geist der Aufklärung frei über die Gemüther der aufwachsenden Jugend aller Stände. Das Regiment der Frömmelei konnte hier auch nur einen bittern, heftigen Zwiespalt wach rufen.

Aus den Zeiten seines Vorgängers hatte der König eine im Absolutismus höchst bedeutsame Institution, den Staatsrath, überkommen. Der Staatsrath wurde zwar vom König ernannt aber ihm war doch das hohe Recht eingeräumt, daß jedes neue Gesetz ihm vorgelegt und seiner Kritik anheimgestellt werden mußte. Der Staatsrath ward dadurch zu einem Schutz gegen die Willkür eines den König beherrschenden Ministeriums. Aber auch mit dieser durch und durch konservativ-monarchischen Institution gerieth der König in Conflict. Das vom König erstrebte, biblische Ehescheidungsgesetz, von Götze, Gerlach, Göschel, Stahl, Hengstenberg und allen Frommen des Landes hochgepriesen, wurde von dem Staatsrath abgewiesen! Zum erstenmal seit dem Bestehen dieser Institution wurde sie hierdurch im vollen Sinne des Wortes volksbekannt und beliebt.

Ein gutes Erbstück der früheren Zeit war die Unabhängigkeit des Richterstandes; und auch diese sollte in den immer schwerer werdenden Conflikt hineingezogen werden. Die „Vier Fragen" von Johann Jacoby sollten durchaus verbrecherisch sein. Die Criminal-Untersuchung in Königsberg wollte jedoch das Verbrecherische nicht darin ausfindig machen und deshalb wurde durch Cabinets-Ordre das Berliner Stadtgericht mit der Untersuchung beauftragt. Diese Luftveränderung schien denn Anfangs in der That die Lebenskraft des Criminal-Prozesses künstlich zu steigern. Jacoby wurde vom Stadtgericht zu zweijährigem Gefängniß verurtheilt; allein das damals in seiner Unabhängigkeit buchstäblich berühmte Kammergericht in Berlin sprach in letzter Instanz den Angeklagten vollkommen frei. —

Während das Land diese Freisprechung mit vollem Jubel aufnahm, erließ der König das Gesetz vom 29. März 1844, wodurch die Unabhängigkeit des Richterstandes dermaßen bedroht wurde, daß faktisch einzelne Richter darum, unter offener Angabe des Grundes, aus dem Staatsdienst traten und der ganze freisinnige Richterstand sich tief verletzt fühlte.

Auch mit dem hochgepriesenen, von Eichhorn allen Geistlichen warm an's Herz gelegten Bisthum in Jerusalem wollte es nicht vorwärts gehen. Das englische Parlament wollte dafür kein Geld ausgeben und überließ die ganze Bescheerung den Herren Bischöfen der Hochkirche und dem König von Preußen. Nicht blos die Synode in Berlin, sondern alle Kreise der Geistlichkeit hielten das schwere Geld, welches dies unfruchtbare Project in Anspruch nahm, für Verschwendung.

Mit Einem Worte, der Widerstand wuchs von Jahr zu Jahr und ergriff endlich alle Körperschaften des Staates. Der König auf der einen Seite von einem Ideal unausgesetzt zu herausfordernden Aeußerungen getrieben, umgeben von Männern, deren Namen genügte, tiefes Mißtrauen wachzurufen; auf der andern Seite nicht blos das alte starre, büreaukratische Beamtenthum, sondern die Vertreter aller Institutionen des Staatslebens grollend; wie sollte da nicht das öffentliche Bewußtsein zu der allgemeinsten Ueberzeugung gedrängt werden, daß nur noch Eins helfen könne, eine wirkliche Vertretung des Volkes, welche einzig und allein so hochgespannte, und allgemein gewordene, offene Conflicte zu lösen im Stande wäre!

Von diesem stets allgemeiner werdenden Bewußtsein wurden denn auch Kreise ergriffen, welche bisher wahrhafte Muster konservativer Gesinnung waren. Die Provinzialstände fingen an über Preßfreiheit, Oeffentlichkeit der Verhandlung, Nennung der Namen in den Berichten, zu verhandeln. Die Stadtverordneten gelangten allenthalben nach und nach dahin, den allgemeinen Zustand vor ihr Forum zu ziehen und politische Gesinnungen und Bedenken zu äußern. Ganz besonders aber wurde die vom Ministerium mit allen Mitteln geförderte, orthodoxe Richtung in Kirche und Schule als eine Gefahr empfunden, der man im Namen der Gewissensfreiheit entgegen treten müsse. Selbst in den feierlichen Rede-Acten der Akademie der Wissenschaften ließ sich diese Opposition in Gegenwart des Königs hören. Eine höchst ungnädige Zurechtweisung, welche der König dem akademischen Redner, Professor Raumer, zukommen ließ, war ganz dazu angethan, auch die freie Wissenschaft als gefährdet erscheinen zu lassen.

Noch schlimmer als alle diese Scenen wirkte das Gerücht, daß die vielen unter Prachtentfaltung vollführten Reisen des Königs den unter seinem Vater angesammelten Staatsschatz geleert haben und der Plan der Regierung, anstatt der Reichsstände Ausschüsse der Provinzialstände in Berlin zusammentreten zu lassen, nur auf das Ziel auslaufe, diese Ausschüsse zur Bewilligung von Anleihen zu bewegen, wozu laut dem Gesetz von 1820 einzig und allein die Reichsstände kompetent wären.

Wie es mit dem Staatsschatz in Wirklichkeit damals stand, weiß man noch heutigen Tages nicht. Es ist zweifellos, daß die Reise des Königs nach England und Petersburg in großer Pracht vor sich ging. Dem romantisch künstlerischen Naturell des Königs entsprach auch durchweg ein größerer Prachtaufwand im Hofhalt und öffentlichen Auftreten. Man spricht auch von großer Freigebigkeit des Königs gegen Künstler und Forscher, welche die Schätze des so sehr verkannten Mittelalters zur Würde bringen sollten. Auch die Wiederbelebung der in der „modernen Barbarei" sehr vernachlässigten Heraldik soll eine starke Quelle großer Ausgaben gewesen sein. Deputationen, um die englische Hochkirche an Ort und Stelle zu studiren, Dotationen für das Bisthum in Jerusalem, Gründung des Schwanen-Ordens, eine Decoration aller Hofbeamten, herrliche Kunstanlagen in den königlichen Gärten zu Potsdam und obendrein noch Unterstützungen der Grundstückbesitzer in der Nähe dieser Anlagen, damit sie nur Neubauten in edlem, künstlerischem Styl ausführen — all' das mag in der That tief in die Vorräthe des Staatsschatzes eingegriffen haben Es hatte damals Niemand das Recht nach einem Staatshaushalt zu fragen und der Staatsschatz war ganz und gar der Kenntnißnahme profaner Augen entzogen. Um so heftiger freilich griff die Verdächtigung des Zustandes um sich und um so bedenklicher wurden Ausgaben, welche blos Lieblingsideen des Königs gewidmet waren.

Die Schenkungen, welche der König für die Vollendung des kölner Doms bestimmte, wurden in protestantischen Kreisen nicht grade gemißbilligt. Die Rede, welche der König in Köln bei der Grundsteinlegung zum Ausbau hielt, war ein Meisterstück, das Deutschlands Einheitsgefühl nach langem Schlummer weckte und darum auch mit Begeisterung aufgenommen wurde. Als man jedoch wahrnahm, daß der katholische Klerus aus dieser Begeisterung nur neue Kraft schöpfte, als man hörte, daß die Regierung dem Bischof Arnoldi in Trier eine große Geldsumme einhändigte, welche in der Zeit der Erledigung des Bischofsitzes angesammelt wurde, und als man endlich sah, wie dieser Klerus all' das Wohlwollen durch Demonstrationen gegen den Staat und gegen den Protestantismus vergilt und Wallfahrten nach dem heiligen Rock zu Trier und anderen Wundern veranstaltet, da empfand man es tief, wie sehr mißlich die kostspieligen Liebhabereien des Königs nicht blos in politischer, religiöser, sondern auch in finanzieller Beziehung wirken.

Schüchtern und bescheiden kamen diese Bedenken auch in den Ausschüssen der Provinzialstände zur Sprache. Verminderung der Salzsteuer nahmen die Ausschüsse dankend an; aber „Staatsgarantien für Eisenbahnen" betrachteten sie als versteckte „Anleihe". Zu solchen Bewilligungen erklärten sie nur einberufene Reichsstände für kompetent.

Der Strom der öffentlichen Meinung wurde hierdurch nur immer mächtiger und mächtiger. Die Lichtfreunde schaarten sich zusammen und forderten entschieden ein freies Kirchenwesen. Das klerikale Schauspiel mit dem heiligen Rock in Trier weckte die Geister aller Denkenden zum energischen Widerstand gegen den Geist der Verfinsterung in der protestantischen wie in der katholischen Kirche. Die Regierung, überrascht von dieser Strömung, wußte nicht, ob sie stützen oder stören soll, die freien Gemeinden fingen an sich zu bilden und blieben vorläufig unangetastet. Ja, der König hatte sogar die Ueberzeugung, daß die Staatskirche nur in konservativer Kraft gedeihen werde, wenn sich die zerstörenden Elemente alle aus der Kirche ausschließen. Er begünstigte Anfangs das Dissidententhum, weil der Austritt der Ungläubigen erst eine glaubensstarke Kirche werde möglich machen. Um dies aber zu erzielen, berief der König 1846 eine General-Synode nach Berlin und empfahl ihr in einer höchst merkwürdigen Rede, sie solle sich muthig auf den historisch apostolischen Standpunkt stellen, wo Kirchenspaltung und Bekenntnißstreit noch nicht existirten, damit von diesem Standpunkt aus wiederum die Einheit der christlichen Kirche angebahnt werden könne.

Die General-Synode, ein buntes Gemisch von Aufklärung und Orthodoxie, war durchaus nicht geneigt, die Weltgeschichte zu corrigiren und nach einer neuen Katholicität zu trachten. Sie verstand des Königs Intentionen nicht und versuchte nur die schlimmsten Starrheiten der Orthodoxie zu mäßigen. Der König hat sich auch hier getäuscht, und entließ auch diese Neuschöpfung mit einer Rede, in welcher er sein Bedauern ausdrückte, daß sie die Höhe des Standpunkts nicht zu fassen vermocht, auf welchen er sie gestellt habe.

So vergingen die Jahre bis zum Eintritt einer neuen Epoche unter immer wechselnden Stürmen und Wünschen, unter vergeblichem Rückwärtsjagen und vergeblichem Vorwärtsdrängen. Magisträte, Stadtverordneten, Provinzialstände, Ausschüsse, Universitäten, Gerichtshöfe, die Kirche, der Staatsrath, die Akademie der Wissenschaften, die Schule, die freien Gemeinden, die geknebelte Presse, alles war aufgeregt und in den großen Conflict mit hineingezogen.

All' dem gegenüber stand im eigentlichsten Sinne des Wortes der König ganz allein; nicht von Ministern vertreten — das wäre ja constitutionell! — sondern im Gegentheil die Minister vertretend, als ob er zu all dem, was ihn trieb, noch den Beruf auf sich nehmen müßte, der Advokat seiner Minister zu sein.

## Der letzte Zug des Absolutismus.

Der Drang nach Einberufung von Reichsständen war im Volke dermaßen mächtig geworden, daß Polizei und Censur mit all ihren Künsten demselben nicht mehr Einhalt gebieten konnte. Die Mitglieder der Provinzialstände, welche in ihren geheimen Sitzungen dieser Forderung das Wort geredet, durften zwar nicht in öffentlichen Berichten genannt werden; aber ihre Namen gingen von Mund zu Mund und man feierte diese Männer durch Demonstrationen, durch Festessen, durch Illuminationen in ihren Heimatsorten, wodurch sie populärer wurden, als es jemals durch die Presse hätte sein können. Die Regierung suchte durch Verbote solch festlichen Begrüßungen Einhalt zu thun, aber gerade hierdurch steigerte sie nur das lebhafte Interesse für die freisinnigen Mitglieder. Da nach und nach jeder Provinzial-Landtag eine Art Kampfplatz um parlamentarische Rechte wurde, so gerieth das Ministerium in die unerträgliche Lage, sich mit acht heimlich tagenden Versammlungen herumzuzanken, ohne Aussicht, das zu erlangen, was doch eigentlich erstrebt wurde, eine Vertretung, welche Anleihen und neue Steuern bewilligen möchte. — Da blieb denn nach all den Experimenten nichts anderes übrig, als es mit einem neuen erweiterten Experiment zu versuchen, und zwar mit dem Experiment, alle acht Provinzial-Landtage in einen einzigen Landtag zu vereinigen und diesem „vereinigten Landtag" den Schein zu verleihen, als ob in ihm die gerechten Forderungen des Volkes gewährt wären.

Am 3. Februar 1847 erschien das Patent, welches den „vereinigten Landtag" auf den 11. April nach Berlin einberief. Das königliche Patent erklärte, daß mit dieser Schöpfung alle Verheißungen „mehr als erfüllt seien", allein bei näherer Betrachtung ergab es sich, daß es eine schwere und gefährliche Verkümmerung jener Verheißungen war.

Der vereinigte Landtag sollte bestehen aus sämmtlichen Mitgliedern der Provinzial-Landtage, jedoch die Berathungen in zwei Kurien abhalten. Die eine Kurie sollte eine

Herrenkurie sein, bestehend aus den königlichen Prinzen, aus Fürsten, Grafen und reichsunmittelbaren Herren; die zweite Abtheilung sollte eine Dreistände-Kurie bilden, bestehend aus 231 Vertretern der Ritterschaft, aus 182 Vertretern der Bürgerschaft großer Städte und circa 120 Vertretern der Bauern. Die Provinzial-Landtage sollten wie bisher bestehen bleiben und die ihnen zugewiesenen Aufgaben wie bisher lösen. Nur wenn es die Regierung für nöthig findet, sollen die getrennten Versammlungen zu einer Vereinigung einberufen werden, damit sie Anleihen und Steuer-Erhöhungen bewilligen und ihren Beirath zu allgemeinen Gesetzen ertheilen können. Der vereinigte Landtag soll auch das Recht haben, Petitionen an den König zu richten, für welche sich zwei Drittel der Mitglieder erklären. Endlich sollte der vereinigte Landtag eine Deputation von acht Mitgliedern für das Staatsschuldenwesen aus seiner Mitte wählen, welche Deputation das Recht haben soll, in drohenden Kriegsfällen anstatt des Landtages ihre Zustimmung zur Aufnahme von Anleihen zu geben.

Das Patent war kaum erschienen, als es auch sofort von allen einsichtsvollen Politikern für ein Scheinzugeständniß erklärt wurde. Entschiedene Stimmen forderten denn auch, daß der einberufene Landtag das Patent einfach ablehnen solle. Die Gemäßigten jedoch sahen den Landtag immerhin als eine Gelegenheit an, den Forderungen des Volkes einen stärkeren Nachdruck geben zu können, und womöglich aus dem mit verkümmerten Rechten beschenkten, nur die Stände vertretenden Landtag einen wirklichen, das Volk vertretenden zu entwickeln.

Da sich die Nachricht verbreitete, daß der König gestatten wolle, die Verhandlungen des vereinigten Landtages zu stenographiren, und in der Staatszeitung vollständig mit Nennung der Redner abzudrucken, so sah man dem Eröffnungstage mit einer Spannung entgegen, von der sich unser heutiges, junges Geschlecht keine Vorstellung machen kann. In einer Zeit, wo die Zeitungen keine einzige Zeile veröffentlichen durften, welche nicht ein Regierungsbeamter, der Censor, durchgesehen und zum Druck gestattet hatte, war schon der Gedanke, ein uncensirtes

Wort lesen zu dürfen, entzückend. Und nun sollte man gar noch die Namen der Redner erfahren, welche für das Volk und sein Recht das Wort nehmen! Die Hoffnungsvollsten konnten sich's nicht anders denken, als daß mit diesem Gnadengeschenk des Königs der Tag der ersehnten Freiheit anbräche! Eine natürliche Logik sagte ihnen: wozu die Gewähr freier Meinungsäußerung vor den Ohren des Volkes, wenn der König nicht die Absicht hat, die jetzt an ihn offen herantretenden Volkswünsche zu erfüllen? —

Die schärfer Blickenden schüttelten die Köpfe. Sie meinten: Was die „natürliche" Logik sagt, ist wohl richtig; aber in Preußen herrscht eine andere, eine Künstler-Logik, die zu andern Schlüssen führt. Es werde ein „Redner-Turnier" abgeben, das den Conflict noch steigert!

Die Bedenklichen flüsterten sich die Besorgniß zu, daß der Landtag sich als unreif zur Freiheit erweisen werde. Wo sollte in einem Volke, welches nie die parlamentarische Weise üben durfte, die Kunst der freien Rede emporblühen, die dem Könige imponiren und die Erwartungen des Volkes befriedigen sollte? Dem Könige imponiren, dem die wunderbarste Begabung in diesem Punkte zu Theil geworden; das Volk befriedigen, das im parlamentarisch gebildeten England und Frankreich seine Muster findet? — —

Der mit höchster Spannung erwartete Tag kam und brachte in allen Beziehungen mehr als man erwarten konnte.

Der König trat mit einer Rede auf, die für alle Zeiten ein Meisterstück seltener Art bleiben wird; für die Geschichte Preußens, die Geschichte der Hohenzollern, die Geschichte des Absolutismus ist sie noch viel mehr als ein Meisterstück, ein Kunstwerk. **Sie ist der Wendepunkt, der unabweisbar ein durch und durch loyal gesinntes Volk verhängnißvoll zur gewaltsamen Revolution hindrängte.** Sie ist der Gipfelpunkt des Selbstbewußtseins einer Dynastie, die bis dahin, mit glänzenden Erfolgen die Leitung des Staatswesens ohne Mitbestimmungsrecht des Volkes übernommen hatte. Sie ist mehr noch als dies: sie ist die letzte Rede eines Absolutisten, der es systematisch verschmähte, sein vermeintliches

Recht in bureaukratischer Weise heimlich zu handhaben, der es gerade in einer Zeit, wo das Volk die Fahne der Freiheit erhob, für heilige Pflicht hielt, offen das Banner der von Gott gewollten, absoluten Gewalt zu entfalten, und, ein Herrscher des Landes, sich auch als Beherrscher der Geister zu erweisen.

Die Rede vom 11. April 1847 ist so eigentlich die letzte Rede des Königs. Alles, was nach ihr folgt, ist entweder ein blasser Anhauch seines Wesens, oder gar nur ein Product ministerieller Berathungen. Man versteht das preußische Volk in den Märztagen nicht, man versteht das tragische Geschick des letzten, absoluten Königs nicht, wenn man nicht diese Rede kennt.

Zu umfangreich, um sie hier ganz wiederzugeben, wollen wir nur die charakteristischsten Züge derselben vorführen.

In Berufung auf die von Gottes gnädiger Vorsehung ihm verliehenen Rechte, die er eben so unangetastet auf seine Nachfolger vererben wolle und müsse, versichert der König in dem „vereinigten Landtag" Alles erfüllt zu haben, was je dem Volke verheißen wurde. Dem Bestreben nach einer „Volksvertretung", einer „constitutionellen Verfassung" setzt der König Folgendes entgegen:

„Es drängt Mich zu der feierlichen Erklärung: daß es keiner Macht der Erde je gelingen soll, Mich zu bewegen, das natürliche, gerade bei uns durch seine innere Wahrheit so mächtig machende Verhältniß zwischen Fürst und Volk in ein conventionelles, constitutionelles zu verwandeln, und daß Ich es nun und nimmermehr zugeben werde, daß sich zwischen unseren Herr Gott im Himmel und dieses Land ein beschriebenes Blatt, gleichsam als eine zweite Vorsehung eindränge, um uns mit seinen Paragraphen zu regieren und durch sie die alte heilige Treue zu ersetzen. Zwischen uns sei Wahrheit. Von einer Schwäche weiß Ich mich gänzlich frei. Ich strebe nicht nach eitler Volksgunst. Und wer könnte das, der sich durch die Geschichte hat belehren lassen? Ich strebe allein danach, Meine Pflicht nach bestem Willen und nach Meinem Gewissen zu erfüllen und den Dank Meines Volkes zu verdienen, sollte er Mir auch nimmer zu Theil werden."

Die Forderungen des Volkes hielt der König für trügerische Vorspiegelungen der Volksverführer.

„Ich wende den betrübten Blick von den Verirrungen Weniger auf das Ganze Meines Volkes. Da verklärt er sich in Freudenthränen; da, Meine Herren, ist, bei allen schweren Regierungserfahrungen, Mein Trost. Das Volk ist noch das alte, christliche Volk, das biedere, treue, tapfere Volk, das die Schlachten Meiner Väter geschlagen hat, und dessen ehrenwerthe Eigenschaften mit der Größe und dem Ruhm des Vaterlandes nur gewachsen sind, das sich einst, wie kein anderes je, in den Tagen der Trübsal mit seinem väterlichen Könige verband, und ihn dann gleichsam auf seinen Schultern von Sieg zu Sieg trug, ein Volk, Meine Herren, oft versucht durch Künste der Verführung, aber immer bewährt gefunden. Auch aus der gewaltigsten dieser Prüfungen wird es rein hervorgehen. Denn schon wird das freche Spiel mit dem Christenthum, der Mißbrauch der Religion zu einem Mittel des Umsturzes mehr und mehr in seiner wahren Gestalt als Sacrilegium erkannt und stirbt hin. Auch ist Mein felsenfestes Vertrauen auf Volkstreue, als auf das sicherste Löschmittel des Mordbrandes, noch immerdar herrlich belohnt worden, von den älteren wie von den jüngeren Söhnen unseres preußischen Vaterlandes, selbst da, wo eine andere Sprache als hier geredet wird. — Darum hören Sie es, edle Herren und getreue Stände, und mög' es durch Sie das ganze Land erfahren: von allen Unwürdigkeiten, denen Ich und Mein Regiment seit sieben Jahren ausgesetzt gewesen, appellir' Ich an Mein Volk! Von allen schnöden Erfahrungen die Mir vielleicht noch vorbehalten sind, appellir Ich an Mein Volk! Mein Volk kennt Mein Herz, Meine Treue und Liebe zu ihm und hängt in Liebe und Treue an Mir: Mein Volk will nicht das Mitregieren von Repräsentanten, die Schwächung der Hoheit, die Theilung der Souveränität, das Brechen der Vollgewalt seiner Könige, die ihm seine Geschichte, seine Freiheit, seinen Wohlstand begründet und seine theueren Errungenschaften allein schützen können und — sie schützen werden, so Gott gnädig ist wie bisher."

„In Meiner Monarchie steht keiner der drei Stände über

dem andern oder unter dem andern. Sie stehen Alle in gleich, wichtigen Rechten und in gleich geltenden Ehren neben einander, ein Jeder aber in seinen Schranken, ein Jeder in seiner Ordnung. Das ist mögliche und vernünftige Gleichheit, das ist Freiheit!"

Dem Gedanken, daß der vereinigte Landtag dennoch mehr fordern könnte als die Gnade des Königs ihm gewährt, trat die Rede mit folgenden Worten entgegen:

„Das sind die Rechte, das die Pflichten germanischer Stände, das ist Ihr herrlicher Beruf. Das aber ist Ihr Beruf nicht: Meinungen zu repräsentiren, Zeit- und Schul-Meinungen zur Geltung bringen zu sollen. Das ist vollkommen undeutsch und obenein vollkommen unpraktisch für das Wohl des Ganzen, denn es führt nothwendig zu unlösbaren Verwickelungen mit der Krone, welche nach dem Gesetze Gottes und des Landes und nach eigner, freier Bestimmung herrschen aber nicht nach dem Willen von Majoritäten regieren kann und darf, wenn „Preußen" nicht bald ein leerer Klang in Europa werden soll! Meine Stellung und Ihren Beruf klar erkennend und fest entschlossen, unter allen Umständen dieser Erkenntniß treu zu handeln, bin Ich in Ihre Mitte getreten und habe mit Königlichem Freimuth zu Ihnen geredet. Mit derselben Offenheit und als höchsten Beweis Meines innigen Vertrauens zu Ihnen, edle Herren und getreue Stände, gebe Ich Ihnen hier nun Mein königliches Wort, daß Ich Sie nicht hierher gerufen haben würde, wenn Ich den geringsten Zweifel hegte, daß Sie Ihren Beruf anders deuten wollten und ein Gelüst hätten nach der Rolle sogenannter Volksrepräsentanten. Ich würde es darum nicht gethan haben, weil alsdann nach Meiner tiefinnersten Ueberzeugung Thron und Staat gefährdet wären, und weil Ich es als Meine erste Pflicht erkenne, unter allen Verhältnissen und Stockungen Thron und Staat Meiner Regierung zu bewahren, wie sie sind."

Es ist rein unmöglich, die Wirkung dieser Rede auf die Gemüther zu schildern! Diese Berufung auf Gott, der zwar andern civilisirten Ländern eine Verfassung gestattet, aber in Preußen durchaus nicht eine solche wolle in's Leben treten lassen! Daneben diese Berufung auf das Volk, welches keine Repräsentanten haben wolle! Dazu die Drohung, daß die Stände sich ja nicht mögen gelüsten lassen, Volksvertreter zu sein! All' das gab den Beweis, daß sich der König in der That von einer Ueberzeugung getragen fühle, den Willen Gottes nicht nur, sondern auch den Willen des preußischen Volkes besser zu kennen als all' die Einberufenen, die unmittelbar genug die Stimmung des Volkes wahrzunehmen Gelegenheit hatten. Dieser Ueberzeugung entgegen zu wirken, schien ganz unmöglich. „Keine Macht der Erde" sollte sie erschüttern können, wie sollte dies eine nur von der Gnade des Königs berufene Versammlung im Stande sein! Die schärfer Blickenden, die sich nicht einer Selbsttäuschung hingeben wollten, sahen in dieser Rede jede Aussicht auf eine Verständigung vereitelt.

Aber Verständigung oder nicht, es war ein Landtag da, dessen uncensirte Reden das Volk lesen durfte! Das war ein Gewinn, den man nicht verscherzen wollte, und darum nahm man den Entschluß des Landtages, nicht zu protestiren, sondern die Rechte des Volkes auf eine reichsständische Verfassung dem Könige in einer Adresse darzuthun, mit vollem Beifall auf.

Die Adresse des ersten vereinigten Landtages war der Ausdruck treuer Loyalität und die möglichst bescheidenste Wahrung des Volksrechtes. Der ursprüngliche Entwurf war von Schwerin eingebracht und drückte, unter Dank und Anerkennung des edlen Willens des Königs, die Forderungen aus, welche das Land berechtigt sei zu stellen. Zu diesen gehöre vor Allem die „Periodicität", das heißt: die gesetzliche Feststellung einer Zeit, wann der Landtag einberufen werden müsse. Diese Bestimmung, welche im Patent fehlte, wo die Einberufung des Landtages rein dem Belieben des Königs anheim gegeben ward, sollte als Grundbedingung eines wirklichen Rechtes gelten. Die andern Forderungen waren die natürlichen Consequenzen dieser Bedingung. Sie behaupteten das Recht des Landtages, die Verwaltung zu überwachen, über Einnahmen und Ausgaben ein entscheidendes Votum abgeben zu dürfen, und drückten namentlich die Ueberzeugung aus, daß nur wirkliche, verfassungsmäßig in ihren Rechten garantirte Stände berechtigt wären, irgend eine neue Steuer oder eine Anleihe zu bewilligen. — Dieser bescheidene Adreß-Entwurf wurde noch wesentlich durch Amendements von Seiten des Grafen Arnim-Boitzenburg gemildert, ohne indessen in seinem Inhalt wesentlich verändert zu werden. Wie die Adresse und namentlich die Debatten über dieselben, nahmen die zum Erstenmal in Preußen vollständig zur Veröffentlichung gelangten Verhandlungen über Religionsfreiheit und über Preßfreiheit das lebhafteste Interesse des Volkes in Anspruch und machte die Namen der Redner, die hierin im Geiste des Volkes das Wort führten, in ganz außerordentlichem Grade populär. Ganz besonders aber erregte es einen hellen Enthusiasmus für die freisinnigen Mitglieder aus der Provinz Ostpreußen, als diese erklärten, daß sie mit großem Schmerz eine Anleihe zur Herstellung einer Eisenbahn nach ihrer Provinz verweigern müssen, weil ihr Gewissen es ihnen verbiete über Anleihen ein Votum abzugeben, so lange der König nicht dem Landtage die Rechte eines wirklichen, constitutionellen Reichstages zugestehen wolle.

Wir brauchen uns nur daran zu erinnern, aus welchen Elementen der vereinigte Landtag zusammengesetzt war, um uns zu überzeugen, daß es in der Welt keine loyalere, gesetzestreuere, dem Königshause und seinem Rechte zugethanere Versammlung geben konnte! Sie war dazu auch von einem Talent getragen, welches Alle in Erstaunen setzte, die an eine Kindheit des parlamentarischen Wesens in Preußen dachten. Das Volk jubelte auf, als es die Reden Auerswald's, Camphausen's, Hansemann's, Vincke's, Beckerath's, Schwerin's und aller constitutionell gesinnten Männer aus allen Ständen las. Gegen diese Beredsamkeit, Sachkenntniß, taktvolle Behandlung und entschiedene Forderungen der Volksrechte nahmen sich die Ministerreden mit all' ihren verkniffenen, bureaukratischen Auslegerkünsten jämmerlich und kümmerlich aus. Man hatte das Gefühl, solch' eine imposante Erscheinung müsse den König zu der Ueberzeugung bringen, es sei die Erfüllung der Volksforderungen unabweisbar. Man konnte es gar nicht glauben, daß auch solch' loyale Versammlung vergebliche Worte an ihn richten werde! — Aber was half der beste Glaube? Die

Thatsachen lehrten das Gegentheil! Auch diese Versammlung wurde in Ungnade entlassen, ohne irgend eine Zusicherung, daß sie je wieder solle einberufen werden! Und nach ihr trat das alte System der Bureaukratie und die Herrschaft der Censur nur noch in verstärktem Grade auf!

Auch die Sanftmüthigsten und Harmlosesten konnten sich des Glaubens nicht erwehren, daß dergleichen nicht gut enden könne!

In dieser verbitterten, verzweifelten Stimmung fand das Jahr 1848 das preußische Volk vor.

## Der Sturm naht.

Geniale Naturen sprechen oft unbeachtet Prophetenworte aus, die erst spät eine Bedeutung gewinnen, wenn sie sich gleich einem Verhängniß erfüllen. Aber auch der naive Volksmund flüstert oft Wahrheiten dem aufmerkenden Ohr zu, die den Beruf haben, in unerwarteten Momenten zu Donnerworten der Geschichte zu werden.

Ein prophetisches Wort war es, das der König Friedrich Wilhelm IV. in seiner Huldigungs-Rede zu Berlin aussprach; ein prophetisches Wort, das sich verhängnißvoll an ihm selbst in seiner tragischsten Bedeutung erfüllen sollte. Inmitten des hellsten Jubels, der seinen Regierungsantritt begleitete, spricht er im Jahr 1840 die Worte: „Die Wege der Könige sind thränenreich und thränenwerth, wenn Herz und Geist ihrer Völker ihnen nicht hilfreich zur Hand gehen." — Wer das schwere Geschick kennt, welches diesen König in seinen letzten Lebensjahren betroffen; wer den ewig herausfordernden Redner wortlos, den ruhelosen Denker geistesversunken, den stets von Plan zu Plan getragenen, künstlerischen Sinn gebrochen, den königlichen Blick erloschen, das königliche Haupt gebeugt sah in schwerer Krankheit, der konnte sich des prophetischen Wortes aus den Tagen des höchsten

Glückes nicht erwehren, wenngleich man die Worte dahin amendiren mußte: „der Weg der Könige ist thränenschwer und thränenwerth, wenn sie sich über Geist und Herz ihrer Völker in schweren Täuschungen befinden und eigenwillig darin erhalten!"

Aber auch im Volke lebte in dem Gefühl der Entrüstung ein prophetischer Geist auf. Man war hoch und niedrig tief entrüstet über die Selbsttäuschungen des Königs, als er auch der allerloyalsten Stimme des vereinigten Landtages kein Gehör geben wollte. Die Besonnensten und Ruhigsten verfielen einer verzweifelten Stimmung und fragten sich, was denn nun in der ewigen Jagd nach Neuem und dem ewigen Rückfall in die alten Phantastereien noch kommen solle. Alexander v. Humboldt charakterisirte den Zustand sehr treffend, indem er sagte: „Es geht bei uns zu, wie auf der Nordpol-Reise unter Parry. Man peitschte auf die Hunde los, daß die Schlitten mit rasender Eile nach Norden über die Eisfläche dahinflogen; als man Abends die Messung vornahm, gewahrte man, daß die ganze Eisfläche von der Meeresströmung rückwärts getrieben worden sei. Man war dem Ziele ferner als am Morgen." Solche und ähnliche Aussprüche hoffnungsloser Verzweiflung gingen von Mund zu Mund durch die höchsten Klassen der Gesellschaft. Im Volke jedoch flüsterte man sich zu: „Er treibt es bis zur Revolution!" Der naive, dem preußischen, durchweg loyalen Volke bis dahin so völlig fremde Gedanke, er sollte von der Geschichte unter donnerndem Tosen zur vollen Wahrheit gemacht werden.

Das Jahr 1848 fand nicht das preußische Volk allein in einer tief verzweifelten Stimmung. Die Regung nach freiheitlichen Institutionen war in Europa weit verbreitet und hatte sich bereits in Ausbrüchen Luft gemacht, welche die Gemüther allenthalben aufregten. Ganz besonders hatte der sogenannte Sonderbundskrieg in der Schweiz, ein Krieg, der zwischen den liberalen und den von Jesuiten geleiteten Kantonen ausgebrochen war, das lebendigste Interesse wachgerufen. Man jubelte dem Sieg der Eidgenossenschaft über die jesuitischen Sonderbündler um so lauter zu, je klarer es sich herausstellte, daß die Kabinette in Wien und Berlin den Sonderbündlern günstig gestimmt waren.

Wichtiger noch als der erfreuliche Ausgang dieses Krieges in den Schweizer Kantonen wirkte eine Erhebung des italienischen Volkes gegen die Tyrannei ihrer von Oestreich dirigirten Fürsten. Ein Zug geistiger und politischer Freiheit schien bereits seit dem Regierungs-Antritt des Papstes Pius IX. im Jahre 1846 durch ganz Italien siegreich werden zu wollen. Derselbe unfehlbare Papst, der heutigen Tages an der Spitze aller geistigen und politischen Knechtung steht, war ursprünglich von freiheitlichen Anwandlungen getrieben und weckte in Italien das unterdrückte Nationalbewußtsein auf, das um jeden Preis die Fremdherrschaft von sich abwälzen wollte. In der That siegte mit Beginn des Jahres 1848 die Revolution in einigen kleinen Staaten Italiens, wie in einigen Gebieten der Lombardei und Venetiens und weckte die Hoffnungen auf, daß die Fesseln, welche Oestreich den eignen und allen Nachbar-Nationen auferlegt, gesprengt werden würden.

Von überwältigend stürmischer Macht aber war die am 24. Februar 1848 in Paris ausbrechende Revolution, durch welche der Thron Louis Philipps eben so schnell gestürzt, wie er im Jahre 1830 errichtet wurde und wo die Proclamirung der Republik einen gewaltigen Strom von Volksbewegung erzeugte, der ganz Europa zu überfluthen bestimmt war.

Wir haben es bereits erwähnt, wie alle Gebildeten in Preußen und Deutschland, welche den Druck des Absolutismus als eine Schmach empfanden, stets den Blick auf Frankreich gerichtet hielten, wo die freieren Ideen des Volksrechts seit der großen Revolutionszeit ihren Ausgangspunkt hatten. Dergleichen war auch ganz natürlich. Allenthalben, wo die heimathliche Politik in die Hand der geheimnißvoll wirkenden Bureaukratie gelegt ist, werden stets die offenen, politischen Kämpfe fremder Nationen das lebhafteste Interesse in Anspruch nehmen. Dieses Interesse wurde noch gesteigert, als man in Preußen die schmerzliche Wahrnehmung machte, daß selbst der vereinigte Landtag nicht die leiseste Aussicht bot, den unerträglichen Zustand zu ändern. Frankreich, bereits früher das Centrum, von wo aus der Lichtstrahl der Freiheit ausging, wurde nunmehr, in der hoffnungslosesten und unseligsten Zeit der Spannung zwischen

Krone und Volk, ganz naturgemäß als der erneuerte Quell der Volksbefreiung angestaunt.

Die Nachrichten von der Februar-Revolution in Frankreich trafen so in Deutschland mit einer Stimmung zusammen, wo man sich überzeugt hielt, daß der legale und loyale Weg zu gar nichts führe. Bereits am 12. Februar hatte der Abgeordnete Bassermann in der badischen Kammer vergeblich den Antrag gestellt, es möge die Regierung dahin wirken, daß dem deutschen Bunde eine Vertretung des deutschen Volkes beigegeben werde. Derselbe Antrag wurde vom Abgeordneten Gagern in Darmstadt in erweiterter Form am 27. Februar zur Sprache gebracht. Allein aussichtslos wie alle wohlgemeinten Anträge, über welche schließlich die deutschen Regierungen entscheiden sollten, wären auch diese Forderungen verhallt, wäre nicht in überraschender Weise ein Strom Volkslebens von Frankreich her angefacht worden.

Auch in Berlin blieb das Wehen des Sturmes nicht wirkungslos, aber die Hartnäckigkeit, mit welcher man zeither das Ohr vor jeder Forderung des Volkes verschlossen, ließ sich auch jetzt nur zu so kümmerlichen Zugeständnissen herbei, daß sie anstatt zu befriedigen, nur den Zorn des Volkes reizten. In Berlin waren seit dem 17. Januar die von dem vereinigten Landtag gewählten Ausschüsse versammelt und in Berathung eines neuen Strafgesetzbuches begriffen. Charakteristisch für den Geist dieses Ausschusses war es, daß man Camphausen, einen Führer der liberalen Partei zum Präsidenten wählte, worüber in den Regierungskreisen eine starke Verstimmung herrschte. Als jedoch die Nachricht von dem Siege der Revolution in Frankreich eintraf, änderte sich das Schauspiel. Man fing an, der Opposition einige Zugeständnisse zu machen. Die Staatszeitung verkündete, daß der König in Person am 6. März zur Schlußsitzung des Ausschusses erschienen sei und sich bereit erklärt habe, hohe Forderungen des Volkes in Gnaden zu gewähren! Und worin bestand diese Gnade? Darin, daß der König erklärte, er wolle nunmehr dem vereinigten Landtage die erbetene „Periodicität" gewähren, wonach er fortan alle zwei Jahre einmal solle einberufen werden!

Wenige Monate vorher hätte diese „Gnade" noch auf Dank des Volkes rechnen können, allein damals hielt der König diese denkbar bescheidenste aller Forderungen, welche eine Landesvertretung hegen kann, für „Ausgeburten der Irrungen und der Böswilligkeit" und wies sie schroff ab. Jetzt, wo bereits ein Sturm im Anzuge war, der die ganze absolutistische Logik über den Haufen werfen sollte, vermochte dieses allerkümmerlichste Zugeständniß nur Entrüstung hervorzurufen. Man erblickte darin die Furcht vor der nahenden Bewegung, und nicht den freien Entschluß, dem preußischen Volke ein Recht zu gewähren, welches ihm nie hätte versagt werden dürfen.

Von der Stunde ab, wo solch' ein Zugeständniß als „Gnade" bekannt gemacht wurde, entspannen sich Scenen in Berlin, welche die Vorläufer des großen Revolutionstages wurden.

Zugleich mit dieser bekannt gemachten „Gnade" langten nämlich Nachrichten in Berlin an, daß in den kleinen Staaten Deutschlands Volksvertretungen und Volks-Versammlungen sich Zugeständnisse ganz anderer Natur ausgebeten und auch ohne Kampf erhalten haben. „Preßfreiheit", „Versammlungsfreiheit" „Gleichberechtigung aller Konfessionen", „Geschworenen-Gerichte", „Unabhängigkeit des Richterstandes", „Volksbewaffnung", „Entlassung der Minister" und „Volksvertretung am Deutschen Bunde", das waren die allgemeinsten Volksforderungen, welchen die kleinen Regierungen nicht zu widerstehen vermochten. Ein Strom hellster Begeisterung durchwogte die Gemüther in Berlin, als man einige Zeitungsblätter aus Baden zu Gesichte bekam, welche „ohne Censur" gedruckt waren. Und diese Blätter, die bald von mehreren süddeutschen Städten eintrafen, enthielten viel! Sie erzählten von Volks-Versammlungen, welche den Fürsten Adressen überreichten, und von vollauf gewährter Volksforderungen, die hellen Jubel erzeugten. — Sollte Berlin, sollte Preußen zurückbleiben? Sollte die Hoffnung, welche im vorigen Jahre der erste vereinigte Landtag in ganz Deutschland entzündete, ja, sollte die hohe Achtung, welche dieser Landtag sich in allen civilisirten Staaten Europa's so schnell eroberte, nun erstickt werden durch ein Zurückbleiben Berlins und Preußens gegenüber den Kleinstaaten, die der Führung Preußens bedürften!? Patriotischer und politischer Impuls vereinigte sich zu der festen Ueberzeugung, daß ein Volk der Freiheit nicht würdig sei, das sich mit solchen „Gnaden" in großer, gewaltiger Zeit abfinden läßt. Diesen edlen Impulsen schlossen sich sofort auch andere an, welche von revolutionärem Trieb eines in unwürdiger und unverdienter Unmündigkeit regierten Volkes ergriffen waren. Gelehrte, Künstler, Kaufleute, Handwerker, Studenten, alles was nur denken und sprechen konnte von der Entrüstung über die bisherige und der Hoffnung auf die zu erringende politische Stellung, fand sich zu Versammlungen veranlaßt, um Adressen an den König zu berathen. Solche Versammlungen fanden zuerst am 6. und 7. März unter den Zelten statt. Auch die Stadtverordneten Berlins thaten sich zusammen, um gleiche Wünsche wie die bereits erwähnten in gemäßigter Form an den Thron zu bringen. Die Polizei, die all' dergleichen zu verbieten bisher verpflichtet und berechtigt war, wußte nicht, wie sie sich hierin zu verhalten habe. Die Aufregung in Berlin war so stark, daß weder die Minister noch die Censoren wußten, was in solcher Lage zu thun sei. Sollte man die Forderungen abwarten, oder ihnen mit Gewährungen zuvorkommen? Diese Frage konnte in allen Ministerberathungen nicht gelöst werden, wo man bisher nur seine Stärke in hochmüthiger Abweisung und nicht in Erfüllung von Volkswünschen geübt hatte.

In den nächsten Tagen langten nun auch aus Köln, aus Breslau und Königsberg Nachrichten an, welche eine gleiche Volksbewegung anzeigten und worin versichert wurde, daß man auf Berlin und sein Verhalten in der Hoffnung blicke, es werde sich gegenüber einem so verhaßten Ministerium würdig zeigen der Epoche der Freiheit, welche sich mit Macht in allen Gemüthern kund gebe. An den Abenden fanden in Folge der herrschenden Aufregung einige Aufläufe an den verstärkten Wachtposten statt und brachten Reibungen zwischen Militär und Bevölkerung zu Wege, welche in übertriebenster Weise wiedererzählt, die Stimmung verbitterten und den Ruf nach einer den Frieden schützenden Bürgerwehr verstärkten. Inzwischen trafen immer neue und neue Nachrichten aus Deutschland ein, wo sich eine

Versammlung freisinniger Männer aus allen Volksvertretungen der Kleinstaaten in Heidelberg zusammengefunden hatte und mit unwiderstehlicher Autorität eine Volksvertretung am deutschen Bunde decretirte. Da mußte man denn auch wohl in Berlin der Stimme Deutschlands und des preußischen Volkes Gehör geben und so erschien denn endlich am 14. März eine Cabinetsordre, welche verkündete, daß der König immer den Wunsch gehegt habe, Deutschlands Bund zu reorganisiren und in freiheitlichstem Sinne zu leiten! Jetzt habe er sich an die kaiserliche Regierung in Wien gewandt, um mit dieser gemeinsam „heilvolle Beschlüsse für den Bund vorzubereiten". Das Ergebniß dieser Berathungen wolle man abwarten und nicht in Stunden der Gefahr diese noch durch innere Unruhen vermehren. Weil sich aber der König nur stark fühle in herrlicher Uebereinstimmung mit den Ständen, so habe er die Einberufung des vereinigten Landtages auf den 27. April beschlossen!

Der Magistrat von Berlin, dessen oberstes Mitglied in Gemeinschaft einer Deputation der Stadtverordneten dem König die Adresse überreichte, war voll Begeisterung wegen der huldvollen Aufnahme, die ihm im Schlosse zu Theil wurde, und verkündete der Stadt Berlin von dem „erhabenen, ja heiligen Moment", wo ihm die Zusicherung ward, daß Preußen im Verein mit Oestreich die wahre Freiheit gründen werde. Auch die Einberufung des vereinigten Landtages zum 27. April schien ihm ein vollauf „freudiges Ereigniß, welches die Gemüther beruhigen werde."

Aber die Weltgeschichte hatte inzwischen ein anderes Tempo für ihre Schritte angenommen, als der Magistrat von Berlin vermeinte. Als im Schloß zu Berlin die Hoffnung auf die Weisheit der östreichischen Regierung ausgesprochen wurde, war bereits in Wien Tags vorher am 13. März die weise Regierung Metternichs durch eine revolutionäre Bewegung gestürzt! — Die Nachricht von diesem Ereigniß, welche am 17. März in Berlin anlangte, wo inzwischen der Ruf „zu spät!" allen Künsten der Beschwichtigung entgegenschallte, wirkte wie ein Blitzstrahl auf Alle ein und bereitete in Berlin den Revolutionstag, den achtzehnten März, vor, der wie ein unabwendbares Geschick Alles überstürmend, das ganze Staatswesen und Volksleben in eine neue Bahn hineinzureißen bestimmt war.

## Die Revolution bricht aus.

Der Morgen des achtzehnten März brach mit herrlichem Frühlingssonnenschein an, als sollte er ein Tag des Friedens und der Freude nach all' den Tagen der Erregung und des stürmischen Drängens werden. Auch am politischen Horizont stieg die Sonne freundlicher Verheißungen hell empor, die vor wenig Tagen noch ein Signal zur allgemeinsten Freude hätte werden können. Aber Katastrophen der Geschichte, wenn sie einmal bis zu der Höhe empor gewachsen sind wie hier, lösen sich nicht in wohlwollender Freundlichkeit, selbst wenn sie von beiden Seiten ernstlich gewünscht wird. Wenn einmal die Gemüther so gespannt sind, wie es an diesem Tage der Fall war, so genügt ein Zufall, ein Hauch, ja auch nur ein Schein des Mißwollens, um alle Leidenschaften zu entfesseln und selbst den wohlgesinnten Jubel in wildes Kampfgeschrei zu verwandeln. Die Sonne, die freundlich aufging, als sollte sie einen Tag der Freuden bescheinen, sah bei ihrem Untergang im sonst so friedliebenden, loyalen Berlin den vollen Ausbruch einer blutigen Revolution.

Wie ist das gekommen?

Wer den Versuch macht, die Revolution aus den Scenen des Tages allein zu erklären, wird in persönlicher Befangenheit die Schuld bald hierhin, bald dorthin schieben, wie dies oft genug geschehen ist in den ersten Zeiten nach dem Revolutionstage. Einzel-Scenen, welche man aufführte, sollten ebenso dafür sprechen, daß ein bewußter, agitatorischer Revolutionsplan sein Spiel mit der ruhigen Bürgerschaft getrieben habe, wie sie auf der andern Seite zum Beweise dienen mußten, daß von Seiten des Hofes, und namentlich der Militärpartei, wissentlich ein Kampf provocirt worden sei, um die angeregte Bewegung in einem Blutbade zu ersticken. Wer jedoch mit der Unbefangenheit einer gewissenhaften Wahrheitsliebe seine Erlebnisse ins Gedächtniß zurückruft und dazu alles vergleicht, was in Wahrheitsliebe von Anderen hierüber mitgetheilt wird, der kommt zu dem Ergebniß, daß weder die Revolution noch die militärische Action dagegen von einem bewußten Plane aus geleitet wurde, sondern berechtigte Triebe in übermächtig gewordener, politischer Leidenschaft, planlos die Revolution ins Werk setzten, wie das Recht hergebrachter Pflichterfüllung ohne politische Parteiabsicht die militärischen Operationen herbeiführte.

Ein Verständniß für dergleichen Katastrophen gewinnt man nur, wenn man sich die Revolution der Gemüther vergegenwärtigt, bevor man sich die Revolution in den Thaten jenes Tages vorstellt.

Die Gemüther des Volkes waren tief erregt, schon vor dem Tage der Katastrophe. Das ganze civilisirte Europa war in wenig Tagen in eine tiefe Erschütterung gerathen, welche alle veralteten Regierungssysteme umstürzte. Selbst Oestreich, der Hort aller konservativen Politik, war dem Geschick des Umsturzes nicht entgangen, obwohl bis dahin dem dortigen Volke kein Verfassungszustand verheißen, und ebensowenig von Seiten des Volkes ein Anspruch darauf erhoben wurde. Und nur in Preußen sollte es so bleiben wie es war? Die Proclamation vom 14. wurde mit Hohn aufgenommen. „Preußen wartet auf Metternich und den Bundestag!" Zugleich mit der Kunde, daß Metternich gestürzt sei, langten die Nachrichten aus allen deutschen Residenzen an, daß allenthalben die Regierungen ohne Rückfrage an den verhaßten Bundestag alle Volkswünsche zum geltenden Programm angenommen und in diesem Sinne auch Ministerwechsel stattgefunden haben. Ja, selbst der Bundestag leistete dem Strom keinen Widerstand, und vom Bundespalaste wehte bereis die früher für rebellisch und hochverrätherisch erklärte schwarzrothgoldene Fahne als Symbol des vollendeten Umschwunges. Und Preußen!?

Aus allen größeren Städten der Monarchie, aus Köln, Breslau, Königsberg wurden Deputationen angekündigt, die nach Berlin kamen, um hier dem entschlossensten Volkswillen

Geltung zu verschaffen. Die kölner Deputation war auch angelangt mit ihrem Regierungspräsidenten an der Spitze, zum Zeugniß, daß man auch in den konservativen Kreisen der Rheinprovinz den Sturz des absolutistischen Regiments für unabweisbar halte. — Und Berlin?

In diesem Zustand, wo keine legale Behörde existirte, welche das Recht hatte Volksforderungen zu vertreten, fühlte sich Jeder hierzu berechtigt und verpflichtet. Allenthalben wo die allgemeine Aufregung eine Gruppe von Personen zusammenführte, allenthalben entstanden am Vormittag des achtzehnten März improvisirte Rednertribünen, um welche das zuströmende Volk in wirren Empfindungen den wechselnden Rednern lauschte und sie bald mit Beifallssturm, bald mit heller Entrüstung unterbrach. Wer die Worte „Vertrauen", „Abwarten" gebrauchte, wurde mit Hohn überschüttet. „Vertrauen auf Wen?" Die so oft vernommenen, entschiedenen Ansichten des Königs gegen jede, selbst gegen die allerkonservativste und bescheidenste Form einer Constitution waren zu frisch im Gedächtniß aller Denkenden, um es für möglich zu halten, daß der König aus freiem Entschluß das Gegentheil all' seiner mit so wortreichem Eifer gepredigten Grundsätze ausführen wolle. Noch viel mehr mußte der Mahnruf: „Abwarten" die Gemüther entflammen. „Abwarten!?" rief man den Beschwichtigtern entgegen. „Worauf? bis noch mehr Regimenter herbeigezogen werden, um Berlin auf den Bajonetten die richtige Constitution zu bringen?" „Fort mit dem Abwarten, das wir schon sieben Jahre geübt haben. Treten wir hin vor den König, damit er eindringlicher als bisher die Stimme und die Stimmung des Volkes in unverfälschter Wahrheit erkenne! Nicht das Militär, sondern der freie Bürger muß fortan die Schutzmacht an seinem Throne bilden!"

Versammlungen dieses Charakters fanden allenthalben in allen Stadttheilen Berlins statt. Alle führten zu demselben Ergebniß, daß man direkt dem Könige den Volksunwillen kund geben müsse. Die Uebereinstimmung in diesem Entschluß, woran man später beweisen wollte, daß all' die Versammlungen von planmäßig vertheilten Agitatoren der Revolution geleitet wurden, hat ihren ganz natürlichen Grund

in dem allgemein wach gewordenen Bewußtsein, daß wo der
König so voll das Prinzip des persönlichen Regiments predigt,
auch er allein persönlich die Instanz sei, wo man das Volksrecht zur Anerkennung bringen müsse. — Ganz auf dasselbe
Resultat liefen die Debatten in der Aula der Universität hinaus, wo die studirende Jugend in flammender Begeisterung die
Thaten der wiener Studentenschaft am 13. März pries. Bürgerbewaffnung und ein bewaffnetes Studenten-Corps waren die
Ergänzungen der Volksforderungen, welche man auch hier vor
dem königlichen Schlosse geltend machen wollte.

Inmitten all' dieser Berathungen und Vorbereitungen zu
einem Zuge nach dem Schloßplatz langten authentische Nachrichten, vom Magistrat und den Stadtverordneten verbreitet,
an, daß jede Volksdemonstration nunmehr überflüssig sei. Der
König habe Alles bewilligt! In der Nacht sei bereits eine
Proclamation abgefaßt worden, worin dargethan wird, welche
Anträge der König an den deutschen Bundestag stellen wolle!
In dieser Proclamation sei auch ganz direkt und wörtlich gesagt, daß in allen Staaten constitutionelle Verfassungen eingeführt werden müßten! Preßfreiheit sei ebenfalls schon gewährt
und der vereinigte Landtag auf den 2. April einberufen!

Diese Nachrichten beruhten auf Wahrheit, wie denn die im
Lauf des Tages veröffentlichte Proclamation dies bekundete.
Aber sie trafen auf eine Stimmung, welche nicht mehr zu beschwichtigen war durch so weit aussehende Versprechungen. Als
man hörte, daß die bisherigen Minister diese Proclamation
unterzeichnet hätten, wuchs die Erregtheit zu hellem Zorn auf!
Daß der König sich so umgewandelt und jetzt die Wünsche des
Volkes für wohlberechtigt und wohlthätig für das Vaterland
halte, die er bisher durch volle sieben Jahre für gottlos, staats-
verderblich und seinen königlichen Rechten widerstreitend erklärte,
das wolle man ihm gern Dank wissen! Diese Bekehrung, wenn
sie ernst gemeint sei, wolle man freudig begrüßen! Aber diese
Minister, die mit ihren pfiffigen, juristischen Kniffen am Landtage allem Volksrecht Hohn gesprochen! Diese Frömmler Eichhorn, Thile, Stollberg, Uhden! — Diese wollen jetzt
der Volkssache dienen!? Und der Bundestag, dieses fluch-

würdigste Institut der Volksknechtung, dieses soll die Stätte sein, wo Preußen die Erlaubniß zur Freiheit einholen wolle? — Diese donnernden Argumente gegen Alle, welche jetzt jede Volksdemonstration für überflüssig, gefährlich, die herrlichsten Aussichten zerstörend erklärten, waren zu gewichtvoll. Der Streit, was man zu thun habe, wurde bis zur hellsten Leidenschaft angefacht, und fand sein Ende nur in dem äußerst verfänglichen Entschluß Aller, nunmehr doch vor das Schloß zu ziehen! Die Einen um in aufrichtiger Loyalität dem Könige zu danken für die Genehmigung der Freiheit, die Andern, um den Sturz des Ministeriums und Bürgerbewaffnung zu fordern.

Zwischen diesen einander schroff gegenüberstehenden Parteien, ging die übergroße Mittelpartei denselben Weg dahin, gleich bereit dem Impuls des Augenblickes zu folgen, zu jubeln und zu fordern, durchdrungen von dem Wunsch keine Revolution zuzulassen und doch von einer Erregung ergriffen, die sie selber beim leisesten Hauch des Mißwollens der Revolution in die Arme trieb! — Diese gefährlichste Stimmung, welche Massen hinwegreißt zu unbestimmbaren Thaten, war durch alle vorhergegangenen Erlebnisse dermaßen verbreitet, daß jeder neue Zug, welcher sich nach dem Schloßplatz bewegte, stets von denselben Impulsen erfüllt war. Auf dem Schloßplatz fanden alle diese „Bürger-Deputationen", wie sie sich selber nannten, bereits eine von der Neugier zusammengetriebene Volksmasse vor, die nach den Neuigkeiten des Tages forschte. Im Schloß nahm man Kenntniß von den Bewegungen in der Berliner Bürgerschaft und ließ sie als dankerfüllt von den Verheißungen gelten. Man ließ das Militär, welches im Schloßhof war, nicht außerhalb desselben erscheinen. Um zwei Uhr trat auch der König auf den Balcon hinaus und wurde von den Versammelten mit ganz außerordentlichem Jubel begrüßt. Er sprach zum Volke; doch drang seine Stimme nicht durch die gewaltigen Massen, welche sich herangedrängt hatten. Eine in Civil-Kleidung neben dem König stehende Person verkündete mit lauter Stimme, daß der König den Dank seiner treuen Bürger mit Freuden entgegen nehme. Der König habe alles gewährt, was das Volk fordere! Diese Verkündigung stimmte die Massen zu noch hellerem Jubel! Es verbreitete sich auch die Nachricht, daß die verhaßten Minister entlassen und treue Führer der Opposition am vereinigten Landtage berufen seien, ein neues, constitutionelles Ministerium zu bilden. Viele wohlgesinnte Bürger beeilten sich diese freudige Kunde Allen bekannt zu geben, die von allen Seiten nach dem Schlosse zu strömten. Bürger umarmten sich und weinten Freudenthränen über die glückliche Wendung, über den Sieg einer friedlichen Reform und die glückliche Vermeidung einer noch so eben unvermeidlich erschienenen Revolution.

Natürlich wollten alle Hinzuströmenden auf diese Kunde nicht ohne Weiteres umkehren, sondern selber Augenzeugen des Umschwunges sein, der sich vollzieht. Der Ruf nach dem Könige wiederholte sich somit und dazwischen wurden die Forderungen laut, von deren Gewähr man bis jetzt nichts vernommen. Die stets sich erneuernden Massen drängten die Vorderen nach dem Portal des Schlosses hin, so daß man fürchten mußte, es sollte das Schloß gestürmt werden. Da hier Militär am Portal erschien, erscholl der Ruf: „Militär zurück" aus tausend und abertausend Stimmen. Die Haltung wurde in der That drohend und noch gespannter, als um halb drei Uhr sich von der Stechbahn her eine Schwadron Dragoner in Bewegung setzte und die Massen nur noch mehr auf den Schloßplatz vordrängte. Bald darauf trat Infanterie aus einem Portale des Schlosses hervor, zog nach der breiten Straße hin Chaine und drängte die Massen nach der Kurfürstenbrücke zu. In diesem verhängnißvollen Augenblick fielen zwei Schüsse aus den Reihen der Infanterie. — — — Die Masse wild erregt durch das Vorschreiten des Militärs stob nunmehr mit dem Schrei: „Verrath! Man schießt auf das Volk!" auseinander und wie mit einem Zauberschlage verwandelte sich die Scene in der ganzen Stadt. — Der Jubel wurde zum Ingrimm — und die Revolution war da.

## Die Revolution.

Der Ruf: „Verrath! man schießt auf das Volk" aus dem Munde derjenigen, die entsetzt vom Schloßplatz nach allen Theilen der Stadt flohen, traf das Ohr der Massen, die noch immer nach dem Schloßplatz hinströmten, mit furchtbar wirkender Gewalt. Die längst die Ueberzeugung gewonnen hatten, daß der König nach all' seinen im Tone unfehlbarster Wahrheit ausgesprochenen Ansichten nicht nachgeben werde ohne Revolution, sahen sich mit Entsetzen vor die Nothwendigkeit hingestellt, sofort die blutige Katastrophe beginnen zu lassen. In noch viel aufgeregtere und bis zur vollen Verzweiflung gesteigerte Stimmung wurden diejenigen versetzt, welche im Gefühl freudigen Jubels nach dem Schloß eilen wollten. Der Schrei „Verrath!" „Waffen herbei!" „Barrikaden!" „Man mordet das Volk!" durchtobte mit fliegender Eile die ganze Stadt und riß selbst die Besonnensten hin, sich am Kampf zu betheiligen. War er unvermeidlich, so konnte er nur glücklich enden, wenn sich Alle ohne Ausnahme einmüthig der Sache des Volkes anschlossen!

Nur wenige hegten noch die Hoffnung, daß die im Schloß selber zurückgebliebenen Deputationen der Stadtverordneten, des Magistrats, des Senats der Universität, der Rector an der Spitze, im Stande sein würden, die Zurückziehung des Militärs zu erflehen. Als jedoch auch diese mit der Nachricht ankamen, daß all' ihr Bitten vergeblich gewesen sei, als selbst der Polizei-Präsident von Minutoli, der einzige Beamte, der damals volksbeliebt war, verzweiflungsvoll mittheilte, es sei jeder Weg der Verständigung vergeblich, da griff alles an, um den Widerstand so stark wie möglich zu machen. Zorn und Wuth gegen den Absolutismus, der über Blut und Leben seine Herrschaft behaupten wolle, und flammende Begeisterung für die Freiheit, die im rosigsten Lichte den Gemüthern der ganzen Jugend vorschwebte, trieb Alt und Jung zur That an. Und wie immer, wo man des eigenen politischen Lebens entbehrt

und nur an auswärtigen politischen Vorgängen seine Phantasie
sättigt, war es auch hier der Fall. Das Bild, welches die
Zeitungen in den letzten Wochen von der pariser Februar-Revolution mit großer Ausführlichkeit geschildert hatten, wurde
jetzt zum Vorbild für die eigenen Zustände. Der Bau von
Barrikaden wurde gleichzeitig in allen Theilen der Stadt begonnen.

Im Lauf von einer Stunde waren wie mit einem Zauberschlage, die Straßen der Stadt verwandelt. Das Steinpflaster
wurde aufgerissen, Tonnen, Brückenbohlen, Droschken, Omni-
busse, Fuhrwerke aller Art, Wollsäcke, Brunnengehäuse, Haus-
geräthe und dazwischen Erde und Steinhaufen dienten zum
Bau der Wälle, welche die Straßen sperrten und dem Militär
den Durchzug hindern sollten. Die kleinen Steine wurden auf
die Böden der Häuser gebracht, welche den Barrikaden am
nächsten waren. Im Nu wurden die Dächer abgedeckt und die
Dachsteine als Wurfgeschosse angesammelt, um das erwartete
Militär damit zu vertreiben. Die Waffenhandlungen gaben
auf den ersten Ruf alles, was nur zur Vertheidigung dienen
konnte, dem stürmischen Verlangen des Volkes preis. Studenten mit ihren Schlägern, improvisirte Fahnen schwingend,
Bürger und Arbeiter, Männer jedes Alters und Standes,
Knaben und Greise, alles war einig und in gleicher Thätigkeit
begriffen. Alle Hausthüren wurden geöffnet, um im Nothfall
den Verfolgten eine Zuflucht zu bieten, aus allen Wirthschaften
und Werkstätten wurden Beile, Aerte, Brechstangen hergegeben,
um als Waffe zu dienen. Ohne vorsehenden Plan wurde ein
Widerstand organisirt, wie er jeder Stadt, welche in Ueberraschung sich gegen einen auswärtigen Feind vertheidigen will,
nur zur Ehre gereichen würde. — Und hier war der Feind die
eigene Regierung und die eignen Söhne des Vaterlandes! Der
Schmerz, daß dergleichen geschehen müsse, verwandelte sich in
friedliebenden Gemüthern in namenlose Wuth.

In der Umgebung des Königs herrschte inzwischen die Un-
entschlossenheit, welche stets die Folge unhaltbarer Zustände ist.
Es war in der That das Ministerium bereits entlassen, als die
Proclamation vom 18. März in der Nacht vorher abgefaßt

wurde; allein man wähnte, sich etwas zu vergeben, wenn man dies Factum bekannt mache, und wollte durchaus den Schein retten, als ob alle Zugeständnisse aus freiem Entschluß entspringen. Das Vorrücken des Militärs auf dem Schloßplatz sollte in der That nicht eine Feindseligkeit gegen das Volk sein, sondern nur das unabsehbare Herandringen desselben verhindern. Die zwei Schüsse, welche so schwere Folgen nach sich zogen, waren nur unabsichtlich losgegangen und hatten thatsächlich Niemanden verletzt. Die Wuth, die sie erzeugten, war ein „Mißverständniß", das der König aufrichtig beklagte. Er wollte kein Blutbad. Es lag seinem Charakter durchaus fern, zumal er ernstlich glaubte, es sei sein Volk nur von fremden Agitatoren aufgeregt, und bereit, jeden Kampf zu meiden, wenn es nur wüßte, wie er verkannt werde. In diesem Sinne wurde auch eine Proclamation entworfen, welche die Gemüther beruhigen und das Mißverständniß aufklären sollte. Aber diese Proclamation wurde wiederum von den bisherigen Ministern unterzeichnet, und wo man nur versuchte sie zu verbreiten, erregte sie den Zorn auf's Neue. Man glaubte keinen officiellen Versicherungen mehr. Man wollte Thaten sehen und forderte mit einstimmigem Zorn den Rückzug des Militärs.

Diese Forderung, fußfällig von vielen der achtbarsten Bürger erbeten, stieß auf einen Widerstand, der der einzige war, welchen man nicht aufgeben wollte. „Die militärische Ehre verbiete ihn!" war die einzige Antwort auf all' die eindringlichsten Bitten. Die Nachricht, daß Berlin im Aufstande sei, daß fortan jedes freie Zugeständniß im Lichte eines erzwungenen Actes erscheinen müsse, bestärkte diese Antwort. Erst sollten die Bürger jeden Widerstand aufgeben, die Barrikaden wieder forträumen, dann solle der erneute Frieden mit freudigen Zugeständnissen der Volkswünsche geschlossen werden!

Bedenkt man, daß der Rückzug des Militärs auf einen einzigen Befehl hätte vollzogen werden können, daß dagegen die Revolution vollständig unorganisirt war und Niemand im Stande gewesen wäre einen erfolgreichen Befehl zur Einstellung derselben zu ertheilen, so ist es leicht einzusehen, daß selbst der beste Wille Einzelner nicht ausreichen konnte, das „Mißverständniß" zu lösen. — Nur eine einzige Möglichkeit stand noch offen, die blutige Katastrophe zu vermeiden. Wenn das Militär von jedem Vorgehen gegen das Volk zurückgehalten worden, und die Nacht in einem Waffenstillstand verflossen wäre, dann würde wohl der nächste Morgen so weit die Ruhe in den Gemüthern herbeigeführt haben, um einen Frieden möglich zu machen. Dieser Plan scheint auch der des bisherigen Commandanten der Stadt Berlin, des Generals von Pfuel gewesen zu sein. Allein er fand in militärischen Kreisen entschiedenen Widerspruch, Pfuel wurde entlassen und General v. Prittwitz nahm seinen Posten ein.

Bald langte die Nachricht auf dem Schlosse an, daß einzelne Soldaten und Officiere auf den Straßen der Stadt gewaltsam vom Volke entwaffnet und in Folge dieser Entwaffnungs-Versuche auch ein Posten an der Bank im Ringen mit seinen Angreifern erschossen worden sei. So war denn Blut geflossen und das Signal zum Kampf gegeben.

Die Berichte über die Vorgänge in diesem Kampfe leiden alle an den Uebertreibungen, welche eine aufgeregte Phantasie in Jedem erzeugt, der daran Theil genommen, wie in Allen die später vom Parteistandpunkt aus eine Darstellung derselben versuchten. Wir können nur als Ergebniß des Vorrückens des Militärs und des Kampfes, der gegen fünf Uhr begann, durch die ganze Nacht anhielt und erst am Morgen um fünf Uhr mit einem vorläufigen Waffenstillstand endete, die Thatsachen anführen, daß die Barrikaden nach oft harter Gegenwehr erstürmt und daß die Häuser, aus welchen auf die Truppen geschossen oder Steine geschleudert wurden, der Schauplatz entsetzlicher Scenen wurden. Ueber 14,000 Mann und eine Artillerie mit 36 Geschützen waren auf Seiten der Truppen hierbei thätig, während die Zahl der Kämpfer im Volke nicht angegeben werden kann, weil sie fortwährend in Flucht und Sammlung wechselte. Der Verlust des Militärs an Todten und Verwundeten betrug nach amtlichen Listen an 274 Personen, worunter 14 Officiere waren. Der Verlust des Volkes an Verwundeten ist nicht ermittelt, die Zahl der Todten, sammt denen, die später an ihren Wunden gestorben, betrug 230, worunter notorisch völlig Waffenlose und Frauen und Kinder mitzählten. Die Zahl der Gefangenen betrug 700.

Der Ausgang dieses Kampfes und seine ungeheuren Folgen gehören dem Triumphtage, dem 19. März an, dessen wir noch gedenken werden. Zur Charakterisirung des schrecklichen Kampfes, der die Nacht hindurch wüthete, wollen wir nur zwei authentische Documente vorführen. Das eine giebt uns ein getreues Bild von dem Schmerz des Königs, dessen Seele durch nichts schwerer konnte getrübt werden, als durch die Thatsache, daß er, der so gern ein freier Beglücker seines Volkes sein wollte und zu sein auch fest glaubte, nunmehr genöthigt war zu einem blutigen Kampfe gegen dasselbe. Der schwere, verhängnißvolle Irrthum, der durch seine Regierungszeit geht, daß nicht das Volk gegen seine Regiment sei, sondern nur „Fremde", „Bösewichter", „Verführer" es aufregen, durchzieht auch dies Document, und machte es völlig unwirksam. Gleichwohl ist es zur Charakteristik der Lage von großer Wichtigkeit. Das zweite Document rührt von einem treuen, wahrheitsliebenden Mann, dem Gymnasial-Director August, her, der die Vorgänge in seiner eigenen Wohnung im kölnischen Rathhause schildert und ein getreues Bild giebt von dem Entsetzen, welches die losgelassene Furie eines solchen Kampfes darbietet.

Das erste Document, der vom König in der schrecklichen Nacht erlassene Aufruf, lautet:

An meine lieben Berliner!

Durch mein Einberufungs-Patent vom heutigen Tage habt Ihr das Pfand der treuen Gesinnung Eures Königs zu Euch und zum gesammten deutschen Vaterlande empfangen. Noch war der Jubel, mit dem unzählige, treue Herzen Mich begrüßt hatten, nicht verhallt, so mischte ein Haufen Ruhestörer aufrührerische und freche Forderungen ein und vergrößerte sich in dem Maße, als die Wohlgesinnten sich entfernten. Da ihr ungestümes Vordringen bis ins Portal des Schlosses mit Recht arge Absichten befürchten ließ und Beleidigungen wider Meine tapfern und treuen Soldaten ausgestoßen wurden, mußte der Platz durch Cavallerie im Schritt und mit eingestedter Waffe gesäubert werden, und 2 Gewehre der Infanterie entluden sich von selbst, Gottlob ohne irgend Jemand zu treffen. Eine Rotte von Bösewichtern, meist aus Fremden bestehend, die sich seit einer Woche, obgleich aufgesucht, doch zu verbergen gewußt hatten, haben diesen Umstand im Sinne ihrer argen Pläne durch augenscheinliche Lüge verdreht und die erhitzten Gemüther von vielen Meiner treuen und lieben Berliner mit Rache-Gedanken um vermeintlich vergossenes Blut! erfüllt und sind so die gräulichen Urheber von Blutvergießen geworden. Meine Truppen, Eure Brüder und Landsleute, haben erst dann von der Waffe Gebrauch gemacht, als sie durch viele Schüsse aus der Königstraße dazu gezwungen wurden. Das siegreiche Vordringen der Truppen war die nothwendige Folge davon.

An Euch, Einwohner Meiner geliebten Vaterstadt, ist es jetzt, größerem Unheil vorzubeugen. Erkennt, Euer König und treuester Freund beschwört Euch darum, bei Allem, was Euch heilig ist, den unseligen Irrthum! kehrt zum Frieden zurück, räumt die Barrikaden, die noch stehen, hinweg, und entsendet an Mich Männer, voll des echten alten Berliner Geistes, mit Worten, wie sie sich Eurem Könige gegenüber geziemen, und Ich gebe Euch Mein Königliches Wort, daß alle Straßen und Plätze sogleich von den Truppen geräumt werden sollen und die militärische Besetzung nur auf die nothwendigen Gebäude des Schlosses, des Zeughauses und weniger anderer, und da auch nur auf kurze Zeit beschränkt werden wird. Hört die väterliche Stimme Eures Königs, Bewohner meines treuen und schönen Berlins, und vergesset das Geschehene, wie Ich es vergessen will und werde in Meinem Herzen, um der großen Zukunft willen, die unter dem Friedenssegen Gottes für Preußen und durch Preußen für Deutschland anbrechen wird.

Eure liebreiche Königin und wahrhaft treue Mutter und Freundin, die sehr leidend darnieder liegt, vereinigt ihre innigen, thränenreichen Bitten mit den Meinigen.

Geschrieben in der Nacht vom 18. zum 19. März 1848.

Friedrich Wilhelm.

Das zweite Document, die Mittheilung des Gymnasial-Directors August, lautet wie folgt:

Es währte lange, ehe die Truppen in der Breiten Straße

einschritten. Um 9 Uhr Abends minderte sich schon das Getümmel, und ich gab mich schon der Hoffnung wieder hin, das Militär werde von dieser Seite den Neckereien Geduld entgegensetzen und Bürgerblut schonen. Doch um 10 Uhr begann hier das Kartätschenfeuer. Bald gab es Todte und Verwundete an der Barrikade. Diese wurden von den Vertheidigern in meine Wohnung gebracht. Ueber jeder Leiche erneuerte sich der Racheschwur ihrer Mitkämpfer, und der Streit wurde immer gewaltiger. Nach Mitternacht wurde die Besatzung der Barrikade durch die furchtbare Wirkung der Artillerie und da sie selbst keine Munition mehr hatte, gezwungen, die Vertheidigung derselben aufzugeben, die Potsdamer Garde drang durch die Barrikade und stürmte in das Rathhaus. Die Soldaten drangen, wie ich erfahren habe, fast zugleich in die große Thür nach der Breiten Straße, die verschlossen war, und in die Thür an der Gertraudtenstraße ein, in welche die Flüchtigen der Barrikadenvertheidiger sich zum Theil zurückgezogen hatten. Die Thür nach der Scharrnstraße war und blieb verbarrikadirt. Durch die Fenster der Schuldienerwohnung stieg kein Soldat. Alle übrigen sind mit eisernen Gittern versehen. Die Thür der Schuldienerwohnung wurde vom Hausflur aus eingestoßen, als dieser schon mit Soldaten, die anderswo eingedrungen, besetzt war. Vor den Bayonnetten der ohne Erbarmen Alles niedermetzelnden Soldaten zogen sich sechs bis acht der Verfolgten über die Leichen und Verwundeten, die im Vorzimmer lagen, in die Zimmer meiner Wohnung zurück, und beschworen mich, den wüthenden Soldaten beschwichtigend entgegen zu treten, daß diese sich mit Verhaftung der Wehrlosen begnügen und nicht ohne Noth Bürgerblut hinopfern möchten. Ich ergriff schnell das Klingelschild meiner Eingangsthür, rief den Officieren zu, daß hier eine Privatwohnung mitten im Rathhause sei, nannte mich, versicherte mit Verpfändung meines Lebens: dies sei die einzige Thür meiner Wohnung. Man möge sie besetzen, ich würde meine Familie recognosciren, dann könne man verhaften; aus meinen Fenstern sei nicht geschossen, Verwundete zu pflegen sei Christenpflicht. Meine Worte wirkten nicht, es zeigte sich hier zuerst die grausame Wirkung der Maßregel, fremde Regimenter zur Aufrechterhaltung der Ordnung nach Berlin berufen zu haben. Officiere hiesiger Garnison hätten mich leichter erkannt oder hätten die Wahrheit meiner Worte schneller begriffen. Hier trat Unkunde zur Wuth, die an sich schon blind war.

Ich fühlte den Degen des Officiers in meinem Gesicht und sah mein Blut herabriefeln. An Ausrufungen der Verwünschung ließen es die Herren auch nicht fehlen. Kolbenstöße, Bayonnettstiche, Schüsse bedrohten mein Leben. Ich riß mir die Kriegsmedaille ab und rief den Wüthenden entgegen, daß ich für das Vaterland und den König gefochten, noch ehe sie lebten, daß ich Kriegssitte kenne, daß ihre Grausamkeit und Mordlust ein Schandfleck für das preußische Heer sei. Durch diese Rede entging ich dem Tode, aber nicht den Mißhandlungen. Meine Bitte für die Meinigen fand kein Gehör. Diese waren in dem engen Raum der Küche, dem einzigen, der nach keiner Straße hinausliegt, zusammengedrängt. Meine Frau, drei erwachsene Töchter, meine beiden jüngsten Kinder noch in Betten, mein halberwachsener Sohn, in Gesellschaft zweier Schwestersöhne meiner Frau. Ohne mich anzuhören, packten mich die Gardisten fest, man riß zuerst meinen Neffen, den Aud. jur. Hermann von Holtzendorff, am Barte von der Seite meiner Frau, als ob dieser Bart besonders verdächtig sei, und schleppte den jungen Mann mit rohem Ungestüm hinweg; nach ihm meinen zweiten Neffen, den Schulamtskandidaten Georg Zelle. Auch mein Sohn Richard entging der Wuth nicht; an den Haaren aus den Armen der Mutter, der man das Bayonnett auf die Brust hielt, fortgezerrt, wurde er draußen auf dem Flur zu den Andern gestellt, die man in meiner Wohnung aufgefunden hatte. Einige Andere hatten sich durch die Hilfe eines entschlossenen Dienstmädchens vermittelst einer Waschleine aus einem Fenster nach dem Schulhofe hinabgelassen, sie selbst voran, wobei sie sich den Fuß verstauchte, und als die anderen glücklich entkommen waren, an einem Seile von mitleidigen Nachbaren in das erste Stockwerk eines andern Hauses gerettet wurde. Inzwischen verschwendete ich fruchtlose Bitten an die Officiere, mich bei den Meinigen zu lassen. Ich wurde mit allen Verhafteten fortgeschleppt und erhielt auf der Treppe viele Kolbenstöße, zuletzt noch an der Ecke der Scharrnstraße von einem Tambour Schläge auf den Kopf mit dem Trommelstock, ohne daß ihn der Offizier davon zurückhielt. So allgemein war das Vergnügen an Mißhandlungen bei dem ersten Potsdamer Garde-Regiment verbreitet. In der Breiten Straße gelang es mir, mich einigen höheren Officieren bemerklich zu machen. Die Generale v. Aschoff und v. Rauch befreiten mich und meinen Sohn, und erwiesen mir auf meine Bitten die Liebe, mich durch die höchst aufgebrachten Soldaten, die bei jedem Schritt auf mich Blutenden eindringen wollten, zu den geängsteten Meinigen zu führen. Herr Oberst v. Bonin trat zu mir heran und sagte mir die baldige Befreiung meiner beiden Neffen zu. Einer derselben, der Schulamtscandidat Georg Zelle, der bei der Festnehmung einen Bayonnettstich in den Arm erhielt, wurde auch um 2 Uhr frei.

Der Andere, stud. jur. v. Holtzendorff, war bereits ein Opfer soldatischer Wuth geworden. Die Maßregel, auswärtiges Militär zur Aufrechterhaltung der Ruhe in der Hauptstadt anzuwenden, zeigte sich bei ihm am schrecklichsten. Er wurde zuerst ganz rücksichtslos fortgeschleppt, und von zwei Soldaten, die den Weg zum Schlosse nicht kannten in die Roßstraße mitten unter die erbitterten Bürger geführt. Auf den Ruf „Loslassen" entließ ihn einer der Gardisten. Da erschoß ihn der Andere, und diese Unthat brachte das schrecklichste Unglück über einen Familienverband, der mit der Liebe zum gediegenen Fortschritt der deutschen Sprache, treue Anhänglichkeit an den König nie verleugnete. Der Gefallene ist der Sohn des Rittergutsbesitzers v. Holtzendorff-Jagow und der Enkel des noch in gutem Andenken stehenden Professor Fischer, der einst Lehrer unsers Königs war. Zu den Meinigen zurückgekehrt, setzte ich, obwohl durch zwei Wunden und eine Quetschung geschwächt, die Pflege des einzigen Verwundeten, der noch in meinem Vorzimmer lebte, fort, und fand noch Gelegenheit, einen zweiten in Schutz und Pflege zu nehmen, der auf dem Boden des Rathhauses unbewaffnet einen Säbelhieb über den Kopf erhalten hatte. Inzwischen hatte eine Truppenabtheilung des 8. frankfurter Regiments die Mannschaft der Potsdamer Garde auf dem Rathhause abgelöst. Die Officiere bewiesen sich menschlicher gegen diejenigen, welche auf dem Thurme bei jeder neuen Untersuchung gefangen wurden; so daß solche, die sich bei den Schüssen der Garde todtgestellt, oder sonst versteckt hatten, sich diesen menschlicheren Truppen freiwillig ergaben.

## Der große Siegestag.

Die Schilderung, die Director August von den Vorgängen im eignen Hause macht, erklärt es wohl hinlänglich, daß der Aufruf des Königs an die Berliner Einwohnerschaft ohne Wirkung bleiben mußte. Nach solchen Scenen, wie sie Berlin erlebte, war der Entschluß, den Kampf nicht aufzugeben, zu einer Gewalt herangereift, welcher Niemand sich entziehen mochte und konnte. Wo man Blut vergossen sah, erhoben sich die Hände Aller zum Schwur der Treue und zur Rache. Um alle Leichen erscholl der feierlichste Eid, daß sie nicht vergeblich gefallen seien, sondern daß ihre Namen im freien Vaterlande verherrlicht fortleben sollen als Opfer des um jeden Preis zu stürzenden, absoluten Systems. Die dringende Aufforderung des Königs, daß man die Barrikaden wegräumen solle, fachte am Morgen des 19. den Zorn um so heftiger an, als thatsächlich inzwischen fast alle Barrikaden in die Gewalt des Militärs gerathen waren.

Im rein strategischen Sinn betrachtet, war denn auch in der That der Sieg des Militärs über das Volk entschieden; aber in politischer und moralischer Beziehung stand es hierin durchaus anders.

Während die Straßen Berlins in der Nacht wiederhallten von Geschützesdonner und dem Racheschrei des Volkes, herrschte im königlichen Schloß ein moralischer Aufruhr, den man nur mit dem Wort Anarchie bezeichnen kann. Das leicht erregbare Naturell des Königs war bereits während des Nachmittags und am Abend des 18. März in die heftigste Spannung versetzt. In der Nacht stieg dieselbe mit jedem Schuß, der von der

Stadt her erscholl, und jeder Nachricht, die ihm vom blutigen Hergang mitgetheilt wurde. Sein bewegtes Gemüth schwankte unausgesetzt unter den Eindrücken der ihm berichteten Begebenheiten. Von dem brennendsten Verlangen bedrängt, dieses Blutvergießen beendet zu sehen, waren ihm selbst die Nachrichten von dem Siege der Truppen entsetzlich. Er wünschte und forderte unausgesetzt den Weg einer Vermittelung herbei und sprach das Verlangen aus, einflußreiche Bürger Berlins um sich zu sehen, damit sie sich von seinem Wunsche nach Frieden überzeugen und allen Mitbürgern davon sichere Kunde geben.

In Folge dieses königlichen Wunsches wurde denn in der That das Schloß ein Sammelpunkt vieler Bürger, die aus eignem Herzensdrang kamen, um den Frieden zu vermitteln. Geistliche, Lehrer, Kaufleute, Schriftsteller von gutem Ruf und treuem Willen, untermischt mit unbekannten beherzten Männern, welche unverhüllt die Wahrheit auszusprechen sich gedrungen fühlten, fanden sich in allen Räumen des Schlosses ein. Man diskutirte und debattirte in Gegenwart des Königs und kam immer und immer wieder auf das richtige Resultat, daß es nicht fremde Aufwiegler und Verschworene seien, die die Revolution entzündet und unterhalten, sondern der ganze Bürgerstand von dem unseligsten Mißverständniß erfaßt sei, als wolle eine Militär-Partei im Blutbade die Hoffnungen des Volkes auf eine freie Verfassung ersticken. Wenn der König vom Siege seiner Truppen sprach, erwiderte man ihm muthig, daß dies die schwerste Niederlage sei! Wie lange konnte dieser Sieg erhalten bleiben, wo das Volk durchaus nicht nachgeben will! Wie steht es in den Provinzen, wo bereits Scenen des Aufruhrs im Gange waren? Moralisch erschütternde und politisch muthige Worte, wie sie dem Könige niemals persönlich zu Ohren gekommen waren, wiederholten sich fort und fort mit jeder neuen Deputation, die auf heftiges Andrängen vorgelassen wurde; der Schluß aller Reden war die Wahrheit: Es giebt Niemanden, der mächtig und einflußreich genug ist und Gelegenheit hat, die Bevölkerung vom Kampf zurückzuweisen; nur Eines Wortes von Seiten des Königs bedarf es, um den Frieden sofort herbeizuführen, des Wortes, das den Rückzug des Militärs aus den Straßen der Stadt befiehlt. Alle Bürger würden sich dann wie eine Mauer um das königliche Schloß aufpflanzen und jeden Andrang und etwaigen böswilligen Sturm abweisen. Soll das Blutvergießen enden, so müsse dieses Wort gesprochen werden! Geschieht dies nicht, nun so müsse man „Wehe" rufen über ein System, das die „Ehre des Heeres" höher stellt als das Blut des Volkes und die treue Liebe der Bürger.

Scenen dieser Art, die sich unausgesetzt erneuerten und unter Fußfall und Begeisterung einen unwiderstehlichen Charakter annahmen, waren der militärischen Umgebung des Königs freilich im höchsten Grade widerstrebend; aber der König, zur Nachgiebigkeit geneigt, verlangte immerfort, die Stimme der Bürgerschaft zu hören. Und diese Stimmen wurden immer stürmischer, je größer die Zahl der nach dem Könige Verlangenden wurde und je hartnäckiger der König auf den unausführbaren Plan bestand, daß die Bevölkerung zuerst die Barrikaden zertrümmern solle, bevor er den Truppen den Rückzug befehlen könne. Die Proclamation des Königs an die Berliner wurde daher auch von den im Schlosse angesammelten Bürgern für aussichtslos erklärt. Dazu kamen noch gegen Morgen die selbst in militärischen Kreisen Bedenken erregenden Mittheilungen, daß das Militär erschöpft sei und der Ruhe bringend bedürfe, während man jeden Augenblick des Ausbruchs der Feindseligkeiten von Seiten des Volkes am nächsten Morgen gewärtig sein müsse. — So wurde denn endlich gegen Morgen der Entschluß eines Waffenstillstandes gefaßt und um fünf Uhr den Truppen der Befehl ertheilt, nicht angreifend weiter vorzugehen.

Von diesem Zeitpunkt ab, wo der Kampf auf den Straßen schweigt, entwickelt sich im königlichen Schloß ein Andrang stets neuer und neuer Deputationen, der so mächtig wurde, daß es sich kaum mehr sagen ließ, in wessen Gewalt sich der Sitz des Königthums befindet. Von dem Entschluß getrieben, um jeden Preis den König zum Rückzug der Truppen zu bewegen, wächst nach und nach der gemeinsame Wille zu einer Forderung an, welcher man nur hätte mit Einschreiten gegen die im

Schloßhof und allen Räumen des Schlosses Befindlichen Einhalt thun können. Das militärische Commando war gelähmt, der Waffenstillstand konnte ja auch keinen andern Sinn haben, als Mittel und Wege zu finden, wie dem erneuerten Ausbruch des Aufstandes vorgebeugt werden solle. Jede neue Stunde brachte neue Deputationen herbei, die mit dem besten Willen doch nichts anderes darthun konnten, als die Nothwendigkeit, das Militär zurückzuziehen. Die Forderung wuchs zu einem mitten im Schlosse und wiederholt in Gegenwart des Königs sich erhebenden Sturm an, den man nur hätte zum Schweigen bringen können, wenn man im Schlosse selber von der Gewalt hätte Gebrauch machen wollen, um die Bürger, welche den König zu hören verlangten, mit den Waffen hinauszutreiben.

Wer die Wahrheit erkennen will, kann nur sagen: Auf den Straßen Berlins war nach einem blutigen Sieg des Militärs ein Waffenstillstand eingetreten; auf dem Schlosse aber ward ein moralischer Kampf fortgesetzt, den man eine Revolution der Bestgesinnten nennen muß.

In solch' gespannter Situation deutet selbst der Wahrheitsliebendste jedes Wort und jedes Ereigniß nach den brennenden Wünschen, welche in seinem Herzen leben. Einige Worte des Königs, welche wie Erfüllung des dringlichsten Wunsches lauteten, wurden bald als volle Zusage, als Befehl aufgenommen und mit Jubel hinausgetragen und dem Volke verkündigt. Bereits um 10 Uhr war die Kunde unter dem Volke wie unter dem Militär verbreitet, daß der Rückzug der Truppen beschlossen sei. Da trat ein Ereigniß ein, welches, sonderbar genug, vom Zufall herbeigeführt, an Wirkung alle Absichten überflügelte.

Es war um 8 Uhr als an der Barrikade auf dem Alexander-Platz, die noch in der Hand des Volkes war und wo der Thierarzt Urban, ein mächtiger Barrikadenkämpfer und einflußreicher Volksführer jener Tage, das Commando hatte, der General von Möllendorf mit einem weißen Taschentuch winkend erschien und freien Durchzug nach der in der Nähe liegenden Kaserne forderte. Da Waffenstillstand herrschte, gewährte man dem General eine Unterredung und er tritt in den Kreis, der sich um Urban gebildet hatte. Aber während der Unterredung zieht ein Knabe dem General den Degen aus der Scheide. Der Commandant entwaffnet, wird von der herandrängenden Masse als Gefangener erklärt und unter unbeschreiblichem Jubel in ein Lokal in der Nähe gebracht, wo er zwar seinen Degen wiedererhält, jedoch als Geißel für den geforderten Rückzug des Militärs vom Volke bewacht wird.

Die Nachricht dieser an sich sehr unwesentlichen Scene verbreitete sich in furchtbar übertriebener Gestalt in der ganzen Stadt und auch im Schloß. Inzwischen kommt auch eine Deputation von Magistratsmitgliedern und Stadtverordneten daselbst an und giebt dem Könige die Versicherung, daß die Bürger bereits in einzelnen Stadttheilen, im Vertrauen auf die Verheißung des Königs mit dem Forträumen der Barrikaden begonnen hätten. In der That war dies auch vereinzelt und namentlich dort der Fall, wo der Weg zu ihren Hausthüren gesperrt war. Der König, froh dies als Zeichen des Vertrauens aufnehmend, gab denn endlich den Befehl, daß mit dem Zurückziehen des Militärs begonnen und dies fortgesetzt werden soll, so weit die Bürgerschaft die Barrikaden räumt.

Aber in jener Situation sah und hörte ein Jeder was er wünschte! Die Nachricht von der Gefangenschaft des Generals Möllendorf und die Kunde vom Rückzug der Truppen wurde im Volke als ein vollständiger Sieg seiner Sache aufgenommen. Im Nu verwandelte sich die Scene wieder. Mit Jubelruf und Freudenthränen wird der Befehl zum Rückzug des Militärs in übertriebenster Weise verkündet, geglaubt und noch hinzugefügt, daß eine allgemeine Bürgerbewaffnung bewilligt sei, indem das Militär die Stadt verlassen solle! — Es herrscht die Verwirrung dermaßen, daß Niemand mehr weiß, was der König beschlossen und befohlen hat, und noch heutigen Tages ein Streit über Wort und Sinn dieses Beschlusses obwaltet. — Aber gleichviel wie der Befehl gelautet: es geschah instinctiv von Allen das Unabweisbare! Der moralische Sieg war auf Seiten des Volkes und dies verleiht dem 19. März 1848 eine historische Bedeutung, welche ihm keine Verleugnungskunst wird rauben können!

———

## Die Neugeburt des Staatslebens.

Der Friede war hergestellt; — aber nicht, wie alle Friedensuchenden wähnten, um einen Zustand wiederum eintreten zu lassen, wie er am Tage vorher gewesen, sondern um eine Neugestaltung urplötzlich ins Leben treten zu lassen, mit deren Ausbildung wir noch bis zum heutigen Tage befaßt sind.

Wie im Einzelleben so treten auch im Völker-Dasein Momente ein, wo im Zusammensturz der altgewohnten Ordnung ein instinctiver Trieb mit unwiderstehlicher Gewalt die Herrschaft gewinnt. Wie es Niemand zu sagen weiß, wer ihn inmitten einer Lebensgefahr gelehrt hat, seine Rettung in einem Wagniß zu vollziehen, an das er vorher niemals gedacht, so weiß es ein Volk nicht, wer in großen Daseinskrisen ihm Maß und Richtung angewiesen, um ein neues Lebenselement in sich geltend zu machen. — So wenig man anzugeben weiß, wer die Revolution gemacht, so wenig es sich ermitteln läßt, wer den Befehl zum völligen Ausmarsch der Truppen aus Berlin ertheilt hat, so wenig läßt sich auf irgend einen Einzelnen die Thatsache der urplötzlich mit dem Friedensruf eintretenden, demokratischen Macht zurückführen. Wie Alles in den letzten vierundzwanzig Stunden trat auch diese Neugestaltung als unvermeidliche Consequenz eines politischen Instinctes auf. Die Schreckensstunden mit ihrem Schmerzgeschrei wurden zu Mutterwehen einer lebenskräftigen Neugeburt.

Die ursprüngliche Absicht, das Schloß, das Zeughaus und die Hauptwache mit hinlänglicher militärischer Besatzung zu versehen und nur das anderweitige Militär aus der Stadt marschiren zu lassen, wurde von instinktiven Thaten zur Unmöglichkeit gemacht. Die Massen drangen sofort vor auf das Schloß zu und in die Höfe desselben hinein. Sollte und wollte man neues Blutvergießen vermeiden, so mußte man die Besatzung des Schlosses in den Gemächern desselben kampiren lassen. Während die Nachricht, daß ein neues Ministerium gebildet sei, in das Schwerin und Auerswald eingetreten, vom Volke mit Jubel aufgenommen wurde, kamen von allen Seiten der Stadt Züge heran, welche unter Trauergesängen die Leichen des Volkes auf improvisirten Bahren nach dem Schloß trugen. „Zum König!" war der Mahnruf dieser Trauerzüge. „Mag er sehen, was er angerichtet!" — Es war nicht Rachegeschrei, es war ein Klageruf, wie man ihn gegen einen Vater wohl auch erhebt, der sich im Zorn zur grausigen That hat hinreißen assen. Die Leichenzüge häuften sich mehr und mehr und bald erscholl auch von den Thürmen ein Trauergeläute, das alle Gemüther tief erschütterte. Als ein Reiter-Regiment mit luftiger Melodie seinen Ausmarsch aus der Stadt begleiten wollte, empörte sich das Volk und forderte einen Trauermarsch, der auch sofort erscholl.

Der neunzehnte März 1848 war ein Sonntag, der Tag des Herrn, der Tag der Ruhe, des Gebetes und der Volksbelustigung; aber in keiner Kirche war Gottesdienst, in einzelnen hatte man die Leichen der Gefallenen an den Altar hingelegt, und viele Geistliche wußten noch nicht, ob sie segnen oder fluchen sollten. In immer mehr und mehr zum Schlosse hindrängenden Volke wurde nirgend ein Ruf gegen die Monarchie laut. Eine republikanische Agitation würde auch zweifellos vom Volke sofort niedergeschlagen worden sein. Aber Freiheit! Beseitigung der Militärherrschaft und Volksbewaffnung! waren die Rufe, welche in den Tausenden und Abertausenden, die herbeiströmten, den tiefsten Wiederhall fanden. Dazwischen immer und immer mehr Leichenzüge, zu welchen man stets den König als Zeugen des Volksleides herbeirief und welchem Ruf er auch folgte, um jedesmal wie das ganze Volk entblößten Hauptes den Gefallenen wie den Lebenden seine tiefe Seelenerschütterung zu bekunden.

In den Denkwürdigkeiten, welche sehr zahlreich über jene Tage abgefaßt worden und von den verschiedensten Parteiabsichten sehr gefärbt sind, waltet ein lebhafter Streit über die Frage ob, wie und weshalb die Volksbewaffnung durchgesetzt wurde. Der Eine will sie aus Nothwehr, der Andere als Mittel, die Massen vom Schloß fortzubringen, empfohlen und befürwortet haben. In Wahrheit aber war auch dieser

Schritt nur die Erfüllung einer instinctiv empfundenen Volksforderung von unabweislicher Wichtigkeit. Niemand hat Ursache,
sich den Ruhm oder die Verantwortlichkeit dafür allein bei-
zumessen. Der Tag gehörte dem Volksgefühl, dessen instinctiver
Trieb sich unter der Auflösung aller hergebrachten Formen unwiderstehlich offenbarte. Kein Einzelner hat sich dessen zu
rühmen, was Großes da hervortrat, wie kein Einzelner sich
dessen zu schämen hat, was er, dem allgemeinen Zuge folgend,
zur Geltung brachte.

Nur diesem instinctiven Gefühle folgend, gingen gegen
3 Uhr Nachmittags einige Bürger mit dem Polizeipräsidenten
von Minutoli an der Spitze den König direct an, zum harrenden
Volk hinaus auf die Schloßterrasse zu treten und dort die
Bürgerbewaffnung selber zu verkünden. Der König, welcher
ein Fenster öffnen lassen wollte, um zum Volke zu sprechen,
wurde von den Bürgern am Arm genommen und mit der
dringendsten Bitte, dem Staat die Ruhe wieder zu geben, die
Treppe hinab und auf die Terrasse geleitet. Hier erfolgte denn
auch unter tausendstimmigem Jubelruf die Bewilligung des
Königs. Um 6 Uhr war die Proclamation vom Polizei-
präsidenten und mehreren Bürgern unterzeichnet durch die ganze
Stadt verbreitet und als Zeugniß des großen Umschwungs sah
man bald mit aus dem Zeughaus entnommenen Waffen das
Volk alle Wachtposten der Stadt beziehen.

Während der Ausmarsch der Truppen aus der Stadt noch
an demselben Abend als unumgängliche Nothwendigkeit erfolgte,
durchzogen Truppen der improvisirten Bürgerwehr die Straßen
der Stadt, wo eine allgemeine Illumination stattfand. Die
furchtbare Anspannung in den verwichenen Tagen und besonders
in der vergangenen Schreckensnacht machte einer Ruhe Platz,
in der kaum die Besonnensten im Stande waren, all' die Erlebnisse des großen Tages ganz zu fassen.

Der Friede mit dem Könige war geschlossen. Der Absolutismus war gebrochen, um niemals wieder ein dauerndes Hemmniß
der natürlichen Entwickelung des Staats- und Volkslebens zu
werden. Aber was an dessen Stelle trat, war ein ganz anderes
als es vor zwei Tagen noch gewesen wäre, wenn ein freier

Entschluß des Königs dem Sturm des Volkes vorgebeugt hätte. Noch am Morgen des achtzehnten März sollten „Versprechungen" das Volk beschwichtigen, und zwar Versprechungen der Anträge, welche der König am Bundestag zur Geltung bringen wolle! Was man von diesem verabscheutesten Institute zu erwarten hatte, das wußte man aus der Vergangenheit und das lehrte auch die spätere Geschichte. Die tröstlichere Zusage am Morgen des achtzehnten März war die nahe Einberufung des vereinigten Landtages auf den zweiten April. Der vereinigte Landtag, wäre er sofort da gewesen, so würde er an die Stelle des beseitigten Absolutismus die ständische, constitutionelle Monarchie gesetzt haben, in welcher nicht eine vom Volk gewählte, sondern durch Geburts- und Standes-Vorrechte begünstigte Minorität an die Seite der Krone mit gesetzgeberischen Befugnissen getreten wäre.

Seit dem neunzehnten März war auch das Stände-Wesen, dieses Phantom des Mittelalters, beseitigt. Das Blut, welches in der Schreckensnacht geflossen, war Blut des Volkes, welches nicht hingeopfert werden durfte, um Fürsten, Grafen und Herren der ersten, und Rittern, Bürger- und Bauern-Vertretern der zweiten Curie ein constitutionelles Recht zu schaffen. Die Opfer des Volkes — das fühlte ein Jeder nunmehr — können nur dem Volke selber und unmittelbar dem Volksrecht in Gleichheit und Freiheit gebracht sein. Das ständische Vorrecht ging ohne Kampf unter. Der einberufene Landtag decretirte selber seinen Untergang. Das demokratische Recht war urplötzlich als Frucht der Märztage ins Dasein getreten.

Die Tage, die auf diesen Siegen folgten, legten Zeugniß von der Macht und der Reinheit des so urplötzlich ins Leben gerufenen Princips ab. Die feierliche Bestattung der März-Gefallenen war und wird wohl für lange Zeit das erhabenste Schauspiel eines ohne jede obrigkeitliche Leitung vollzogenen Volksactes bleiben, und auch im Gedächtniß Aller als herrliches Beispiel eines durch innere Gesittung geleiteten, in der Freiheit noch unversuchten Volkes fortleben. Daß demagogische Umtriebe späterer Tage die Erinnerungen trüben, und reaktionäre Intriguen und Verfolgungen dem Volke das gewonnene Recht zu entreißen versuchten, das kann uns jetzt nicht die Märztage in ihrer vollen Bedeutung verkleinern. Denn wahr ist es und steht mit unauslöschlichen Zügen in die Geschichte des deutschen Volkes eingeschrieben, daß alles Große, das wir jüngst nach Jahren des Leides erlebt haben, der großen Geburtsstunde der demokratischen Neugestaltung, den Volkssiegen der März-Tage seine Entstehung verdankt! Wer die Proclamationen des Königs vor dem großen Siegestage mit denen nach demselben vergleicht, dem muß es einleuchten, daß das deutsche Reich, das Kaiserthum, die Reichsvertretung, das Volkswahlrecht und alles, was in unseren Tagen sich Hoffnungsreiches entfaltet, derselben Stunde entstammt, wo das Volk einen veralteten Absolutismus stürzte und freien Boden für die Neugestaltung des engern und des weiteren Vaterlandes schaffte.

Der König Friedrich Wilhelm IV., von anderen Idealen erfüllt als das Volk, vermochte es nicht über sich, diese zu verlassen und sich auf die Höhe empor zu schwingen, welche das neugestaltete Leben ihm in überraschender Weise dargeboten. Mit dem Absolutismus war seine Seele in ihren innersten Wesen gebrochen. Sein Volk hat noch viel, viel gelitten; aber auch der König hat viel, sehr viel des Leides getragen. Es ist, als ob das Schicksal den letzten der absoluten Könige so reich mit Geistesgaben und künstlerischem Sinn ausgestattet hätte, um ihn desto tragischer im Kampf gegen die Zeit untergehen zu lassen. Die Nemesis hat ihn schwer getroffen. Auch wer unter seinem Regimente viel gelitten, wird ihm um des Leides willen, in welchem ihm die letzten Lebensjahre hingeschwunden, die Ruhestätte gönnen, welche er sich selber in unvergleichlichem Schönheitssinn in der Friedenskirche zu Potsdam geschaffen. — Dort weht sein besseres Sein in poesiereichen Schöpfungen auch denen entgegen, die des Lebenden nur mit Schmerz gedenken.

Was aber die März-Tage Großes geboren, lebt fort im Rechte, im Geiste und im Herzen des Volkes, und steht heute im Reichsparlament und in der Person des deutschen Kaisers in nationaler Verherrlichung vor uns. Das Mißverständniß, als ob der Prinz von Preußen die blutigen Scenen des achtzehnten März verschuldet hat, ist längst geschwunden. Der als Flüchtling aus Berlin am 19. März auszog, hat in Erfüllung der Programme jener Tage die herrlichsten Einzüge gefeiert, die jemals einem Sieger zu Theil wurden.

Darum gedenken wir der März-Tage in Freuden und sehen der Zukunft, die mehr der Erfüllungen bringen wird, in treuen Hoffnungen entgegen.

# Aus dem Jahre 1848.

---

## Historische Erinnerungen.

---

Fortsetzung der März-Tage

von

## A. Bernstein.

---

Berlin.
Verlag von Franz Duncker.
1873.

# Inhalts-Verzeichniß.

|  | Seite. |
|---|---|
| Die ersten Siegestage des Volkes | 1 |
| Was im königlichen Schlosse geplant wurde | 4 |
| Der Rundritt des Königs und die deutsche Proklamation | 6 |
| Die Volksdemonstration des Leichenbegängnisses | 10 |
| Die Bildung politischer Parteien beginnt | 13 |
| Wie das Parteiwesen in das Volkswesen eingreift | 17 |
| Die Minister und der König | 20 |
| Der vereinigte Landtag ist auch verändert | 24 |
| Der ständische Landtag stellt die Grundlagen der Demokratie her | 27 |
| Der vereinigte Landtag läßt sich schließlich noch zu einem Mißgriff verleiten | 31 |
| Die Demagogie und die Gegen-Demonstration | 35 |
| Die ersten Volkswahlen für Preußen und Deutschland | 38 |
| Wie der neue Zustand untergraben wird | 43 |
| Die unglückseligen Irrthümer des Königs | 47 |
| Der König gegen den Liberalismus | 50 |
| Der Krieg für Schleswig-Holstein | 54 |
| Intriguen und Schwächen | 57 |
| Die Kämpfe im deutschen Reichsparlamente | 61 |
| Die Schwäche und der kühne Griff | 65 |
| Die Kämpfe um die Centralgewalt und der Sieg | 69 |
| Wie der Bundestag und die Kabinette den „kühnen Griff" in sein Gegentheil verkehren | 73 |
| Höhenpunkt und Niedergang der Revolution | 77 |
| Die veränderte Weltlage | 80 |
| Die beginnende Contre-Revolution | 84 |

|   | Seite. |
|---|---|
| Die parlamentarischen Kämpfe und die Ministerkrisen | 88 |
| Sturz des Ministeriums Camphausen | 93 |
| Vertrauens-Hoffnungen und reaktionäre Wühlereien | 97 |
| Der Wendepunkt des Jahres | 101 |
| Der Sturz des Ministeriums der That | 106 |
| Die ersten Züge der Reaktion | 111 |
| Das Ministerium Pfuel | 117 |
| Die Entscheidung in Wien und die Katastrophe in Berlin | 121 |
| Die Katastrophe | 127 |
| Die Gewalt siegt | 132 |
| Bis zur letzten Sitzung | 137 |

# Die ersten Siegestage des Volkes.

Die Märztage des Jahres 1848 bilden nicht blos die Geburtsstunden der Demokratie in Preußen, sondern mit ihnen beginnen auch, ganze Gedankenreihen und politische Aussichten und Ziele in's Leben zu treten, die bis auf den heutigen Tag noch fortdauernd in dem Stadium der Entwickelung und Verwirklichung begriffen sind.

Diesen Thatsachen von historischer Bedeutung gegenüber erscheinen die Einzel-Scenen jener Tage nur als flüchtige Momente eines im Siege trunkenen Volkes und haben nur insofern einen geschichtlichen Werth, als gerade in solchen Zeiten die Charaktere und Verhältnisse unverschleiert auftreten. Wir werden in der Folge Gelegenheit haben, nicht wenig Zeugnisse politischer Unreife und demagogischer Uebertreibungen vorzuführen. Um so zweifelloser aber stellt sich das Gesammtgepräge der Volksbewegung jener ersten Tage als ein durchaus redliches Streben heraus, dem eignen Staatswesen und dem nationalen Leben des deutschen Vaterlandes eine der Volks- und der Nationalbildung entsprechende Neugestaltung zu geben, wie sie längst den besten Geistern der Nation als Ideal vorschwebte. Daß diese Neugestaltung unter der demokratischen Form angestrebt wurde, das ging durchaus nicht aus einer Feindseligkeit gegen das Königthum hervor. Was die demokratische Gestaltung zur unabweisbaren Nothwendigkeit machte, war einzig und allein der Umstand, daß es bis dahin weder der liberalen Partei, noch den ständischen Institutionen gelingen wollte, den Absolutismus in ein konstitutionelles System friedlich überzuführen. War es aber einmal dahin gekommen, daß das Volk selber eintreten mußte, um in revolutionärem Sturm den Absolutismus zu stürzen, so konnte es zu keinem andern Ergebniß führen, als daß der neue Zustand auch auf breiter volksthümlicher Grundlage aufgerichtet werden mußte.

Mit der Entfernung des Militärs aus Berlin war am 19. März der Absolutismus gestürzt. Der Eigenwille des Königs, der bis dahin jede Theilung der Gewalt abgewiesen und das ganze Staatsleben in seine alleinige Autorität konzentrirte, hatte zur Folge, daß nunmehr, mit dem Bruch des Absolutismus, jede Art von Regierung urplötzlich verschwunden war. Mit dem Militär flohen die bisherigen aktiven Minister aus der Hauptstadt. Der Graf Arnim wurde zwar als Minister-Präsident berufen; aber er fühlte sofort, daß seine feudal-bureaukratische Gesinnung den Volkswillen nicht zu lenken im Stande war. Besser verstand es schon der zum Unterrichtsminister ernannte Graf Schwerin, in das Wogen eines in heller Siegesbegeisterung aufflackernden Volkslebens einzugreifen. Er suchte die Studentenschaft aufzubieten, daß sie, als bewaffnetes Korps, die Ruhe herstellen helfe. Die Schützengilde wurde von ihm angewiesen, die Person des Königs, gegen den fortströmenden Andrang nach dem Schlosse, vor jeder etwaigen Unbill zu wahren. Aber im Ganzen war die Fluth der Bewegung eine so mächtige, daß Niemand ihr den Lauf vorschreiben oder denselben ablenken konnte. Unter dem Sturm des Sieges war einzig und allein der Volks-Instinkt herrschend. Nur wer einen Weg anweisen konnte, der diesem Instinkte entsprach, vermochte für den Augenblick, die Geister nach Einem Ziele zu lenken.

Glücklicherweise bot bereits in den nächsten Tagen die Situation solchen gemeinsamen Zug des Volksinstinkts von selber dar.

Inmitten des unaufhaltsamen Jubels um die errungene Freiheit erhob sich die lebhafteste Begeisterung für die Opfer dieses Sieges in allen Theilen der Stadt. Je höher die Zukunft des Volks- und Staatslebens im hellsten Lichte glänzender Hoffnungen aufleuchtete, desto natürlicher erschien es, daß man Denen zunächst die Ehrenschuld abtragen müsse, die mit ihrem

Leben den Sieg erkauft hatten. Auch den Hinterbliebenen gegenüber, deren Ernährer „im heiligen Kampfe gefallen," fühlte man sich zu hohem Danke verpflichtet. Daher vereinigten sich denn sofort in den folgenden Tagen alle Sympathien in dem Plane, ein imposantes friedliches Leichenbegängniß der Gefallenen und, zur Unterstützung der Verwundeten und der broblos gewordenen Familien, Geldsammlungen auf allen öffentlichen Plätzen zu veranstalten. Wen die Begeisterung nicht trieb, hierin seinem Pflichtgefühl zu genügen, der wurde von der politischen Nothwendigkeit dazu bewogen, dem Volke in einem Akt der Pietät einen erhebenden Moment darzubieten, um es von drohenden anarchischen Akten fern zu halten.

Daher rührte jene allgemeine Betheiligung bei diesen ersten Scenen des sich frei bewegenden Volkslebens, von der sich selbst die Konservativsten der Konservativen nicht ausschließen mochten. Die Zeitungen und Flugblätter, die mit Jauchzen die Zensurfreiheit begrüßten, wetteiferten am 20. März in Aufrufen, um dem Pflichtgefühl des Volkes zu genügen. Auch diejenigen, welche in der Revolution eine verbrecherische That erblickten, wurden jetzt hingerissen, dem bevorstehenden Akt der Versöhnung einen möglichst imposanten Charakter zu verleihen. Die Behörden, selbst die Gerichtshöfe, behandelten den anberaumten Tag des feierlichen Begräbnisses, den 22. März, als einen Festtag. Die Bureaus wurden geschlossen, die Termine verlegt, und um die Festlichkeit des großen Tages vollauf in Geltung zu bringen, fanden sich sogar die Geistlichen veranlaßt, einen öffentlichen Gottesdienst in allen Kirchen in den Frühstunden vor Beginn der Leichen-Bestattung zu veranstalten. Freilich waren sie vorsichtig genug, um dies nur unter dem harmlosen Vorwand anzuordnen, „weil es am vergangenen Sonntag — den 19. — nicht möglich gewesen sei, einen Gottesdienst in den Kirchen abzuhalten." Allein die Thatsache selber, daß sämmtliche Kirchen Berlins den Tag des Begräbnisses mit einem feierlichen Frühgottesdienst einweihten, giebt vollauf Zeugniß dafür, wie allgemein die Auffassung getheilt wurde, daß die Helden der Revolution im treuen Dienste eines berechtigten Kampfes gefallen waren.

## Was im königlichen Schlosse geplant wurde.

Wie im Volke ein richtiges Gefühl vorwaltete, durch einen großartigen Akt der Dankbarkeit gegen die in der Revolutions-Nacht Gefallenen die noch sehr verworrene Bewegung für den Augenblick auf ein gemeinsames Ziel hinzulenken, so fühlte man auch in der Umgebung des Königs, daß man in der passiven Lage nicht verharren könne, sondern durch einen großen demonstrativen Akt einen thatsächlichen Beweis liefern müsse, wie wirklich ein wahrhafter Umschwung stattgefunden, und wie der König nicht etwa unfreiwillig gleich einem Besiegten sich füge, sondern aus eigener Anregung entschlossen sei, sich nunmehr an die Spitze der Bewegung zu stellen.

Diesem Bestreben lag zunächst das richtige Gefühl zu Grunde, daß man dem Könige nach den schweren, niederdrückenden Ereignissen eine großartige, seinen künstlerischen und romantischen Neigungen entsprechende Rolle zuweisen müsse, die erhebend auf ihn einwirken könnte. Im weiteren Umblick mußte man aber auch auf Deutschland das Augenmerk richten, wo inzwischen Vieles vorgegangen war, dem Preußen nicht fern bleiben durfte.

Bereits mehrere Tage vor dem Revolutionsausbruch in Berlin wurde der Süden Deutschlands von dem nationalen Gedanken der Einheit des deutschen Vaterlandes tief erregt und bewegt. Eine Versammlung von einundfünfzig hochgeachteten Abgeordneten aus allen Kammern der süddeutschen Staaten hatte bereits die Ueberzeugung ausgesprochen, daß die Regierungen eine National-Vertretung Deutschlands einberufen müßten, um die Einheit Deutschlands durch diese zu begründen. An der Spitze der Kommission, welche die weiteren Schritte leiten sollte, standen Ehrenmänner, wie Römer, Welcker und Gagern, deren Stimme die Nation mit Achtung aufnahm. Die süddeutschen Regierungen legten diesem Streben nicht bloß kein Hinderniß in den Weg, sondern die neuen Ministerien, die daselbst entstanden waren, gehörten der national-deutschen

Partei an und förderten diese Pläne. Nachdem am 13. März die Revolution in Wien das Metternich'sche System beseitigt und ein konstitutionelles Ministerium herbeigeführt hatte, waren die Blicke der deutschen Patrioten auf Preußen gerichtet, von dessen Haltung nunmehr Alles abhing. Grade darum aber lastete auf allen Freunden einer preußischen Führung Deutschlands ein schwerer Druck seit den blutigen Revolutionstagen in Berlin. Waren ja sämmtliche Regenten Deutschlands auf friedlichem Wege für die Neugestaltung ihrer Staaten und für die Einheits-Pläne Deutschlands gewonnen worden, und nur in der Hauptstadt Preußens mußte ein blutiger Kampf erst dem alten Zustand ein gewaltsames Ende bereiten. Die Besorgniß, daß die Sympathie des deutschen Volkes hierdurch von Preußen abgewendet worden sei, war keine unbegründete.

Dieser Umstand führte die jetzige Umgebung des Königs dahin, der unumgänglich nöthigen Demonstration einen spezifisch deutsch-nationalen Charakter zu geben; und so wurde denn auch beschlossen, diese sofort in Scene zu setzen, damit sie noch vor dem großen Leichenbegängniß stattfinde, und gewissermaßen dem feierlichen Volks-Akt ein großartiger Akt der königlichen Initiative vorangehe.

Wie über Alles, was in diesen Tagen vorging, wurde auch später über die Urheber und die Absichten der Demonstration vom 21. März, über den vielbesprochenen „Rundritt des Königs" in heftigster Weise gestritten. Einerseits wollte man in dem Plane dieses Rundrittes die Absicht erblicken, den König persönlich zu einer thätigen Rolle in der Revolution zu verleiten, damit er sich fortan nicht von ihr solle lossagen können, andererseits wurde behauptet, daß man durch die Aussicht auf eine Reform Deutschlands die revolutionäre Strömung in Preußen selber abzulenken und einer Reaktion Bahn zu brechen wünschte. In Wahrheit jedoch gingen alle Thaten jener Tage aus einer dunklen Mischung von Motiven, die sich der Ziele keineswegs voll bewußt waren, hervor. Der politische Instinkt hatte Alle ergriffen und zu Entschlüssen hingeleitet, ohne daß man im Stande war, die Wirkungen einer Berechnung zu unterwerfen. Und zu diesen unberechneten und unberechenbaren Vorgängen gehört auch die Scene, welche am 21. März im Schlosse des Königs geplant wurde.

Am Morgen des 21. März wurde die Bevölkerung in Berlin durch ein Plakat überrascht, welches die Aufschrift „An die deutsche Nation" trug, aber ohne Namens-Unterschrift erschien. Nur der Umstand, daß das Plakat aus der Decker'schen Ober-Hofbuchdruckerei hervorgegangen war, ließ auf den offiziellen Charakter desselben schließen. Wer dieses Plakat verfaßt, ist noch heutigen Tages nicht ermittelt. Es lautete folgendermaßen:

„Eine neue glorreiche Geschichte hebt mit dem heutigen Tage für Euch an! Ihr seid fortan wieder eine einige große Nation, stark, frei und mächtig im Herzen von Europa. Preußens Friedrich Wilhelm IV. hat sich im Vertrauen auf Eueren heldenmüthigen Beistand und Eure Wiedergeburt, zur Rettung Deutschlands an die Spitze des Gesammt-Vaterlandes gestellt. Ihr werdet ihn mit den alten ehrwürdigen Farben der Nation noch heute zu Pferde in Eurer Mitte erblicken! Heil und Segen dem konstitutionellen Fürsten, dem Führer des gesammten deutschen Volks, dem neuen König der freien wiedergeborenen deutschen Nation."

Charakteristisch für die damalige Situation ist es, daß die Ueberschrift dieses Plakates an „Deutschland" gerichtet war, während das Plakat selber nur die Berliner Bevölkerung im Auge haben konnte, in deren Mitte auch wirklich der König erschien. Plakat und Ueberschrift sind sicherlich nicht Einem Geiste entsprungen; aber gerade dieses Durcheinandergreifen der Geister und der Gedanken ist der echte Stempel jener Tage.

# Der Rundritt des Königs und die deutsche Proklamation.

Die Scene, welche am 21. März in Berlin spielte, gehört zu den charakteristischsten jener Tage. Sie beleuchtet Situationen und Personen viel klarer als irgend eine historische oder psychologische Betrachtung.

Es war etwa um 10 Uhr Morgens, als Graf Schwerin, der neu ernannte Kultusminister, in der Aula der Universität erschien, wo die Studentenschaft versammelt war, um über Bewaffnung und Korps-Einrichtung zu berathen. Der Minister, mit stürmischem Beifall begrüßt, gab nun eine nähere Erklärung des bereits erwähnten Aufrufes und verkündete, daß der König sich an die Spitze des konstitutionellen Deutschland stellen und, zu diesem Zweck, die schleunige Einberufung eines deutschen Parlaments anbahnen wolle. „Der König wird zum Zeugniß seines Entschlusses, geschmückt mit den deutschen Farben in den Straßen erscheinen und rechnet darauf, daß die akademische Jugend sich um ihn schaaren werde! Es lebe unser wahrhaft deutscher König!"

Die Verkündigung wurde mit begeistertem Jubel aufgenommen, und der Minister verließ unter hellen Beifallsrufen die Aula, um sich nunmehr dem Rundritt des Königs anzuschließen.

Es war gegen 11 Uhr, als der König auf dem Schloßhof zu Pferde erschien. Er war in der Uniform des ersten Garde-Regiments und trug ein breites Band mit den deutschen Farben — schwarz-roth-gold — um den Arm. Ihn umgaben die anwesenden Prinzen und die neuen Minister. Alle hatten die deutschen Farben angelegt. Der König, jubelnd begrüßt, richtete zuerst einige Worte an das Volk, die nach den Zeitungen folgendermaßen gelautet haben sollen:

„Es ist keine Usurpation von mir, wenn ich mich zur Rettung der deutschen Freiheit und Einheit berufen fühle. Ich schwöre zu Gott, daß ich keinen Fürsten vom Throne stoßen will; aber Deutschlands Einheit und Freiheit will ich schützen. Sie muß geschirmt werden durch deutsche Treue auf den Grundlagen einer aufrichtigen konstitutionellen deutschen Verfassung."

Die Worte — deren Fassung später vielfach bestritten wurde — entsprachen jedenfalls dem Volksgefühl und wurden mit heller Begeisterung aufgenommen. Nunmehr setzte sich der Zug zusammen, der den König begleitete. Die seltsam kontrastirenden Bestandtheile dieser Begleitung des Königs gehörten mit zu dem Charakter der damaligen Tage, wo durch die Revolution die Standesunterschiede urplötzlich aufgehoben schienen, und ein Einheitsgefühl durch alle Klassen der Bevölkerung mächtig fluthete.

Den Vortrab des Zuges bildeten die Minister und deren Vertreter, Graf Arnim, an der Spitze, sämmtlich zu Pferde. Ein Bürgerschütze folgte zu Fuß und trug eine große schwarz-roth-goldene Fahne, die der König sich hatte reichen lassen, diesem voraus. Nunmehr folgte der König zu Pferde, ihm zur Seite der Stadtverordnete Kaufmann Gleich und der Doktor Stieber. Auch der Thierarzt Urban schloß sich, eine gemalte Kaiserkrone tragend, dem Zuge an, der von zuströmendem Volke eine stets wachsende Ausdehnung annahm.

Vom Schloßplatz aus, wo der König sich ähnlich wie im Schloßhof äußerte, bewegte sich der Zug unter lauten Zurufen des Beifalls nach der Schloßfreiheit, woselbst aus allen Fenstern Tücher und Fahnen in deutschen Farben denselben begrüßten. An der Königswache redete der König die dort anwesende Bürgerwehr-Wache freundlich an und versicherte, nicht Worte des Dankes genug zu haben, daß die Bürger für die Aufrechterhaltung der Ordnung sorgen. Als eine Stimme ausrief: „Es lebe der deutsche Kaiser!" erwiderte der König anscheinend unwillig: „Nicht doch, das will, das mag ich nicht!" Der Zug nahm nun die Richtung nach der Behrenstraße und sodann umkehrend, wieder nach den Linden bis vor die Universität, wo die Studentenschaft versammelt war, die dem Könige mit einem Reichsbanner entgegenzog. Der König, von dem Rektor der Universität begrüßt, hielt hier folgende Rede:

„Mein Herz schlägt hoch, daß es meine Hauptstadt ist, in

welcher sich eine so kräftige Gesinnung bewährt hat. Der heutige Tag ist ein großer, unvergeßlicher, entscheidender. In Ihnen, meine Herren, steckt eine große Zukunft, und wenn Sie in der Mitte oder am Ziele Ihres Lebens zurückblicken auf dasselbe, so bleiben Sie doch ja des heutigen Tages eingedenk! Die Studirenden machen den größten Eindruck auf das Volk, wie das Volk auf die Studirenden. Ich trage die Farben, die nicht mein sind; aber ich will damit nichts usurpiren, ich will keine Krone, keine Herrschaft, ich will Deutschlands Freiheit, Deutschlands Einigkeit, ich will Ordnung! das schwöre ich zu Gott! Ich habe nur gethan, was in der deutschen Geschichte schon oft geschehen ist, daß mächtige Fürsten und Herzöge, wenn die Ordnung niedergetreten war, das Banner ergriffen und sich an die Spitze des Volkes gestellt haben, und ich glaube, daß die Herzen der Fürsten mir entgegenschlagen, und der Wille des Volkes mich unterstützen wird. Merken Sie sich das, meine Herren, und schreiben Sie es auf, daß ich nichts usurpiren, nichts will als deutsche Freiheit und Einheit. Sagen Sie es der abwesenden studirenden Jugend; es thut mir leid, daß sie nicht Alle da sind. Sagen Sie es Allen."

Der Zug, von einer unabsehbaren jubelnden Masse begleitet, nahm von hier aus seinen Weg über den Schloßplatz nach der Königstraße bis zum Alexanderplatz und in der Rückkehr über den Mühlendamm nach der Breitenstraße, um noch einmal vor dem Köllnischen Rathhause Halt zu machen, woselbst die Stadtverordneten und Bürgerwehrmänner den König mit freudigen Zurufen empfingen. Auch hier sprach der König Worte des Dankes gegen das Volk aus und wiederholte die Versicherung, daß er nichts usurpiren wolle. Unter dem Jubel des Volkes kehrte der Zug von hier aus wieder in das Schloß zurück, wo nunmehr von der hohen, damals noch im Bau begriffenen Kuppel eine große schwarz-roth-goldene Fahne flatterte, und das Signal zur allgemeinsten Aufnahme dieser deutschen Farben abgab.

Noch an demselben Tage erschienen zwei Proklamationen deutschen Charakters. Die eine an den Kriegsminister gerichtet, lautete:

"Da ich mich ganz der deutschen Sache widme und in der Theilnahme Preußens eine entschiedene Förderung derselben erblicke, so bestimme ich, daß die Armee sogleich neben der preußischen die deutsche Kokarde anzustecken hat."

## Die Volksdemonstration des Leichenbegängnisses.

Dem Tage der verfehlten deutschen Demonstration folgte der 22. März als ein Tag der Volksdemonstration, der von mächtiger Einwirkung auf die Ergebnisse der Revolution wurde, einer Volksdemonstration, welche ihren Charakter im eigentlichen Sinne dadurch erhielt, daß alle Volksklassen im demokratischen Gemeingefühl sich vereinigten zu derselben und es fortan zur Unmöglichkeit machten, wiederum in politischer Berechnung eine Scheidewand zwischen den verschiedenen Ständen aufzurichten.

Ein Zeugniß dieses demokratischen Gemeingefühls lag bereits in der Zusammensetzung des Komité's, welches die feierliche Bestattung der Gefallenen anordnete, und hierin Verfügungen aus eigener Machtvollkommenheit traf, welche das bisher bestandene Behördenwesen über den Haufen stürzte. Wenn wir einige Namen der Mitglieder dieses Komité's hier aufführen, so geschieht es einzig und allein, um darzuthun, wie die Macht des Gemeingefühls damals gewaltig genug war, um Männer zu einem Werke der Pietät zu vereinigen, welche später einander als Führer und Glieder sehr verschiedener Parteien auf's Bitterste anfeindeten. Professor Dove, Kommerzienrath Ermeler, Stadtrath Koblank, Justizkommissar Lewald, Stadtverordneter Seydel, Stadtverordneter Veit, Assessor Wache, Literat Möniger u. s. w., die vereint die Anordnung des feierlichen Begräbnisses der Gefallenen proklamirten, repräsentirten in der That die damalige Einmüthigkeit der Bürgerschaft Berlins, wie sie späterhin in den politischen Kämpfen fast sämmtliche Schattirungen der sich gegenseitig befehdenden Parteien darstellten.

Die Anordnungen, welche sie trafen, legen Zeugniß ab von dem unbeschränkten Bewußtsein der Vollmacht, Kraft deren sie auftraten. Sie disponirten über Kirchenbehörden, übten städtische, fiskalische und polizeiliche Befugnisse aus. Sie schrieben der Geistlichkeit, der Studentenschaft, dem Magistrat, den Stadtverordneten, den Bezirksvorstehern, der Bürgerwehr, den Gewerken, der Schützengilde, der Kaufmannschaft wie allen Beamten der Kommune ihre Rolle bei dem feierlichen Leichenzuge vor. Die Sperrung der Straßen, die Schließung der Läden, die Ehrensalven, das Läuten der Glocken und die Choräle der Musiker, alles wurde von ihnen auf Grund des Bewußtseins ihrer Befugnisse hierzu verfügt, und die unbedingte pünktliche Folgsamkeit, die sie allenthalben fanden, war der unwiderlegliche Beweis ihrer Berechtigung. In einer Zeit, wo die Polizei stets die allmächtige Obrigkeit bildete, auf deren Geheiß allein alles öffentliche Leben verstummen mußte, konnte es keinen Akt geben, der den Sturz des zeitherigen Systems drastischer an den Tag legte, als diese Anordnungen und ihre in überwältigender Feierlichkeit erfolgte Durchführung.

Der frühe Morgen des 22. März, der in herrlichem Frühlings-Sonnenschein prangte, fand bereits selbst die entferntesten Stadttheile in größter Bewegung. Von den Häusern und aus den Fenstern wehten deutsche Flaggen und große Trauerflore. Schwarze Fahnen flatterten auf den Thoren und von den Zinnen des königlichen Schlosses. Die männliche Bevölkerung der Stadt trug Trauerflor um die Arme, die Frauen erschienen in schwarzen Kleidern an den Fenstern und auf den Straßen. Vor der neuen Kirche auf dem Gendarmenmarkte erhob sich eine gewaltige Estrade, worauf fast 200 Särge der Gefallenen mit Blumen und Trauerfloren geschmückt, aufgestellt waren. Das königliche Hofmarschall-Amt hatte zum Behufe der Ausschmückung der Estrade und der Särge einen Obergärtner nebst Arbeitern gesandt, und den Blumenschmuck aus den königlichen Gärten dargeboten. Gegen Mittag zogen die Abtheilungen der Bürgerwehren, der Studenten-Korps, der Handwerker, der Korporationen von ihren angewiesenen Sammelplätzen herbei, um sich dem Zuge nach Anordnung des Komité's anzuschließen.

Die Schützengilde, der Magistrat, die Stadtverordneten mit ihrem Kettenschmuck, wie die Geistlichen aller Konfessionen fanden sich in der Kirche ein. Der Bischof Neander, an der Spitze der evangelischen Geistlichkeit, stand am Altar, um die Leidtragenden zu empfangen. Um 2 Uhr ertönte das Glockengeläut von den Thürmen herab und verkündete den Aufbruch des übermächtig großen Zuges, nachdem der evangelische Prediger, Dr. Sydow, der katholische Geistliche, Kaplan Ruland, und der Rabbiner der jüdischen Gemeinde, Dr. Sachs, ergreifende Weihreden von der Estrade herab gehalten hatten.

Nunmehr wurden die Särge unter Posaunen-Choral aufgenommen, und in einer Ordnung, wie sie niemals eine allmächtige Polizei in solchen gewaltigen Massen erzeugen konnte, wurde der Zug ausgeführt, der eine Weglänge von anderthalb Stunden bis zum Friedrichshain einnahm. Der Weg ging zunächst durch die Charlottenstraße nach den Linden. Trauer-Musik-Korps eröffneten ihn, und noch andere waren im gewaltig großen Zuge angemessen vertheilt. Ein herzerschütternder Moment trat besonders auf dem Opernplatze ein. Im weiten Raum, unübersehbar mit Menschen angefüllt, entstand eine lautlose Stille, als der Zug nahte. Da, inmitten dieser feierlichen Pause erhob der Dom-Chor auf der Treppe des Opernhauses postirt, den Gesang „Jesus meine Zuversicht", einen Strom von Wehmuth und Erhebung durch alle Herzen ergießend.

Einen gewaltigen Eindruck anderen Charakters machte der Vorüberzug vor dem Königlichen Schloß. Als die Spitze des Zuges das zweite Portal des Schlosses erreichte, trat der König, von Ministern und Adjutanten begleitet, auf den Balkon hinaus. Zwei Trauerfahnen senkten sich von dort hernieder, in ihrer Mitte eine Fahne in deutschen Farben. Der König begrüßte die Todten, indem er den Helm abnahm, und entblößten Hauptes verweilte, bis die Särge der einzelnen Abtheilungen vorübergezogen waren.

Imponirend für Jeden, der die geistigen Kapazitäten erkannte, war der Theil des Zuges, wo Alexander von Humboldt an der Spitze vieler Mitglieder der Akademie der Wissenschaften einherschritt. Der Rektor der Universität, sammt den Dekanen der Fakultäten in ihren Ornaten, erhöheten diesen mächtigen Eindruck, dem sich Niemand verschließen konnte. Die Spitze des Zuges erreichte bereits das Ziel, als noch das Ende desselben kaum begonnen hatte, sich in Bewegung zu setzen. Es dauerte an drei Stunden, bevor alle Särge an die große gemeinsame Gruft gebracht wurden. Hier nahm wiederum Dr. Sydow das Wort und sprach in feierlicher Leichenrede verheißungsvolle Hoffnungen auf Freiheit und Frieden aus. Ein Mitglied des demokratischen Klubs, Herr Assessor Jung, versuchte freilich, diesen Moment zu einer Demonstration durch eine politische Rede zu mißbrauchen; allein die feierliche Stimmung war eine viel zu mächtige, um durch so ungelegenes Einschreiten erschüttert zu werden.

So endete an diesem Tage die Volksdemonstration im allgewaltigen Eindruck einer mächtigen Einmüthigkeit und bildete einen denkwürdigen Gegensatz zu der improvisirten, politischen Demonstration des Ruudritts am vorangegangenen Tage.

## Die Bildung politischer Parteien beginnt.

Das Gemeingefühl der Bevölkerung Berlins, welches sich ganz überwältigend in dem feierlichen Begräbniß „unserer theuern Todten" kund gab, trug an sich das Gepräge der idealen Hoffnung, daß nunmehr der Kampf geschlossen sei, und die „Freiheit", ein Engel des Friedens, der Fürsten Glück und der Völker Wohlergehen, das Vaterland umschweben werde. Aufrufe und Gedichte, Flugblätter und Plakate gaben dieser poetischen Stimmung vollen Ausdruck und fanden tiefen Anklang im Herzen des Bürgerthums, das sich nach Ruhe sehnte, um sich in derselben dem Genuß der errungenen Freiheit hingeben zu können. — Anders jedoch gestaltete sich sofort die Wirklichkeit unter Leitung Derjenigen, die politisch reifer, der unbestimmten „Freiheit" eine praktische Gestalt zu geben als die wichtigste Aufgabe erklärten, und die Harmlosigkeit der Gemüthlichen, welche nunmehr vermeinten, daß der König, der vereinigte Landtag und die volksthümlichen Minister dies schon besorgen würden, als eine Gefahr hereinbrechender Reaktion betrachteten.

Die Lage der Dinge war auch ganz dazu angethan, politische Bedenken wach zu rufen. Die Einsichtsvollen, welche Personen und Zustände näher kannten, wußten sehr wohl, daß dem künstlerischen Naturell des Königs alles Große imponire, selbst wenn es seinen eigenen Anschauungen nicht entsprach. Man sah die plötzliche Umwandlung, die offenbar im König vorgegangen war, und nahm sein Eingehen auf die Forderungen einer neuen Zeit momentan als Ernst hin; aber man wußte sehr wohl, wie flüchtig die Eindrücke des Moments sind, und wie leicht sie wechseln, wenn politische Fragen verstimmend einwirken. Man mißtraute nicht den Absichten, wohl aber der Charakterfestigkeit des Monarchen, wo es praktischer Arbeit der Verwirklichung galt, die das Staatswesen umgestalten sollte. Man hielt nichts für errungen, wenn man sich mit Verheißungen befriedigt erklärte, welche auf den vereinigten Landtag oder die Delegirtenversammlung deutscher Stände hinwiesen. Die Revolution mit dieser unbestimmbaren Verweisung auf die Zukunft abschließen, hieße: „der Reaktion vorarbeiten."

Die bereits vor dem Revolutionstage auf den zweiten April erfolgte Einberufung des vereinigten Landtags gab nunmehr zu einem prinzipiellen Streit Anlaß, in welchem das politische Parteiwesen sofort eine scharfe Spaltung in die einmüthige Stimmung der ersten Tage brachte.

Der vereinigte Landtag war populär, so lange ihn die Glorie seiner Opposition gegen den Absolutismus krönte. Aber seine Opposition war ohnmächtig, und es mußte erst zu einer Volkserhebung kommen, um die Macht des Absolutismus zu brechen. Diesem Landtag nunmehr den blutig errungenen Sieg anvertrauen, hieße die errungene Macht in die Hand derer geben, die sie zu erobern nicht die Kraft hatten. Die Schöpfung des vereinigten Landtages war eine künstlerische Ausgeburt einer vom Ständewesen begeisterten Phantasie. — Er entsprach schon bei seiner Entstehung nicht dem naturgemäßen Dasein eines nach Gleichberechtigung strebenden Volkes, dessen Väter bereits unter der Devise „gleiche Rechte, gleiche Pflichten" eine Wiedergeburt in den Freiheitskriegen gefeiert hatten. Die Errungenschaften der im demokratischen Impuls entstandenen Märztage den Fürsten, Grafen, Herren und Rittern des Landtages anheimgeben, war schon darum eine Unmöglichkeit, weil inzwischen ganz Europa seine Umgestaltung auf Grund demokratischer Wahlgesetze vorzunehmen im Begriff stand.

Von der Richtigkeit dieser politischen Vorstellung war man auch bereits in den ersten Tagen in den Kreisen der Regierung durchdrungen. Eine Deputation aus Breslau und Liegnitz war bereits am 22. März in Berlin eingetroffen, welche in einer Audienz bei dem Könige die bestimmten Forderungen einer demokratischen Verfassung aufstellte und von ihm verlangte, daß er direkt ohne Zuziehung des vereinigten Landtags auf Grund seiner Machtvollkommenheit und gestützt auf den Willen des Volkes diese demokratischen Grundlagen der künftigen Verfassung sofort „oktroyiren" solle. Die Forderungen selbst lehnte der König nicht ab; wohl aber erklärte er, daß, weil das Volk selber noch kein gesetzliches Organ habe, seinen Willen zu erklären, er den vereinigten Landtag nicht umgehen könne und wolle und somit die Einberufung derselben aufrecht erhalten werde.

Die Frage, ob der vereinigte Landtag einberufen werden solle oder nicht? war der erste Anlaß zur Sondirung der Parteien, die später die Volksbewegung in innere Kämpfe verwickelten. Wer die künftige Verfassung nur „auf dem Boden der Revolution" aufgerichtet wissen wollte, bestritt dem vereinigten Landtag das Recht der Existenz und erblickte in ihm nur ein Werkzeug der Reaktion, um die Errungenschaften der Revolution zu vernichten. Die dieser Theorie huldigten, nannten sich die „Demokratische Partei" und machten „die Anerkennung der Revolution" zu ihrer Devise. Den Gegensatz hierzu bildete die Partei, welche zwar die Grundzüge des demokratischen Staatswesens acceptirte, aber in der Revolution nicht einen Bruch mit allen Institutionen des Staates verherrlicht sehen wollte. Der vereinigte Landtag sollte „die Rechts-Kontinuität, die Brücke darstellen, die friedlich den absoluten Staat in den volksthümlichen Rechtsstaat überführt." Die Revolution, die nur das Alte zerstört, sei geschlossen und fortan solle die friedliche und gesetzliche „Vereinbarung" die neue Gestaltung auferbauen. In dieser Theorie vereinigte sich die Partei, welche fortan „die konstitutionelle" hieß.

Vorerst betrat die Regierung den Weg der Vermittelung in diesem Streite. Eine Proklamation des Königs, an die Deputationen von Breslau und Liegnitz gerichtet, erschien noch am Abend des 22. März im preußischen Staatsanzeiger. Sie hielt die Rechts-Kontinuität in Einberufung des vereinigten Landtages aufrecht; aber sie verkündete die Vorlage eines volksthümlichen Wahlgesetzes, welches auf „Urwahlen" beruhen und dem vereinigten Landtag nur zur „Begutachtung" vorgelegt werden solle. Zugleich wurden in dieser Proklamation des Königs sehr demokratische Gesetze verheißen, welche „die Garantie der Freiheit sein würden; diese Gesetze sollten folgende Materien umfassen:

1. Sicherstellung der persönlichen Freiheit.
2. Freies Versammlungs- und Vereinsrecht.
3. Eine Bürgerwehr-Verfassung mit freier Wahl der Führer.
4. Verantwortlichkeit der Minister.
5. Schwurgerichte in Strafsachen und namentlich für alle politischen und Preß-Anklagen.
6. Unabhängigkeit des Richterstandes.
7. Aufhebung des eximirten Gerichtsstandes, des Patrimonial-Gerichts und der gutsherrlichen Polizei.

Die Proklamation schloß endlich mit folgendem Satze: „Außerdem werde Ich das stehende Heer auf die neue Verfassung vereidigen lassen."

Die Proklamation des Königs trug die Mit-Unterschrift der Minister: „Graf Arnim, v. Rohr, Graf Schwerin, Bornemann, v. Arnim und Kühne."

## Wie das Parteiwesen in das Volksleben eingreift.

Wenn die Minister des Königs die Hoffnung gehegt haben, durch eine vermittelnde Proklamation der Bildung streitender Parteien vorzubeugen, so hat der Erfolg dies nicht bewährt. Es lag im Charakter jener Tage, daß, wie die Revolution, so auch die Neugestaltung des Staatswesens vom Volk ausgehen mußte. Die Verheißung von „Urwahlen" muthete ja auch dem ganzen Volke in allen seinen Gliedern ein gewisses politisches Bewußtsein zu. Ein solches aber bildet sich nicht wie „ein Talent" in der Stille, sondern wie ein Charakter im Kampfe der Welt.

Es war unausbleiblich, ja naturgemäß, daß sich Klubs bildeten. Der demokratische Klub einerseits und der konstitutionelle Klub andererseits. Aber hinter diesen, neben und außerhalb derselben, standen bereits nach den ersten Tagen des freudigen Gemeingefühls die Agitatoren, die nach den Früchten dieser Bewegungen trachteten. Auf der einen Seite die Reaktion, die wohlberechnend im Stillen darauf hinwirkte, daß die Neugestaltung des Staatswesens sich hinausschiebe, bis die Fluthen der Revolution sich verlaufen und die alte Macht der Regierungen wieder das Heft in die Hand bekomme. Ihre Stütze war das Beamtenthum, namentlich in den alten Provinzen. Auf der andern Seite erhob die Straßen-Demagogie ihr Haupt, die durch Volksdemonstrationen wirkte, und der „Ruhe" entgegen arbeiten wollte, nach welcher das „Bürgerthum" schrie. Dieser „Bourgeoisie" gegenüber wurden — nach Muster der Bewegungen in Paris — die „Arbeiter" als die eigentlichen Träger des Volkswillens ins Regiment gerufen.

Die reaktionäre Strömung trat zunächst in bescheidenen „Eingesandts" aus den Provinzen in den zwei alten berliner Zeitungen, der Vossischen und Spenerschen auf, für welche die Redaktionen freilich nicht die Verantwortlichkeit, sondern nur als „Inserate" die Veröffentlichung übernahmen. In diesen „Eingesandts" wurde konstatirt, daß die Provinzen nicht gewillt seien, die Herrschaft des Pöbels von Berlin an die Stelle der königlichen Autorität zu setzen. Der König selber wurde als Opfer dieser Pöbelherrschaft dargestellt, dessen Zugeständnisse nur eine Folge des Zwanges wären, welche man seinem freien Willen auferlege. Diese Behauptung wurde mit solcher Bestimmtheit aufgestellt, daß der König dieselbe nicht unbeachtet lassen durfte, zumal man das Militär als „tief beleidigt" darstellte durch die „Schmach", die demselben in der Ausweisung aus der Hauptstadt zugefügt worden sei. Auf den Wunsch der Minister begab sich denn auch der König am 25. März nach Potsdam, wo er in sehr demonstrativer Weise von Volksmassen jubelnd empfangen wurde, als wäre er einem „Gefängnisse" entronnen. Der König indessen empfing im Marmorsaal des Schlosses das Offizier-Korps und hielt an dieses eine Anrede, welche die Gerüchte zerstreuen sollte. Ueber diese Anrede, welche in sehr verschiedener Fassung in den Zeitungen angegeben wurde, lautete der Bericht der offiziellen Staatszeitung, wie folgt:

„Se. Majestät richtete unter voller Anerkennung der bewiesenen Disziplin und treuen Pflichterfüllung der Truppen, Worte der Versöhnung und der Eintracht an die Versammelten, darauf hinweisend, wie nunmehr auch das Heer, dem Beispiele seines Königs folgend, sich der deutschen Sache entschieden und treu anzuschließen habe. Das Offizierkorps sprach die Versicherung der unbedingten Hingebung an den König und das Vaterland, sowie an die deutsche Sache aus. Schließlich erwähnten Se. Majestät noch der schönen patriotischen Stimmung der berliner Bürgerschaft und deren so erfolgreichen Eifers zum Schutze der Ordnung und des Eigenthums, sowie besonders auch der bewiesenen treuen Anhänglichkeit an die Person des Königs."

Ein Bericht der Vossischen Zeitung giebt die Worte des Königs in folgender Fassung wieder:

„Ich bin nach Potsdam gekommen, um meinen lieben Potsdamern die Freude zu bringen und ihnen zu zeigen, daß ich ein freier König bin: den Berlinern aber auch zu beweisen, daß sie von Potsdam aus keine Reaktion zu befürchten haben, und daß die beunruhigenden Gerüchte durchaus unbegründet sind. Ich habe den gesunden und edlen Sinn meiner Bürger kennen gelernt. Ich bin niemals sicherer und freier gewesen als unter dem Schutze meiner Bürger. Was ich gegeben und gethan habe, das habe ich aus vollster und freier Ueberzeugung gethan und längst vorbereitet; nur die großen Ereignisse haben den Abschluß beschleunigt, und keine Macht kann und wird mich bewegen, das Gegebene zurückzunehmen."

Die demagogische Bewegung in Berlin war auch in der That nicht gegen das Königthum gerichtet. Sie nahm vielmehr einen sozialistischen Charakter an. Die erste Anregung hierzu gab die „Zeitungshalle", eine neue Zeitung, welche erst seit 1846 in Berlin herausgegeben, in der Zeit des ersten vereinigten Landtages sogar eine höchst zweifelhafte Haltung annahm, aber seit der März-Revolution eine radikale Tendenz verfolgte. Sie kämpfte nunmehr gegen den „Ruhe-Fanatismus des Bürgerthums", der einer lauernden Reaktion die Bahn öffnen wolle. Ein Artikel am 23. März sprach diese Tendenz in folgenden Sätzen aus:

„Die Wahrheit ist, daß auch bei uns, so gut wie in Frankreich und England, der Bruch zwischen der Bürgerklasse und der Arbeiterklasse schon vollendet ist. Nicht zwischen dem Königthum und der Republik ist Krieg, sondern zwischen den Besitzenden und den mit ihrer Arbeitskraft zum Besitze Drängenden. Unsere Bürger fühlen dies gar wohl, und darum beginnen sie schon jetzt, schon nach den ersten Tagen unserer glorreichen Revolution, aus allen Kräften rückwärts zu ziehen" u. s. w.

Glücklicherweise existirte damals die sogenannte „Arbeiterklasse", die gegen das Bürgerthum Krieg führte, gar nicht in Berlin, und am allerwenigsten gehörte sie zu den Zeitungslesern, welche über diesen „Krieg der Klassen" belehrt wurden. In der Bürgerschaft machten diese Versuche freilich einen aufregenden Eindruck, und die Redaktion der Zeitungshalle wurde durch eine Demonstration gezwungen, ihren Worten eine andere Deutung zu geben. Die Bürger Berlins fanden sich nur durch solche Anregung veranlaßt, auf Mittel zu sinnen, wie man bei der herrschenden Geschäftslosigkeit der Arbeiter-Bevölkerung einen Beistand leisten könne. In politischer Beziehung jedoch war und blieb die „Einberufung oder Abweisung des vereinigten

Landtages" die Hauptfrage des Tages und das Parteiwesen nahm in diesem Streite einen sehr allgemeinen Charakter an.

Nicht blos die beiden Klubs, der konstitutionelle und demokratische, standen sich hier kämpfend gegenüber, sondern auch der Magistrat ergriff hierin für die Regierung und die „Einberufung" Partei. Selbstverständlich wurde die Bürgerschaft hierdurch in den politischen Streit mit hineingezogen und die Adressen für und wider wurden von Haus zu Haus getragen. Am 27. März wurden selbst die Professoren und Privatdozenten der Universität zu einer Demonstration für die Einberufung des vereinigten Landtages veranlaßt, was nicht ohne Widerspruch und Protest mehrerer Dozenten von Statten ging. — Die Bürgerwehr, welche sich organisiren sollte, wurde mit in die Fragen des Tages hineingezogen, wobei auch die Frage, ob das Militär wieder nach Berlin berufen werden solle, um an der großen „Versöhnung mit der Freiheit" Theil zu nehmen, nicht geringen Zwiespalt wach rief. Die angeregte „Noth-Frage der Arbeiter" endlich rief die Volksversammlungen hervor, wo sich die extremsten Ansichten bekämpften. Politische und soziale Streitfragen, bisher kaum in den gebildetsten Klassen der Gesellschaft zur ruhigen Erörterung gebracht, erlangten von nun ab einen öffentlichen Charakter, in welchem „Volksredner" ihr Talent versuchten.

## Die Minister und der König.

In den wenigen Tagen, welche nunmehr dem Zusammentritt des vielbesprochenen vereinigten Landtages vorangingen, spielten in der amtsvertraulichen Stille des königlichen Kabinettes wichtige Szenen, welche ein charakteristisches Spiegelbild der Vorgänge waren, die auf dem bunten Markt der Volksversammlungen und Klubs die Gemüther bewegten.

Seit dem 19. März stand ein Mann an der Spitze des Ministeriums, der selbst im mildesten Sinne des Wortes ein

„Mißverständniß" in solcher Zeit hätte genannt werden müssen. Graf Arnim (Boitzenburg) war ein Aristokrat, der hin und wieder mit Vorliebe eine liberalisirende Haltung annahm und sich zuweilen in der Rolle eines englischen freisinnigen Lords gefiel. Prinzipiell ein Gegner der Bureaukratie, verschmähte er es nicht, in den vormärzlichen Zeiten seine freie Stellung als reichbegüterter Edelmann mit der eines Ministers zu vertauschen; jedoch nahm er das Amt nur unter der Bedingung an, daß er wohl den Titel eines „Ministers des Innern", aber nicht auch wie seine Vorgänger „der Polizei" führen dürfte. Bei den Sympathien des Königs für englische Zustände, in welchen er eine „Erbweisheit ohne Gleichen" zu erkennen glaubte, konnte man den Entschluß dieses Hoch-Tory, einen Ministerposten anzunehmen, als einen spezifischen Ausdruck des königlichen Wunsches ansehen. — Das Mißgeschick aber wollte, daß gerade diesem Minister die Rolle zufiel, eine der mißliebigsten Polizei-Maßregeln auszuführen. Zwei süddeutsche Abgeordnete, Ihstein und Hecker, waren nach Berlin gekommen und die literarische Jugend Berlins wollte ihnen die Ehre eines Ständchens für deren freisinnige Haltung erweisen. Graf Arnim begnügte sich nicht damit, die Demonstration durch die Polizei verhindern zu lassen, sondern dekretirte „die Ausweisung" dieser beiden Gäste aus Berlin. Die Maßregel, welche man als einen ungerechtfertigten Eingriff polizeilicher Gewalt in hohem Grade mißbilligte, fand so lauten Tadel, daß der Graf selbst für vormärzliche Zustände nicht mehr als ein geeigneter Minister betrachtet wurde, und nach dem kurzen Versuch einer Beamtenrolle, wieder in die Privatstellung eines hochbegüterten Lords zurücktrat. Die Bureaukratie war still vergnügt über diesen mißlungenen Versuch, sie zu bemeistern und hatte die Genugthuung, daß die auswärtigen Zeitungen „die Ausweisungs-Maßregel" durch lange Zeiten in frischem Gedächtniß zu erhalten suchten.

Auf dem ersten vereinigten Landtag nahm Graf Arnim wiederum die Rolle eines freisinnigen Hoch-Tory auf und verwässerte durch einige Amendements die, ursprünglich vom Grafen Schwerin entworfene, berühmte Adresse des Landtages, welche

verfassungsmäßige Reichsstände forderte. Da aber auch diese
Adresse vom Könige mit Mißfallen aufgenommen wurde, durfte
sich Graf Arnim mit in die Reihe derer stellen, die für Volksrechte einzutreten den Muth hatten. Diesem Umstand verdankte
er denn auch die Ehre, am Revolutionstage als erster konstitutioneller Minister berufen zu werden, und neben
Schwerin die Bildung des neuen Staatswesens übernehmen zu
dürfen.

Der politische Gesichtskreis des Grafen Arnim war und
blieb indessen der hocharistokratische und ständische. Die
drei Stände: Adel, Bürger und Bauer waren für ihn ein un-
umstößliches Axiom, zu welchem er das übrige Volk als „vierten
Stand" noch mochte treten lassen. Auf den Schauplatz der
That inmitten einer Revolution berufen, wo nicht zu drei
Ständen ein vierter kommen, sondern das Ständewesen rund-
weg beseitigt werden sollte, war er ein „Mißverständniß",
über das sich seine Kollegen, Schwerin, Bornemann, Kühne und
Arnim-Heinrichsdorf nicht hinwegsetzen konnten. Der zum zweiten
April einberufene vereinigte Landtag stand vor der Thür. Diesem
sollte und mußte ein Urwähler-Gesetz demokratischen
Charakters vorgelegt werden, wozu der König sich bereits
durch die Proklamation vom 22. März verpflichtet hatte.
Nach Graf Arnim's Vorstellungsweise mit einem „vierten
Stand" aufzutreten, das hätte sich dieser vierte Stand, das
hinlänglich aufgeregte Volk, nicht gefallen lassen.

Die Kämpfe im Kabinet über die Urwählerfrage erhielten
aber noch einen besonderen Nachdruck durch einen Umstand, der
eine Entscheidung unumgänglich machte.

Dem Ministerium lag nicht blos die Nothwendigkeit vor,
die in Berlin tief ins Volk gedrungene revolutionäre Bewegung
zu beschwichtigen, sondern auch das Kollegium zu ergänzen durch
Männer aus den Provinzen, die sich des Vertrauens ihrer Heimat
rühmen durften. Für die Provinz Preußen war der redliche
Auerswald eine beliebte Persönlichkeit. Für die Rheinprovinz,
welche politisch reifer war als die anderen, mußten neue Männer
gefunden werden, um die Regierung zu stärken. Die Wahl fiel
sofort auf Camphausen, den älteren, dessen guter Name ein

fertiges freisinniges Programm war. Er wurde auch sofort an den Thron berufen; er erklärte jedoch — wie es öffentlich hieß — „als Privatmann dem Staate bessere Dienste leisten zu können, wie als Minister." In vertrauten Kreisen wußte man aber, daß er unter dem Präsidium des Grafen Arnim nicht in das Ministerium eintreten wolle. Als Finanzminister hatte man auf Hansemann das Augenmerk gerichtet, der auf dem ersten vereinigten Landtag bereits seine finanziellen Kenntnisse in scharfer Kritik der vormärzlichen Verwaltung, in schlagendster Weise an den Tag legte. Hansemann, bei dem die „Gemüthlichkeit nicht blos in Geldsachen aufhörte", sondern auch in der politischen Courtoisie niemals einen breiten Boden fand, erklärte rundweg, mit dem Grafen Arnim nicht in einem Ministerium sitzen zu wollen, und so wurde denn die Lage der Dinge so weit klar, daß das hocharistokratische Element in den Hintergrund zurücktreten und der erste Revolutions-Minister entlassen werden mußte.

Zu all dem trat noch ein zweites wesentliches Moment ein, um die Bildung eines wirklichen konstitutionellen Ministeriums zur gebietenden Nothwendigkeit zu machen.

Im absoluten Staat war der König so unbedingt der Mittelpunkt des gesammten Staatslebens, daß sich selbst das revolutionäre Volk der März-Tage von dieser Anschauung gar nicht frei machen konnte. Die Neigung Friedrich Wilhelm IV. zum „persönlichen" Regiment war seinem ganzen Naturell wie seinem geistigen Wesen tief eingeimpft. Er diskutirte eben so gern und lebhaft, wie das Volk sich gern an ihn persönlich wendete. Das brachte es zu Wege, daß sich in den ersten Tagen nach der Revolution Deputationen von improvisirten Volksversammlungen an ihn drängten, und ihm persönlich Vertrauens- und Mißtrauens-Vota über die Minister vortrugen. Ein solch Hineinreißen der Person des Königs in den politischen Streit ließ Graf Arnim auffallenderweise vielfach zu, ein Eingreifen, das dem Wesen des Konstitutionalismus entschieden widerspricht. Eine Deputation einer Volksversammlung überbrachte denn auch wirklich am 28. März dem Könige ein Mißtrauensvotum gegen den

Grafen Arnim selber, worauf der König den Bescheid ertheilte, daß er die „Vertrauensfrage" dem nächsten vereinigten Landtag anheimstellen und bis dahin keine Aenderung des Ministeriums vornehmen wolle. Der 29. März brachte gleichwohl die Entlassung des Grafen Arnim und die Ernennung Camphausens an dessen Stelle. Der erste Akt dieses Ministeriums war denn auch eine Erklärung, worin diese Akte ferner untersagt wurden, weil fortan die „Unverantwortlichkeit des Königs die Grundbedingung des konstitutionellen Systems sei, und die Ministerverantwortlichkeit im vollen Maße zur Wahrheit werden solle."

## Der vereinigte Landtag ist auch verändert.

Am 2. April 1848 trat der vielbesprochene und viel bestrittene vereinigte Landtag zusammen; aber er erfüllte weder die Hoffnungen seiner Verehrer, die von seinem bisher so hochgehaltenen Ansehen im Volke einen mäßigenden Einfluß auf die revolutionäre Strömung erwarteten, noch die Befürchtungen der Radikalen, daß er ein Werkzeug der Reaktion werde sein wollen.

Der vereinigte Landtag fand jetzt — Ein Jahr nach seinem ersten der Welt imponirenden Auftreten, — nicht blos diese Welt verändert und weit über die ehemaligen Ziele und Wünsche hinausgegangen, sondern er selber war mit verändert und in allen seinen Prinzipien des Rechtsbodens fast in sein Gegentheil verkehrt worden.

Die konstitutionelle Monarchie, das unerreichbare Ideal des vorigen Jahres, war ihm jetzt ohne sein Hinzuthun in den Schooß gefallen. Der Landtag fand die Stellen der absolutistischen Minister nunmehr mit Männern der konstitutionellen Doktrin besetzt, die im vorigen Jahre die Leiter der Bewegung waren, und nunmehr die Macht in Händen hatten, ihr Ideal zu erfüllen. Allein den konstitutionellen Ministern fehlte Alles, was zur Verwirklichung dieser Staatsform nothwendig ist. Sie hatten weder einen konstitutionell gesinnten König über sich, noch ein konstitutionell gesinntes Volk unter sich. Sie standen an der Spitze einer Verwaltungsmaschine, die ganz und gar in den Händen einer ihnen völlig fremden Bureaukratie lag. Sie sollten sich auf einen ständisch kombinirten Landtag stützen, der eigentlich nur berufen wurde, um sich selber das Todtenlied zu singen, und eine demokratische Volksvertretung als die berechtigte an seine Stelle zu setzen. Und was am allermeisten fehlte, Geld, das sollte sich das Ministerium durch eine Anleihe verschaffen, welche derselbe Landtag bewilligen sollte, der im vorigen Jahre mit der ganzen Leidenschaft politischer Ueberzeugungen den schlagendsten Beweis führte, daß er nach den Gesetzen nicht berechtigt sei, Anleihen zu bewilligen. Jetzt standen dieselben Männer, welche vor noch nicht einem Jahre diese Inkompetenz so glänzend gegenüber den absolutistischen Ministern verfochten hatten, und forderten eine Anleihebewilligung unter konstitutionellen Formen von der ständischen Vertretung, die sich selbst beseitigen und einer demokratischen Vertretung den Rechtsboden schaffen sollte.

In ruhiger Erwägung sollte man meinen, daß gerade diejenigen, welche auf dem ersten vereinigten Landtage den vielberühmten „Rechtsboden" mit großer Vehemenz vertraten, und die Devise des Abgeordneten Vincke „Recht muß Recht bleiben" als einen mächtigen Schild ihrer unerschütterlichen Ueberzeugungen entfalteten, nunmehr in Verlegenheit sein würden, wo das gerade von ihnen verlangt wurde, was sie für Unrecht und somit für „unmöglich" erklärten. Allein alle Erwägung und Abwägungen, die man in ruhigen Zeitläufen für unumstößlich hält, scheitern in Zeiten, wo die moralisch festesten Vorstellungen ins Schwanken gerathen.

Wie Alles seinen Halt verliert, wenn in einem Erdbeben das stabile Gesetz der Schwere für einen Moment aufgehoben erscheint, so stürzen festgeglaubte Prinzipien übereinander, wenn der Boden des Völkerlebens durch geistige Wogen in Wallungen versetzt wird.

Der vereinigte Landtag fand eine veränderte Welt vor und — war mit verändert.

Wie im April 1847 traten die Mitglieder beider Kurien, die Fürsten, Grafen, Herren, die Ritter, die Bürger- und Bauern-Vertreter wiederum in dem weißen Saal des königlichen Schlosses zusammen. Aber der Thronhimmel, von welchem herab im vorigen Jahre der mächtige Redestrom aus dem königlich absoluten Herzen ihnen den Lauf der Weltgeschichte anzuweisen den Muth hatte, der Tronhimmel war leer. Der von Gott gewollte Vertreter, den „keine Macht der Erde" in einen vertragsmäßigen konstitutionellen Monarchen zu umwandeln im Stande sein sollte, ließ sich nunmehr von dem konstitutionellsten der konstitutionellen Minister, v. Camphausen, vertreten. Dieser verkündete in einer Eröffnungsrede die konstitutionelle Monarchie für eine fertige Thatsache, die nur noch der gesetzlichen formalen Feststellung in einer Verfassung bedarf, in dem „Blatt Papier", das sich trotz der hohen Versicherung vom vorigen Jahre dennoch wie „eine zweite Vorsehung zwischen den Regenten und das Volk stellen sollte, um Alle mit seinen Paragraphen zu regieren." Die Aufgabe, welche diese Thronrede „in Vertretung" dem vereinigten Landtage zuwies, bestand nicht darin, daß der Landtag diese Verfassung herstellen, sondern im Gegentheil darin, daß er sein eignes Todesurtheil aussprechen und erklären solle, wie nur eine allem Ständewesen widersprechende, aus Urwahlen hervorgehende Nationalversammlung den Beruf haben könne, eine Verfassung mit dem Könige zu „vereinbaren". Wie sollte es werden, wenn die Vereinbarenden sich nicht über die Verfassung verständigen können? Die konstitutionellen Minister reinsten Schlages ließen dies als „offene Frage" auf sich beruhen; nur der rücksichtslosere Hansemann hatte den Muth zu sagen: „Dann würde der Stärkere sie oktroyiren!" Daß dies nicht zu der „Rechtsboden-Vertretung", dem Panier des vorigen Jahres stimmte, das mochte Jeder fühlen, aber wollte kaum Einer der Opponenten des vorigen Jahres sagen.

Der Landtag war eröffnet, und im Gegensatz zum vorigen Jahre sollten seine Sitzungen nunmehr auch einer Zuhörerschaft aus dem Volke zugänglich sein. Allein das Volk hatte anderes auf allen Straßenecken zu hören, und selbst der vorjährige Heißhunger nach den stenographisch verewigten Reden der Opposition der ständischen Vertretung war in der überreichlichen Kost der öffentlichen Reden in den Volksversammlungen, verschwunden.

Die Fürsten-Sitze, die Grafen-Bänke, die Ritter-Schranken des vorigen Jahres wurden nicht mehr respektirt. Und auch die Redegewandtheit, im vorigen Jahre noch bewundert, mußte jetzt der knappsten Ausdrucksweise den Platz einräumen. „Im Anfang war das Wort" konnte man auch vom Landtage des Jahres 1847 sagen. Nunmehr im Jahre 1848 sollte der Anfang mit der That kommen!

## Der ständische Landtag stellt die Grundlagen der Demokratie her.

Es ziemt der geschichtlichen Betrachtung nicht, Personen in einer bestimmten Epoche nach dem Maßstab der Konsequenzen ihrer früheren Prinzipien zu verurtheilen, wenn diese Epoche aus neuen sehr veränderten Zuständen hervorgegangen ist. Es ziemt dieser Betrachtung aber auch eben so wenig, eine Weisheit ihrem Urtheil zu Grunde zu legen, welche sie erst durch spätere Thatsachen sich aneignet. Will man gerecht sein, so muß man von dem einberufenen vereinigten Landtag sagen: er war nicht der konsequente Rechtsboden-Vertreter des vorigen Jahres, weil er in den gegebenen Zuständen nicht konsequent sein konnte, und er war nicht ein Prophet der kommenden Geschichte, um es vorauszusehen, daß seine hervorragendsten Mitglieder ein Jahr später eine Oktroyirung gutheißen würden, welche seine beste That, das demokratische Wahlgesetz aus der Welt schaffte.

Der vereinigte Landtag von 1848 darf weder nach den Prinzipien von 1847, noch nach dem Maßstab der Oktroyirungen von 1849 beurtheilt werden. Er wurde im Jahre 1847 zurückgestoßen, als er wohl geeignet gewesen wäre, seine Zeit zu schaffen; er wurde im Jahre 1848 zur Hilfe gerufen, um eine

übermächtige Zeit zu bewältigen. Es gereicht ihm nicht zur
Unehre, daß er dies nicht vermocht hat. Es gereicht ihm vielmehr zur Ehre, daß er keinen leeren Widerstand versuchte, sondern die Grundzüge des künftigen demokratischen Staatswesens
in Gesetzen annahm, wie sie die Zeit unabweisbar forderte.

Die Eröffnungsrede Camphausens suchte einen verhüllenden
Ausdruck für die Revolution vom 18. März. Er nannte sie
ein „Ereigniß", welches einen „gewaltigen unverkenn-
baren Ausdruck der öffentlichen Meinung" an den Tag
gebracht habe. Der Landtag beeilte sich, in einer Adresse an
den König, die Anerkennung dieses „Ereignisses" auszudrücken
und die Nothwendigkeit der Neugestaltung des Staatswesens
zu bezeugen. Nicht blos die Drei-Stände-Kurie acceptirte diese
Art Anerkennung in ihrer übergroßen Majorität, sondern auch
die Herren-Kurie, aus lauter hohem Adel bestehend, stimmte
dem vollständig bei. Ja, der Landtags-Marschall, der reichs-
unmittelbare Fürst Solms, fand sich veranlaßt, persönlich die
Versicherung zu ertheilen, daß fortan alle Vorrechte seines
Standes nichtig seien, und er dieselben in Rüksicht auf die große
Aufgabe der neuen Zeit freudig auf dem Altar der Gleichberechtigung opfere. Auch die reaktionärsten Beamten vormärz-
licher Tage, wie Herr Oberpräsident von Meding, beeilten sich,
bei Eröffnung des Landtages den Umschwung ihrer Gesinnung
laut anzukündigen, und die Annahme der Vorlagen des Ministeriums mit dem unbedingten Gehorsam gegen den Willen des
Königs zu decken. Nur Ein Mitglied des Landtages, Herr
v. Tadden-Triglaff, legte Protest gegen die Anerkennung der
Revolution und die demokratischen Grundzüge der künftigen
Verfassung ein. Eine freie Presse wollte er sich nur gefallen
lassen, wenn neben ihr auch ein Galgen errichtet würde, um
die Preßverbrechen sofort ahnden zu können. Der Galgen-
Humor dieses Protestes verdient der Vergessenheit entrissen zu
werden, um zu bekunden, daß auch solche Aeußerungen unver-
wehrt und ungestört in jenen Tagen laut werden konnten.

Drei Regierungsvorlagen waren es, welche die Zustimmung
des Landtages forderten. Die eine bestand in dem demokratischen Urwähler-Gesetz, welches allgemeine, gleiche und geheime

Wahlen von Wahlmännern anordnete, und diesen Wahlmännern die Wahl der Abgeordneten zur Nationalversammlung anheimgab. Der Nationalversammlung wurde die Aufgabe gestellt, die künftige Verfassung des preußischen Staates mit der Krone zu vereinbaren. Die Frage, ob dieser Volksvertretung nicht auch noch eine Art Erste Kammer beigegeben werden solle, wurde sowohl von den Ministern, wie von dem Landtage verneint.

Die zweite Vorlage bestand in den Grundzügen, welche die künftige Verfassung enthalten solle. Dies kurze Gesetz, das nur sechs Paragraphen enthielt, ist von historischem Werth, zumal darin Rechte des Volkes niedergelegt sind, die später zurückgenommen wurden, und heutigen Tages noch nicht wieder errungen worden sind.

Die dritte Vorlage verlangte die Zustimmung zu einer Anleihe von 25 Millionen, um den etwaigen Gefahren eines Krieges gegenüber gerüstet dastehen zu können, und außer diesen noch 15 Millionen in Darlehnsscheinen ausgeben zu dürfen, um damit Handel und Gewerbe in ihrer momentanen Noth aufhelfen zu können.

Die erste Vorlage, das Wahlgesetz, wurde mit unwesentlichen Verbesserungen angenommen. Es fand nach demselben die Wahl zur preußischen Nationalversammlung, die zur deutschen National-Versammlung in Frankfurt am Main und die zur zweiten Kammer im Beginn des Jahres 1849 statt. Dieses Wahlgesetz ist es, das durch eine Oktroyirung im Mai 1849 umgestoßen, und durch das jetzt immer noch existirende Dreiklassen-Wahlgesetz abgelöst wurde. Die Beseitigung dieser Oktroyirung und die Rückkehr zu dem Gesetz von 1848 wäre noch heutigen Tages ein Fortschritt zum Bessern.

Die zweite Vorlage, die im späteren politischen Kampf den Ehren-Namen „das Sechs-Paragraphen-Gesetz" erhielt, erklärte im ersten Paragraphen die Freiheit der Presse und die Beseitigung der Zeitungskautionen. Im zweiten Paragraphen wurden Geschworenengerichte auch für Preß- und politische Vergehen verheißen. Im Paragraph drei wurde das Gesetz von 1844 beseitigt, welches — nach der Freisprechung Johann Jacoby's — die Unabhängigkeit des Richterstandes antastete. Im vierten Paragraphen wurde das Vereins- und Versammlungsrecht von allen Schranken der polizeilichen Bevormundung frei erklärt. Der fünfte Paragraph hebt alle Unterschiede der Religionsbekenntnisse in Ausübung staatsbürgerlicher Rechte auf. Der sechste Paragraph endlich ist der Kern aller verfassungsmäßigen Rechte. Er verbürgt, daß den künftigen Volksvertretern das Recht der Zustimmung zu allen Gesetzen, wie zur Feststellung des Etats und zur Erhebung der Steuern zustehen solle.

Wie das Wahlgesetz, so ist thatsächlich der Inhalt des Sechs-Paragraphen-Gesetzes in wesentlichen Punkten noch unerfüllt geblieben. Das viertel Jahrhundert, welches nunmehr dahin gegangen ist, hat den Verpflichtungen, welche der einberufene vereinigte Landtag dem Staatsgrundgesetz auferlegt hat, noch immer nicht in vollem Maße Genüge gethan. Wenn man nach den Gesetzes-Grundlagen der Demokratie in Preußen fragt, so muß man immer noch auf die Schöpfungen des zweiten vereinigten Landtages hinweisen, der im Sturm jener Tage seine Schuldigkeit gethan, dessen Mitglieder jedoch im Sturm der Reaktion den Oktroyirungen auch zustimmten, die ihr Werk verkümmern sollten. Auch die dritte Vorlage, die Anleihe von vierzig Millionen, wurde angenommen, und zwar von einer Versammlung angenommen, deren Führer dies im Jahre 1847 für unmöglich erklärt hatten. Eine Rede Vincke's, der in einem Jahr vorher den Rechtsboden breit getreten, verhalf diesmal mit gleicher Virtuosität zum Sprung über diesen Boden hinweg. Solche Inkonsequenz lag in der Natur der Dinge. Ein Widerspruch hiergegen wurde von Seiten der Vertreter des „Rechtsbodens" nicht laut. Nur ein ehemaliger Gegner desselben, der Abgeordnete v. Bismarck-Schönhausen, nahm sich desselben jetzt an und erklärte: es sei zu viel, „wenn man dem Landtage zumuthe, sich ins Meer der Vergessenheit zu stürzen und seinen Hals noch mit der Last von 40 Millionen Staatsschulden zu beladen."

Die Majorität indessen theilte das Bedenken nicht; sie nahm die Last auf sich und that den Sprung.

## Der vereinigte Landtag läßt sich schließlich noch zu einem Mißgriff verleiten.

Obwohl man dem zweiten vereinigten Landtag vom April 1848 das Zeugniß nicht versagen darf, daß er seine Zeit verstanden, und im Verein mit den März-Ministern die Grundlagen der preußischen Verfassung auf dem breiten Boden des volksthümlichen Rechtsstaates festzustellen suchte, war es ihm doch nicht vergönnt, den berühmten „Sprung in das Meer der Vergessenheit" zu thun, ohne sich einen Mißgriff zu Schulden kommen zu lassen, den er bald zurücknehmen mußte. Daß dies seinem bereits durch die „Ereignisse" geschwächten Ansehen nur weiteren Abbruch thun konnte, ist selbstverständlich.

Da dieser Mißgriff und der siegreiche Kampf dagegen einen Punkt betrifft, der von da ab und bis auf den heutigen Tag zu den mächtigsten Impulsen der Geschichte gehört, so müssen wir zur Klarlegung desselben einen Blick auf die damaligen Gesammtverhältnisse werfen. Dieser Punkt ist die noch heutigen Tages uns tief berührende deutsche Frage.

Die Bewegungen des Volkes in den deutschen Klein- und Mittelstaaten hielten nicht bloß gleichen Schritt mit den Stürmen der Revolution in Wien und Berlin, sondern eilten in Erringung der Früchte dieses Zustandes denselben vorauf. In diesen Staaten waltete eine reifere politische Einsicht, weil sie bereits seit drei Jahrzehnten konstitutionelle Kammern besaßen, und in diesen sich die politischen Talente Geltung verschaffen konnten. Wie sehr sich auch die östreichische und die preußische vormärzliche Regierung vereinigten, um durch den Bundestag das Verfassungsleben der Klein- und Mittelstaaten zu unterdrücken: es war und blieb immerhin dieses verkümmerte Verfassungsleben in Baden, Baiern, Würtemberg, Sachsen und Hannover eine Vorschule, die nicht ohne Einfluß auf die politische Bildung der Volksvertreter blieb. Die Freisinnigen dieser Volksvertreter griffen denn auch mitten in den Märztagen die richtige Initiative von der praktischen Seite an und thaten den kühnen und für die nächste Zeit scheinbar sehr erfolgreichen Schritt, Deutschlands Einheit und Freiheit zu gründen.

Bereits am 5. März fanden sich in Heidelberg unter Leitung von Römer aus Würtemberg und Itzstein aus Baden, ein und fünfzig Männer zusammen, welche die Einberufung eines deutschen Reichsparlaments als Forderung des deutschen Volkes aufstellten. Als charakteristisch für den Geist dieser aus eigener Initiative hervorgegangenen Versammlung verdient es hervorgehoben zu werden, daß sie in ihrer Majorität die republikanische Tendenz abgewiesen hat. Diese „Einundfünfziger-Versammlung wählte eine Kommission von sieben Mitgliedern zur weiteren Leitung ihres nationalen Bestrebens. Römer, Welcker und Gagern, die zur Komission gehörten, und die später die „Kaiser-Verfassung" vertraten, sind bezeichnend genug für die Besonnenheit, mit welcher man vorging. Die republikanische Richtung, von Hecker und Struve vertreten, blieb in der Minorität und versuchte später, eine unglückliche republikanische Agitation ins Leben zu rufen.

Die Revolutionen in Wien und Berlin kamen den Plänen der Siebener-Kommission mächtig zu Hilfe. Der Bundestag wußte nicht ein noch aus und wurde freisinnig. Er hob seine heiligen Polizei-Maßregeln auf und forderte von den Regierungen, daß sie Männer, welche das Vertrauen des Volkes genießen, dem Bundestage zur Seite stellen mögen, damit dieser die Wünsche des Volkes wahrnehmen und erfüllen könne. Die Regierungen erfüllten sofort diese Forderung, und so entstand aus freisinnigen Männern ein Kollegium von „siebzehn Mitgliedern", welche nunmehr neben dem alten Bundestag die Ansichten der März-Ministerien vertraten. In diesem Kollegium nahm der freisinnige Professor Dahlmann die Stelle eines Vertreters der preußischen Regierung ein.

Die Kommission der „Sieben" indessen hielt ihre Aufgabe durch die Existenz der „Siebzehner" nicht für erledigt, sondern erließ einen Aufruf an alle Freunde des deutschen Vaterlandes, sich zu einer Versammlung am 31. März in Frankfurt am Main einzufinden. Der Aufruf erfreute sich eines glänzenden Erfolges. Nahe an sechshundert Männer fanden sich ein und wurden in der alten Kaiserstadt mit großem Jubel vom Volke aufgenommen. Sie maßten sich nicht das Recht an, Deutschland eine Verfassung zu geben, sondern erklärten sich nur als „Vorparlament", das sich über die Grundzüge der deutschen Reichsverfassung äußern, die Feststellung dieser Verfassung aber einem aus Urwahlen hervorgegangenen Parlament anheimgeben wolle.

Auch in diesem „Vor-Parlament" wurden republikanische Tendenzen laut, blieben jedoch ganz entschieden in der Minorität. Alle Anträge der republikanischen Fraktion, die fast 150 Mitglieder zählte, wurden von der Majorität abgewiesen. Deutschlands Einheit, mit Einschluß von Schleswig-Holstein, und der Provinzen Posen und Ost- und Westpreußen, die damals nicht im deutschen Bunde vertreten waren, die Einheit in Recht, Gesetz, in der Heeres-Verfassung und im Schutz der Freiheit durch Grundrechte des Volkes, waren die Hauptgesichtspunkte des Vorparlaments. Sie sollten erzielt werden durch sofortige Einberufung eines von den Regierungen ausgeschriebenen Parlamentes auf Grund eines gleichen und freien Wahlrechtes aller Deutschen. Und diesem Parlament — das war der letzte und wichtigste Beschluß der Versammlung, sollte einzig und allein das Recht beiwohnen, die Verfassung festzustellen, und zwar, ohne eine Rückfrage an die Regierungen der einzelnen deutschen Staaten.

Wer da weiß, welche Erbärmlichkeiten und Intriguen von je in deutschen Kabinetten gespielt wurden, um die Einheit Deutschlands zu untergraben, der wird die Wichtigkeit und die Richtigkeit dieses Beschlusses nicht verkennen.

Der Bundestag war schlau genug, sich den Schein der Fügsamkeit anzueignen, aber er legte zugleich in seiner Aufforderung, dem Willen der Nation zu genügen, die verfängliche Phrase ein, daß das Verfassungswerk von dem sofort einzuberufenden Parlament „zwischen dem deutschen Volke und den Regierungen" zu Stande gebracht werden solle. Wir werden weiterhin Gelegenheit haben, das Verderbliche dieser Phrase im Scheitern der edelsten Bestrebungen noch deutlicher nachzuweisen. Hier müssen wir nur die Thatsache hervorheben, daß die preußischen Minister diese Gefahr nicht sahen, und überhaupt so harmlos waren, dem vereinigten Landtag das Recht zu ertheilen, die Wahl der preußischen Vertreter zum frankfurter Parlament vorzunehmen. Der vereinigte Landtag, der so eben im Begriff war, sich selber das Todesurtheil zu sprechen, und für Preußen eine auf Urwahlen beruhende Nationalversammlung als die berechtigte Volksvertretung zu erklären, sollte sich nun für die Wahl der Vertreter zur deutschen National-Versammlung kompetent halten.

Der vereinigte Landtag beging den Fehler und vollzog die Wahl, zu der ihm auch nicht die Spur eines Rechtes zustand. Der gesunde Sinn des Volkes jedoch machte sich hiergegen in sehr energischen Protesten geltend. Nicht bloß die Stadtverordneten-Versammlung in Berlin, sondern sämmtliche Klubs und improvisirte Volksversammlungen tadelten laut diesen Mißgriff. Inzwischen langte auch von Frankfurt am Main her die Nachricht an, daß man solchen, nicht vom Volke selbst gewählten Vertretern Preußens, die Anerkennung ihres Mandats werde versagen müssen. Preußen, bereits durch die blutigen März-Tage hinlänglich mißkreditirt, und durch den „Rundritt des Königs" ein Gegenstand des Spottes und der Verleumdung, wurde dadurch noch mehr im Ansehen Deutschlands herabgedrückt. Die Minister sahen endlich ihren Mißgriff ein und forderten den vereinigten Landtag auf, seine bereits vollzogenen Wahlen für ungiltig zu erklären! Der Landtag that ohne jede Einrede den Schritt zurück. Seine vollzogenen Wahlen wurden annullirt, und das Urwählerrecht auch für die deutsche Nationalvertretung angenommen. Der Landtag, der sich nunmehr rechtlich den Todesstoß gab, versetzte sich hiermit auch noch einen moralischen Todesstoß.

## Die Demagogie und die Gegen-Demonstrationen.

Der Mißgriff, welchen der vereinigte Landtag mit Vollziehung der Wahlen zum deutschen Parlament gethan hatte, wurde in der Hauptsache freilich schnell wieder durch Erlaß des Urwahl-Gesetzes beseitigt; aber es rief dieser Fehler eine Demonstrationssucht in der berliner Bevölkerung wach, welche immer stärker und stärker wuchs und viel dazu beigetragen hat, die Revolution in Mißkredit zu bringen, die Gesetzgebung zu stören und die späteren Reaktions-Maßnahmen als unabweisbar erscheinen zu lassen.

Der Protest der Volksversammlungen gegen die vom Landtage vollzogenen Wahlen hatte einen so unerwartet schnellen Sieg davon getragen, daß die Agitatoren zu dem Wahn verleitet wurden, es sei ihre Initiative in der Politik ein nothwendiger Schutz der Freiheit. Man war kaum des Triumphes froh, daß nunmehr Urwahlen bevorständen, welche die Volksstimme zur vollsten Geltung bringen sollten, als bereits neue Aufrufe zu Volksversammlungen die Gemüther aufregten, „um die reaktionären Intriguen der indirekten Wahlen zu beseitigen, und das Ministerium zur Ausschreibung direkter Wahlen zu zwingen."

Wenn es überhaupt zweifelhaft ist, ob direkte oder indirekte Wahlen eine größere Bürgschaft für den volksthümlichen Charakter der Volksvertreter gewähren, so ist es wohl zweifellos, daß im Jahre 1848 der indirekte Wahlmodus, ganz besonders in Preußen, der allein angemessene gewesen war. Wir hatten bis dahin kein öffentliches Leben; die politische Gesinnung und Befähigung der zu wählenden Volksvertreter war kaum dem gebildetsten Theil der Bevölkerung möglich zu erkennen, um zwischen den Kandidaten eine sichere Auswahl zu treffen. Dem Volke, und namentlich den Bewohnern des flachen Landes zumuthen, daß sie ohne Vermittelung von Wahlmännern selber eine Wahl treffen, war eine Chimäre, an deren günstigen Erfolg die Agitatoren schwerlich selber glauben konnten. Während das verfassungsmäßige Staatswesen in den deutschen Klein- und Mittelstaaten der dortigen Bevölkerung auch in vormärzlichen Zeiten hinlängliche Gelegenheit geboten hatte, ihre Abgeordneten einigermaßen kennen zu lernen, war in Preußen, und nicht minder in dem intelligenten Berlin, die bevorstehende Wahl so absolut ein Glücksgriff, daß — wie wir noch sehen werden — man auch nach der vollzogenen Wahl in vollster Dunkelheit über den politischen Charakter der Gewählten blieb, bis die Verhandlungen der National-Versammlung selber einen Aufschluß hierüber darboten.

Drei Wochen standen nur noch bevor, bis Preußen und Deutschland zum Erstenmal eine auf dem gleichen und allgemeinen Wahlrecht beruhende Nationalvertretung erhalten sollten; aber die Ungeduld und Unruhe, die Furcht vor einer Reaktion oder einer erneuerten Revolution war so groß, daß kaum Ein Tag verging ohne öffentliche Agitation für und wider das neue Wahlgesetz. Diejenigen, welche meinten, daß ein Wahlrecht unantastbare Giltigkeit erlangen werde durch die Zustimmung von Seiten des vereinigten Landtages, sahen sich enttäuscht. Nicht blos die politische Meinungsverschiedenheit regte die Gemüther eines in politischen Fragen völlig unerfahrenen Volkes auf, sondern die Demagogie bemächtigte sich dieser Unerfahrenheit und forderte das Volk auf, seine „bedrohte Freiheit" durch Demonstrationen zu wahren. Massen-Aufzüge wurden demnach veranstaltet, um das Ministerium zum Umsturz des Wahlgesetzes zu bewegen. Als diese Agitationen nichts fruchteten, und das Ministerium auf die Unmöglichkeit hinwies, in solchen Straßen-Aufzügen eine Gesinnungsäußerung des preußischen Volkes anzuerkennen, erklärten sich einzelne Führer freilich gegen eine Fortsetzung dieser Agitationen. Die „Entschiedeneren" jedoch fühlten sich hierdurch nur noch zu „kräftigerer That" angeregt und erließen demnach einen Aufruf zu einem Zug von 60,000 Wahlberechtigten Berlins vor das königliche Schloß, damit man dem Könige und dem Ministerium den Beweis liefere, daß das Volk reif sei zur direkten Ausübung seines Wahlrechtes!

Die Wahlen sollten am 1. Mai stattfinden; die Demonstration zum Umsturz des Wahlgesetzes wurde auf den 20. April, den Gründonnerstag, angesetzt. Die politische Unerfahrenheit des Volkes war noch so groß, daß in der That zu befürchten stand, es könnte den Demagogen Folge leisten und wider seinen Willen einen neuen Umsturz herbeiführen, dessen Ausgang unberechenbar gewesen wäre.

Glücklicherweise enthüllte die radikale Demagogie gar zu offen die verbrecherische Absicht. Ein Aufruf von Schlöffel drückte sich über das Ziel der Gründonnerstags-Demonstration mit folgenden Worten aus: „An dem grünen Donnerstag wollen wir mit dem Ministerium Camphausen das Abendmahl feiern, auf daß es gekreuzigt werde. Einst haben die Juden den Barrabas hingegeben, um einen großen Volksaufwiegler und Revolutionär, der Jahrtausende lang als „Gott" verehrt werden sollte, zu hängen. Morgen wollen wir den Barrabas Camphausen nicht freigeben und unsere Freiheit, die wir augenblicklich in den Volkswahlen verkörpert sehen, für immer retten. Darum trauet nicht den Schriftgelehrten und Pharisäern im konstitutionellen Klub und jenen königlichen Kriegsknechten in den Wachtstuben der Bürgerwehr und dem Pontius Pilatus „Minutoli", die Euch alle erzählen, wie gut und vortrefflich der Barrabas ist, und wie gefährlich jener politische Christus, das demokratische Wahlgesetz, sondern laßt Euch nicht davon abwendig machen, in Masse mit nach Golgatha vor das königliche Schloß zu ziehen, wo jener barbarische Friedrich Wilhelm Titus Euch vor vier Wochen zusammenschießen ließ. Dort mag der Minister Camphausen das eigene Kreuz tragen, woran er geschlagen werden wird, nämlich seine unvergeßliche Blamage" u. s. w.

Leicht möchte man in ruhiger Zeit meinen, daß dieser Aufruf ein untergeschobenes Machwerk der Reaktion gewesen sei. Dem war jedoch nicht so. Eine öffentliche Gerichtsverhandlung gegen den Verfasser, den jugendlichen Studenten Schlöffel, stellte die Aechtheit dieses charakteristischen Schriftstücks fest. Es hatte denn auch die natürliche Folge, daß Aufgebote zur Verhinderung dieser Demonstration von Seiten der Bürgerwehr und eines Theils des bewaffneten Studenten-Korps eine günstige Aufnahme fanden. So wurde denn auch in der That die sogenannte „Gründonnerstags-Demonstration" glücklich verhindert. Aber durch die beabsichtigte Demonstration und die stattgehabte Gegendemonstration wurde die ganze Bevölkerung in eine demonstrative politische Agitation hineingedrängt. Nicht blos die Klubs, die Bezirksvereine, die Volksversammlungen für und wider bildeten den Heerd, einer immer leidenschaftlicher sich aufregenden Agitation, sondern auch die Bürgerwehr, die für die Ruhe und Sicherheit der Stadt und die Achtung und Wahrung der Gesetze einstehen sollte, wurde in ein Parteiwesen hineingezogen, das schwere Mißstände innerhalb derselben schaffte.

Für den Moment indessen schuf die Demonstration gegen den beabsichtigten Aufzug der Demagogie eine Ruhepause in der Straßenpolitik. Die Wahlen standen vor der Thür. Es war bei der völligen Neuheit dieses großen politischen Aktes eine außerordentliche Schwierigkeit, aus der unübersehbaren Reihe von sich meldenden Kandidaten auch nur einigermaßen eine befriedigende Auswahl zu treffen. In Flugblättern, Klubs und Zeitungen präsentirten sich die Meinungen und die Persönlichkeiten von allen nur denkbaren Schattirungen. Welch ein Ergebniß wird das Wahlgesetz bringen? Die Frage konnte selbst der Scharfblickendste nicht beantworten. Man konnte nur bei der völligen Neuheit der Situation auf einen gewissen natürlichen Instinkt des Volkslebens hoffen, der sich oft in unberechenbaren Krisen bewährt. Und diese dunkele Hoffnung war denn auch wirklich diesmal keine trügerische.

## Die ersten Volkswahlen für Preußen und Deutschland.

Wie werden die Urwahlen ausfallen?

Die Frage regte nicht blos ängstliche und den revolutionären Zeiten feindliche Gemüther auf, sondern lastete hauptsächlich mit schwerer Wucht auf dem Herzen derjenigen, die in der Märzwoche im Jubel ihrer herrlichsten Freiheitshoffnungen schwelgten, und nunmehr mit Schrecken wahrnahmen, wie die Unerfahrenheit und politische Naivetät des Volkes hier demagogischen und dort reaktionären Leidenschaften einen Spielraum schafft, und wie der schlichte Freiheitssinn des Bürgerthums nicht befähigt ist, dem Einhalt zu thun.

Ein großer Akt des Staatslebens, an dem sich das ganze Volk betheiligen sollte, stand bevor; aber dieses Volk hatte noch niemals eine Wahl vollzogen. Die Stadtverordneten-Wahlen, die einzigen, welche in vormärzlichen Zeiten in Preußen stattfanden, wurden nur von einem verhältnißmäßig kleinen Theil der Bevölkerung der größern Städte vollzogen, der sich einen sogenannten Bürgerbrief errungen hatte, wozu man nur als Grund-Besitzer oder als Gewerbsmann befähigt war. Der Beamtenstand, der Gelehrtenstand und der ganze überwiegend zahlreichste Stand der Arbeiter, genossen in vormärzlichen Zeiten nur eine Stellung als „Schutzverwandte", denen das Wahlrecht versagt war. Machte dies den Ausfall der nunmehr bevorstehenden Wahlen in den größern Städten schon zu einem unbestimmten Problem, so war dies in noch viel bedenklicherem Grade der Fall in Bezug auf die, in kleinen Städten und auf dem Lande lebende Bevölkerung. Es schien fast undenkbar, daß solch ein dem Volke völlig neuer Akt ein glückliches Ergebniß bieten könnte. Und doch sollte und mußte dies Ergebniß von bestimmendem Einfluß nicht blos auf Preußens, sondern auch auf Deutschlands Neugestaltung werden!

Die Presse, welche in geordneten freiheitlichen Zuständen einen erkennbaren Einfluß auf die Meinungen der Parteien ausübt, war damals noch ein Chaos. Plakate und Flugblätter überboten sich in leidenschaftlichen Auslassungen, wie dies bei dem plötzlichen Eintritt ihrer vollen Freiheit, nach einer Zeit schmählicher Beschränkung durch die Zensur, nur allzunatürlich war. Die zwei von Alters her im Bürgerstand gelesenen Zeitungen, die Vossische und die Spenersche, predigten Mäßigung und einen vernünftigen Gebrauch der Freiheit; aber sie drangen nicht ins Volk ein und waren wenig dazu angethan, den Geist der Erneuerung des Staatslebens zu repräsentiren. Sie waren frei-

sinnig, aber öffneten in ihren insertenreichen Spalten auch allen
reaktionären Ergüssen aus den Provinzen einen Spielraum.
Die „Zeitungshalle", von frischeren Talenten benutzt und geleitet, war einem Radikalismus bedenklicher Art verfallen und
beschönigte jede Extravaganz der Demagogie. Von den nach
den Revolutionstagen erst neu begründeten Blättern bildete die
„National-Zeitung" fast allein den Sammelplatz freier Betrachtung der gebildeteren und gemäßigteren Politiker. Sie repräsentirte den Standpunkt der Demokratie und trat oft mit Talent
der extravaganten Demagogie entgegen. Aber sie war zur damaligen Zeit ein Generalstab ohne Armee. Ihr Leserkreis erhob
sich nicht allzuweit über ihren Mitarbeiterkreis.

Die Wahlen mußten indessen vollzogen werden. In Berlin,
das in seiner Revolution so bestimmend auf die Provinzen war,
mußte naturgemäß auch auf die Wahlen der größte Werth gelegt werden. An redegewandten Kandidaten fehlte es nicht; sie
waren im Gegentheil in verwirrendem Ueberfluß vorhanden.
In jedem Stadtverordneten, der vormärzlich eine liberale Anwandlung hatte, steckte ein Kandidat für die zwei National-Versammlungen in Preußen und Deutschland. Da die Demagogie sich bemühte, die Arbeiterfrage aufs Tapet zu bringen und
alle politischen Streitfragen an dem Stein der „sozialen Frage"
möglichst zu zerschmettern, so erlebte man in Berlin auch das
Schauspiel, daß sich Geheimräthe mit der Devise als Kandidaten
empfahlen: „Auch ich bin ein Arbeiter". Den eifrigsten Bemühungen für Feststellung von Kandidaten gab sich der konstitutionelle Klub hin. Er suchte zu organisiren und auf einzelne
Bezirke einzuwirken. Er stellte Kandidaten-Listen zusammen
und sorgte durch „Berichte" für die Kenntnißnahme der Verhandlungen des Klubs, wo sich die Kandidaten in großer Masse
vernehmen ließen. Bei der Zerfahrenheit und der Neuheit der
Situationen und Parteien hätte man wohl vermuthen dürfen,
daß sich der geschickt geleitete konstitutionelle Klub nur glücklicher
Erfolge mit seinen von ihm protegirten Kandidaten zu erfreuen
haben würde. Gleichwohl fiel die Wirklichkeit durchaus anders
aus als man hoffte, fürchtete und berechnete.

Am Montag, den 1. Mai 1848 sollten die Urwahlen stattfinden, woselbst alle Großjährigen ohne Unterschied des Standes, des Berufs und des Besitzes durch geheime Zettelabstimmung aus ihren Bezirken „Wahlmänner" für die preußische und in besonderem Wahlakte ebenfalls Wahlmänner für die deutsche Nationalversammlung wählen sollten. Die Wahlmänner hatten am 8. Mai die Abgeordneten für die berliner, am 10. Mai für die frankfurter Nationalversammlung zu wählen.

Ausgeschlossen von diesem allgemeinen Wahlrecht waren natürlich die Verbrecher, welchen die Nationalkokarde abgesprochen war, was in den Bürgerkreisen auch gebilligt wurde. Allein die Aengstlichen geriethen bei Herannahen des Wahltages gerade hierüber in schreckliche Besorgniß. Polizei und Militär gab es damals nicht in Berlin. Wenn die Bürger — so wurde behauptet — ihre Waffen ablegen und sich sämmtlich in die Wahllokale begeben sollten, so wäre die wehrlose Stadt der Raubsucht der Verbrecher preisgegeben. Dieses Schreckensbild wurde natürlich von denjenigen am lebhaftesten ausgemalt, die heimlich eine Herbeirufung des Militärs wünschten. Man mußte ihre Angst zu beschwichtigen suchen, weshalb denn auch die minderjährigen Studenten und die Schüler der obern Gymnasialklassen beordert wurden, am Wahltag die Bewachung der Stadt zu übernehmen, was sie natürlich mit großer Gewissenhaftigkeit vollführten. Die Gefahr, von dieser dienstfertigen Jugend als muthmaßlicher „Verbrecher" verhaftet zu werden, wenn man sich auf der Straße blicken ließ, bewirkte, daß alle Wahlberechtigten an dem großen politischen Akte Theil nehmen mußten, wenn sie sich nicht freiwillig Stubenarrest auferlegen wollten.

Der Wahltag verlief in den Straßen in einer idyllischen Stille, die nach den Wochen der Aufregung um so auffallender war. In einzelnen Wahllokalen fanden harte Wahlkämpfe statt; aber im Ganzen und Großen verlief der große Akt selber in überraschender Ordnung und Ruhe. Sie wurde nicht gerade von der politischen Einsicht, sondern von dem moralischen Volks-Instinkt geboten, der in unberechenbaren Situationen oft genug in erfreulichem Grade einwirkt. Die Gewählten gehörten in überwiegender Majorität dem höheren Bürgerstande an. Die Namensliste derselben wurde auch von den ängstlichsten

Gemüthern mit Wohlgefallen aufgenommen. Die Straßen-Demagogie — das war zweifellos — erhielt bei den Wahlen eine Niederlage.

Bedenklicher stellte sich der Zustand in den ersten Zusammenkünften der Wahlmänner heraus. Es gab tumultuarische Scenen, welche die Leiter nicht bewältigen konnten. Man mußte allgemeine Versammlungen aufgeben und versuchte, Partei-Versammlungen zu berufen. Allein es zeigte sich, daß die Zeit der Partei-Abklärung auch in der höheren Bürgerklasse noch nicht gekommen war. Es herrschte noch die Gährung, welche die Wahlmänner selber in Zweifel setzte, zu welcher der Parteien sie sich rechnen sollen. Das instinktive Gefühl, welches die Urwahlen beherrscht hatte, war schließlich auch in den Wahlmännern der einzige Leitstern. Und dies hat denn auch im Ganzen und Großen zu einem der Situation entsprechenden und den Verhältnissen nach erfreulichen Ergebniß geführt.

Den Wahlmännern Berlins hatten sich nicht weniger als Einhundert und acht Kandidaten offiziell und eine noch größere Zahl unter der Hand zur Auswahl gestellt. Diejenigen, welche besorgten oder gar mit Entschiedenheit prophezeiten, daß aus allgemeinen Wahlen nur eine Vertretung der unwissenden Massen den Sieg davon tragen könnte, wurden durch die Wahlen Berlins, der revolutionirtesten, und aufgeregtesten Stadt, völlig widerlegt. — Es wurden für die preußische Nationalversammlung (in den ursprünglichen und in den später vollzogenen Nachwahlen) gewählt: Staatsanwalt v. Kirchmann, Fabrikant Zacharias, Geh. Rath Waldeck, Oberbürgermeister Grabow, Geh. Rath Bauer, Stadtverordneter Berends, Stadtrath Duncker, Dr. Johann Jacoby, Prediger Sydow und Assessor Jung. — Für die deutsche Nationalversammlung wurden gewählt: Minister Camphausen, Major Teichert, Privat-Dozent Dr. Nauwerk, Oberst Stavenhagen, Professor Raumer, Dr. Veit. — Diese Namen, wie auch die der gewählten Stellvertreter, worunter Prediger Jonas, Professor Dielitz, Justizrath Geppert, Geheimrath Heffter und Präsident Lette, legen Zeugniß davon ab, daß Urwahlen, selbst in den aufgeregtesten demokratischen Zeiten, zu Gunsten der geistigen Kapazitäten ausfallen. In dieser Beziehung darf man stets dem sittlichen Instinkt des Volkes volles Vertrauen schenken. Dies war für die damalige Zeit eine höchst erfreuliche Lehre. Politisch jedoch war damals eine reife Einsicht in das Ergebniß der Wahlen selbst den Gebildetsten verschlossen. Man kannte die Gewählten noch nicht, weil sie sich selber erst zu politischen Charakteren im Laufe des weiteren Kampfes ausbildeten. Das Urtheil hierüber war so unklar, daß die Nationalzeitung in die Reihe der von ihr bedauerten reaktionären Wahlen auch die Waldeck's mitzählte!

## Wie der neue Zustand untergraben wird.

Die in Berlin gewählten Abgeordneten für die preußische und für die deutsche Nationalversammlung waren ein richtiger Ausdruck der Volksstimmung. Politisch waren sie nicht von Einem Geiste getragen; aber gerade hierin lag das Charakteristische der damaligen Lage. Die politische Bildung war erst im Werden. Einig über die Unmöglichkeit des Absolutismus, war man über die Formen, wie die nothwendige Neugestaltung verwirklicht werden soll, durchaus noch im Unklaren. Man hatte in den Märztagen große demokratische Verheißungen erhalten, und am 6. April 1848 waren diese auch in Gesetzesformen gefaßt worden, welche der künftigen Verfassung zur Grundlage dienen sollten. Allein der Aufbau auf dieser Grundlage war durch zwei Umstände ein Problem, für welches weder die damalige Regierung, noch die gewählten Volksvertreter eine klare Lösung hatten. Der Eine Umstand war das demokratische Wahlgesetz, welches das ganze Volk unterschiedslos zur politischen Selbstständigkeit erhoben hatte, und der zweite: die Theorie von der Vereinbarung über die künftige Verfassung zwischen der vom ganzen Volk gewählten Vertretung und dem Könige. In diesen zwei Prinzipien lag nun der unlösbare Streitpunkt versteckt über das, was werden solle, wenn die Vereinbarung nicht gelingt. In diesem Fall mußte konsequenter Weise dem Könige die absolute Gewalt wiedergegeben und zugleich dem Volk das Recht der Revolution zugesprochen werden. Zwei Alternativen, von welchen keine erträglich gewesen wäre.

Aus diesem unglücklichen Umstand ging der Zwiespalt hervor, welcher der Kern eines friedlich nicht zu lösenden Streites wurde, der später unter der Firma „Anerkennung der Revolution" die Gemüther aufreizte. Diejenigen, welche diese Anerkennung ausgesprochen haben wollten, legten in richtiger Konsequenz der Nationalversammlung das Recht einer „konstituirenden" Versammlung bei; die Gegner konnten natürlicher Weise nur die „Vereinbarung" als Ausweg annehmen; wenn sie aber mißlingen sollte, waren sie schon von vorn herein auf die Oktroyirung verwiesen.

Wie unklar die politische Haltung damals war, das bekundeten mehrere Wahlbezirke sehr auffallend dadurch, daß sie bei zwei zu vollziehenden Wahlen zweien Abgeordneten ihre Stimme gaben, die in dieser Streitfrage auf absolut entgegengesetzter Seite standen. Ein hervorragendes Schauspiel dieser Art boten die Abgeordneten Sydow und Jung, die beide von Einem Wahlkörper Berlins ihr Mandat empfingen und in der Nationalversammlung diesen Bezirk, der erstere auf der äußersten Rechten, der andere auf der äußersten Linken vertraten.

Aehnliche Erscheinungen boten auch einzelne Wahlen in den Provinzen, und nicht minder fand das Gleiche in den Wahlen für die deutsche Nationalversammlung statt. Die politische Klärung sollte erst später — und als es leider „zu spät" war — eintreten.

Anders indessen stellt sich das Urtheil über die damalige Zeit heraus, wenn man die politischen Partei-Fragen, über welche im wahren Sinne des Wortes Niemand klar war, bei Seite läßt, und nur an die Ergebnisse der Wahlen den Maßstab des sozialen Umschwunges anlegt, der damals den gewaltigsten Impuls für Zeiten empfangen hatte, welche noch heutigen Tages nicht vorüber sind. Die Bedenken gegen ein allgemeines Wahl-

recht gründeten sich auf die Befürchtung, daß durch das gleiche
Recht die einsichtslose, ungebildete, ärmste Masse, diese
überwiegende Mehrzahl des Volkes, auch der Volks-Re-
präsentation den Stempel ihres Charakters geben würde. Aengst-
liche Geister erblickten in dem allgemeinen gleichen Wahlrecht
den Untergang der Bildung und des Wissens, den Zusammensturz der ganzen Kultur-Errungenschaft der Zeit. Der
Ausfall der Wahlen in Preußen, ja in ganz Deutschland wider-
legte all diese vorsorglichen Behauptungen. Die Thatsache ist
unleugbar, daß der Sieg bei den Wahlen nur zu Gunsten der
Intelligenz und der höhern Bildung ausgefallen war. Das
politische Parteiwesen bedurfte der Klärung, und hierin war keine
der Parteien besonders vor den anderen bevorzugt. In Bezug
auf Bildung und Wissen jedoch nahm man das erfreuliche
Ergebniß wahr, daß Talent und Geist, Kenntniß und höhere
Lebensstellung ihren Einfluß nicht eingebüßt hatten. Die National-
Versammlungen in Berlin und in Frankfurt am Main waren
nicht ärmer, sondern reicher an Intelligenz als der ehemalige
vereinigte Landtag. Von den vorzüglichen Mitgliedern dieses
so hochgepriesenen Landtages fehlte kaum Einer in den National-
vertretungen demokratischsten Ursprunges. Ja, wer heutigen
Tages, nachdem ein viertel Jahrhundert vorübergegangen ist, die
parlamentarischen Größen zusammenzählt und ohne Rücksicht
auf Parteiwesen nur nach ihrem intelligenten Werth bemißt,
der wird sich der Wahrheit nicht verschließen können, daß der
Reichthum des Wissens und der Bildung bisher in keiner Epoche
glänzender hervorgetreten ist, als in den Vertretern der damaligen
Zeit. Wir zehren noch heutigen Tages an dem Schatz, der
damals sich entfaltete. Der junge Nachwuchs der Jahrzehnte
hat an Talent und Begabung den älteren noch nicht überragt.
Die Reaktion hat wohl die Lage der Verhältnisse zerrüttet und
die Entwürfe der Neuschöpfungen jener großen Zeit in den
Hintergrund zu drängen vermocht; aber die Kunst der Rechts-
verkümmerung, die ein junges Streber-Volk in die Schranken
rief, um das Jahr 1848 zu verleugnen, hat weder mit ihrem
Geist den Geist, noch mit ihren Reaktions-Schöpfungen das
Streben jenes Jahres verdunkelt. Was Fruchtbares die

neue Zeit geboren hat, ist für jetzt immer nur noch ein Nachklang der Grundgedanken, welche das vielgeschmähte Jahr im Ringen seines zwar politisch noch ungeklärten, aber doch edlen und der Vollendung werthen Strebens dargelegt hat.

In diesem Sinne ist es verständlich, daß die Märzminister von dem Ausfall der Wahlen befriedigt waren und dies auch in ihren offiziellen Organen öffentlich erklärten. Das Experiment des allgemeinen Wahlrechts hatte in dieser Beziehung ein glückliches Ergebniß zur Folge. Es hätte trotz der politischen Unreife der Zeit auch zu glücklichem Ausgange der Neugestaltung Preußens und Deutschlands geführt, wenn nicht der ganze Unterbau untergraben gewesen wäre durch dasselbe Mißverständniß, welches ein Jahr vorher jede Verständigung mit dem vereinigten Landtag vereitelte.

Der König — das ist jetzt durch Dokumente von seiner eigenen Hand unwiderleglich erwiesen — der König war durch keine Thatsache von der Ueberzeugung abzubringen, daß Alles was in der Zeit und in den Menschen vorging, nichts sei als „Abfall von Gott, Herrschaft des Bösen, Gelüste nach Attentaten, Folge von Bosheit und niedriger Gesinnung." Die Demokratie war ihm ein Frevel und die Konstitutionellen waren in seinen Augen verblendete Narren, die nicht sehen wollen, daß sie Werkzeuge einer „Verschwörung" sind. Er verachtete seine Minister, die nicht zu überzeugen waren von den Phantasien, welche des Königs Gemüth verdüsterten. Er lieh sein Ohr den Fraktionen einer Hof-, Militär- und Junker-Partei, welche dieselben unglücklichen Phantasien hegten oder doch von ihnen überzeugt zu sein vorgaben. Selbst Männer, auf deren Urtheil der König sonst einen hohen Werth legte, und die er mit seinem unbedingten Vertrauen beehrte, vermochten trotz aller redlichsten Widerrede diese Phantasie nicht zu verscheuchen. Aus dem Zeitpunkt, an welchem wir jetzt in unserer historischen Skizze angelangt sind, liegt nunmehr ein Dokument in einem Brief des Königs an seinen intimen Freund Bunsen vor, der deutlicher als alle erdenklichen Kombinationen zeigt, wo der Abgrund lag, in

welchen all das stürzen mußte, was die redlichen März-
Minister und der redlichste von Allen, der ältere
Camphausen im Verein mit der National-Versamm-
lung zu schaffen hofften!

Wir wollen dies merkwürdige Dokument wörtlich vorführen.

## Die unglückseligen Irrthümer des Königs.

In den Tagen, an welchen die in Preußen vollzogenen
Wahlen den Beweis lieferten, daß auch unter der allerdemokra-
tischsten Form des Wahlgesetzes eine Volksvertretung zu Stande
kommt, die an Intelligenz keiner andern nachsteht, war die
Seele des Königs Friedrich Wilhelm IV. von einem Wahn erfüllt, der ihm jede Einsicht in die wahre Lage des Vaterlandes
verhüllte, und der den ganzen Plan der „Vereinbarung" zu einer
Unmöglichkeit machen mußte.

Man versteht erst den unglücklichen Verlauf dieses wohlgemeinten Planes richtiger, seitdem durch Veröffentlichung eines
Briefes des Königs an Bunsen dieser ihn beherrschende Wahn
ganz zweifellos vor die Augen tritt.

Der Brief ist in Potsdam am 13. Mai 1848, also in den
Tagen geschrieben, wo man dem Zusammentritt der National-
versammlungen in Berlin und Frankfurt am Main in der Hoffnung entgegen sah, daß durch sie und im Einverständniß mit
dem Könige eine Neugestaltung Preußens und Deutschlands
geschaffen werden solle, um an die Stelle des Zustandes zu
treten, welchen die Revolution aufgelöst hatte. Welche Vorstellung machte sich aber der König von dieser Revolution?
Weder die Reden des Königs, die wir bereits angeführt, noch
die offiziellen Erklärungen der Regierung in allen bisherigen
Akten geben ein richtiges Bild hiervon. Der Instinkt des Volkes,
der sehr oft viel schärfer sieht als die offiziellen Stimmen es
wahr haben mögen, urtheilte schon damals anders, als man in

wohlmeinenden Kreisen beschwichtigend glaubte. Das Volk mißtraute allen wohlmeinenden Versicherungen, und die Geschichte, diese Richterin der Zeit, zeigt uns, daß dies Mißtrauen nicht unbegründet war.

Der Brief, der die Anschauungen des Königs enthält, lautet folgendermaßen:

„Ich habe etwas auf dem Herzen gegen Sie, mein theurer, treuer Bunsen, und das muß herunter, denn ich bin Ihr wahrer Freund. — Als wir noch glückselig in den scheußlichen Schweizerhändeln schwelgten, schrieben Sie mir in einer Ihrer Antworten: „Sie wären zu der festen Ueberzeugung gekommen, daß der Glaube an Verschwörungen ein Gespenst sei, daß es wirklich keins gäbe und gegeben habe, sondern daß nur der Konsensus der Geister und des Geistes der Zeit die Erscheinungen hervorbrächte, welche Metternich's Schule so deutete und ausbeutete." — Das waren dem Sinn nach Ihre Worte. Mir fielen die Hände über diesen Köhlerglauben schlaff am Leibe herab. Ich ahndete nicht, daß der Beweis dagegen so blutig an die Häuser von Berlin geschrieben werden sollte — denn, wissen Sie, zu Berlin war seit mehr als 14 Tagen Alles systematisch zur infamsten Revolte, die jemals eine Stadt entehrt hat, vorbereitet. Es waren Steine zum Steinigen meiner treuen Soldaten in allen Häusern vom eigentlichen Berlin, von Cölln, von der Neu- und Friedrichstadt u. s. w. gesammelt. Man hat dieselben lange anfahren sehen, wie auch Rasenstücke, um als Brustwehr gegen das Feuer der Truppen zu dienen und hatte sich dies sonderbare Bedürfniß nach Steinen und Rasen gar nicht erklären können. Ferner waren in den Hauptstraßen alle Böden in Verbindung gesetzt, um von den Dachfenstern aus die Vor- oder Rückbewegung der Truppen mit Schüssen und Steinwürfen verfolgen zu können. Es war nachgewiesen über 10,000 Mann und nicht nachgewiesen wohl das Doppelte des allergräßlichen Gesindels seit Wochen in die Stadt geströmt und — verborgen worden, so daß die Polizei mit ihren schwachen Mitteln sie nicht auffinden konnte, darunter der Abschaum von Franzosen (galériens), Polen und Süddeutschen namentlich Mannheimern, aber auch sehr truppirte Leute, angeblich Milaneser Grafen,

Kaufherren u. s. w. u. s. w. Ein reicher mannheimer Kaufmann hat seinen Tod in der Königsstraße gefunden, nachdem ihm Mannschaft von meinem göttlichen 1. Garde-Bataillon das Leben geschenkt und er sie rücklings mit einer Art wieder anfiel. Unter den zu bestattenden Verbrechern der „großen Tage" waren dreißig bis fünfzig, von denen kein Mensch ein Wort, nicht Vaterland, nicht Namen wußte. Aus Paris, Karlsruhe, Mannheim, Bern weiß ich von den Tagen selbst offiziell, daß die Häupter der Bewegung am 18. März laut sagten: „Heute fällt Berlin!!!" Namentlich Hecker, Herwegh und viele andere von der Schuftenschaft."

„Darum also die Frage an Sie, lieber Freund: bleiben Sie noch immer bei Ihrer Abrede mit Niebuhr, nie an eine Verschwörung zu glauben? — Gebe Gott: Nein! Und doch vermag ich nicht die Garantie für dieses Nein zu übernehmen. Das habe ich auf dem Herzen gegen Sie. Das muß ich Ihnen sagen. — Warum kann ich die Garantie aber nicht übernehmen? Antwort: weil sichere Symptome da sind, daß Sie vom Liberalismus befangen sind."

„Der Liberalismus aber ist eine Krankheit, gerade wie die Rückenmarksdürre. Die bekannten Symptome der letzteren sind z. B., daß der stark konvex zu Daumen und Zeigefinger hervorragende Muskel konkav wird bei der Pression; 2) daß ein Abführungsmittel verstopft; 3) daß ein Stopfmittel abführt und in einem späteren Stadium 4) daß sich die Beine hochheben ohne gehen zu können. Und dabei kann solch ein Kranker vor Andern und sich selbst lange Zeit als gesund gelten."

„So wirkt der Liberalismus auf die Seele. Der Augenschein wird geleugnet, die Erfüllung von Konsequenzen aus längst klar vorliegenden Ursachen wird als Aberglaube abgewiesen. Schön glaubt heute noch nicht, daß Napoleon in Moskau war. Der Geist der Zeit wird als grandiose Apologie dahin gestellt, wo der HErr nicht empfiehlt, sondern befiehlt, die Sünde zu bekennen. Man glaubt, ehrlich dem Fortschritt zu huldigen, ihn mitzumachen und — es geht ventre à terre rückwärts in's Verderben. Die scheußlichen Ausgeburten vollendeter Gottlosigkeit sind das Ringen des gesammten Menschengefühls zum Erlen, zum Licht. Schwarz wird weiß, Finsterniß Licht genannt und die Opfer, die dem sündigen, Gott verfluchten Wahnsinn fallen, werden fast oder ganz vergöttert. Denn der Geist in ihnen (Zuchthäusler, Galeriens, Sodomiten) rang heldenmüthig zum Aether auf. — Doch genug der Gotteslästerung. — Ich habe wie bei der physischen Krankheit auch bei der geistigen die letzten Stadien miterwähnt. Fern sei der Gedanke, Sie meinen Freund, für schwer erkrankt auf dem Wege zu halten, aber krank scheinen Sie mir, denn der Unglaube an Verschwörungen ist das erste untrügliche Symptom des seelenaustrocknenden Liberalismus. Und davon haben Sie selbst Zeugniß gegen sich abgelegt. Niebuhr starb an der Bekehrung vom Liberalismus und vom Verschwörungs-Unglauben. Sie müssen sich bekehren und leben, für mich, für Ihre Zeit, für die Kirche Gottes leben. Aber zu scherzen ist mit dieser Krankheit nicht. Ich weiß nur Eine Medizin dagegen, das Zeichen des heiligen Kreuzes an Brust und Stirn."

„Uebersetzen Sie das in's Evangelische, in's ewig Wahre, so haben Sie das Heilmittel, und das liegt Ihnen, Gott sei Dank! ganz nahe. Das segne Ihnen Gott, der Herr."

„Friedrich Wilhelm."

Wir müssen diesem charakteristischen Dokument einige Worte der Betrachtung widmen, wollen jedoch vorher noch ein kleineres, gleich wichtiges Dokument vorangehen lassen, das gleichfalls die Lage der Dinge in den wichtigsten Momenten der damaligen Zeit lichtet.

## Der König gegen den Liberalismus.

Bei künstlerisch angeregten Naturen kommt es häufig vor, daß sie momentanen Eindrücken folgen und nach augenblicklichen Stimmungen urtheilen, ohne daß man dem Urtheil einen abschließenden und konsequenten Charakter beimessen darf. Gar leicht könnte man geneigt sein, den eben vorgeführten Brief des

Königs auf solche momentane Stimmung zurückzuführen und den ganz entgegengesetzten offiziellen Aeußerungen einen authentischen Werth beizulegen. Indessen sind noch andere Briefe des Königs veröffentlicht worden, die untrüglich beweisen, daß sich in diesen persönlichen und vertrauteren Aeußerungen des Königs die wirkliche Gesinnung klarer abspiegelt als in allen andern für die Oeffentlichkeit bestimmten Reden und Dokumenten. Wir werden noch Gelegenheit haben, hierfür andere Beispiele anzuführen, welche einen Blick in den Abgrund thun lassen, der die große deutsche Frage im wichtigsten Moment der nationalen Aufrichtung unterhöhlte. Für jetzt, wo wir zunächst den Blick auf die vergeblich versuchte Regeneration der preußischen Zustände richten, wird es genügen, ein zweites Schreiben des Königs vorzuführen, welches darthut, wie wenig Bunsen im Stande war, in dem Kernpunkt der Frage die Ueberzeugung des Königs zu ändern, und wie fest bei diesem die Ueberzeugung war, daß nicht eine berechtigte allgemeine Unzufriedenheit, sondern eine boshafte, von Fremden gesponnene, „Verschwörung" die Triebfeder der Revolution gewesen und noch immer eine solche sei.

In einem Briefe vom 30. Mai 1848, als die erst acht Tage versammelte preußische Nationalvertretung kaum im Stande war, sich auch nur einigermaßen parlamentarisch zu organisiren, sah der König wiederum das Gespenst der Verschwörung, und hegte keine andere Hoffnung zur Verscheuchung derselben, als den Einmarsch des Militärs. Das Bruchstück dieses Briefes lautet:

„In Berlin wird ein neuer 18. März organisirt. Ungeheuer viel polnisches und französisches Gesindel ist in den Kneipen, Kellern und Höfen verborgen. Die Lügenbrut ist furchtbar thätig. Französisches Geld kursirt namentlich in Frankenstücken, **wie in den Märztagen.** (hear: hear!) Kurz, wenn der montirte Coup nicht an der Feigheit des Gesindels und den Bajonetten der Bürgerwehr scheitert, so haben Sie große Begebenheiten zu erwarten. Ist es Ihnen noch gar nicht aufgefallen, daß die versuchten oder ausgeführten Umwälzungen in Berlin, Paris, Wien, Neapel alle an demselben Tage stattgefunden haben? Das ist Wasser auf meine Mühle."

„Ein wahres Unglück ist es, daß wir hier und in der Umgebung so gut wie gar keine disponiblen Truppen haben. In Potsdam u. A. sind weniger als in den ruhigsten Zeiten. Diese Truppen sind eben dadurch vom Wachtdienst fast erdrückt. Wenn nun die wohlgesinnte berliner Bürgerwehr nach militärischer Hilfe verlangt, so kann ich ihr kaum Nothdürftiges bieten. at Spes non fracta! Vale! — F. W."

Man wird es uns erlassen, den Nachweis zu führen, daß die Verschwörungen, welche der König zu sehen glaubte, nichts als Phantasie-Gemälde waren. Es herrschte in Berlin eine Straßen-Demagogie, die keine Beschönigung verdient. Sie wurde nicht von einer kleinen oder großen Zahl von Verschworenen nach irgend einem Plane angezettelt, sondern einzig und allein von einem Triebe der Eitelkeit geleitet und von der Unerfahrenheit und Neugier einer durch die ganze Zeit arbeitslosen Masse unterstützt. — Ein viertel Jahrhundert ist vorübergegangen, in welchem selbst befangene Geister, die hinter der widerwärtigen Erscheinung einen Verschwörungsplan erblicken mochten, Gelegenheit genug gehabt haben, von ihrem Irrthum zurückzukommen. Die Straßen-Agitatoren sind in der Zeit der Reaktion größtentheils in das sogenannte konservative Lager übergetreten, wo man ihre Kenntniß von irgend einer Verschwörung gern mit Gunst und Lohn bezahlt haben würde. Gleichwohl ist thatsächlich nichts derartiges an das Tageslicht gekommen. Als man in der schwärzesten Reaktionszeit durchaus „Verschwörungen" haben wollte, war man genöthigt, sie durch bezahlte Agenten erst in Szene zu setzen. Die sogenannten „Verschwörungen", welche den Stoff zu schauerlichen Prozessen abgeben mußten, datiren selbst in den Anklagen nicht einmal aus dem Jahr 1848. Dies zu beweisen ist heutigen Tages überflüssig. Wer sie damals zu sehen glaubte, war im Irrthum über die Grundquelle der Revolution, wie über das Wesen des Volkes. —

Aber nicht dieser Irrthum des Königs ist das Charakteristische jener Situation, sondern die Verblendung, in welcher vom Könige Thatsachen geglaubt wurden, die an sich in den Bereich der Unmöglichkeit gehörten, und die noch viel traurigere Wahrnehmung, daß er weder seinen Ministern, noch seinen Behörden, noch seinen treuesten Freunden, sondern einer Partei Gehör schenkte, welche ihn mit der liberalen Partei um jeden Preis entzweien wollte, um die Contre-Revolution durchzuführen.

Wer konnte wohl dem Könige berichtet haben, daß vierzehn Tage vor dem 18. März in Berlin Steine und Rasenstücke in allen Häusern angesammelt wurden? Welche Vorstellung malte man dem Könige aus von den Häusern und ganz besonders von den Hauswirthen Berlins, daß er es glaublich finden konnte, es seien die Böden der Häuser in Verbindung gesetzt worden, um von dort aus die Truppen zu beschießen? Welche von den Behörden, die in vormärzlichen Zeiten die Zahl der Cigarren sorgsam notirt hatten, die auf der Straße geraucht wurden, wußte Etwas von den 10,000 und mehr Franzosen, Polen und Süddeutschen, namentlich „Mannheimern", die in Berlin „verborgen" wurden, um zu dem längst anberaumten Tage loszugehen? — In wessen Phantasie entsprang das Märchen von dem „mannheimer Kaufherrn", der von der Garde gefangen und freigelassen, doch wieder bewaffnet mit einer Axt sie rücklings anfällt? Der Polizei-Präsident von Minutoli war nicht der Zuträger solcher Phantasmen und der Erdichter solcher Unmöglichkeiten. Die Minister glaubten dergleichen eben so wenig wie der Freund des Königs, Bunsen, der tapfer den Irrthum bekämpfte. Aber gerade dieser Unglaube ist es, der dem König alle seine treuesten Anhänger als Narren, als geistig Blinde, als intellektuell Rückenmarks-Kranke erscheinen läßt! Der Liberalismus ist für ihn die schrecklichste Sünde, der Unglaube an Verschwörungen die Gotteslästerung! Wahrhaft glaubwürdig, sehend, fromm, gottergeben sind ihm nur die Zuträger der Phantasmen, die seine Seele umdüstern. Eine Volksvertretung ist ins Leben gerufen, wo thatsächlich auch viele Mitglieder der Rechten, — zu welchen wie wir bereits erwähnt haben, auch der Abgeordnete Prediger Sydow gehörte — im vollen Sinne des Wortes Liberale waren. Und diese Versammlung sollte mit dem Könige, der so über die ihm treuesten Anhänger dachte, die „Vereinbarung" zu Stande bringen!

Den Ministern konnte dieser Uebelstand unmöglich entgehen. Das Volk ahnte instinktiv, daß mit ihm ein trügerisches Spiel getrieben werde. Die Nationalversammlung war schon untergraben, bevor sie noch zu irgend einer Organisation gekommen war. Die Reaktion, von finstern Verleumdern und Rathgebern planvoll geleitet, agitirte heimlich, die Straßen-Demagogie planlos öffentlich. — Der Boden war unterminirt, auf dem man einen Staat nach der revolutionären Erschütterung neu aufrichten sollte und wollte.

## Der Krieg für Schleswig-Holstein.

Bevor wir den Blick auf das deutsche Zentrum in Frankfurt am Main werfen, haben wir eines nationalen Ereignisses noch nachträglich zu erwähnen, das von Berlin seinen Ausgangspunkt nahm, in seiner Verkettung jedoch einen mächtigen Einfluß auf das Geschick der deutschen Bewegung ausübte. Dies Ereigniß ist der Krieg in Schleswig-Holstein, der bereits in den Märztagen unternommen wurde.

Die Lage der Provinzen Schleswig und Holstein war bereits in vormärzlichen Zeiten eine im deutschen Volke tief empfundene Demüthigung. Die beiden Provinzen bildeten damals zwei Herzogthümer, welchen in alten Verträgen die Zusammengehörigkeit verbürgt ward. Holstein war vollkommen von Deutschen bevölkert; Schleswig zum großen Theile deutsch und nur in den nördlichsten Bezirken von einer dänischen Bevölkerung bewohnt. Diese beiden Herzogthümer wurden nun in den unglückseligen europäischen Verträgen von 1815 dem König von Dänemark zuerkannt, der sie als Herzog regieren sollte. Dabei wurde das vollkommen deutsche Holstein in den deutschen Bund aufgenommen, wodurch auch der König von Dänemark zum Mitglied dieses Bundes wurde, während Schleswig eine Mittelstellung einnahm, die es von Holstein, also von Deutschland unzertrennlich, aber von Dänemark abhängig machte.

So niedergedrückt auch das deutsche Nationalgefühl in den traurigen Zeiten des Bundestages war, so äußerte sich dennoch die peinliche Empfindung über die traurige Lage der Herzogthümer vernehmlich genug, zumal die Klage von dorther stets lauter wurde, daß Dänemark die Rechte der deutschen Stände nicht achte und in seinen Maßregelungen auf eine Dänisirung der Herzogthümer hinarbeite. Am 8. Juli 1846 erschien denn auch eine offene Erklärung des Königs Christian VIII. von Dänemark, worin ohne Weiteres die „Einheit des gesammten dänischen Staates mit Einschluß der Herzogthümer Schleswig und Holstein" ausgesprochen wurde.

Der offenbare Rechtsbruch, den sich hierin das kleine Dänemark gegen die Herzogthümer erlaubte, regte Deutschland in hohem Grade auf. Selbst der deutsche Bundestag, dieses jämmerlichste Organ einer großen Nation, das nur für Polizeikünste aber nicht für die Ehre Deutschlands Sinn hatte, konnte nicht umhin, gegen diese Erklärung des Königs von Dänemark im Namen Holsteins zu protestiren. Leider aber blieb es bei diesem leeren Protest, der Dänemark nicht genirte. Der Schmerzensschrei der Herzogthümer weckte in Deutschland wohl die Sympathie, die sich im Volkslied kund gab, das „Schleswig-Holstein stammverwandt" zur Treue aufrief gegen das „Vaterland". Was aber konnte dieser Aufruf in einer Zeit helfen, wo die einzige National-Hymne mit der kühnen Frage begann: Was ist des Deutschen Vaterland? und mit einem „Nein, nein, nein" schloß, um dessen Protest sich keine Macht Europas kümmerte! —

Am 20. Januar 1848 starb Christian VIII. von Dänemark. Sein Nachfolger, Friedrich VII., der den Thron mitten in der Zeit bestieg, wo in Europa bereits die Volksbewegungen im vollen Aufschwung waren, wähnte sein Erbe zu befestigen, wenn er eine einheitliche demokratische Verfassung für sein ganzes Reich mit Inbegriff der Herzogthümer verhieß; allein die Herzogthümer antworteten hierauf mit einer Erhebung. Am 18. März wurde eine Deputation an den König von Dänemark gesandt, welche die unbedingte Selbstständigkeit der Herzogthümer forderte, die nur durch eine Personal-Union mit Dänemark verbunden wären. Als der König hierauf eine abweisende Antwort gab, brach sofort am 23. März 1848 in Kiel die Revolution aus, welcher sich ganz Holstein und der deutsche Theil von Schleswig anschloß. Das eingeborne Militär ging sofort zum Volke über. Die dänischen Beamten ergriffen die Flucht. Die Festung Rendsburg kam in die Hand des Volkes. Es wurde eine provisorische Regierung eingesetzt, an deren Spitze sich der Prinz Friedrich von Schleswig-Holstein-Augustenburg stellte. Und diese provisorische Regierung sendete sofort eine Deputation nach Berlin, um hier bei dem Könige Friedrich Wilhelm IV., der sich ja der „deutschen Sache" gewidmet hatte, Schutz und Hilfe zu suchen gegen voraussichtliches Einschreiten des dänischen Heeres.

Ein glücklicheres Zusammentreffen der Ereignisse konnte in Berlin kaum ersonnen werden. Die Minister der Märzwoche ergriffen die Gelegenheit mit Freuden, um durch einen Akt im Namen Deutschlands die Sympathie der Nation für Preußen zu wecken. Der König empfing die Deputation am 24. März und gab ihr folgende durch die Zeitungen veröffentlichte Erklärung ab, die für den späteren Verlauf der Geschichte eine bedeutsame Rolle spielte:

„Ich habe mich der Wahrung der deutschen Sache für die Tage der Gefahr unterzogen, nicht um Rechte Anderer zu usurpiren, sondern um das Bestehende nach außen und im Innern nach Kräften zu erhalten. Zu diesem bestehenden Recht rechne ich dasjenige der Herzogthümer Schleswig-Holstein, welches in den die Rechte Dänemarks keineswegs verletzenden Sätzen ausgesprochen ist:

1) Daß die Herzogthümer selbstständige Staaten sind, 2) daß sie fest mit einander verbundene Staaten sind und 3) daß der Mannesstamm in den Herzogthümern herrscht. In diesem Sinne habe ich mich bereits beim Bundestage erklärt und bei diesem bestehenden Rechtsverhältniß bin ich bereit, in Betracht des Bundesbeschlusses vom 17. September 1846 die Herzogthümer Schleswig-Holstein mit den geeignetsten Mitteln zu schützen."

Diese Erklärung des Königs war nicht blos für die Herzogthümer von großer Wichtigkeit, sondern öffnete auch für die preußische Lage eine sehr günstige Aussicht. Der gegenstandslose „Rundritt des Königs" erhielt dadurch einen Zielpunkt von praktischer Wirksamkeit. Die Garde, welche empfindlich war wegen ihres Ausmarsches aus Berlin, gewann eine Gelegenheit zu besseren Thaten als diejenigen, welche sie in dem Straßenkampf Berlins vollführt hatte. Ein Krieg für Schleswig-Holstein war das Populärste, das beschlossen werden konnte. Es war ein Krieg für Deutschland, das nun gewahren konnte, was Preußen für die Nation sein kann. — Und so wurde denn auch dieser Krieg beschlossen und sofort durch den Einmarsch der preußischen Truppen unter General Wrangel in Holstein und Schleswig in Angriff genommen.

Leider werden wir Gelegenheit haben zu zeigen, wie und wodurch sich auch dieser glückliche Impuls zum bittersten Gegentheil umkehrte.

Was Deutschland hätte einigen können, wurde zur Quelle eines zerrüttenden Zwiespaltes.

## Intriguen und Schwäche

Einige Tage bevor die preußische Nationalversammlung in Berlin zusammentrat, fanden sich auch in Frankfurt am Main die gewählten Abgeordneten für die deutsche Nationalversammlung ein. Der Tag der Eröffnung dieser zum ersten Male ins Leben gerufenen Nationalvertretung, der 18. Mai, wurde im ganzen Vaterlande als ein Tag des Heils begrüßt. Von ihm ab sollte die Erfüllung eines Wunsches datiren, der in den Herzen der Edelsten und Besten lebte, der Wunsch: die Zerrissenheit Deutschlands, die Selbstsucht der Kabinette, die Knechtung des Volkes und die Jämmerlichkeit des Bundestages für immer zu beseitigen, und dem Vaterlande Einheit, dem Volke Freiheit zu erringen.

voll erklärt wurde, wenn man das bevorstehende deutsche Parlament ohne eine leitende Regierungs-Autorität sein Werk beginnen lasse, und somit demselben eine konstituirende Gewalt einräume. Um diesem drohenden Uebel abzuhelfen, solle der Bundestag eine „provisorische Zentralgewalt" herstellen, „welche den Willen der Regierungen gegenüber dem Parlament geltend machen und eine einheitliche Leitung in die Verhältnisse bringen könne."

Der Bundestag konnte dieser weisen Belehrung von Hessen-Darmstadt nicht widerstehen und war auch drauf und dran, solch eine „Zentralgewalt" aus eigner Machtvollkommenheit ins Leben zu rufen. Der Unwille und die Entrüstung jedoch, welche dieser Plan nicht bloß im Fünfziger-Ausschuß, sondern in ganz Deutschland wach rief, war so groß, daß der Bundestag diese Angelegenheit fallen ließ, und die Regierung von Hessen-Darmstadt ihren Vertreter beim Bunde zurückrief.

Wie verhielt sich Preußen in dieser Angelegenheit?

Für Preußen gab es nur Einen Weg, um seine Stellung in Deutschland und an der Spitze Deutschlands zu gewinnen. Dieser Weg war: ohne jeden Eingriff in theoretische Fragen, für Deutschland aus eigner Machtvollkommenheit zu handeln, wie es dies auch in dem Beginn des Krieges gegen Dänemark richtig gethan, und alles Uebrige, was die Feststellung der deutschen Verfassung betrifft, dem Parlament zu überlassen, das ganz von selber zu dem natürlichen Resultat kommen mußte, und auch wirklich kam: zum deutschen Kaiserthum in der Hand des Königs von Preußen. — Von dem deutschen Volke konnte Preußen Alles erlangen; von den deutschen Fürsten Nichts! Das hat nicht blos der Verlauf der Geschichte gezeigt, sondern ließ sich auch schon im Ausfall der Wahlen zum Parlamente ganz unzweideutig erkennen. Aber — — — Verworrenheit und Eigendünkel ließ Alles verderben! Selbst Thaten, die richtig von Preußen begonnen wurden, wie der Krieg gegen Dänemark, verpfuschte man durch die Verkehrtheit, sie auf Rechnung des Bundestages zu setzen. Der Bundestag nahm auch diese ihm aufgezwungene Ehre, die Preußen mit seinem Gut und seinem Blut bezahlte, als pflichtschuldige Gabe hin. — Und grade diese richtige That und verkehrte Theorie sollte die Drachensaat werden, aus welcher Schmach und Demüthigung für Preußen erwuchs!

## Die Kämpfe im deutschen Reichs-Parlament.

Am 18. Mai 1848 trat unter feierlichem Glockengeläute und hellem Jubel des Volkes das deutsche Parlament in der Paulskirche zu Frankfurt am Main zusammen, um die höchsten Wünsche der Nation, nach Einheit und Freiheit des Vaterlandes, zu erfüllen. Der Wille, der großen Aufgabe zu genügen, war allgemein. An Talent und Kenntnissen überragte diese Versammlung jedes Einzel-Parlament im deutschen Vaterlande in früherer Zeit und bis auf den heutigen Tag. Die besten Namen, die vorzüglichsten Gelehrten, die glänzendsten Redner der Nation waren mit dem edelsten und höchsten Mandat betraut worden. Wenn damals eine partikularistische Eifersucht der verschiedenen Stämme Deutschlands an den Tag trat, so bestand sie nur in dem herrlichen Wetteifer, zum Dienste für das gemeinsame Vaterland die begabtesten und geachtetsten Männer zu berufen. Wäre die Nation und nur diese Herr ihres Geschickes gewesen, so würde sie unfehlbar von ihrer Repräsentation die höchsten ihrer Wünsche erfüllt gesehen haben.

Zur Zeit, als das Parlament zusammentrat, schien es freilich so, als ob das deutsche Volk im Vollbesitz seiner Selbstbestimmung sei. Von außen her hatte es keinen Widerstand zu erwarten und zu fürchten, und im Innern zitterten die Kabinette noch vor dem Sturm der Revolution zu sehr, um einen offenen Einspruch gegen den Volkswillen laut werden zu lassen. Allenthalben in den Einzelstaaten waren die vormärzlichen Minister entlassen, und populäre Männer an die Spitze der Regierungen berufen, die dem Programm der Nation zugethan waren. Hätte das Parlament eine fertige Verfassung vorgefunden, so würde es, gestützt auf den Volkswillen und auf sein moralisches Uebergewicht, je schneller desto sicherer die nationale Aufgabe erfüllt haben. Leider jedoch verging eine viel, viel zu lange Zeit, bevor sich zu dem großen Werk eine maßgebende Majorität zusammenfand, und inzwischen war die Situation so verändert, daß es den Intriguen der Kabinette leicht ward, die Hoffnungen der Nation für diesmal zu Schanden werden zu lassen.

Im Beginn der Versammlung waltete der Geist der Nation und fand auch seinen Ausdruck in dem Manne, den die Majorität zum Präsidenten des Parlaments ernannte. Der Erwählte war Heinrich von Gagern, ein Mann von ehrenhafter Gesinnung und hoher Begabung. Die Ueberzeugung lebte in ihm, wie in allen seinen Gesinnungsgenossen, daß die Einheit Deutschlands nur hergestellt werden kann durch den Willen des Volkes, und daß dieses Einheitsstreben sofort untergraben und vernichtet würde, wenn man den Fürsten Deutschlands ein Recht zugestände, hierin ein Wort mitzusprechen. Er stellte sich daher sofort auf den Standpunkt der National-Souveränetät.

„Wir haben — sprach er in der Eröffnungsrede — die größte Aufgabe zu erfüllen; wir sollen schaffen eine Verfassung für Deutschland, für das gesammte Reich. Der Beruf und die Vollmacht zu dieser Schöpfung — sie liegen in der Souveränetät der Nation! Die Schwierigkeit, eine Verständigung unter den Regierungen zu Stande zu bringen, hat das Vorparlament richtig vorgefühlt und uns den Charakter einer konstituirenden Versammlung vindizirt. Deutschland will Eins sein, Ein Reich, regiert von dem Willen des Volkes unter der Mitwirkung aller seiner Gliederungen."

In diesen Worten lag auch in der That nicht blos der Geist der Erwählten des Volkes in der überwiegendsten Majorität, sondern auch in vollster Wahrheit der Geist, der über der Nation in allen ihren Gliedern ausgegossen war. Das öffentliche Zeugniß, das Gagern hierfür ablegte, wurde daher im weiten Vaterlande mit heller Begeisterung aufgenommen. Aber in der Folgerung, die sich hieran knüpfen mußte, gingen die Geister weit auseinander, und es sonderten sich denn auch bald

Parteien im Parlament ganz nach der Weise, wie sich dieselben bereits im Volke vorgebildet fanden.

Die National-Souveränetät war eine Errungenschaft der Revolution; diese jedoch hatte thatsächlich in ganz Deutschland die Fürsten auf den Thronen gelassen. Man legte den Fürsten zwar die Pflicht auf, konstitutionell zu regieren, und sie haben in ihren Erlassen und Proklamationen die Erfüllung dieser Pflicht feierlich verheißen; allein damit hatte nur ein Wechsel der Regierungsform und nicht ein Wechsel der thatsächlichen Macht stattgefunden. Sollte nun für Deutschland eine Verfassung auf Grund der National-Souveränetät geschaffen werden, so trat die dringliche Frage an Alle heran, welche Macht-Mittel stehen dem Parlament zu Gebote, um sein Werk, wenn es vollendet sein wird, auch praktisch zu verwirklichen, Falls einzelne oder mehrere oder alle Fürsten sich weigern sollten, dies anzuerkennen?

In Beantwortung dieser Frage gingen die Parteien schroff auseinander. Die radikale Partei erklärte: die deutsche Frage beweise am deutlichsten, daß die Revolution ihr Werk nur halb gethan. Einig könne Deutschland niemals unter der Herrschaft der Fürsten werden, die ihre Souveränetät nimmermehr opfern würden. Die Einheit, welche die Nation verlangt, sei demnach nur zu erzielen unter einer Republik, weshalb denn die Revolution nicht als abgeschlossen betrachtet werden könne und ihre Fortsetzung bis zur richtigen Konsequenz dringend fordere. Dieser sehr kleinen Fraktion, die bereits in Baden einen Versuch mit ihrem System gemacht hatte, der jedoch jammervoll scheiterte, stand eine zweite Fraktion zur Seite, welche zwar theoretisch diese Konsequenz gelten lassen wollte, aber es praktisch für unzulässig erklärte, daß das Parlament weiter gehe als die Vollmachtgeberin, die Revolution selber. Eine noch gemäßigtere Fraktion forderte die Schaffung einer Verfassung, welche die Freiheit des Volkes gegenüber jeder Fürstengewalt befestige, und es stark genug machen würde, die Fürsten zu zwingen, von ihrer Souveränetät so viel zu opfern, wie zur Herstellung der Einheit des Reiches erforderlich sei. Auf der ganz entgegengesetzten Seite bildeten sich, anfangs schüchtern und nach und nach immer entschiedener, einzelne Fraktionen aus, welche im dynastischen, andere, welche im klerikalen Sinne intriguirten, und in ihren Abstimmungen möglichst jedes praktische Resultat des Parlaments zu hintertreiben suchten. Die große Mehrheit aber, an deren Spitze Heinrich von Gagern stand, war von vornherein sich bewußt, daß das Parlament sein Ziel nur erreichen könne, wenn man ein Reich, bestehend aus einem Bundesstaat bilde, und an dessen Spitze eine höhere Autorität stelle, welcher sich die einzelnen Fürsten fügen müssen! Diese höhere Autorität konnte nur von einem Kaiser der Deutschen ausgeübt werden, der die Macht hat, sich Gehorsam zu verschaffen, der das Recht zu dieser Gehorsam heischenden Macht durch das Parlament erhält, welches ihn wählt und durch die Verfassung, welche seine Befugnisse in Gesetzgebung und Reichsleitung nach konstitutionellen Grundsätzen feststellt. — Das Programm dieser Partei war: auf Grund der National-Souveränetät ohne Rückfrage an die Fürsten oder die einzelnen Landesvertretungen eine Reichs-Verfassung zu schaffen, auf Grund derselben Souveränetät und im Namen der Nation einen Kaiser zu wählen, und diesem Kaiser durch Eid und Gelöbniß die Pflicht aufzuerlegen, die Verfassung zu bewahrheiten, die Rechte des Volkes zu achten und die Willkür der Fürsten zu zügeln, so weit diese die Einheit des Reiches stört.

Den einsichtsvollen Anhängern dieses Programmes war es auch von vornherein klar, welchem der Fürsten die Kaiserkrone zugesprochen werden müsse. Selbstverständlich konnte man keinen der Schatten-Souveräne der Kleinstaaten und eben so wenig einen König der Mittelstaaten Baiern, Würtemberg, Sachsen und Hannover mit einer Autorität bekleiden, welche von den zwei Großmächten Oestreich und Preußen unbedingten Gehorsam fordern soll. Die Kaiser-Idee konnte nur verwirklicht werden, wenn man entweder Oestreichs oder Preußens Herrscher zum Kaiser der Deutschen zu machen entschlossen war und man voraussetzen durfte, daß der Gewählte nicht blos die Krone, sondern auch die demokratische Verfassung annehmen, und zugleich bereit und im Stande sein wird, sich Gehorsam auch gegenüber seinem Mit-Konkurrenten zu verschaffen. Von Oestreich dergleichen vorauszusetzen, lag ganz außer dem Bereich der Möglichkeit. Ein so buntes Reich, wie das des östreichischen Kaisers, das nur aus Einzelsetzen sehr verschiedener und einander feindlicher Nationalitäten besteht, kann nur durch Despotismus zu einer Einheit zusammengehalten werden, weil es Gefahr läuft, durch Volksfreiheit in seine verschiedenen National-Bestandtheile zersprengt zu werden. Zur Zeit, wo das Parlament tagte, war auch der Auflösungsprozeß Oestreichs durch den Krieg in Italien, den Streit in Ungarn und die Agitation in den slavischen Landstheilen bereits im Gange, der nur durch Blut zu unterdrücken war. Dem Kaiser von Oestreich die Obhut über die Einheit und die Freiheit Deutschlands anzuvertrauen, war ganz unmöglich. Denkbar blieb also nur der Plan, die deutsche Kaiserkrone dem König von Preußen anzubieten, und die Bürgschaft für die Freiheit des deutschen Volkes durch eine demokratische Verfassung zu wahren, worin die Grundrechte des Volkes den wesentlichsten Theil ausmachen. Die Kaiserpartei des Parlaments ging mit Ernst an die schwierige Arbeit und ließ sich weder von Kabinets-Intriguen, noch von demagogischen Umtrieben und Straßen-Demonstrationen hierin stören. Aber die thatsächlichen Umstände legten dem Ziele gewaltige Hindernisse in den Weg und zwangen die Kaiserpartei zu einem unglückseligen Diplomatisiren, in welchem sie die günstigste Zeit verpaßte, und sich selber und ihrem edlen Streben nach langen und bangen Qualen einen sehr schmachvollen Untergang bereitete.

## Die Schwäche und der kühne Griff.

Das deutsche Reichsparlament in Frankfurt am Main hatte sich ohne offenen Widerspruch der Kabinette auf den Standpunkt der National-Souveränetät gestellt, und auch die Kaiser-Partei erkannte sehr richtig, daß sie ihr Ziel nur erreichen könne, wenn sie jeden Einspruch der Fürsten abweist, die sich natürlich nur widerstrebend der Autorität eines Kaisers unterwerfen würden. Leider aber ergriff die Schwäche aller zur Vermittelung hinneigender Naturen auch die Kaiserpartei sehr bald und verleitete sie zu einem Liebäugeln mit den Kabinetten, das ihrem Ansehen im Volke Abbruch that, ohne ihr von Seiten der Kabinette einen Rückhalt zu gewähren. Sie diplomatisirte — aber sie merkte nicht, daß sie sich dadurch zum Spielball der altgeschulten Diplomatie machte, die ihre Schwäche gründlich auszubeuten verstand.

Die Beschlüsse des Parlaments trugen schon nach wenigen Wochen den Stempel dieser Schwäche.

Der erste dieser wichtigen Beschlüsse war der vom 9. Juni in Betreff des Krieges in Schleswig-Holstein. Wie bereits erwähnt, hatte Preußen in den ersten Revolutionstagen sofort den richtigen Schritt mit dem Einmarsch seiner Truppen in die Herzogthümer gethan, dabei jedoch den Fehler begangen, dies unter der Aegide des Bundestages zu vollführen. Der Bundestag ließ sich natürlich diese Ehre gefallen, die Preußen mit seinem Gut und Blut erkaufte; aber er machte so wenig Ernst mit dieser ihm so wohlfeil zu Statten kommenden Ehre, daß er Nichts dagegen hatte, als Oestreich sich von dem Kriege vollständig lossagte und nicht einmal seinen Gesandten aus Kopenhagen abberief. Die Ostsee wurde von den Dänen, zur Schmach Deutschlands, blokirt, und Handel und Wandel der Küstengebiete vollkommen gestört. Die große deutsche Nation besaß keine Flotte, welche die Schmach, die das kleine Dänemark ihm anthat, abwenden konnte. Oestreich, das mindestens einige Kriegsschiffe zur Disposition hatte, hielt sich fern davon, den Uebermuth Dänemarks zu züchtigen; es lebte und verkehrte mit ihm — trotz des sogenannten Bundeskrieges — wie im tiefen Frieden.

Das Benehmen Oestreichs konnte nicht mißdeutet werden. Die nationale That Preußens erregte Oestreichs Befürchtung, daß dies der Anfangsakt der nationalen Einheit Deutschlands werden könnte, die es verhindern und nicht fördern wollte. Im deutschen Volke wurde dies wohl verstanden, weshalb es denn auch in heller Begeisterung der Revolution in Ungarn und im lombardisch-venetianischen Gebiet zujauchzte. Um so betrübender aber nahm man wahr, daß der Krieg von preußischer Seite mit auffallender Lauheit betrieben wurde, und das erregte den Verdacht, daß es mit dieser That nur auf eine Beschwichtigung des deutschen Volkes, nicht auf eine volle Wahrung seines Rechtes abgesehen sei.

Das Reichs-Parlament, wo diese Lage der Dinge zur Sprache gebracht wurde, hatte nicht den Muth, gegen die offene Widerspenstigkeit Oestreichs energisch aufzutreten. Die Kaiser-Partei diplomatisirte und schloß die Augen vor dem offenkundigen Bundesbruch, der im friedlichen Verkehr Oestreichs mit Dänemark lag. Ja, die Liebäugelei mit Oestreich ging so weit, daß man dessen Krieg in Italien als eine deutsche Angelegenheit auffaßte, und im Namen Deutschlands gegen die Blokade von Triest protestirte. Die Kaiser-Partei sah damals noch nicht ein, daß die Einheit Deutschlands gefördert würde durch den Sieg der Einheit in Italien, und daß die Siege Oestreichs in Italien die Vorstufe der Siege über die deutschen Einheitsbestrebungen wären.

Auch Preußen gegenüber begnügte sich die Majorität mit einer halben Resolution, worin sie den Krieg in Schleswig für eine deutsche Angelegenheit erklärte, und eine energischere Führung desselben forderte. Gleichwohl lehnte sie den konsequenten Antrag ab, daß der abzuschließende Friede der Genehmigung des Parlaments bedürfe. Das Parlament, welches sich für berechtigt hielt, den Krieg zu beschließen, und seine energische Führung zu fordern, versagte sich in Schwachmüthigkeit das Recht, die Friedensbedingungen festzustellen.

Wir werden leider nur zu bald zeigen müssen, wie dies diplomatische Verhalten den Boden des Parlaments unterhöhlte, die demagogische Erregung bis zu schweren Frevelthaten aufreizte und es naturgemäß dahin brachte, daß die Kabinette sich erstarkt genug fühlten, um den Willen der Nation ganz zu brechen.

In viel schwererem Grade zeigte sich diese Schwäche des Parlaments in einer That, welche der Präsident Gagern für

einen „kühnen Griff" ausgab; wenngleich es sich voraussehen
ließ, daß dieser „Griff" ein „Mißgriff" sei und die Kühnheit
einen selbstmörderischen Charakter an sich trage.

Der kühne Griff war die Wahl des östreichischen
Erzherzogs Johann zum provisorischen Reichsverweser Deutschlands.

Die Wahl eines Reichsverwesers war an sich eine unabweisbare Nothwendigkeit, wenn man endlich den unglückseligen
Bundestag beseitigen wollte. Es mußte eine Behörde geschaffen werden, welche die Beschlüsse des Parlaments ausführt,
welche Deutschland im Auslande vertritt, welche über die
Pflichten der Einzelstaaten wacht und deren Macht im
Nothfall in Anspruch nimmt. Das Parlament wollte nicht
Konvent spielen und neben der Gesetzgebung auch die exekutive Gewalt an sich reißen. Es mußte also nach dem
Prinzip der konstitutionellen Verfassungen neben sich eine exekutive Macht herstellen, welche durch verantwortliche Organe
den Beschlüssen des Parlaments die praktische Ausführung
giebt, die erst denselben einen realen Werth verleiht. Am allerbringlichsten erschien die Wahl eines Reichsverwesers gerade der
Kaiser-Partei. Sie, welche die Einheit der Exekutive ins
Leben rufen wollte, fand es unabweisbar, in einem provisorischen Regenten einen Vorläufer des definitiven Kaisers
zu schaffen, und so gewissermaßen vor dem Auge der Nation
ein vorläufiges Bild des Ideals hinzustellen, welches durch die
freie Wahl des Parlaments seine dauernde Gestalt erhalten
sollte.

Der Majorität schien es nothwendig, daß das provisorische
Vorbild des definitiven Kaisers in gleicher Weise seine Macht
erhalte, wie dies beim Kaiser wird der Fall sein müssen. War
es richtig, daß nur das Parlament den Kaiser wählen soll
und den Fürsten hierbei keine Stimme zugestanden werden
darf, so verstand es sich von selbst, daß des Kaisers Vorläufer
ebenfalls nur aus der freien Wahl des Parlaments hervorgehen müsse. Und dies war eben der Entschluß, welchen
Gagern als „kühnen Griff" bezeichnete. Den Bundestag
stürzen, den Reichsverweser auf Grund einer Wahl

zum provisorischen Regenten berufen und ihm Autorität gegenüber allen Fürsten verleihen, das war ein Akt, dem man die „Kühnheit" einer revolutionären That andichten könnte, wenn sie nur mindestens halb so weise gewesen wäre, wie sie kühn sein wollte. Die „That" war nicht kühn, wie wir dies bald aus dem schlauen Vermächtniß des für den Augenblick sich verabschiedenden Bundestages zeigen werden. Sie war nicht weise; das lehrt der Erfolg. Sie war diplomatisch. Die Kaiser-Partei sagte sich: wenn wir jetzt einen östreichischen Prinzen zum Reichsverweser wählen, so wird Oestreich sicherlich keinen Protest gegen die Ausübung dieses Wahlrechtes einlegen. Es wird die kühne That der National-Souveränetät nicht anfechten, und damit wäre Oestreich in unserer Schlinge, und wir hätten später das unanfechtbare Recht, auf Grund der einmal anerkannten National-Souveränetät auch den definitiven Kaiser zu wählen.

Das war diplomatisch gedacht. Leider täuschte man dabei nicht den Gegner, sondern sich selber.

## Die Kämpfe um die Zentralgewalt und der Sieg.

Ueber die Nothwendigkeit, eine neue Zentralgewalt für Deutschland zu schaffen, waren alle Parteien des Reichsparlaments einig; aber über die Befugnisse dieser Zentralgewalt und über die Wahl und die Einsetzung einer solchen, gingen die Parteien weit auseinander. In der Mitte des Monats Juni 1848, wo die Debatten hierüber begannen, entwickelten sich die schroffsten Gegensätze der Fraktionen, die wir hier nur flüchtig berühren, so weit sie zur Charakterisirung jener Tage dienen.

Die äußerste Linke wollte einem Ausschuß des Parlaments die Zentralgewalt anvertrauen. Dieser Ausschuß sollte dem Parlament verantwortlich sein. Ihre Macht sollte diese Zentralgewalt erhalten durch das National-Heer, das Volksheer, die allenthalben existirenden Bürgerwehren. Hierdurch würde Deutschland ein Parlamentsheer gewinnen, das die Einheit vollständig repräsentiren und sie auch, geleitet von dem Zentral-Ausschuß, gegenüber der Reaktion durchführen könnte. Dies war der Plan der radikalsten Partei. Die weniger radikalen Fraktionen der Linken sahen den Widerspruch dieses Planes mit der thatsächlichen Wirklichkeit ein. Nachdem die Revolution die monarchischen Einrichtungen in den Einzelstaaten hatte bestehen lassen, fanden sie es unmöglich, eine Zentralgewalt für die Gesammtheit auf der Basis eines solchen Ausschusses herzustellen. Es hieß dies, hinter der Revolution des Volkes zu Gunsten der konstitutionellen Monarchie, eine neue, republikanische Revolution diktiren. Hierzu hatte weder das Parlament ein Mandat, noch das Volk eine Neigung. Nach Ansicht der gemäßigtern Partei sollte nun die Zentralgewalt einen monarchischen Charakter erhalten, aber gleichwohl dem Parlament verantwortlich sein.

Der Widerspruch, der hierin liegt, wurde von den Parteien der rechten Seite mit aller Schärfe ins Licht gesetzt. Diese forderten eine Zentralgewalt von den Fürsten eingesetzt. Eine minder schroffe Partei wollte die „Vereinbarung zwischen dem Parlament und den Regierungen" in Einsetzung der Zentralgewalt geltend machen. Nachdem die lebhaftesten und aufregendsten Debatten hierüber acht Tage gedauert hatten, verließ Gagern den Präsidenten-Sitz, um zum ersten Mal die Redner-Bühne als Parlamentsmitglied einzunehmen. Hier entwickelte er dann eine Beredsamkeit von hinreißender Wirkung, deren Kern sich in folgenden Zügen zusammenfassen läßt.

Das Parlament darf keine neue Revolution, eine republikanische, dekretiren. Die Fürsten und die Völker würden dem Widerstand leisten. Das Parlament soll im Gegentheil die Revolution abschließen, die ohnehin noch in Nachzüglern auf den Straßen ihre Wühlerei treibt. Aber den Fürsten kann man die Einsetzung einer Zentralgewalt nicht anvertrauen. Diese, durch die unheilvolle Zerrissenheit Deutschlands zu einem unseligen Souveränetäts-Dünkel verleitet, würden nimmermehr eine Zentralgewalt von einheitlichem Reichs-Charakter herstellen. Auch die Vereinbarung mit den von den Fürsten abhängigen und allen Volksvertretungen der Einzelstaaten verantwortlichen Regierungen, sei unmöglich. Eine Einheit Deutschlands sei aussichtslos, wenn man mit sieben und dreißig Regierungen und einigen sechzig ersten und zweiten Kammern verhandeln müßte. Ein solcher Plan widerspräche auch vor Allem dem Rechte des Reichsparlaments, das auf der proklamirten „National-Souveränetät" beruhe. Von dieser aus müsse also die That geschehen. Das Parlament, berufen um ohne Einspruchsrecht der Fürsten die Verfassung zu schaffen, müsse auch selber den Repräsentanten der provisorischen Einheit schaffen. Die Zentralgewalt müsse durch einen „kühnen Griff" der vollberechtigten Nation hergestellt werden ohne Rückfrage an die Fürsten, die Regierungen und die einzelnen Volksvertretungen. Die Zentralgewalt, die Einheit anbahnend, müsse nur in die Hand Eines Mannes gelegt werden, und zwar in die Hand eines Mannes, dessen Autorität sich auch die Fürsten unterwerfen werden. Dieser selber dürfe nicht dem Parlamente „verantwortlich" gemacht werden, weil er sonst in den Parlamentarismus eingreifen würde. Er müsse ein Ministerium bilden, dessen Verantwortlichkeit ihn deckt und gegenüber dem Parlamente den konstitutionellen Charakter des Reiches wahrt. Aber der provisorische Charakter müsse dem Gewählten dadurch aufgeprägt werden, daß ihm wie seinen Ministern jedes Votum über die festzustellende Verfassung versagt wird, und daß sein Amt sofort erlischt, wenn das Parlament die Verfassung abschließt und wiederum in freier Wahl die definitive Zentralgewalt schafft!

Die Rede Gagerns war siegreich. Eine Mischung von Milde und Klarheit, von Ueberzeugungstreue und edlem Wollen, von nationalem Sinn und loyalem Charakter machte sie unwiderstehlich. Aus ihr ging denn auch das Gesetz vom 27. Juni 1848 hervor, das wir in seiner wesentlichen Fassung hier vorführen müssen.

Es lautete dasselbe wie folgt:

„Bis zur Begründung einer definitiven Regierungsgewalt für Deutschland soll eine provisorische Zentralgewalt für alle gemeinsamen Angelegenheiten der deutschen Nation hergestellt werden."

„Dieser Zentralgewalt steht das Recht und die Pflicht zu: die vollziehende Gewalt auszuüben in allen Angelegenheiten, welche die allgemeine Sicherheit und Wohlfahrt des deutschen Vaterlandes betreffen. Die Oberleitung der gesammten bewaffneten Macht zu übernehmen und namentlich die Oberbefehlshaber derselben zu ernennen. Die völkerrechtliche und handelspolitische Vertretung Deutschlands auszuüben und zu diesem Zweck Gesandte und Konsuln im Auslande zu ernennen."

„Die Errichtung des Verfassungswerks bleibt von der Wirksamkeit der Zentralgewalt ausgeschlossen."

„Ueber Krieg und Frieden und über Verträge mit den auswärtigen Mächten beschließt die Zentralgewalt im Einverständniß mit dem Parlament."

„Die provisorische Zentralgewalt wird einem Reichsverweser übertragen, welcher von dem Parlament gewählt wird."

„Mit Eintritt der Wirksamkeit der Zentralgewalt hört das Bestehen des Bundestages auf."

„Die Einzelstaaten Deutschlands können Bevollmächtigte bei der Zentralgewalt ernennen."

„Der Reichsverweser ist unverantwortlich und verkehrt mit dem Parlament durch verantwortliche Minister."

„Sobald das Verfassungswerk für Deutschland vollendet und in Ausführung gebracht ist, hört die Thätigkeit der Zentral-Gewalt auf."

Am darauf folgenden Tage fand auch die Wahl des Reichsverwesers statt, über deren Resultat kein Zweifel obwaltete. Mit dem Siege des Antrages von Gagern war auch der Sieg des Wahlaktes gegeben. Die überwiegende Majorität fiel denn auch auf den Erzherzog Johann von Oestrich, für den man die Sympathieen rege zu machen wußte. Daß die äußerste Linke ihre Stimmen dem Abgeordneten Itzstein gab, war ein wenig zu beachtender Mißklang, der nur der Konsequenz, dem Prinzip zu Liebe an den Tag trat, ohne auf einen Sieg rechnen zu können.

Daß die Majorität der östreichischen Abgeordneten für den östreichischen Prinzen stimmte, war selbstverständlich. Die Ultramontanen gingen natürlich auf diese Wahl mit Freude ein. Die heimlichen Gegner Preußens waren nicht minder bereit, ihr Gewicht in die Wahlurne zu werfen. Wie die Kaiser-Partei in diesem „kühnen Griff" eine diplomatisch weise That zu vollführen meinte, haben wir bereits erwähnt. Die alte Diplomatie aber lächelte im Stillen und wußte dem „kühnen Griff" die Seite abzugewinnen, die ihn zum verfänglichen Mißgriff machte.

## Wie der Bundestag und die Kabinette den „kühnen Griff" in sein Gegentheil verkehren.

Die Persönlichkeit des Reichsverwesers war im Ganzen wohl geeignet, die Sympathie des deutschen Volkes für sich zu gewinnen. Er, der Erzherzog Johann (geb. 1782) hatte, wie viele Prinzen des östreichischen Hauses, etwas Leutseliges und Volksthümliches in seinem Wesen, das meist den Prinzen, welche eine militärisch stramme Erziehung genießen, abzugehen pflegt. Er lebte fern vom kaiserlichen Hof auf einem Landsitz in Steiermark, weil er eine Bürgerliche geheirathet und sich auch, wie behauptet wurde, mit dem von Metternich geleiteten System der Unterdrückung aller Volksrechte nicht befreunden konnte. Sein Interesse für Kunst und Wissenschaft gewann ihm die Achtung und Anhänglichkeit von Künstlern und Gelehrten, die ihn näher kennen lernten, wie seine Liebhaberei für Jagd und ländliche Beschäftigung ihn wohlbeliebt in den Augen des Volkes von Tirol und Steiermark machte. — In der Stille der absolutistischen Zeiten hatte er freilich keine Gelegenheit, irgend eine politische Gesinnung an den Tag zu legen; gleichwohl hatte er sich bei der einzigen Gelegenheit, welche ihm im Jahre 1842 das Dombau-Fest in Köln darbot, durch einen Trinkspruch be-

merkbar gemacht, den man ihm im Jahre 1848 ganz besonders
hoch anrechnete. Er brachte damals ein Hoch auf Deutschland
mit dem Spruch aus: „Kein Oestreich mehr! Kein Preußen
mehr, sondern ein einiges Deutschland fest und hehr
wie seine Berge!" Der sicherlich nur harmlos gemeinte
Trinkspruch aus dem für Hochrednerei sehr empfänglichen Jahr
1842 gewann im Jahre 1848 den Charakter eines nationalen
Programmes. Die Partei Gagern bemühte sich denn auch
mit Erfolg, ihm diese Bedeutung in den Augen der Nation zu
verleihen. Die Rundritt-Proklamation in Berlin: „Preußen
geht fortan in Deutschland auf" und die Auffrischung
des Trinkspruchs gleichen Charakters aus dem Munde eines
Prinzen des östreichischen Kaiserhauses ließ in der That
in harmlosen Gemüthern gar leicht die nationale Hoffnung einer
endlichen Verwirklichung nahe, und den „kühnen Griff" des
Parlaments als einen verheißungsreichen und glücklichen erscheinen.

Anders aber sah es in der prosaischen Wirklichkeit aus.

Zunächst war es der Bundestag, der sein verabscheutes und
verachtetes Dasein nicht aufgeben mochte, ohne einen niederträch-
tigen Samen des Volksverrathes auszustreuen, der leider später
seine bösen Früchte getrieben hat. Der Bundestag, der seit den
Märztagen jede Volksthat mit einem heuchlerischen Segen begleitet hatte, hinter welchem sein alter Fluch lauerte, nahm auch
jetzt die Gelegenheit seiner Todesstunde wahr, um unter der
Form einer Freudenbezeugung über die Wahl des Erzherzogs,
die nationale That in eine Kabinets-Intrigue zu verwandeln.
Der Bundestag richtete ein Gratulationsschreiben an den Erzherzog, in welchem es zum Schluß folgendermaßen lautet:

„Die Bundesversammlung beeilt sich, Ew. kaiserliche Hoheit diese Ueberzeugungen und Gesinnungen glückwünschend auszudrücken. Ganz besonders aber gereicht es den in der Bundesversammlung vereinigten Bevollmächtigten der deutschen Regierungen zur höchsten Genugthuung, Ew. kaiserlichen Hoheit die
Versicherung ausdrücken zu dürfen, daß sie schon vor dem
Schlusse der Berathungen über die Bildung einer
provisorischen Zentralgewalt von ihren Regierungen

ermächtigt waren, für eine Wahl Ew. kaiserlichen Hoheit zu so hohem Beruf sich zu erklären."

Also schon vor dem „kühnen Griff" der nationalen Begeisterung waren bereits die Kabinette in voller Sachkenntniß über diesen, dem Volke höchst emphatisch angerathenen Zug der selbstbestimmenden Souveränetät! Was war hiernach der „kühne Griff" anders als ein Spielzeug, dessen Fäden von der Hand der alten Diplomatie gelenkt wurden!

Der mephistophelische Geruch, den der Bundestag bei seinem Rücktritt wie einen Pesthauch hinterließ, wäre indessen im Sturm der nationalen Verachtung schnell vorübergegangen, wenn sich nicht unglücklicherweise die preußische Regierung noch gemüßigt gefühlt hätte, demselben auch ihrerseits das Siegel aufzudrücken.

Wie Preußen hätte handeln müssen, um seinen deutschen Beruf zu erfüllen, das liegt nicht bloß jetzt klar vor Aller Augen, sondern war auch damals bereits zur vollen Klarheit in den einsichtsvollen Geistern gekommen. Niemand, der die Zustände, wie sie damals lagen, mit unbeschränktem Blick zu überschauen vermochte, konnte einen Zweifel hegen, daß das National-Parlament, wenn es die Einheit Deutschlands definitiv herstellen wollte, einzig und allein der Krone Preußens würde die kaiserliche Krone des deutschen Reiches zuerkennen müssen. Oestreich lag im Kampfe mit Italien, mit Ungarn und slavischen Volkselementen und ganz besonders mit seinen deutschen Erbländern. Es stand überdem noch im vollsten Widerspruch mit dem nationalen Bestreben der deutschen Nation nach Einheit und Freiheit. Wollte Preußen damals auch nicht offen die Regung der deutschen Nation zu seinen Gunsten benutzen, so hätte der schlichteste gesunde Menschenverstand mindestens ein Stillschweigen von ihm erwarten dürfen, wo die Gunst der Verhältnisse ihm ohne sein Hinzuthun Alles, was es zu erstreben berechtigt war, von selber in Aussicht stellte. Aber der König Friedrich Wilhelm IV. war am wenigsten geneigt, dem natürlichen Verlauf schweigend zuzusehen, und das Ministerium Auerswald, das dem Camphausens bald nach Eröffnung der preußischen National-Versammlung gefolgt, war schwach genug, dem verkehrtesten Impuls nachzugeben.

Das preußische Ministerium gab in der Sitzung vom 4. Juli eine Erklärung folgenden Inhalts in der preußischen National-Versammlung ab:

„In gleichem Maße wie die deutsche Nationalversammlung ist Sr. Majestät Regierung von der Nothwendigkeit durchdrungen, unverzüglich eine provisorische Zentral-Gewalt für Deutschland zu schaffen. Sie theilt die Ansicht, daß ein Reichsverweser der geeignetste Träger einer solchen Zentral-Gewalt sei, und giebt für dieses zum Heile Deutschlands so bedeutungsvolle Amt Sr. kaiserlichen Hoheit, dem Erzherzog Johann von Oestreich, um so lieber ihre Stimme, als dies Vertrauen des Volkes sich durch die große Stimmenmehrheit der Nationalversammlung kundgegeben hat. — Wenn übrigens das Parlament diese Beschlüsse ohne Mitwirkung der deutschen Regierungen gefaßt hat, so will die Regierung des Königs zwar nicht verkennen, wie dies Verhalten seinen Grund habe in den außerordentlichen Gefahren der Zeit und in der Ueberzeugung, daß die deutschen Regierungen dem Erzherzog Johann ihre Stimme für das Amt des Reichsverwesers geben würden. **Die Regierung zweifelt aber nicht, daß aus diesem Verhalten des Parlaments in der Zukunft keine Konsequenzen würden gezogen werden.**"

Eine verkehrtere Position hat sicherlich eine Regierung selten in gleichem Falle eingenommen. Die Wahl eines östreichischen Prinzen belobt sie; für künftige Fälle aber, das heißt: zur **definitiven Wahl des Kaisers, soll dergleichen ohne Mitwirkung der Fürsten nicht geschehen dürfen!** — Hierdurch war denn den Gegnern Preußens eifrig vorgearbeitet, den Freunden der preußischen Initiative aber, worauf der kühne Griff hauptsächlich ausging, der Boden unter den Füßen fortgezogen.

Gegen diese unglückselige Erklärung des preußischen Ministeriums erhob Dr. Johann Jacoby in der preußischen Nationalversammlung einen Protest, der die Logik der preußischen Volksvertreter auf eine scharfe Probe setzte, und dessen Ausgang viel dazu beigetragen hat, die bereits verbitterten Zustände in Berlin noch mehr zu verbittern.

## Höhepunkt und Niedergang der Revolution.

Es läßt sich für jetzt noch nicht mit Sicherheit angeben, ob die Partei Gagern wirklich nicht die Gefahr sah, welche ihrem fein ausgesonnenen Plane durch die Erklärung der preußischen Regierung bereitet wurde, oder ob sie es für diplomatisch hielt, sie nicht sehen zu wollen? Veranlassung, die Augen zu öffnen, wurde ihr von allen Seiten gegeben. Nicht bloß von Seiten des Bundestages in seinem bereits erwähnten Glückwunsch-Schreiben, sondern auch durch die offizielle Art und Weise, wie dieses unselige Institut Namens der deutschen Regierungen die von ihm bisher repräsentirte „Macht" niederlegte, und sie dem Reichsverweser übertrug. Der Akt, in welchem diese Uebertragung offiziell vor sich ging, ist so charakteristisch für die damalige Lage der Dinge, daß wir die betreffende „Erklärung" hier wörtlich anführen müssen. Es wurde dieser Akt noch charakteristischer dadurch, daß der Erzherzog Johann auch gegenüber der Deputation des Reichs-Parlaments die Wahl anzunehmen erklärte, welche „wie der Bundestag ihm anzeigt, des Beifalls der deutschen Regierungen sich erfreue."

Es war am 12. Juli 1848, als der Bundestag seine angeblich letzte Sitzung abhielt, um nach Uebertragung seiner Macht auf den Reichsverweser, sich aufzulösen. Der Präsident des Bundestages, der östreichische Bevollmächtigte Herr von Schmerling, begrüßte den Erzherzog Johann, der sich im Bundessaal einfand, und gab folgende Erklärung ab:

„Die Bundesversammlung überträgt Namens der deutschen Regierungen die Ausübung dieser ihrer verfassungsmäßigen Befugnisse und Verpflichtungen an die Zentralgewalt! — Die deutschen Regierungen, die nur das wohlverstandene Interesse des Volkes kennen und beachten, sie bieten freudig die Mitwirkung zu allen Verfügungen der Zentralgewalt, die Deutschlands Macht nach außen und im Innern begründen und befestigen solle. — Mit diesen Erklärungen sieht die Bundesversammlung ihre bisherige Thätigkeit als beendet an." —

Wir möchten es dahingestellt sein lassen, ob die Partei Gagern den Sinn dieses ganzen Aktes richtig erkannte oder nicht. In diesem Akte haben die deutschen Regierungen dem Reichsverweser eine Machtbefugniß übertragen. „Nur sie, die deutschen Regierungen und nicht das Parlament, kennen und beachten das wohlverstandene Interesse des deutschen Volkes." Von diesen, nicht von dem Parlament, hätte hiernach der Reichsverweser „Befugnisse und Pflichten" empfangen, während ihm das Parlament nur ein Amt anvertraut. All das lief selbstverständlich auf die Konsequenz hinaus, daß wenn einmal der Zeitpunkt kommen sollte, wo der Reichsverweser sein Amt niederlegt, so kehre die Macht wiederum in die Hand seiner Machtgeber, der Regierungen, zurück.

Leider sollte der wahre Sinn dieses feierlichen Aktes erst seine zweifellose Deutung durch Thatsachen erhalten. Es geschah dies im Jahr 1849, als der Sturm der Reaktion alle Hoffnungsnebel des Vertrauens auch vor den Blicken der Partei Gagern zu zerstreuen anfing. Dahingegen hat die demokratische Partei, sowohl in Frankfurt wie in Berlin, die Situation richtig erkannt, und aus dieser Erkenntniß ging der Antrag des Abgeordneten Johann Jacoby in der preußischen Nationalversammlung hervor, der zum Gegenstand einer sehr aufregenden Debatte wurde.

An demselben Tage, wo im Sitzungssaale des Bundestages zu Frankfurt am Main der Präsident desselben, Herr von Schmerling, die oben erwähnte Erklärung abgab, war die preußische Nationalversammlung durch einen Antrag des Abgeordneten Dr. Johann Jacoby vor die Nothwendigkeit hingestellt, eine logisch bündige Erklärung über die Vorgänge des „kühnen Griffs" und seiner Folgen abzugeben. Der Antrag Jacoby's nahm Bezug auf die Erklärung der preußischen Regierung über diesen deutschen Akt, und lautete in aller Schärfe wie folgt:

„Die preußische konstituirende Versammlung kann den von dem deutschen Nationalparlament gefaßten Beschluß nicht billigen, durch welchen ein unverantwortlicher, an die Beschlüsse des Nationalparlaments nicht gebundener Reichsverweser ernannt wird. — Die preußische konstituirende Versammlung erklärt sich aber dahin, daß das Nationalparlament vollkommen befugt war, jenen Beschluß zu fassen, ohne vorher die Zustimmung der einzelnen deutschen Regierungen einzuholen, daß es daher der preußischen Regierung nicht zustand, Vorbehalte irgend welcher Art zu machen."

Die Debatten, welche dieser Antrag entzündete, gehören zu den lehrreichsten über jene Tage. Sie zeigen die trübselige Thatsache, daß die radikalen Denker mit aller Schärfe die Gebrechen der Verhältnisse erkannten und aufdeckten, während die Wohlwollenden und Vertrauensvollen durchaus gewaltsam ihren Blick vor der drohenden Wahrheit verschließen zu müssen glaubten. Es war kinderleicht, mit sehr beredter Zunge den Antrag einer Inkonsequenz zu zeihen, weil er das Verhalten des Parlaments im ersten Satz mißbillige und im zweiten Satz doch die Befugniß des Parlaments hierzu behaupte. Fast alle parlamentarischen Talente der preußischen Nationalversammlung, vom linken Zentrum bis zur äußersten Rechten hinauf, versuchten es, der schneidenden Logik dieses Antrages sich zu entwinden. Die Einen, weil sie nicht Kritik üben wollten gegen das deutsche Parlament, die Andern, weil sie nicht dem Ministerium Auerswald ein Tadelsvotum ertheilen wollten. Am 12. Juli 1848 erlitt denn auch der Jacoby'sche Antrag in Berlin eine große Niederlage. Er wurde mit 262 gegen 53 Stimmen verworfen. An demselben Tage erschien der unverantwortliche Reichsverweser in dem deutschen Parlament zu Frankfurt am Main, wo seine Erklärung, das Gesetz über die provisorische Zentralgewalt beobachten zu wollen, großen Jubel erzeugte. Nachdem er so das vom Volke ihm übertragene „Amt" übernommen, fand der zweite Akt diplomatischer Natur statt, wo er sich von dem Präsidenten des Bundestages, Herrn von Schmerling, Namens der deutschen Regierungen die „Macht" übertragen ließ. Wenige Tage darauf, am 15. Juli, dekretirte dieselbe Majorität des Parlaments, welche den unverantwortlichen Reichsverweser gewählt hatte, daß die Streitmacht Deutschlands verstärkt und auf zwei Prozent der Bevölkerung erhoben werde, was von Seiten der Regierungen mit großem Beifall aufgenommen wurde, obwohl ein auswärtiger Krieg nicht entfernt in

Aussicht stand. An demselben Tage hatte auch Deutschland das Glück, ein Reichsministerium zu erhalten und zwar ein Ministerium, welches wiederum die Regierungen nur mit übervollem Vertrauen aufnehmen konnten, denn an die Spitze desselben stellte der Reichsverweser gerade den Präsidenten des Bundestags, den Herrn von Schmerling, der bereits verkündet hatte, daß die deutschen Regierungen nur das wohlverstandene Interesse des Volkes kennen und beachten.

All das waren Schlag auf Schlag große Niederlagen der radikalen Logik Johann Jacoby's vor dem parlamentarischen Tribunal des Tages. Die unerbittliche Geschichte indessen hat anders geurtheilt als die Majorität der Parlamente jener Tage. Sie zeigte, daß sich gerade in diesen Parlamentsbeschlüssen und den gestatteten Vorbehalten der Regierungen bereits der Niedergang der Revolution kund gab, und von hier ab jeder Schritt vorwärts zu einem Rückzug wurde.

An diesem Mißgeschick Deutschlands hätte freilich auch die Annahme des Jacoby'schen Antrages nichts zu ändern vermocht. Wie alle radikale Logik zeigte er nur die Gefahr im wahren Lichte, ohne sie abwenden zu können. Es war thatsächlich die Weltlage seit den Märztagen damals bereits eine andere geworden: und deshalb müssen wir für einen Moment den Schauplatz der deutschen Bewegungen verlassen und auf die veränderten Zustände Europa's den Blick richten.

## Die veränderte Weltlage.

Es ist eine anerkannte Thatsache, daß die revolutionären Bewegungen in Italien zu Gunsten der Einheit und der Freiheit der italienischen Nation bereits vor der pariser Februar-Revolution zum Ausbruch kamen. Auch in Deutschland war das gleiche Bestreben nach Einheit und Freiheit viel älteren Datums als die Revolution in Paris. Gleichwohl ist es unbestreitbar, daß die Februar-Revolution in Paris, der Sturz der Monarchie und die Verkündigung der Republik in Frankreich all den darauf folgenden Revolutionen in Oestreich, Preußen und allen deutschen Staaten erst den Impuls verliehen hat, aus den bisherigen vergeblich dargelegten theorethischen und parlamentarischen Wünschen einen praktischen vom Volke gewaltsam durchzusetzenden Charakter zu geben. Die pariser Februar-Revolution und ihr Sieg war nicht das Muster der Revolution in Deutschland, was schon die Thatsache beweist, daß das Volk jeden Versuch republikanischen Charakters entschieden abwies. Die Februar-Revolution gab nur den Anreiz, den ganz anders als in Frankreich lautenden Volksforderungen durch Volksdemonstrationen zum Siege zu verhelfen. Es erfolgte auch dieser Sieg, nicht etwa, weil die Fürsten jetzt erst diese Forderungen kennen lernten und den guten Willen hatten, denselben zu genügen, sondern weil sie Furcht hatten, es könnte ein Krieg der Franzosen zur Verbreitung der Republik in Europa ausbrechen, der bei der wohlberechtigten Unzufriedenheit des Volkes zum Umsturz ihrer Throne führen könnte.

Diese Furcht erwies sich bereits zeitig als übertrieben. Die französische provisorische Regierung, und namentlich Lamartine hatte sofort nach Antritt seines Amtes als Minister der auswärtigen Angelegenheiten jeden Gedanken an einen Krieg zur Verbreitung der Republik in einer öffentlichen Proklamation abgewiesen. Als in Baden ein recht dummer republikanischer Putsch von Herwegh und Genossen versucht wurde, wobei offen auf Frankreichs Hilfe hingewiesen wurde, verhielt sich dieses vollkommen gleichgiltig und schenkte den traurigen Helden, die bald die Flucht ergreifen mußten, nicht einmal eine Aufmerksamkeit für ihre verrätherischen Absichten gegen Deutschland. In Wahrheit aber hatte die französische provisorische Regierung auch ganz andere Sorgen vor sich. Sie war zusammengesetzt aus den früheren Feinden der Regierung Louis Philipps. Diese Feinde aber waren unter sich durchaus nicht einig. Sie waren gespalten in eine politische Partei, welche mit der Anordnung einer demokratischen Republik zufrieden war, und in eine sozialistische Partei, welche das Phantom „der staatlichen Organisation der Arbeit" zu ihrem Prinzip machte. Da die Arbeiter-Bevölkerung von Paris der eigentliche Sieger in der Februar-Revolution war, verstand es sich von selbst, daß man sofort suchen mußte, ihr Programm zu verwirklichen. Es wurden deshalb „National-Werkstätten" mit großem Kapital-Aufwand eingerichtet, wo aber leider nicht gearbeitet, sondern fleißig agitirt wurde. Ledru Rollin und Louis Blanc, die diesen Versuch durchführen sollten, geriethen gegenüber einer Koalition von Enthusiasten, Demagogen, Bummlern und Sozial-Organisatoren, in bittere Verlegenheiten wegen der vielen Millionen, welche dieser Versuch fortdauernd verschlang, und für welche Nichts eingetauscht wurde, als eine Agitation gegen die bestehende Gesellschaft. Das einzig richtige Mittel gegen diesen Krebsschaden war freilich die Einberufung einer National-Vertretung auf Grund des demokratischen Wahlrechts. Die große Wahrheit, auf welche man nicht genug auch in unserer Zeit hinweisen kann, die Wahrheit: daß gegen Demagogie nur die Demokratie helfen kann, trat denn auch in Frankreich siegreich hervor. Die einberufene Nationalversammlung ließ die sozialistische Partei in einer ganz entschiedenen Minorität. Die Demagogen, die dies merkten, waren daher ganz entschiedene Feinde der National-Versammlung und benutzten ihre von ihnen geleiteten „National-Werkstätten" zur Organisation einer neuen sozialistischen Revolution. Einzelne Versuche traten schon im Mai 1848 auf, wurden jedoch von der Nationalgarde und der neu errichteten Mobilgarde glücklich unterdrückt. Die Demagogie indessen ward hierdurch nur zu einer verstärkten Organisation ihrer sogenannten „Arbeiter-Bataillone" angefeuert. Während auf der einen Seite die wirkliche Nation sich repräsentirte durch ihre ordnungsmäßig gewählten Vertreter, stellte sich auf der andern Seite eine stark organisirte demagogische Minorität auf, welche die offen ausgesprochene Absicht hatte, die ihr feindliche Nationalvertretung zu sprengen. In den Tagen vom 23. bis 26. Juni 1848 kam es denn wirklich zu einem äußerst blutigen Kampf dieser Gegensätze in den Straßen von Paris. Der General Cavaignac, ein redlicher Republikaner und Demokrat, erfocht den Sieg. Das schwache Ministerium wurde gestürzt, und der General übernahm vorläufig die Zentralleitung des Staates. Die sozialistische Revolution war geschlagen, und die Demokratie war vorläufig gerettet.

In Deutschland existirte damals keine sogenannte „sozialistische Partei". Es gab zwar Demagogen, welche Straßen-Exzesse der widerlichsten Art aufführten, allein hinter ihnen stand nicht eine Arbeiterbevölkerung, sondern das müßige Bummlerthum der Straße in arbeitlosen Zeiten, das seine Freude an improvisirten Putschen hatte, ohne bestimmten Plan und ohne eigentlich politisches Ziel. Die widerwärtige Erscheinung wurde von Männern geleitet, die thatsächlich nicht wußten, was sie wollten, und nur aus Eitelkeit eine Rolle spielten. Der Linden-Müller, der Vater Karbe, der Agitator Held und der Literat Eichler wiegelten auf und wiegelten ab, wie es eben die augenblickliche Situation ihnen eingab, ohne ein anderes Programm als die „Reaktion zu bekämpfen", welche wirklich vorhanden, aber für diese Agitationen unerreichbar war, ja durch das sinnlose Aufwiegeln nur an Stärke gewann. Durch Straßenhelden solcher Art wurde in Berlin das Zeughaus geplündert, unter dem Vorgeben, die „Volksbewaffnung" durchzuführen, welche in der Bürgerwehr nicht zur Wahrheit geworden sei. Die Bürgerwehr war und blieb ganz ohne vernünftige Leitung und bis in den Herbst des Jahres ohne Gesetz und Ordnung. Die Reaktion existirte und verleitete den König zu dem Glauben, daß eine wirkliche Verschwörung im Werke sei. Wie dieser über die Dinge dachte, und mit welch tiefer Verachtung er auf die redlichen Männer der liberalen Partei blickte, die ernstlich eine Staatsordnung herbeiführen wollten, das haben wir bereits in den vertraulichen Aeußerungen des Königs gegen Bunsen ersehen. Das wirkliche Reform-Werk war dadurch vollständig untergraben. Der Einheit Deutschlands war der Keim der Vernichtung durch die Erklärung Preußens eingeimpft, daß nur die Fürsten berechtigt seien, eine Zentralgewalt zu schaffen. Bisher war es denn auch thatsächlich nur die Furcht vor der Revolution, welche die Fürsten zum Gehenlassen der Bewegung veranlaßte. Der Wahn, daß der Heerd der ganzen Bewegung in Paris seinen Hauptsitz habe, wurde von der an den Höfen wühlenden Reaktionspartei fortdauernd aufrecht erhalten. Als nun endlich in der Junischlacht an diesem Heerde der Brand der sozialistischen Rebellion durch das Militär zerstört war, faßte die Reaktion den Muth, auch der ganzen Bewegung in Deutschland Herr zu werden, und nach und nach den alten Zustand wieder herzustellen.

So trat denn zur Zeit, als die berechtigten Vertreter der Nation, sowohl in Deutschland wie in Preußen, ernstlich ihre Arbeit beginnen sollten und wollten, eine Veränderung der Weltlage ein. Der Höhepunkt der Revolution war überschritten und die Reaktion, Anfangs vorsichtig und nach und nach entschiedener, machte sich in Oestreich, in Deutschland und in Berlin an die Arbeit, auch die redlichsten und berechtigtsten Forderungen der Völker zu zerstören. —

Die demokratische Partei, welche die Gefahr sah, gerieth dadurch in stets neue Aufregungen, die liberale Partei, welche die Gefahr leugnete, arbeitete mit redlichen Absichten nur ihrem eigenen Untergange vor.

## Die beginnende Contre-Revolution.

Es wurde oft die Frage aufgeworfen, weshalb die März-Minister in Berlin nicht der widerwärtigen Straßenwirthschaft kräftig Einhalt gethan, um für die geordnete Entwicklung und Neugestaltung des Staatswesens einen gesunden, von Aufregungen freien Boden zu schaffen? Man hat, in Ermangelung einer richtigen Antwort, die Minister einer „unverzeihlichen Schwäche" geziehen, und dieser die Schuld der immer weiter sich entwickelnden Konflikte zugeschrieben. Gegenwärtig jedoch, wo man durch Veröffentlichung einiger Briefe des Königs Friedrich Wilhelm IV. ein untrüglicheres Material jener Zeitgeschichte vor sich hat, stellt sich das Urtheil hierüber anders heraus. Das Licht, welches man nunmehr über die damalige Situation erhält, läßt auch die Lage der Ministerien und ihr Verhalten klarer erkennen.

Es war ein Irrthum, den man im Sommer 1848 in den wohlmeinenden Kreisen des Bürgerthums hegte, daß der König ernstlich gesonnen sei, ein liberales Regierungssystem zu billigen oder auch nur zu dulden. Der König nennt in seinen vertraulichen Briefen vor und nach den Märztagen die deutschen Liberalen „Schöpse oder Intriguanten". Der Liberalismus ist in seinen Augen eine „Rückenmarks-Krankheit", die ins „Verderben" treibt. In diesem „verderblichen Geist der Zeit" wurde schwarz „weiß", Finsterniß „Licht" genannt, worin der König die Merkmale des „sündigen von Gott verfluchten Wahnsinns" erkennt. Es war also nicht eine richtige Erkenntniß seines Zeitalters und des natürlichen Umschwunges in der Märzrevolution, welche den König bewogen hatte, das Regiment den liberalen Männern anzuvertrauen, sondern einzig und allein die „Furcht vor Verschwörungen", die wie die „Sünde aus dem Höllenpfuhl aufgestiegen, um die Herrschaft der Bosheit auszubreiten."

Wenn die liberalen Parteien in den National-Versammlungen zu Berlin und Frankfurt am Main wirklich meinten, ihren Zielen näher zu kommen, wenn nur erst der Radikalismus und die auf ihn sich stützende Demagogie bei Seite geschafft würde, so konnten die Minister in Berlin sich über die Lage der Dinge nicht derselben Täuschung hingeben. Sie mußten die Verachtung fühlen, welche der König gegen ihr System empfand. Der König war auch bei seinem selbstbewußten Naturell gar nicht dazu angethan, mit Männern zu verkehren, welche er für „Schöpse" oder „Intriguanten" hielt. Wie sehr die Minister auch innerlich die sinnlosen Straßen-Exzesse beklagten; so sehr mußte sich doch ihnen die Ueberzeugung aufdrängen, daß mit dem Moment, wo die Furcht vor der Revolution aufhört und die sogenannte Ruhe und Ordnung militärisch hergestellt, auch ihr liberales Regiment abgelaufen sein wird. — Der König betrachtete es bereits am 30. Mai als ein „wahres Unglück", daß er, nach dem Ausmarsch der

Truppen nach Schleswig-Holstein, nicht Soldaten genug um Berlin habe, um die guten Bürger, „welche militärische Hilfe verlangen, zu schützen." Die Minister konnten sich's an den Fingern abzählen, daß mit dem Eintritt der sogenannten militärischen Hilfe auch der Anfang des Endes für sie und ihr System eintreten würde.

Selbstverständlich verhüllten die Minister nach Möglichkeit diese ihre Lage vor den Augen der Nation. Sie wollten ernstlich ein konstitutionelles System verwirklichen und fanden auch die Volksvertretung in ihrer überwiegenden Majorität eifrig bereit, demselben zu dienen. Das konstitutionelle Dogma, daß die Minister des Königs den Willen des Königs repräsentiren, ward für vollen Ernst angenommen, und die weitere konstitutionelle Täuschung, daß im Einverständniß der Minister und der National-Vertretung die Bürgschaft der Harmonie zwischen Krone und Volk liege, wurde zum Schwerpunkt aller parlamentarischen Verhandlungen gemacht. Daß dies System unmöglich ist, wo der König es nicht acceptirt, daß diese Unmöglichkeit faktisch vorliege, das wurde von Ministern und Liberalen sorgsam verhüllt, und wo die Wahrheit auftauchte, mit dem ganzen systematischen Eifer der konstitutionellen Dogmatik rundweg abgeleugnet.

In Wahrheit standen die Dinge während des ganzen Sommers im Jahre 1848 so, daß keiner der Minister das Vertrauen des Königs genoß, daß alle konstitutionellen Ministerien vom Hofe geduldet wurden, um über die gefahrvollen Zeiten hinwegzuhelfen, bis man wiederum mit militärischen Kräften einzuschreiten im Stande sein würde. Während widerwärtige Straßen-Exzesse und parlamentarische Parteikämpfe die öffentliche Aufmerksamkeit für sich in Anspruch nahmen und die Ursachen der wechselnden Minister-Krisen zu sein schienen, waren sie in Wirklichkeit nur Reflexe ganz anderer Krisen, die wiederholt zwischen dem König und den Ministern eintraten. Sie gipfelten alle in der stürmischen Forderung des Königs, daß die liberalen Minister das Odium auf sich nehmen mögen, die März-Zugeständnisse zu beseitigen, und in der Weigerung der Minister, dergleichen zu unternehmen, wo sie durchaus gar keine

Garantie hatten, daß mit der Beseitigung der demokratischen Grundlagen das liberal-konstitutionelle System redlich durchgeführt werden würde.

Fügen wir alldem noch die Thatsache hinzu, daß der politische Instinkt des Volkes trotz aller offiziellen und parlamentarischen Verdunkelungen die Wahrheit erkannte, und mit dem Namen „Reaktion" richtig bezeichnete, und daß die Demagogie in der Ausbeutung dieser Wahrheit stets neue Nahrung für ihre Agitation fand, so haben wir die verschlungenen Fäden klarer vor uns, an welchen sich die verworrenen Vorgänge jener Monate bis zum Zeitpunkt der Katastrophe abgesponnen haben.

Wie die revolutionäre Bewegung in Deuschland und namentlich in Berlin von der französischen Februar-Revolution ausgehend, mit dem Ausbruch der Revolution in Wien zu ihrer Höhe emporstrebte, so sind es auch zwei Momente der Geschichte, in Paris und in Wien spielend, die den Rücklauf der Bewegung, die Contre-Revolution, zum Ausbruch bringen. Von den blutigen Juni-Tagen in Paris bis zu den noch blutigern Oktober-Tagen in Wien ist die deutsche Geschichte, in Frankfurt wie in Berlin, nichts weiter als der von dem König mit stürmischem Verlangen erstrebte Moment der Contre-Revolution, und der Kampf des Volkes, die Konsequenzen der Revolution herbeizuführen. Zwischen diesen gar nicht auszugleichenden Momenten standen die Minister und ihre aufrichtige Majorität in der Nationalversammlung auf dem rein fingirten Standpunkt der „Vereinbarung", wo der Wille der Vereinbarung gar nicht ernstlich vorhanden war.

Von diesem allein richtigen Gesichtspunkt aus betrachtet gewinnen die Vorgänge des Sommers 1848 einen ganz anderen Charakter als man zeither voraussetzte. Und in diesem Sinne wollen wir nunmehr einen leichten Umriß derselben unseren Lesern vorführen.

## Die parlamentarischen Kämpfe und die Minister-Krisen.

Kurz nach Zusammentritt der Nationalversammlung in Berlin stellte der damalige Abgeordnete Duncker (gegenwärtig Bürgermeister von Berlin) den Antrag, eine Adresse zur Beantwortung der Thronrede und zur Darlegnng der Ansichten der Majorität zu erlassen. Der Antrag wurde von dem rechten Zentrum, dem Duncker angehörte, und von der Rechten der Nationalversammlung unterstützt, von der Linken bekämpft. Das linke Zentrum schwankte. Die Motive für die Adresse waren vom Antragsteller hinlänglich angegeben. Die Adresse, in allen konstitutionellen Parlamenten gebräuchlich, gebe Gelegenheit, die Gesinnungen der Majorität kennen zu lernen, und sie verleihe dem Ministerium die Einsicht, ob es mit dieser Majorität in vollem Einverständniß regieren könne. Die Gründe gegen die Adresse gipfelten in dem Gedanken, daß die Nationalvertretung nicht eine konstitutionelle Kammer, sondern eine konstituirende Versammlung sei, die sich von konstitutionellen Formalitäten fern halten müsse. Die bisherige Leitung der Regierung sei durchweg unbekannt, weil noch keine Verwaltungs-Maßnahmen und keine organischen Gesetzesvorlagen die Richtschnur derselben erkennen lasse. Es sei jetzt noch nicht die Zeit gekommen, ein Vertrauens- oder ein Mißtrauensvotum gegenüber den Ministern auszusprechen. Die Adresse werde einen Zeitverlust herbeiführen, wo das Volk dringend organische Arbeiten und hauptsächlich Personalveränderungen im Beamtenthum zur Umgestaltung des Staatswesens verlange.

Da trat im Namen des Ministeriums der Finanzminister Hansemann mit der Erklärung auf, daß die Adresse nicht eine Formalität, sondern eine „That" sei, auf deren Verwirklichung das Ministerium den höchsten Werth lege. Das Ministerium könne nicht auf diese, seine Existenz stützende That verzichten. Die Ablehnung einer Adresse würde nur als ein Zeichen gelten können, daß das Ministerium das Vertrauen der National-Versammlung nicht besitze. Es würde einem Mißtrauensvotum gleich sein, worauf die Minister ihre Entlassung nehmen müßten.

Vom linken Zentrum über diese plötzliche und überraschende Aeußerung interpellirt, erklärte der Ministerpräsident Camphausen, daß der Finanzminister ganz im Sinne des gesammten Ministeriums gesprochen. In einer längeren und sehr bewegten Rede, die des Eindrucks auf die Nationalversammlung nicht entbehrte, ließ Camphausen durchblicken, wie das Ministerium, welches sich in gefahrvollen Tagen zum Schild der Dynastie gemacht habe, der Unterstützung dringend bedürfe. Wem gegenüber? — Das blieb in der Rede dunkel. Gleichwohl war diese so eindringlich, daß sich das linke Zentrum trotz der ganz ungeziemenden Ueberraschung, mit welcher hier, ohne jeden erkennbaren Anlaß, eine Ministerkrisis angekündigt wurde, dem Antrage Dunckers zuneigte. Es wurde demnach eine Kommission ernannt, die eine Adresse entwerfen, ohne jedoch der Kommission einen Anhalt zu bieten, was und worüber die Adresse sich aussprechen sollte.

Die Unbestimmtheit der Situation, die Andeutungen Camphausen's, daß das Ministerium einer „Stütze" bedürfe, wo es eigentlich vom Parlament gar nicht angegriffen ward, machte eine Klärung unabweisbar und zwar eine Klärung, welche nicht bloß die Lage des Ministeriums im konstitutionellen Sinne, sondern den staatsrechtlichen Charakter der National-Versammlung selber über alle Zweifel erheben sollte.

Betrachtete man die National-Versammlung, wie es von Seiten der Rechten geschah, gleich einer konstitutionellen Kammer, so war es ausgemacht, daß alle ihre Beschlüsse an dem absoluten Veto des Königs scheitern konnten. Legte man ihr, wie es die Linke forderte, den Charakter einer „konstituirenden" Versammlung bei, so war es außer allem Zweifel, daß der König die National-Versammlung weder auflösen noch vertagen durfte, sondern daß Recht und Macht der Krone erst durch die von der National-Versammlung festgestellte Verfassung bestimmt werden mußten. Hielt man dagegen die Theorie von der „Vereinbarung" fest, welche das Ministerium und das Zentrum betonte, so war die ganze Situation nur ein Experiment, dessen Ausgang unbestimmt blieb, wenn sich keine Vereinbarung herausstellte. Die Erinnerung an eine bereits früher gethane Aeußerung Hansemanns, daß in solchem Falle „das Recht des Stärkeren" entscheidend sei, wirkte jetzt ganz besonders verwirrend. Dies hieß ja nichts Anderes, als daß sich das Volk seinerseits auf eine verstärkte Revolution verlassen sollte, wie etwa der König auf die Stärke seiner durch das Heer gestützten absoluten Gewalt

Die Unklarheit der Lage war bereits am 30. Mai bei Gelegenheit der Debatte über die Geschäftsordnung zur Sprache gekommen. Der Abgeordnete Otto forderte, daß in der Geschäftsordnung der staatsrechtliche Charakter der Nationalversammlung festgestellt und sie als konstituirende anerkannt werde, welche von Seiten der Krone nicht könne aufgelöst werden. Camphausen ergriff hiergegen das Wort und warnte vor solchen Voraussetzungen, die nimmermehr eintreten könnten, wenn nur die Versammlung ihre sichere Stütze in dem Volkswillen nicht durch radikale Forderungen verliere. Es lag in dieser Aeußerung wiederum der Hinweis auf die Unbestimmtheit der Vereinbarungs-Theorie, die immerhin die Möglichkeit offen ließ, daß die Vereinbarung scheiterte. Der Minister wurde in dieser Abweisung des Otto'schen Antrages von Seiten der Rechten nicht blos unterstützt, sondern es fielen hierbei Aeußerungen, welche die ganze Existenz der Nationalversammlung als eine vom König gewährte Gnade bezeichneten. Der Otto'sche Antrag wurde verworfen. Die Zentren wollten die Prinzipienfrage nicht zum Austrag kommen lassen. Um so mehr drängte es die Linke, das Prinzip zu retten und direkt zum Beschluß zu erheben.

Der Abgeordnete Berends stellte in Folge dessen den Antrag: „Die Versammlung erklärt, in Anerkennung der Revolution, daß sich die Kämpfer des 18. und 19. März um das Vaterland verdient gemacht haben"; und bot hierbei die Gelegenheit zu einer eingehenden Debatte am 8. und 9. Juni, in welcher sich erkennbarer als bisher die Parteien und die Charaktere markiren mußten.

Selbstverständlich forderte die Rechte sofort den Uebergang zur Tagesordnung, wohingegen die Zentren Vermittelungsvorschläge machten, in welchen die Anerkennung der Revolution für so thatsächlich feststehend erachtet wurde, daß es der geforderten Erklärung nicht bedürfe. In dieser Debatte erregte ein junges Mitglied der Versammlung besondere Aufmerksamkeit, dessen Name später zu einem der notabelsten der Nation werden sollte. Schulze (Delitzsch) dem linken Zentrum angehörend, erklärte, die wohlberechtigte Anerkennung sei auszusprechen, aber derselben ein erweiterter Charakter dahin zu geben, daß sie zugleich auf die berliner Bevölkerung ausgedehnt wird, welche nach dem Kampfe den Geist der Mäßigung walten und die Versöhnung mit der Dynastie sofort eintreten ließ. Dagegen forderte Johann Jacoby mit der ganzen Schärfe seines konsequenten Charakters die unbedingte Anerkennung der Revolution, welche allein die Basis sei, auf welcher die Existenz und die Bedeutung der Nationalversammlung beruhe. Das Ministerium widersprach dem Sinn des Antrages keineswegs. Camphausen drückte in einer längeren Rede den Gedanken aus: wenn mit der Erklärung ausgesprochen werden solle, daß die März-Ereignisse eine Umgestaltung des Staatswesens von hoher Bedeutung herbeigeführt haben, so könne Niemand mehr geneigt sein, dem zuzustimmen wie er. Solle jedoch mit dieser Erklärung ausgedrückt werden, daß die bestehende Staatsgewalt ihre rechtliche Begründung verloren habe, so müsse er sich dagegen verwahren und zwar im Namen der berliner Bevölkerung ganz besonders verwahren, in deren ausschließlichen Schutz sich der König mit nicht getäuschtem Vertrauen begeben habe. Der Ministerpräsident schloß mit der Mahnung, die verschiedenen Vorschläge sorgfältig zu prüfen, weil die Form dieser Erklärung von besonderer Wichtigkeit sei wegen der Deutung, welche man ihr unterlegen könne. .

Trotz der Aufregung, welche die Debatte in der National-Versammlung hervorrief und gegen den Willen der Linken, wurde dieselbe am 8. Juni auf den Wunsch Hansemanns vertagt. Am 9. Juni brachte der Abgeordnete Zacharias, im Ein-

verständniß mit dem rechten Zentrum, einen Antrag ein, dem
das Ministerium freudig zustimmte. Der Antrag lautete: „Die
Versammlung geht in Erwägung, daß die hohe Bedeutung der
großen März-Ereignisse, denen wir in Verbindung mit
der königlichen Zustimmung den gegenwärtigen staatsrechtlichen Zustand verdanken, auch das Verdienst der Kämpfer
um dieselbe unbestritten ist, und überdies die Versammlung ihre
Aufgabe nicht darin erkennt, Urtheile abzugeben, sondern die
Verfassung mit der Krone zu vereinbaren, zur Tagesordnung
über."

Inzwischen hatten die Nachrichten über die Verhandlungen
der Nationalversammlung eine heftige Aufregung in Berlin
hervorgerufen, wo man durch reaktionäre „Eingesandts" in den
Zeitungen aus den Provinzen mit gutem Grund Besorgnisse
wegen des thatsächlichen Zustandes hegte. Die Demagogie
machte sich diese Stimmung zu Nutze und regte vor der Singakademie, dem damaligen Versammlungs-Lokal der National-
versammlung, die neugierige Volksmenge zu Demonstrationen
auf. Die Nachricht, daß der Abgeordnete Sydow, der Vertreter
eines berliner Wahlbezirks, der Prediger, der den März-Gefallenen
eine verherrlichende Leichenrede auf dem Friedrichshain gehalten
— gegen die Anerkennung der Revolution spreche, wurde besonders zur Aufregung des Volkes ausgebeutet. Als es bekannt
wurde, daß der Antrag Zacharias mit 196 gegen 177 Stimmen
angenommen worden sei, nahm die Aufregung einen widerwärtigen Charakter an, und der Abgeordnete Sydow wie der
Minister des Auswärtigen, Heinrich v. Arnim, wurden beim
Austritt aus dem Versammlungs-Lokal von Insulten pöbelhafter
Art bedroht.

Die Majorität der Nationalversammlung stand also auch
in dieser prinzipiellen Frage auf Seiten des Ministeriums Camphausen. Wer jedoch hieraus den Schluß ziehen mochte, daß
dies die Fortexistenz des Ministeriums sichern müsse,
der wurde gar bald enttäuscht.

## Sturz des Ministeriums Camphausen.

Die Vereinbarungs-Theorie hatte in der berliner National-Versammlung den Sieg davon getragen. Nach dieser sollte die Aufgabe der National-Versammlung bestehen in der Feststellung der preußischen Staatsverfassung, im Einverständniß mit der Krone, welche vom Ministerium vertreten wurde. Das Ministerium hatte denn auch einen Verfassungs-Entwurf eingebracht, der in seinem allgemeinen Charakter den Forderungen des Volkes entsprach, jedoch im Speziellen sehr unvollständig war. Besonders Bedenken erregend war die projectirte Einführung einer Ersten Kammer, die neben 180 vom Volke gewählten Mitgliedern aus den Prinzen des königlichen Hauses und aus 60 mit erblichem Mitglieder-Recht vom König ernannten Männern bestehen solle, welche ein Einkommen von mindestens 8000 Thaler haben. Es war selbstverständlich, daß ein solcher Zensus, wie die Erblichkeit der Mitgliedschaft einer Landesvertretung in grellem Widerspruch stand mit den demokratischen auf Gleichheit der Rechte beruhenden Grundsätzen der März-Errungenschaften.

Inzwischen waren einige Wochen vergangen, in welchen die National-Versammlung erst eine Geschäfts-Ordnung zu schaffen und die Wahlmandate zu prüfen hatte. Die Neuheit der ganzen Situation und die Unruhen im Lande, die sich in der National-Versammlung widerspiegelten, ließen ein schnelles Ergreifen der Hauptaufgabe nicht zu. Gleichwohl erhob man von reaktionärer Seite heftige Anklagen wegen „Versäumnisse und Hinzögerungen". Die Erfahrung hatte damals noch nicht gelehrt, daß es keine Volksvertretung giebt, die weniger Zeit für ihre Konstituirungs-Arbeiten in Anspruch nimmt, als jene erste Vertreterin der Nation.

Schon in der dritten Woche ihrer Existenz, am 15. Juni, kam die Verfassungsfrage zur Sprache, und hier war es, wo sich Waldeck geltend machte, der berufen war, fortan durch sein ganzes Leben, Wirken und Leiden ein unvergeßliches Vorbild eines wahren Volksmannes zu werden.

Waldeck stand damals im Alter von 46 Jahren in der vollen Blüthe seines Lebens. Im Justiz-Amt von dem frühesten Jünglingsalter an geübt, hatte er auch als Stadtverordneten-Vorsteher in Hamm Gelegenheit zum offensten und freiesten Blick in das bürgerliche Leben. Er stand in so rühmlichem Andenken an allen Orten, wo er früher als Richter gewirkt, daß er im Jahre 1848 von vier Wahlbezirken zugleich Mandate erhielt. Nunmehr lebte er seit 1846 in Berlin, wo er Mitglied des höchsten Gerichtshofes, des Obertribunals, war. Er sah das Jahr 1848 als das Jahr der Erfüllung der demokratischen Grundsätze an, die Preußen einst gerettet haben und in der Folgezeit verleugnet wurden. Ein Feind des Scheinkonstitutionalismus und der diplomatisirenden Halbheit aller Vermittelungs-Parteien, konnte er in der National-Versammlung nur in der Linken seinen Platz einnehmen, die mit den Errungenschaften der März-Tage vollen Ernst machen wollte.

Von ihm ging nun der Antrag aus, eine Kommission zu ernennen, welche die Verfassung des preußischen Staates entwerfen und die Mängel des Regierungs-Entwurfs ausfüllen und verbessern solle. In diesem Antrage lag so wenig eine prinzipielle Opposition, daß ein Mitglied des rechten Zentrums, der Abgeordnete Wachsmuth, einen fast gleichlautenden Antrag gestellt hatte. Es war ja auch selbstverständlich, daß zur wirklichen Vereinbarung über die Verfassung eine selbstständige Thätigkeit der Nationalversammlung unumgänglich war. Gleichwohl nahm das Ministerium diesen Antrag wie eine Feindseligkeit auf und veranlaßte eine Debatte, wo die äußerste Rechte mit Leidenschaft die Forderung stellte, den Verfassungs-Entwurf der Regierung ohne Kommissions-Bearbeitung zum Gegenstand der Berathung des Plenums zu machen. Die Rechte ließ hierbei Aeußerungen drohenden Charakters hören. Sie wollte in dem vereinigten Antrage Waldeck-Wachsmuth den Versuch erblicken, den König seiner Initiative in der Verfassungsfrage zu berauben.

Das Ministerium Camphausen vertheidigte seine Position nur sehr schwach. Es schützte „Zeitverlust" vor. Eine ernstlich gemeinte Einwendung gegen eine Kommission mochte es auch wohl nicht haben; aber besser unterrichtet von dem wahren Zustand der Dinge, hegte es die Befürchtung, die Gunst des Augenblicks zu verlieren. Es sah die Zeit kommen, wo die Vereinbarung von der erstarkten Reaktion abgewiesen werden konnte, hatte aber dabei nicht den Muth, dergleichen zuzugestehen, wenn dies von der Linken offen ausgesprochen wurde.

Waldeck vertheidigte seinen Antrag mit sachlichen Gründen. Die Verfassung allein hielt er für ein papiernes Schema von Wünschen und Hoffnungen, die alle scheitern, so lange nicht die Verwaltung selber reorganisirt werde. Er sprach bereits damals die volle Wahrheit aus, welche erst jetzt nach einem Vierteljahrhundert zur allgemeinen Erkenntniß und Anerkennung gekommen ist, daß die Gemeinde-Ordnung der Kernpunkt einer Neugestaltung sei, da diese auf dem Lande noch ganz im feudalen Prinzip stecke. „Die Gemeinde müssen wir zuerst reformiren, um die traurigen Reste des feudalen Staatswesens zu beseitigen. Wenn wir das nicht thun, so pflügen wir im Sande und bauen in die Luft."

Die Nationalversammlung hatte ein richtiges Gefühl von den Zuständen, wenn auch nicht grade von den Motiven, die Waldeck geltend machte. Nach sehr heftigen Debatten schritt man zur Abstimmung, wo der kombinirte Antrag Waldeck-Wachsmuth mit 188 gegen 142 Stimmen angenommen wurde.

Scheinbar führte diese Abstimmung eine Ministerkrisis herbei. Wir sagen scheinbar, denn ein wirklich politisches Motiv, sich dem Antrage zu widersetzen, war gar nicht vorhanden, und ist auch nie ausfindig gemacht worden. Das diplomatisch verheimlichte Motiv lag in der Ueberzeugung der Minister, daß sie wohl das Vertrauen der National-Versammlung gewinnen könnten, wenn ihnen nur das volle Vertrauen des Königs zu Theil geworden wäre. Dies war nicht der Fall und konnte nicht der Fall sein bei der Anschauung, welche der König über den Geist und den Charakter der Liberalen hegte.

Camphausen zeigte demnach einige Tage nach der stattgehabten Abstimmung den Rücktritt des Ministeriums an, und die Nationalversammlung gerieth dadurch in den Schein, eine

Ministerkrisis herbeigeführt zu haben, wozu die Majorität in Wirklichkeit nicht im Geringsten die Absicht hatte.

Wer mit den Schlichen des Schein-Konstitutionalismus bekannt ist, der weiß es, wie Minister, welche die schwere Kunst, Fürsten zu regieren, nicht verstehen, ihren Rücktritt unter dem Schein herbeiführen, als ob sie an der leichten Kunst, das Volk zu regieren, scheitern. Daß der ehrliche Camphausen gar so schnell zu diesem Scheinmanöver seine Zuflucht nehmen mußte, war ein trauriges Merkzeichen, das die Einsichtsvollen in der Nationalversammlung in seiner richtigen Bedeutung nicht verkannten. Die Redlichkeit der Seele zwang dem wackern Mann auch einen merkwürdigen Mahnruf ab, mit welchem er seinen Rücktritt am 26. Juni definitiv anzeigte. Er lenkte die Aufmerksamkeit der Versammlung auf das herrschende Mißtrauen, auf die laut ausgesprochene Furcht vor der Reaktion und warnte vor diesen Uebertreibungen. Sodann fügte er hinzu: „Ich bin weit entfernt, unbedingtes Vertrauen zu empfehlen; aber Eine Gattung Vertrauen mangelt den heutigen Zuständen allerdings. Das ist das Selbstvertrauen: das Vertrauen in die eigene Kraft zur Erhaltung und Sicherung des Erworbenen."

Das war mehr als ein wahres, es war ein grundehrliches Wort. Genau erwogen sprach er nur mit milder Wendung dasselbe aus, was die Linke in aller Schärfe betonte, daß die März-Errungenschaften ihre Bürgschaft nicht in den Verheißungen des Königs, sondern in dem Selbstvertrauen auf die Volkskraft suchen müssen.

Daß dergleichen das Mißtrauen nur verstärken konnte, ist selbstverständlich.

## Vertrauens-Hoffnungen und reaktionäre Wühlereien.

Dem zurücktretenden Ministerium Camphausen folgte das Ministerium, welches seinen Namen nach dem im Amte gebliebenen Finanzminister Hansemann führte, obwohl formell Auerswald mit dem Amt eines Ministerpräsidenten betraut war. Im ersten Auftreten, am 26. Juni 1848, schien es unter günstigen Zeichen sein Regiment zu beginnen. Es kündigte sich als ein Ministerium der „That" an und stellte in seinem Programm, das Hansemann entwickelte, wirkliche thatsächliche Reformen von großer Bedeutung in Aussicht. Zunächst sollte der Verfassungs-Entwurf dahin verbessert werden, daß die Erste Kammer eine volksthümlichere Grundlage erhalten solle. Sodann ging das Programm auf die Grundgedanken ein, welche Waldeck so energisch betont hatte, daß der Werth der eigentlichen Reform nicht bloß durch Verheißungs-Artikel der Verfassung, sondern durch praktische, in das Leben und die Gestaltung des Staates eingreifende Gesetze sich zeigen müsse. Hansemann kündigte daher Regierungsvorlagen an über die „Bürgerwehr", über die „Befreiung des Grund und Bodens von den noch bestehenden feudalen Lasten"; ferner wurde eine neue „Gemeinde-Ordnung", eine „Reorganisation der Rechtspflege", eine Reform der „Steuergesetze mit Aufhebung der feudalen Steuerbefreiung der Rittergutsbesitzer" in Aussicht gestellt; endlich wurden Vorlagen und Maßnahmen angekündigt „zur Hebung des Kredits, zur Belebung des Handels und zur Förderung der Arbeit."

Die Nationalversammlung nahm diese Verheißungen mit großem Beifall auf. Es war freilich erst ein Monat verflossen seit ihrem Zusammentritt, und wer die Schwierigkeiten der Konstituirung neugeschaffener parlamentarischer Körperschaften kennt, wird zugeben, daß es übertrieben war, wenn man im Volke sehr stürmisch „Resultate" forderte; allein die Ungeduld lag im Charakter der damaligen aufgeregten Zeit, und man hatte es in der Nationalversammlung mit tiefem Unmuth empfunden, daß es das bisherige Ministerium verabsäumt hatte, durch Gesetzes-Vorlagen eine reale Thätigkeit zu fördern. Am glänzendsten aber äußerte sich der Beifall der ganzen Versammlung, als Hansemann auch den zeitherigen Streitpunkt durch eine „**Anerkennung der Revolution**" aus dem Wege räumte. „Fassen wir — sagte er — in Gesetzgebung, in Verwaltung, in Thaten den Charakter der Ereignisse des Monats März und unsere **Anerkennung der Revolution** auf, einer Revolution, deren **ruhmvoller und eigenthümlicher Charakter darin besteht, daß sie, ohne Umsturz aller staatlichen Verhältnisse, die konstitutionelle Freiheit** begründet und als Recht zur Geltung gebracht hat."

Aber die Hoffnung, welche man an dieses Entgegenkommen des Ministeriums knüpfen konnte, erwies sich nur allzubald als eine trügerische. Es war ein verhängnißvolles Datum, an welchem das Ministerium Hansemann auftrat. Es war der 26. Juni, wo bald darauf die Nachricht von dem blutigen Kampf in den Straßen von Paris eintraf, in welchem das Militär unter Führung des Generals Cavaignac die Ordnung herstellte, und die provisorische Regierung in die Hand des Generals gelegt wurde. Hatten sich bisher schon einzelne Fälle gezeigt, wo ein militärisches Einschreiten Uebergriffe in die verheißenen Rechte des Volkes an den Tag legte, und war die Befürchtung einer mit militärischer Gewalt herbeigeführten Reaktion zeither im Volke verbreitet, so häuften sich jetzt die Anzeichen hierfür in thatsächlich bedenklicher Weise und erzeugten eine Spannung, welche die Ruhe in und außer der National-Versammlung störte.

Gleichwohl stand die Majorität der Nationalversammlung auf Seiten des Ministeriums. Eine Vorlage über Aufhebung des eximirten Gerichtsstandes wurde mit **allen gegen drei Stimmen** angenommen. Einen besonders guten Eindruck machte eine Rede des Justizministers Märker gegen die **Todesstrafe**. Die Abschaffung dieser Strafe wurde auch mit sehr großer Majorität beschlossen. Die von der National-Versammlung gewählte Kommission zur Ausarbeitung der Verfassung förderte unter Walbeck's rüstigem Präsidium die Arbeit mit sehr anerkennenswerthem Fleiß. Die Wahlen des Präsidiums fielen fast durchweg in freundlichem Sinne gegenüber dem Ministerium aus. Der Präsident Grabow, Mitglied der Rechten, leitete die Verhandlungen mit ruhegebietender Umsicht. Die Nationalversammlung gruppirte sich in Parteien, die keinen Zweifel zuließen, daß das Ministerium, wenn nur nicht von außen her Zwiespalt hineingetragen würde, stets auf die Stimmen des rechten, so wie des linken Zentrums rechnen konnte, wodurch ihm die überwiegende Majorität auch gesichert war.

Aber die Störungen von außen her fanden sich gar zu bald.

Wir haben bereits die Debatten über den Jacoby'schen Antrag vorgeführt, wo es sich um die Kernfrage handelte, ob die preußische Regierung die politische Klugheit an den Tag legen würde, die Souveränetät des Frankfurter Parlaments anzuerkennen. Im Ministerrath selber verfocht Rodbertus die einzig richtige Position in der gewissen Ueberzeugung, daß damit die Partei in Frankfurt gestärkt werde, welche entschlossen war, die Kaiserkrone dem preußischen Königshause zuzusprechen. Aber der König Friedrich Wilhelm IV. war ein entschiedener Gegner dieses Planes. Er wies nicht nur jeden Gedanken zurück, der dem Volke das Recht geben wollte, einen Kaiser in Deutschland zu wählen, dessen Autorität über der der Fürsten von Gottes Gnaden stehen solle, sondern erklärte ausdrücklich und bestimmt, wie wir aus seinen vertraulichen Mittheilungen an Bunsen entnehmen, daß wenn einmal solch ein Kaiser wieder in Deutschland erstehen solle, diese Würde nur von den Fürsten könnte vergeben werden und zwar müsse diese Würde dem Hause Oestreich zufallen!

Rodbertus trat, noch bevor diese Frage vor die National-Versammlung in Berlin gebracht wurde, von seinem Amte eines Unterrichts-Ministers zurück, wodurch das linke Zentrum, dem er angehörte, sehr verstimmt wurde. Obwohl nun die Majorität der Nationalversammlung über den Jacoby'schen Antrag zur Tagesordnung überging, konnte sich die Versammlung doch nicht der Verstimmung entreißen. Man sah mit Recht trübe in die Zukunft, wenn Preußen in der deutschen Frage nicht das Volk walten lasse und in den Regierungen und der Autorität der Fürsten eine Stütze suche!

Zu all dem drangen noch Gerüchte in das Volk, die vielfach abgeleugnet, doch thatsächlich wohlbegründet waren. Der König, — so lauteten die Gerüchte — wolle dem Krieg in Schleswig-Holstein ein Ende machen, um das Militär in Berlin einmarschiren zu lassen. Er habe nur dem Ministerium Hansemann einige Zugeständnisse in Bezug auf Reformen gemacht, unter der Bedingung, daß das Ministerium die Verantwortlichkeit für diesen Einmarsch der Truppen übernehme. Das Gesetz über die Abschaffung der Todesstrafe wolle der König nicht vollziehen. Gegen die Absichten des Ministeriums, die Kreis- und Gemeinde-Ordnung ihres zeitherigen feudalen Charakters zu entkleiden, sei die Kamerilla eifrig um den König beschäftigt, der die Adelsvorrechte als Gottes-Ordnung betrachte. Von diesen Kreisen aus würden auch in gefährlichster Weise die höheren Militärs in feindselige Stimmung gegen das Volk und dessen Rechte versetzt, und Konflikte provozirt, welche die Reaktion herbeiführen sollen.

Die Majorität der Nationalversammlung widerstand all den Anregungen zur Unzufriedenheit mit dem Ministerium. Wußte man doch, daß wenn die Gerüchte begründet seien, sie eben so gegen die Minister wie gegen die Nationalversammlung gerichtet wären. Da traten denn von außen her zwei Ereignisse ein, welche die künstlich erhaltene Ruhe in aufregender Weise störten, und endlich auch den Fall des Ministeriums Hansemann herbeiführten ohne ein wirkliches Verschulden der Nationalversammlung.

## Der Wendepunkt des Jahres.

Während die Reformgesetzgebung unter dem Ministerium Hansemann einen praktischeren und ersprießlicheren Weg als seither einschlug, traten auf der Weltbühne Ereignisse ein, welche den längst gehegten Wünschen der Reaktion mächtigen Vorschub leisteten und auch zum Sturz des Ministeriums den Grund legten.

Der Sieg des Generals Cavaignac in Paris wurde von der Reaktion wie ein Triumph ihres Prinzips begrüßt. Daß Cavaignac, ein Militär, an die Spitze der provisorischen Regierung berufen ward, galt in den Augen der Reaktion als ein Merkzeichen, daß die Epoche der Staats- und Gesellschaftsrettung angebrochen sei, wo das Schwert den politischen Knoten durchhaut, den die parlamentirenden Minister und die Streitereien der Rechten und der Linken nicht zu lösen vermögen. „Die Armee, die Generäle kommen an die Tages-Ordnung", das war die damalige stille Loosung der Reaktion, die sich bald mehr und mehr vernehmbar machte. In diesen Kreisen äußerte man sich schon unmuthig darüber, daß das preußische Heer in Schleswig-Holstein so eigentlich nur „Knechtsdienste thue zu Gunsten der Revolution!" Wenig Wochen nach dem Antritt des Ministeriums Hansemann traten auch die Siege der östreichischen Armee in Italien ein, die im vollen Sinne des Wortes Triumphe des alten Europa über das neue waren. Es war nur eine natürliche Folge, daß in Preußen ein Geist der Reaktion lauter und immer lauter die Stimme erhob und durch Lobpreisungen der Thaten der fremden Generale, die jetzt die Politik machen, den Trieb in den Offizieren zu gleichen Thaten weckte. Diese Epoche war die Geburtsstunde der am 1. Juli 1848 zuerst auftretenden Kreuzzeitung und der mit Jubel verkündigten Devise: „Gegen Demokraten helfen nur Soldaten".

Das Ministerium Hansemann verkannte die drohende Gefahr nicht und suchte derselben durch Bildung der Konstabler vorzubeugen. Es sollte einerseits durch diese Verstärkung der öffentlichen Polizei die ewige Allarmirung der Bürgerwehr vermieden werden, welche die Ordnung auf der Straße stets nur durch ein Aufgebot in Massen erhalten konnte, das die Aufregung vermehrte; andererseits sollte die Schutzmannschaft etwaiges Einschreiten des Militärs unnöthig machen, auf welches die Reaktion mit schmachtendem Verlangen hinblickte. Allein alle diese Versuche, den Rücklauf der Revolution aufzuhalten, waren vergeblich.

Zunächst ging von Frankfurt am Main, aus dem Kabinet des Reichsverwesers, der unselige Impuls aus, die gesammten deutschen Armeen mitten in die Politik des Tages hineinzuziehen. Der Reichsverweser hatte, wie bereits erwähnt, den Oestreicher, den Präsidenten des Bundestages, Herrn von Schmerling zum Ministerpräsidenten ernannt. Um eine gewisse Parität herzustellen, ernannte er den preußischen General-Major von Peucker zum Kriegsminister. Dieser jedoch, ein sonst achtbarer Charakter, schien die Intriguen eines Schmerling nicht zu durchschauen und ließ sich zu einem Rundschreiben Namens der Zentral-Gewalt bewegen, worin alle Armeen der deutschen Staaten aufgefordert wurden, am 6. August dem Reichsverweser zu huldigen. Der Akt dieser Huldigung sollte bestehen in einer anzuordnenden Parade aller Truppen des deutschen Bundes in ihren Garnisons-Orten. Daselbst solle allen Truppen durch einen vorgeschriebenen Aufruf kund gegeben werden, daß der deutsche Reichsverweser die Oberleitung über das ganze deutsche Heer übernommen habe. Wo es noch nicht geschehen, sollen von da ab die deutschen Farben, Schwarz-roth-gold in Fahnen und Kokarden, in Bannern und Bändern eingeführt werden. Die Truppen sollen nach Verlesung des Aufrufes durch ein dreimaliges Lebehoch dem Reichsverweser ihre Huldigung bezeugen.

Es ist schwer zu sagen, was der Zweck dieses anbefohlenen Schauspiels unter Aufgebot aller Truppen Deutschlands in praktischer Beziehung hätte sein sollen oder sein können. Thatsächlich stellte sich heraus, daß diese Uebertragung des Oberbefehls in den höheren Kreisen des preußischen Militärs als ein

Bruch der königlichen Gewalt angesehen wurde. Dem Reichsverweser huldigen, schien Vielen der Revolution huldigen, die diese Zentralgewalt geschaffen. Der Kampf der Zeit zwischen Revolution und Reaktion wurde dadurch ganz direkt in die militärischen Kreise hineingetragen und gab der Reaktion die erwünschte Gelegenheit, unter dem Schein der preußischen Treue ihr Widerstreben gegen die deutsche Bewegung zum Ausdruck zu bringen.

Während an dem anberaumten Tage das stehende Heer noch glücklich genug über diesen „Huldigungsakt" hingeführt wurde, entstand in der Landwehr ein gefährlicher Zwiespalt und die Sucht zu Demonstrationen, einerseits unter schwarz-weißer, andererseits unter schwarz-roth-goldener Fahne. Der „Preußen-Verein", der sich daraus entwickelte, ward der Stammsitz der späteren Reaktion. Daß das Ministerium Hansemann wirklich ein Ministerium der „That" sein und die Grundsteuer-Befreiung des Adels aufheben wollte, das führte zu einer starken Verbindung Aller, die unter den verschiedensten konservativen und preußischen Firmen für ihre Spezial-Interessen kämpften.

All diese von außen her in die Politik einwirkenden Ereignisse, welche einen militärischen Eingriff zu Gunsten der Reaktion befürchten ließen, nahmen durch einen Vorfall in der Stadt Schweidnitz in Schlesien einen die Politik entscheidenden Charakter an.

In der Stadt Schweidnitz bestand neben einer Militär-Garnison unter einem kommandirenden General auch eine Bürgerwehr unter ihrem eigenen Kommandanten. Am 31. Juli wollte nun der Kommandant der Bürgerwehr dieselbe durch Trommelschlag zum Exerziren zusammenberufen; allein der General fand sich veranlaßt, den Gebrauch der Trommel der Bürgerwehr zu untersagen. Der Bürgerwehr-Kommandant fügte sich diesem Verbot, das viel Aufregung in der Bürgerwehr und im Volk überhaupt erzeugte, weil man in dem Verbot eine willkürliche Chikane gegen die Bürgerwehr erblickte. Am Abend zogen daher Volksmassen vor die Wohnung des Generals, um ihm eine damals sehr in Mode gekommene Demonstration, eine sogenannte „Katzenmusik" zu bringen. Die Bürgerwehr wurde sofort allarmirt, um diese Ungezogenheit zu verhüten; zugleich aber hatte auch eine Kompagnie Linien-Infanterie den Platz vor dem Hause des Generals gesäubert. Nunmehr erschien noch eine zweite Kompagnie mit geladenen Gewehren auf dem Platze und schoß sofort nach der andern Seite hinüber, wo die Bürgerwehr versammelt war. Es fielen 102 Schüsse, und in Folge derselben wurden 14 Bürgerwehrleute getödtet.

Auf wessen Kommando das Schießen stattgefunden, und ob es überhaupt auf Kommando oder aus irgend einem andern unvorgesehenen Anlaß erfolgt sei, das ist unaufgeklärt geblieben. Der Vorfall aber erregte natürlich außerordentliches Aufsehen und wurde durch eine dringliche Petition zum Gegenstand einer eifrigen Debatte in der National-Versammlung gemacht.

Eine Kommission, welche die Petition vorberathen hatte, forderte in ihrer Majorität einen Garnisonwechsel in Schweidnitz zur Vermeidung von weiteren Konflikten und eine Untersuchung und Bestrafung der Schuldigen. In der Linken indessen fand man den Antrag nicht weit genug gehend. Der Abgeordnete Stein wies in einer energischen Rede nach, daß dies Ereigniß nur ein Merkzeichen tiefer liegender Uebel sei. Verfassung und Gesetze mögen noch so volksthümlich werden, es würde nichts helfen, wenn nicht der Geist des Beamtenthums und des Militärs ein anderer werde. In Bezug auf die Zivilbeamten und besonders die Justizbeamten habe das Ministerium mindestens durch Erlasse seine Pflicht gethan und in richtiger Weise alle diejenigen, welche sich in das rein konstitutionelle Leben nicht finden können, zur Niederlegung ihres Amtes aufgefordert; von Seiten des Kriegsministers sei dergleichen nicht geschehen, obwohl es augenscheinlich, daß in den Offizieren ein Geist des Widerspruches gegen die Errungenschaften der Revolution herrschend sei. Hieran schloß der Redner den Antrag, der Kriegsminister möge sich in einem Erlaß an die Offiziere dahin aussprechen, „die Offiziere sollen allen reaktionären Bestrebungen fern bleiben, nicht nur Konflikte jeder Art mit dem Zivil vermeiden, sondern auch durch Annäherung an die Bürger und Vereinigung mit denselben zeigen, daß sie mit Aufrichtigkeit und Hingebung dem neuen Rechtszustande anhängen".

Das Ministerium wehrte sich nur sehr schwach gegen diesen Antrag. Auch der Kriegsminister General Schreckenstein fand in demselben nichts Verwerfliches, sondern meinte nur, es sei solch ein Erlaß weniger wirksam, als man vorauszusetzen scheine. Von der rechten Seite wurde freilich ein solcher Erlaß als ein „politischer Gewissenszwang" angesehen, da er nicht Handlungen, sondern „Gesinnungen" und „Meinungen" vor sein Forum ziehe; indessen lagen Thatsachen so schreiender Natur vor, daß die Nationalversammlung nicht gut über dieselben zur Tagesordnung übergehen konnte. Der Stein'sche Antrag wurde mit großer Majorität angenommen.

Gleichwohl vergingen vier Wochen, ohne daß dem Antrage Folge gegeben wurde, und zwar Wochen, in welchen sich die Parteidemonstrationen reaktionären Charakters mehr und mehr verstärkten und entgegengesetzte Demonstrationen wach riefen. Die Aufregung steigerte sich hauptsächlich in der Bürgerwehr, wo man voraussah, daß der Moment komme, in welchem ihr ein Kampf für die errungene Freiheit auferlegt werden würde gegen das Linien-Militär, welches der Reaktion diene. Der Zwiespalt lag jetzt vor aller Augen offener als je, und wurde ganz besonders durch das Gerücht geschärft, daß zwar die Minister bereit wären, dem Beschluß der Nationalversammlung nachzukommen; allein der König sich entschieden gegen die Ausführung des Beschlusses erklärt habe.

So kam denn der 7. September heran, wo die Entscheidung in einer Weise getroffen wurde, die man als den öffentlichen Wendepunkt des Jahres 1848 zu betrachten hat.

## Der Sturz des Ministeriums der That.

Es war nicht demokratischer Eigensinn oder gar, wie die eifrigsten Gegner meinten, eine grundlose Ueberhebung, welche den Beschluß der Nationalversammlung über den Antrag des Abgeordneten Stein zu einem entscheidenden Moment in der Geschichte des Jahres 1848 machte, sondern die Thatsachen lagen damals so, daß es unmöglich war, die Augen vor der wohlvorbereiteten, mit militärischer Gewalt durchzusetzenden Reaktion zu verschließen. Die Kontre-Revolution erhob so entschieden ihr Haupt in ganz Europa, daß es Pflicht der National-Versammlung war, einem Ministerium das Vertrauen zu entziehen, welches sich für zu schwach erwies, dieser Gefahr in Preußen kräftig entgegenzutreten.

Oestreich hatte bereits Italien unterworfen, und nunmehr erließ der Kaiser von Oestreich ein Handschreiben an den Banus von Kroatien, Graf Jellachich, über dessen Sinn sich Niemand täuschen konnte. Es war dies eine ganz direkte Aufforderung, die Revolution in Ungarn durch einen Kriegszug niederzuschlagen. Daß im fernen Hintergrund auch damals schon die Staatsrettung durch Kroaten in ganz Oestreich geplant ward, das hat der weitere Verlauf der Geschichte erwiesen, wurde aber bereits im Anfang September von Allen, die nicht in Vertrauensseligkeit geblendet waren, deutlich genug gesehen.

Trauriger aber war die Aussicht, die sich in Preußen eröffnete. Die einzige gesunde nationale That, der Krieg in Schleswig-Holstein, gereute den König wirklich. Es war kein Gerücht, daß die Truppen den Befehl erhalten haben, nicht blos Jütland, bis wohin sie unter Wrangel siegreich vorgedrungen waren, zu räumen, sondern in Folge eines auf sieben Monate mit Dänemark geschlossenen Waffenstillstandes wurden sie in die Heimat dirigirt, wo ihrer eine andere Aufgabe harrte, über die man nicht zweifelhaft sein konnte˙

Der mit Dänemark am 26. August 1848 abgeschlossene Waffenstillstand war eine politisch und militärisch so völlig unmotivirte That, daß selbst Dahlmann, der Vertreter der preußischen Politik in Frankfurt am Main, nicht im Stande war, diesen Akt zu vertheidigen. Der König Friedrich Wilhelm IV. hatte diesen Krieg unter dem Banner des Bundestages begonnen. Nach Einsetzung der provisorischen Zentralgewalt für Deutschland, welcher Preußen ja ausdrücklich seine Zustimmung ertheilt hatte, war es staats- und völkerrechtlich nicht möglich, einen Waffenstillstand zu beschließen ohne Zustimmung des Reichsverwesers, und dieser wiederum konnte einen solchen Schritt nicht thun ohne die Beistimmung des deutschen Parlamentes. Dieser unglückliche Waffenstillstand von Malmö war denn auch in Frankfurt am Main der Grund eines bittern Kampfes der Parteien, der zu schauerlichen Exzessen und zu zerrüttenden Parteikämpfen den Anlaß gab. — All das flößte bereits Anfangs September in der preußischen Nationalversammlung selbst den sonst streng ministeriellen Zentren ein Gefühl so tiefer Unsicherheit über die feierlichen Verheißungen der Märztage ein, daß auch diese nicht umhin konnten, die Entscheidung über die Kardinalfrage herauszufordern.

Auf den Beschluß der Nationalversammlung vom 9. August, der vom Kriegsminister eine Hinweisung an die Offiziere verlangte, daß sie sich fern halten mögen von reaktionären Agitationen, war nichts erfolgt, was seiner Erfüllung entsprach. Am 4. September gab das Staatsministerium eine Erklärung ab, welche geradezu behauptete: ein Erlaß des Ministers, wie ihn die Nationalversammlung verlange, wäre von „verderblichen Folgen" auf die Disziplin der Armee und würde selbst im gewünschten Punkte sein Ziel verfehlen. Diese Erklärung rief denn auch sofort den Antrag hervor zu beschließen: „daß es dringende Pflicht des Staatsministeriums sei, den von der Versammlung am 9. August beantragten Erlaß ohne Weiteres zur Beruhigung des Landes und Erhaltung des Vertrauens, sowie zur Vermeidung des Bruchs mit der Versammlung, ergehen zu lassen."

Hierbei war es, wo auch das rechte Zentrum sich der Linken anschloß und ihr Führer, Herr von Unruh, so eindringlich den Antrag prinzipiell vertheidigte, daß fortan die Aufmerksamkeit des Volkes auf ihn gerichtet blieb, die sich später bis zum hohen Grade des Vertrauens steigerte, als ihm die ehrenvolle Aufgabe zufiel, die Würde der Nationalversammlung gegenüber dem wirklichen gewaltsamen Einschreiten des Militärs zu wahren.

Die Rede des Herrn von Unruh machte einen solchen Eindruck, daß das Ministerium seinen Bestand erschüttert sah und unter allen Umständen einen sofortigen Beschluß vermieden wissen wollte. Herr von Unruh kam hierin dem Ministerium entgegen und beantragte die Vertagung der Debatte bis auf den 7. September. Er wollte offenbar dem Ministerium Zeit lassen, den König zur Genehmigung eines solchen Erlasses zu bewegen. Die Linke bekämpfte die Vertagung. Waldeck erklärte in heftiger Aufregung: „Wir können hier keine Minute länger sitzen bleiben, wenn das Ministerium sich weigert, eine so gerechte Forderung zu erfüllen." Gleichwohl siegte für heute die besonnene Ruhe und die Vertagung der Diskussion wurde angenommen.

Wie oftmals hatte aber auch die diplomatische Absicht einen ganz entgegengesetzten Erfolg.

War es die Absicht des Herrn von Unruh, dem König die Initiative zu einer günstigen Situation anheimzustellen, so hatte der Zeitgewinn praktisch die Folge, daß sich die gesammte Bevölkerung aufgefordert fühlte, in dieser Frage eine Entscheidung herbeizuführen. Man fühlte ganz richtig, daß es sich hier um mehr als um eine Minister-Krisis handele. Die Parteien, die für und gegen den Stein'schen Antrag stritten, wurden nicht von Meinungen, die sich ausgleichen und vermitteln lassen, sondern von Tendenzen bewegt, die auf Sieg oder Niederlage ausgingen. Was die Hofpartei wollte, war nicht zweifelhaft, was das Volk wollte, mußte eben so zweifellos festgestellt werden.

Die Tage vor dem anberaumten Termin zur Fortsetzung der Debatten in der Nationalversammlung wurden dadurch Tage der Aufregung. Die Demagogie benutzte diese Stimmung, um ganz wie vor den Juni-Tagen in Paris, die Nationalversammlung durch Demonstrationen zu Beschlüssen zu zwingen. Sie drohte offen mit der gewaltsamen Sprengung der Volksvertretung, wenn sie die Souveränetät des Volkes durch Verwerfung des Stein'schen Antrages verleugnen wollte. Daß solch ein Gewaltstreich des Pöbels nur zu Gunsten der Reaktion ausfallen würde, mochten die Demagogen nicht glauben. Man hat aber auch Grund anzunehmen, daß die wühlerische Reaktion zu diesen Pöbel-Exzessen aufmunterte. Es sind thatsächlich Fälle festgestellt worden, wo dergleichen wirklich stattfand.

Wie sich leicht denken läßt, ward hauptsächlich die Bürgerwehr in diesen Streit mit hineingezogen. Fünf und zwanzig tausend Mann mit Waffen in den Händen, ohne Gesetz und ohne ordentliche Organisation wären selbst unter ruhigen Zuständen ein Herd von Wühlerei; unter den gegebenen Verhältnissen konnten sie sich selbst beim besten Willen nicht der leidenschaftlichsten Aufregung entziehen. Die Bürgerwehr war „zum Schutz der Freiheit" in's Leben gerufen worden. Der Stoß der militärischen Reaktion mußte sie zuerst treffen, wie der Stein'sche Antrag ja nur hervorgerufen wurde durch ein blutiges Einschreiten des Militärs gegen die Bürgerwehr in Schweidnitz. Galt es also jetzt die Autorität der Nationalversammlung gegenüber der Reaktion zu schützen, so durfte die Bürgerwehr auch andererseits der Demagogie nicht freien Spielraum lassen. Obwohl von den Besonnensten die Wahrheit richtig erkannt wurde, daß die Bürgerwehr nicht in politische Streitfragen hineingerissen werden dürfe, so lag doch jetzt die unabweisbare Nothwendigkeit vor, sich über ihre Stellung offen zu erklären.

Das Kommando der Bürgerwehr in Berlin, an ihrer Spitze Herr Rimpler, ein Mann von mäßigem Verstande und ziemlich gutem Willen — konnte es nicht umgehen, solch eine Erklärung zu veranlassen. Zu diesem Zweck wurden die Kompagnien in ihren Bezirken zusammenberufen, um sich über ihr Verhalten auszusprechen. Es ist schwer ein Bild der Debatten zu entwerfen, welche in hunderten von Bezirken geführt wurden. Gleichwohl war das Resultat der Lage der Dinge ganz entsprechend, und die von der Reaktion, wie von der Demagogie viel angefochtene Erklärung des Kommandos der Bürgerwehr wurde dem Präsidenten der Nationalversammlung übergeben. Sie lautete wie folgt:

„Die Majorität der Bürgerwehr Berlins hat durch die anliegenden Beschlüsse ihrer Kompagnien mich ermächtigt, zu erklären, daß die Bürgerwehr Berlins in dem durch die Majorität ausgesprochenen Willen der National-Versammlung den Willen des preußischen Volkes sieht und demgemäß Beschlüsse der National-Versammlung mit allen ihr zu Gebote stehenden Mitteln aufrecht zu erhalten wissen wird. Das unterzeichnete Kommando giebt die bestimmte Erklärung, daß es in diesem Sinne mit allen seinen Kräften handeln und die hohe Versammlung schützen wird!"

Der 7. September kam heran, und die National-Versammlung bot in ihrer fünfstündigen Debatte ein Bild leidenschaftlicher Erregung, wie es bis dahin noch nicht der Fall gewesen war. Die Minister, die wohl wußten, wo die eigentlichen Hindernisse in unüberwindlichem Grade liegen, kämpften mit unglückseliger Energie für die Fortdauer ihrer gelockerten Existenz. Das Charakteristische dieser Debatten aber war, daß die Zentren aus ihrer bisher noch immer stark ministeriellen Haltung durch die Leidenschaft der nach Reaktion schmachtenden Rechten hinausgedrängt wurden. Selbst die gemäßigte Opposition der Partei Unruh konnte nicht dem Sturm Einhalt gebieten. Zum Erstenmal seit dem Bestehen der National-Versammlung siegte die Linke, weil sie in der That nur das unumgänglich Nothwendige forderte! Aber es war ein Sieg, der nur die wohlvorbereitete Reaktion beschleunigen konnte.

Der Stein'sche Antrag wurde mit einer Majorität von 219 gegen 143 Stimmen angenommen. Das Ministerium Hansemann-Auerswald fiel, unter dem Schein einer „konstitutionellen Krisis", aber wie selbstverständlich nicht zu Gunsten des konstitutionellen Systems.

## Die ersten Züge der Reaktion.

Dem Siege der Linken in der Sitzung vom 7. September folgten Tage schwerer Aufregung. Dazu lauteten auch die Nachrichten aus Frankfurt am Main tief beunruhigend. Der Waffenstillstand von Malmö, den Niemand vertheidigen konnte, und der ohne Zustimmung der Zentralgewalt abgeschlossen, als eine Lossagung Preußens von seiner Vertretung Deutschlands angesehen wurde, in dessen Namen Preußen den Krieg begonnen hatte, drohte die preußisch gesinnte Kaiserpartei zu sprengen. Man erblickte darin mit Recht das Vorspiel der Reaktion, die Preußen wieder in das Netz östreichisch-russischer Intriguen hineinzog, aus welchem es sich in den Märztagen befreit hatte. Es waltete bei allen Einsichtigen nur ein Zweifel über den Zeitpunkt ob, wann dieser Reaktions-Akt offen auftreten werde.

An Herausforderungen zur schnellen Entscheidung fehlte es in dieser Beziehung durchaus nicht. Der General Wrangel, aus Schleswig-Holstein heimgekehrt, wurde zum „**Oberbefehlshaber in den Marken**" ernannt und hielt in Berlin eine Anrede, worin „**Bajonette und Spitzkugeln**", die Ruhe und Ordnung herstellen, eine große Rolle spielten. Die Truppen-Ansammlungen in der Nähe Berlins nahmen einen bedrohlichen Charakter an. Es gab dies der reaktionären Partei in Berlin den Muth, offen von der Nothwendigkeit einer **Staatsrettung** zu sprechen, wodurch sich natürlich auch die Volkspartei herausgefordert fühlte, sich auf einen nahen Kampf gefaßt zu machen.

In dieser Lage der Dinge gewährte es den Freunden einer redlichen Neugestaltung des Staatswesens einige Beruhigung, zu hören, daß Herr von Beckerath, — der zur Zeit von Seiten des Reichsverwesers zum Finanzminister des deutschen Reiches war ernannt worden, — nach Berlin berufen worden sei, um an die Spitze des preußischen Ministeriums zu treten. Beckerath war aus den Zeiten des vereinigten Landtages als ein treuer liberaler Freund des Fortschritts bekannt. Er hatte auch in Frankfurt am Main eifrig dafür gewirkt, daß der malmöer Waffenstillstand, den er freilich nicht vertheidigen konnte, doch anerkannt werden möge, „damit nicht der Bruch Deutschlands mit Preußen sofort eintrete." Seine nunmehrige Berufung nach Berlin wurde jedenfalls als ein Zeichen angesehen, daß die Zeit der Reaktion noch nicht gekommen sei.

Wenn die Hofpartei indessen die Hoffnung hegte, daß sich Beckerath in seiner fast sentimentalen Weichheit leicht würde gebrauchen lassen für ihre Zwecke, so sah sie sich bald sehr entschieden getäuscht. Beckerath war in seiner Ausdrucksweise außerordentlich milde, aber in seinem Wollen sehr klar und entschieden. Er nahm die persönliche Erklärung des Königs, daß er gesonnen sei, alle März-Verheißungen vollauf aus eigner Initiative zu erfüllen, wenn das Ministerium nur den Muth habe, den berliner Pöbel zu züchtigen, und die Nationalversammlung so schnell wie möglich zu beseitigen, mit großem Ernst auf; aber er erklärte in voller Entschiedenheit, das Ministerium nur übernehmen zu wollen, wenn der König bereit sei, das Programm, welches ihm Beckerath auf Grund der königlichen Erklärung vorlegen wolle, durch seine Unterschrift zu genehmigen.

Das Programm war fest und entschieden. Es lautete dahin, daß der König die preußische Verfassung annehmen wolle, wie sie jetzt fertig im Entwurf der Kommission der National-Versammlung bereits vorlag. Desgleichen forderte das Programm, daß der König die deutsche Reichsverfassung genehmigen solle, wie sie aus den Beschlüssen des Reichsparlaments hervorgehen werde. Außer einigen anderen Zugeständnissen, die bereits im März verheißen waren, forderte Beckerath noch einen Erlaß an die Offiziere, wie er von der National-Versammlung verlangt wurde, und sodann auch die Genehmigung, sein Ministerium aus Mitgliedern der National-Versammlung wählen zu dürfen, die ihm die Majorität sichern. Auf Grund eines solchen vom Könige durch schriftliche Erklärung genehmigten Programms erklärte sich Beckerath bereit, sofort bei einem Exzeß mit aller Energie einzuschreiten, die Straßen-Politik zu vernichten und die National-Versammlung nach schneller Annahme der Verfassung, wie sie die Kommission entworfen hat, als ihrer Aufgabe entledigt zu erklären.

Einige Tage schien die Entscheidung zu schwanken. So wenigstens sprach sich Beckerath gegenüber einigen Mitgliedern des Zentrums aus, mit welchen er über den Eintritt in sein Ministerium verhandelte. Bald jedoch erklärte der König, sich auf ein schriftliches Programm nicht einlassen zu wollen. Beckerath verließ Berlin in der Ueberzeugung, daß eine friedliche Ausgleichung daselbst nicht in Aussicht stehe.

Die fortdauernde Ministerkrisis veranlaßte eine Vertagung der Verhandlungen bis zum 19. September, wo inzwischen das Lokal der Singakademie verlassen und die Sitzungen der National-versammlung in dem Konzertsaal des Schauspielhauses angeordnet wurden. Aber während dieser Pause der Verhandlungen in Berlin traten Ereignisse in Frankfurt am Main ein, welche den Bruch zwischen Volk und Regierung in ganz außerordentlichem Maße steigerten.

Wie bereits erwähnt, wurde der Waffenstillstand von Malmö von Seiten Preußens abgeschlossen ohne Einvernehmen mit der deutschen Zentralgewalt, obwohl der Krieg unter der Firma des deutschen Reiches geführt worden war. Die Reichsregierung war theils zu ohnmächtig dem entgegenzutreten, theils war der Leiter dieser Regierung, der Oestreicher Schmerling sehr froh, daß Preußen sich dadurch um die Sympathie der deutschen Nation bringe, die es als eine Schmach ansah, daß die Großmacht Preußen gestützt auf die deutsche Nation, sich in solcher Weise vor dem kleinen Dänemark beuge, und einen Waffenstillstand während der Wintermonate annahm, die für den Krieg gegen Dänemark die günstigsten sind. Das Ministerium Schmerling beantragte daher beim Parlament die Genehmigung des Waffenstillstandes. Das Reichs-Parlament indessen verwarf am 5. September diesen Antrag und forderte die Reichsregierung auf, den Krieg fortzusetzen.

Schmerling war sich sehr wohl bewußt, daß sich das Reichsparlament damit nur eine schwere Blöße gebe. Er trat unter dem Schein des konstitutionellen Respekts von seinem Posten ab. Der Reichsverweser, ganz ein Spielwerk in der

Hand Schmerlings, nahm die Entlassung an und forderte den wackeren und redlichen Dahlmann, der gegen den Waffenstillstand sprach, auf, ein Ministerium zu bilden, das den Beschluß des Parlaments verwirkliche. Selbstverständlich lag dergleichen **ganz außerhalb des Bereichs der Möglichkeit**. Das große deutsche Reich hatte weder Geld, noch Mannschaften, den Krieg wieder aufzunehmen, und am allerwenigsten die Macht, **Preußen zu dem Kriege zu zwingen, oder gar noch zu bekriegen**. Wie vorauszusehen, scheiterte die Bildung eines Reichsministeriums auf Grund des Beschlusses vom 5. September. Die natürliche Folge hiervon war, daß ein erneuter Antrag in das Parlament eingebracht wurde, der im Widerspruch mit dem früheren Beschluß, **der Ausführung des Waffenstillstandes freien Lauf lassen wollte**.

Die Stimmen im Parlament waren sehr getheilt. Die östreichische Partei frohlockte, daß die preußische Partei sich entweder **bemüthigen müsse oder in die Lage versetzt werde, einzugestehen, daß Preußen nicht Willens sei, Deutschlands Interessen zu vertreten**. Die der deutschen Sache anhingen, waren tief entrüstet über die Haltung Preußens und erkannten sehr richtig, daß hierin der Beginn einer Reaktion liege, in welcher Preußen, anstatt der Nation zu dienen, sich wiederum in Oestreichs Intriguen einspinnen lasse. Die preußische Partei verkannte die mißliche Lage nicht, in welche sie hineingerathen; aber die diplomatische Klugheit, die bereits genug Unheil in der Welt angerichtet, wurde auch hier als bittere Ausflucht gewählt. Camphausen spiegelte sich Hoffnungen vor, daß, wenn man Preußen gewähren lasse, dieses für einen **ehrenvollen Friedensschluß sorgen würde, der Deutschlands Interessen wahre**. Diese Vorspiegelung, für welche Camphausen versicherte „gute Bürgschaft" zu haben, wurde als Nothanker ergriffen, und nach viertägigen Debatten vom 14. bis 18. September wurde der Waffenstillstand mit 258 gegen 237 Stimmen, im vollen Widerspruch mit dem Beschluß vom 5. September, **genehmigt**.

Der nunmehrige Beschluß, der einen tiefen Riß zeigte zwischen der Majorität des Parlaments und zwischen dem entschiedenen Willen der deutschen Nation, war in der That ein Sieg der Reaktion. Er führte auch später in leider nur zu natürlicher Konsequenz auf den Weg nach Olmütz, wo Preußen gedemüthigt und Deutschland gehöhnt wurde. Er zeigte aber auch sofort seine bitteren Früchte, indem er der Demagogie in Frankfurt die Veranlassung gab zu einem Attentat und einem blutigen Verbrechen, das der Reaktion mächtigen Vorschub leistete.

Auf der Pfingstweide in Frankfurt am Main wurde während dieser Tage eine Volksversammlung abgehalten, welche ganz im Charakter des Juni-Aufstandes zu Paris, auf eine Sprengung des Parlaments abzielte, weil dessen Majorität im Begriff stehe, die Souveränetät der Nation zu verleugnen. Die sinnlosen Massen, die von allen Seiten zuströmten, klagten diese Majorität des Hochverrathes gegen die Nation und des Bündnisses mit der Reaktion an. Nachdem der am 18ten gefaßte Beschluß bekannt wurde, entstand in den Straßen der Stadt ein Aufstand mit bewaffneter Hand, der blutige Opfer forderte. Schmerling, nun wieder obenauf, ließ Militär einschreiten zum Schutz des Parlaments. Hierbei geriethen zwei Abgeordnete, Auerswald und Lichnowski, die unbewaffnet dem Kampfe zuschauen wollten, in die Gewalt eines mörderischen Haufens und fanden unter dessen blutiger Hand einen grausamen Tod.

Das Militär siegte. Die Rebellion wurde niedergeschlagen. Der Belagerungszustand wurde proklamirt. Das Parlament war gerettet. Aber das Ministerium Schmerling übernahm wieder das Regiment und die Reaktion hatte eine sichere Basis gewonnen.

Dies war die Situation, in welcher in Berlin ein neues Ministerium auftrat. Ein Ministerium, dem kein Mitglied der Nationalversammlung angehörte, sondern das unter Leitung des Generals von Pfuel nur aus Bureaukraten der alten Schule gebildet wurde. Man hatte Anlaß, dasselbe als ein Ministerium der militärischen Reaktion anzusehen.

## Das Ministerium Pfuel.

Das neue Ministerium trat unter Hoffnungen der Reaktion und Befürchtungen der konstitutionellen Partei sein Amt an; aber es haben sich weder die Hoffnungen noch die Befürchtungen als begründet erwiesen. Der General von Pfuel war zwar entschlossen, die Ruhe Berlins nöthigenfalls durch Militär herzustellen; aber er war ein Ehrenmann im vollen Sinne des Wortes, der den einmal betretenen Weg des Konstitutionalismus nicht verlassen und die Nationalversammlung vor Pöbel-Exzessen und vor reaktionären Gewaltsamkeiten schützen und wahren wollte.

Gleich der erste Akt des Ministeriums gab den Beweis, daß es ernstlich den Frieden mit der Majorität der Nationalversammlung suche und sich dabei nicht auf die äußerste Rechte, sondern auf das Zentrum stütze. Das Ministerium Auerswald-Hansemann hatte noch bei seinem Rücktritt den unverzeihlichen Fehler begangen, den geforderten Erlaß an die Offiziere für „unmöglich" zu erklären. Es erschwerte damit seinem Nachfolger ohne Noth und ohne Grund die wünschenswerthe Verständigung mit der National-Versammlung und ließ es gar noch zu, daß auch der König bei Annahme des Entlassungsgesuches ebenfalls einen solchen Erlaß an das Militär für eine Unmöglichkeit erklärte. Der General von Pfuel bewies aber thatsächlich die bestrittene Möglichkeit. Interpellirt wegen Ausführung des Beschlusses vom 7. September, erklärte er sich bereit, demselben nachzukommen. Glücklicherweise hatte Herr von Unruh den guten Einfall, den Entwurf eines solchen Erlasses, wie er die National-Versammlung befriedigen würde, dem General Pfuel zugehen zu lassen. Dieser nahm ihn an und derselbe fand so allgemeinen Beifall, daß selbst die Linke erklärte, es sei darin dem Wunsche des Landes Genüge geschehen.

Von den anderen Mitgliedern dieses Ministeriums war es nur der Minister des Innern, Herr von Eichmann, der durch seine ewigen Behauptungen, daß man den existirenden „Verschwörungen" entgegen treten müsse, den Unmuth der Versamm-

lung wach hielt. Es war sehr erkennbar, daß der Minister in
diesen Redensarten nur das Echo der Hofpartei war, die an
den Glauben an Verschwörungen die Hoffnungen auf eine Reaktion anknüpfte. Der Ministerpräsident General Pfuel hielt
sich fern von solchen der Reaktion sehr liebsamen Aeußerungen.
Es bewährte sich hier eine Bemerkung, welche sich später noch
entschiedener treffend herausstellte: die Bemerkung, daß in
Preußen der Soldat viel weniger Feind sei der Freiheit als der Bureaukrat.

Dem Einfluß des Minister Pfuel verdankt Preußen auch
die königliche Bestätigung eines seiner wichtigsten Gesetze. Das
„Gesetz über den Schutz der persönlichen Freiheit",
von Waldeck entworfen und von der National-Versammlung
angenommen, wurde vom König unter dem 24. September vollzogen. Obwohl dieses Gesetz später von den gefügigen Revisions-
kammern in einzelnen Punkten verschlechtert wurde, bildet es
doch immer noch die Perle der Gesetzgebung freiheitsliebender
Zeiten. Auch das Gesetz über die bäuerlichen Verhältnisse und
die Beseitigung der Adelsvorrechte in der ländlichen Verfassung
war nahe daran, eine Verständigung zwischen Regierung und
National-Versammlung zu erzielen. Es handelte sich nur noch
um unwesentliche formale Fassungen, über welche man sich leicht
hätte verständigen können. Desgleichen sorgte das Ministerium
für die schleunige Bestätigung eines Gesetzes über die Bürgerwehr, welches dem bisherigen unerträglichen Zustand einer bewaffneten Mannschaft von fünf und zwanzig Tausend Köpfen,
ohne Ordnung und ohne Gesetz, ein Ende machen sollte. Es
ist ganz zweifellos, daß das vielgefürchtete Ministerium Pfuel
sehr wohlthätig für die freiheitliche Entwicklung des Staatslebens hätte wirken können, wenn nicht die Zustände bereits
derart untergraben gewesen wären, daß selbst der beste Wille
scheitern mußte.

Die National-Versammlung war in ihren Vorarbeiten so
weit gediehen, daß sie am 12. Oktober an ihre eigentliche Aufgabe, die Berathung der Verfassung, gehen konnte. Es
lag ihr der Entwurf der Verfassungs-Kommission vor, der in
verhältnißmäßig sehr kurzer Zeit unter Waldecks Leitung, in

kaum sechs Wochen, ausgearbeitet war und durchweg als Werk gesunden, freiheitsfreundlichen und patriotischen Sinnes gelten durfte. Der Natur der Dinge entsprechend, lagen indessen die Hauptschwierigkeiten der Verständigung in der Einleitung zu der Verfassung. Der Titel des Königs, die Einheit des Landesgebiets und die Formel, unter welcher die Verkündigung der Verfassung stattzuhaben sollte, mochte für den Inhalt der Verfassungs-Artikel selbst gleichgiltig sein; sie waren es aber keineswegs in Bezug auf prinzipielle Streitpunkte, die in jenen Zeiten zur Sprache kommen und ausgetragen werden mußten.

Das Königreich Preußen war nämlich bis zum Jahre 1848 ein Konglomerat von einzelnen Länderstrecken, welche das Haus Hohenzollern unter sehr verschiedenen Verhältnissen und Titeln erworben hatte. Es führten die Könige daher seit fast anderthalb Jahrhunderten noch besondere Titel, die speziell auf einzelne Gebiete Bezug hatten. Der König war zugleich „Kurfürst", „Herzog", „Großherzog", „Graf" u. s. w. über bestimmte Landestheile. Sollte nunmehr für das wirkliche „Königreich" eine Gesammt-Verfassung geschaffen werden, die der noch bestehenden Ungleichheit ein Ende machte, so war es klar, daß diese historischen Erwerbstitel nicht mehr passend waren. Ganz besonders mußten solche Titel beseitigt werden, welche mit den wesentlichsten Aufgaben der Zeit in vollem Widerspruch standen, wie z. B. der Titel Kurfürst, der nur einen Sinn hatte, als gewisse Fürsten Deutschlands das Recht besaßen, einen deutschen Kaiser zu küren, zu wählen. Mit dem Ende des deutschen Kaiserthums hätte in Wahrheit auch dieser Titel seine Endschaft erreichen müssen. Sollte nunmehr gar das Kaiserthum auf neuer Grundlage wieder hergestellt werden, so war die Fortdauer dieser Titel ein prinzipieller Widerspruch.

Noch mehr als dieser Titel ward der Zusatz „von Gottes Gnaden" als ein Ausdruck göttlicher Autorität betrachtet, der nur dem absoluten Königthum eigen sein konnte. Im konstitutionellen Staat, wo das Recht der Gesetzgebung gleich getheilt ist zwischen dem Könige und der Landesvertretung, und jeder Regierungs-Akt des Königs erst staatsrechtliche Giltigkeit erlangt durch Mitunterzeichnung eines verantwortlichen Ministers, konnte naturgemäß die Berufung auf die „Gottes-Gnade" nicht mehr zeitgemäß erscheinen.

Selbstverständlich mußte auch die Einheit des Landesgebietes des gesammten Königreiches seinen Ausdruck in der Verfassung finden. Ganz besonders war dies eine Kardinalfrage über die Stellung der bis dahin als „Großherzogthum" existirenden Provinz Posen, welche die Regierung durch eine sogenannte „Demarkations-Linie" in einen polnischen und einen deutschen Theil trennen wollte.

Endlich mußte auch der unausgetragene Streit über den staatsrechtlichen Charakter der National-Versammlung nunmehr bei Verkündigung der Verfassung beseitigt werden. Sollte die Verfassung auf „Vereinbarung" beruhen, so mußte in der Verkündigung ausgedrückt werden, daß dies die „vereinbarte" Verfassung sei. Sollte der National-Versammlung der Charakter einer konstituirenden Versammlung zustehen, so konnte der König nur verkündigen, was und weil die National-Versammlung es so festgestellt hatte.

Selbstverständlich handelte es sich hierbei mehr um formale als um reale Streitpunkte, aber wie alle prinzipiellen Kämpfe wurde auch dieser mit großer Heftigkeit in der National-Versammlung geführt. Dies verbitterte die Situation um so mehr, als auch der König mehr Werth auf die Form als auf den Inhalt der Verfassung legte und weit eher geneigt schien, sich über eine freisinnige Verfassung zu vereinbaren als irgend einen ihm historisch überkommenen Titel aufzugeben.

Die Abstimmungen in der Nationalversammlung waren nun auch wenig geeignet, den Streit beizulegen. In der Frage, ob die Nationalversammlung eine „konstituirende" oder nur eine „vereinbarende" Macht sei, siegte zwar die Rechte sehr entschieden mit 284 gegen 43 Stimmen. Dahingegen wurde die Formel „von Gottes Gnaden", auf welche der König den höchsten Werth legte, mit 217 gegen 134 Stimmen in der Einleitung der Verfassung gestrichen.

Wie sehr dieser am 12. Oktober gefaßte Beschluß jede Hoffnung auf eine Vereinbarung vereitelte, das ergaben die persönlichen

Aeußerungen des Königs bereits nach wenigen Tagen. Am 15. Oktober, dem Geburtstage des Königs, weigerte sich derselbe, die Deputationen in Berlin zu empfangen, wie es General Pfuel wünschte, sondern ließ dieselben nach dem Schlosse Bellevue bei Berlin bescheiden, um die Hauptstadt, die er seit dem Monat Mai gemieden, nicht betreten zu dürfen. Der Präsident der Nationalversammlung, Herr Grabow, brachte die Glückwünsche derselben dar und sprach die Versicherung aus, daß die neuen Institutionen das Band zwischen Volk und Dynastie nur fester knüpfen würden. Der König gerieth in seiner Antwort in eine sehr bemerkbare Aufregung und entließ die Deputation der Volksvertretung mit den Worten: „Vergessen Sie nicht, meine Herren, daß wir etwas vor Anderen voraus haben: eine Macht, die man dort nicht mehr zu kennen scheint, eine angestammte Obrigkeit von Gottes Gnaden."

Auch der Kommandeur der Bürgerwehr, der glückwünschend erschienen war, bekam die Mahnung zu hören: „Vergessen Sie nicht, daß Sie die Waffen von Mir haben!" Der Deputation des Magistrats rief der König die Mahnung zu: endlich aus loyalen Worten Thaten zu machen! — Daß diese geforderten „Thaten" nur in der Aufforderung bestehen sollten, die Truppen in Berlin einmarschiren zu lassen, war für Alle selbstverständlich.

Wie stets in Zeiten drohender Konflikte war auch jetzt die Straßen-Demagogie obenauf. Am 16. Oktober fand ein Arbeiter-Krawall statt, gegen den jedoch die entrüstete Bürgerwehr so energisch einschritt, daß von einer Herbeirufung des Militärs, nach welcher die Reaktions-Partei schmachtete, keine Rede sein konnte. Widerwärtig war und blieb freilich die Thatsache, daß der vor dem Sitzungssaal versammelte Pöbel häufig einzelne Mitglieder der Rechten höhnte, ja, gegen Einzelne Drohungen ausstieß. Dieser Mißstand wurde in der National-Verfammlung in sehr grellen Farben zur Sprache gebracht und die Reaktion hoffte, daß das Ministerium ihn zum Anlaß nehmen würde, um die Unzulänglichkeit der Bürgerwehr und die Nothwendigkeit der Herbeirufung der Truppen zu behaupten. Allein General von Pfuel war nicht geneigt, diese heißersehnte Einleitung zum

Staatsstreich, dessen Charakter er sehr wohl kannte, auf seine Rechnung zu nehmen; weshalb denn auch der Sturz dieses Ministers, der sich durchaus in keine Feindseligkeit gegen die National-Versammlung hineindrängen ließ, von der Hofpartei fest beschlossen ward. Pfuel wußte dies sehr wohl und suchte jeden Anlaß hierzu zu meiden. Allein die Macht der Verhältnisse war stärker als jeder gute Wille, und der Anlaß blieb nicht aus.

## Die Entscheidung in Wien und die Katastrophe in Berlin.

Das eifrige Verlangen der Reaktion nach einer sogenannten „militärischen Rettung" wurde durch die Ereignisse in Wien zur unwiderstehlichen Flamme angefacht. General Pfuel, von der National-Versammlung weit eher gestützt als angegriffen, wurde mit Zuschriften und Ordres bestürmt, dem Parlamentiren um jeden Preis ein Ende zu machen. Jede Nachricht von dem Siege der Reaktion in Oestreich zündete in Preußen aufs Neue den Muth zu gleichen Thaten an, und das immer offenbarer werdende Verlangen hiernach weckte natürlich im Volke das Bestreben, der drohenden Gefahr einen Widerstand entgegen zu stellen.

Die Nachrichten aus Wien waren in der That eben so geeignet, den Muth der Reaktion zu beleben, wie sie ganz dazu angethan waren, die Hoffnungen auf eine freiheitliche Gestaltung in Preußen und eine nationale Reorganisation Deutschlands zu vernichten. Die Revolution in Oestreich war nicht wie die in Preußen von der Idee einer nationalen Einheit getragen, sondern führte im Gegentheil zu einer Zersprengung des östreichischen Staates in Einzelgruppen seiner sehr verschiedenartigen Nationalitäten. Deutschlands angestrebte Einheit wurde daher von der Hofburg in Wien sehr richtig als ein gefährlicher Impuls erkannt, den man um jeden Preis vernichten müsse. Zu diesem

Zweck ließ man während des ganzen Sommers der Revolution in Wien möglichst freien Spielraum und suchte zunächst nur die Macht in Italien wieder zu gewinnen. Sodann aber faßte man den schlauen Plan, die Nationalitäten gegeneinander zu hetzen, die Kroaten gegen die Ungarn, die Czechen gegen die Deutschen aufzurufen, und ihnen eine nationale Reorganisation zu verheißen, wenn sie sich der Hofpartei zu Dienste stellen. Im Oktober war man denn auch wirklich so weit, den Schleier ganz fallen und das Heer der Kroaten auf Wien marschiren zu lassen, um die Revolution in ihrem Blut zu ersticken.

Keine Zeit ist geeigneter, als die gegenwärtige, die Sünden der wiener Hofburg im Jahre 1848 und das Strafgericht der Geschichte, das sie dafür getroffen, offenbarer darzulegen. Die damals als Rettung gepriesene Aufreizung der Nationalitäten gegen einander ist noch jetzt die unheilbare Wunde, an der Oestreich blutet. Keine Zeit ist aber auch geeigneter, als die unsrige, es zur allgemeinsten Erkenntniß zu bringen, daß Preußen und Deutschland Grund hatten, die damaligen Siege Oestreichs über Italien als Niederlagen Deutschlands anzusehen, die Bezwingung Ungarns und die Niederwerfung Wiens als den Beginn einer finstern Reaktion zu betrachten, die mit dem Tage von Olmütz und der völligen Unterordnung Preußens und Deutschlands enden mußte.

Ein richtiges Gefühl hiervon lebte auch damals in der deutschen Nation. Um so trauriger wurde die Wahrnehmung, daß die Hofpartei in Preußen der Politik der wiener Hofburg zujubelte und in heller Begeisterung für die Thaten Oestreichs nach dem Ruhm brannte, es ihm gleich zu thun.

Unter dem Eindruck dieser Zustände kam noch in der Nationalversammlung ein Präsidentenwechsel zu Stande, der nicht wenig dazu beigetragen hat, die Linke und die Rechte in feindselige Lager zu trennen. Am 21. Oktober sollte in der Verfassungs-Debatte, das „Staatsgebiet" betreffend, darüber bestimmt werden, ob die Provinz Posen wirklich durch eine „Demarkations-Linie" in zwei Theile, in einen nationalpolnischen und einen nationaldeutschen zerrissen werden sollte, oder nicht. Die Regierung und mit ihr die Rechte war für die Trennungs-Linie; die Linke wollte zwar der polnischen Bevölkerung einige Zugeständnisse nationaler Natur machen, aber die Provinz nicht zerreißen lassen. Die Zentren schwankten. Es darf als ein charakteristisches Merkmal der damaligen Geistesverwirrung angesehen werden, daß man auf der Rechten die beabsichtigte Zerreißung der Provinz für eine patriotische That, die von der Linken geforderte Staats-Einheit als Abfall und Verrath verschrie. Nach äußerst heftigen Debatten erfolgte die Abstimmung zu Gunsten der Linken mit 177 gegen 174 Stimmen. Die Rechte verlangte die namentliche Abstimmung, und da kehrte sich das Verhältniß um. Die Linke wurde mit fünf Stimmen geschlagen. Nunmehr erhob sich ein Streit über das Votum einzelner Abgeordneten, das unrichtig aufgefaßt worden sei. Die Schriftführer bekannten, einen Rechenfehler beim Zusammenzählen begangen zu haben, und schließlich siegte bei mehrmaliger Revision der Abstimmung wiederum die Linke mit einer einzigen Stimme. In den darauf folgenden Tagen steigerte sich die Leidenschaftlichkeit auf beiden Seiten der Nationalversammlung beim Verlesen des Protokolls. Bei dieser Gelegenheit ließ sich der Abgeordnete Berg, vom linken Zentrum, zu einer Aeußerung hinreißen, welche dem Präsidenten Grabow verletzend erschien und ihn zu einem Ordnungsruf veranlaßte. Hiergegen erhob sich ein heftiger Widerspruch, wobei sich auf Berufung Berg's die Nationalversammlung mit zwei Stimmen Majorität gegen den Ordnungsruf aussprach. Der Präsident Grabow legte hierauf das Präsidium nieder und trat einen Urlaub zur Wiederherstellung seiner durch außerordentlich anstrengende Thätigkeit angegriffenen Gesundheit an, wodurch die Nationalversammlung zur Wahl eines neuen Präsidenten genöthigt ward.

Herr Grabow gehörte der Rechten an, war jedoch als Präsident ein höchst verdienstvolles und würdiges Organ der Versammlung und vermittelte in vielen Fällen durch kluge Leitung den friedlichen Austrag der Debatten. Nunmehr, wo eine neue Wahl des Präsidiums stattfinden mußte, sah sich die Rechte dermaßen in der Minorität, daß sie auf einen eigenen Kandidaten verzichtete und ihre Stimmen dem Mitgliede des rechten Zentrums Herrn von Unruh zuwendete. Zum Vize-Präsidenten wurde Waldeck mit 177 gegen 170 Stimmen gewählt, die auf Auerswald fielen.

Eine so schroffe Spaltung, wie sie in dieser Wahl an den Tag trat, war ein mißliches Omen, in einer Zeit, wo die Reaktion hinter der ganzen Nationalversammlung lauerte und gar bald die eifrig gewünschte Veranlassung fand, ihr Ende herbei zu führen.

Die Nachrichten aus Wien in den letzten Tagen des Oktober regten alle Gemüther auf. Es unterlag keinem Zweifel, daß die vom Militär belagerte Stadt sich bald werde ergeben müssen, und nach dem heißen Blutdurst der östreichischen Reaktion zu schließen, ließ sich erwarten, daß die Sieger, Windischgrätz und Jellachich, nicht verabsäumen würden, der Hofburg in Wien ein volles Maß zur Sättigung ihrer Rachgier zu gewähren. Man empfand in allen Kreisen, daß, wie die wiener Revolution den schärfsten Impuls zur Revolution in Berlin gegeben hatte, auch der Sieg der Reaktion in Wien den gleichen Versuch in Berlin nunmehr wach rufen werde, weshalb denn auch die Nationalversammlung nicht umhin konnte, die tief bedeutsame Angelegenheit vor ihr Forum zu ziehen.

Sowohl das rechte wie das linke Zentrum stellten Anträge, welche die preußische Regierung aufforderten, durch Vermittelung der deutschen Zentral-Gewalt dafür zu sorgen, daß die den Deutschen verheißene Freiheit in Oestreich durch den blutigen Kampf in Wien nicht verkümmert werde. Der Antrag des rechten Zentrums, von dem Abgeordneten Hermann Duncker gestellt, wich nur sehr wenig von dem des linken Zentrums ab, den der Abgeordnete Rodbertus eingebracht hatte. Die Linke mit Waldeck an der Spitze, ging in ihrem Antrage die preußische Regierung direkt an, „mit allen Mitteln zum Schutze der in Wien bedrohten Freiheit einzuschreiten". Es erschien der Linken wie ein Hohn, daß die preußische Regierung von dem östreichischen Erzherzog Reichsverweser einen Dienst für die Freiheit verlangen soll, wo es bereits offenkundig genug war, daß der deutsche Reichsverweser und sein Minister Schmerling nur im Interesse Oestreichs die Politik Deutschlands zu leiten gedenken.

Man hat über den Antrag Waldeck's durch viele Jahre den Stab gebrochen und ihn als eine Ausgeburt „demokratischen Wahnwitzes" bezeichnet. In praktischer Beziehung war es freilich nur eine aussichtslose Demonstration, allein hierin stand es um die Anträge der Zentren nicht besser und sie litten noch an dem Gebrechen, daß sie Preußen die Initiative absprachen und auf den Reichsverweser eine Hoffnung bauten, die unter allen Umständen trügerisch war. Waldecks Antrag war in der That nur ein Akt der Demonstration. Er sollte die Gesinnungen des preußischen Volkes und die Forderung desselben an die Regierung an den Tag legen, gleichviel wie diese über den Vorgang in Wien denken mochte. In der berliner Bevölkerung nahm man auch den Waldeck'schen Antrag im Sinne einer Demonstration auf, die, wenn sie auch praktisch erfolglos bliebe, doch mindestens zur Klärung der Parteien führen mußte. Heutigen Tages aber, nachdem man die Initiative Preußens in der deutschen Frage im Jahre 1866 erlebt hat, wird man freilich den Antrag Waldecks nur noch als einen völlig aussichtslosen für die damalige Zeit betrachten; aber als „Demonstration" bezeichnete er doch wohl sehr richtig die Politik, welche in besseren Zeiten zu siegen bestimmt war.

Es war am Abend des 31. Oktober, als die Debatte hierüber in der Nationalversammlung eröffnet und in äußerst heftiger Erregung geführt wurde, nachdem bereits durch den ganzen Tag fortdauernd Volksversammlungen auf dem weiten Raum vor dem Schauspielhause einander abgelöst hatten, die übereinstimmend die Annahme des Waldeck'schen Antrages forderten, und deren demagogische Führer den Entschluß kund gaben, am Abend in Massen sich hier zu versammeln, um zu sehen, ob die preußische Nationalversammlung ihre Schuldigkeit thue! An leidenschaftlicher Erregung ließ es in der Abendsitzung der Nationalversammlung keine der Parteien fehlen; nur das Ministerium wahrte eine ruhige Haltung und sprach die Zuversicht aus, daß der Kaiser von Oestreich nicht beabsichtige, die verheißenen Freiheiten des Volkes zu vernichten, und daß eine Einwirkung in dieser Angelegenheit um so weniger motivirt sei, weil bereits die deutsche

Zentralgewalt zwei Kommissare nach Wien abgeordnet habe, um die Sache der Freiheit daselbst zu vertreten. Während im Sitzungssaal die Hitze der Debatten stets wuchs, fand in der That draußen vor dem Platze ein ungeheurer Volksandrang statt, der die Ausgänge versperrte, angeblich mit der ausgesprochenen Absicht, keinen der Abgeordneten sich entfernen zu lassen, bevor die Abstimmung vollendet sei. Der Kommandant der Bürgerwehr war im Hause selber mit einer hinlänglichen Mannschaft anwesend, um, wenn nöthig, den Ausgang mit Waffengewalt zu erzwingen; er hielt es jedoch für bedenklich, ohne Noth mit Waffengewalt gegen unbewaffnete Haufen einzuschreiten und begnügte sich damit, die Bürgerwehr in der Stadt zur Säuberung des Platzes draußen zu beordern. So verging denn eine längere Zeit, bis gegen 11 Uhr, in welcher sich wirklich die National-Versammlung in einer Art Belagerungszustand befand, bevor die einschreitende Bürgerwehr demselben ein Ende machte. Während der Lärm solcher Scenen von außen her noch in den Saal eindrang, fand nun die Abstimmung statt. Der Antrag Waldeck wurde mit 229 gegen 113 Stimmen verworfen. Für den Antrag Duncker stimmte gleichfalls nur eine Minorität; der Antrag Robbertus vereinigte fortan alle, mit Ausnahme der Stimmen der äußersten Rechten, in sich, so daß derselbe mit 261 gegen 52 angenommen wurde. Der Ministerpräsident General von Pfuel stimmte mit der Majorität.

Man hegte schon damals die Vermuthung, daß das Attentat des Pöbels gegen die Nationalversammlung von der Reaktion provozirt oder mindestens von ihren Agenten gefördert worden sei. Jedenfalls lehrten die nächsten Tage bereits, daß sich dieselbe die Lage der Dinge zu Nutze machte. Die Nachricht von der blutigen Einnahme Wiens langte an. Der König forderte von dem Ministerium Pfuel, den sofortigen Einmarsch der Truppen in Berlin anzuordnen, um die Freiheit der Berathungen der Nationalversammlung zu schützen. Da Pfuel sich weigerte dem nachzukommen, so wurde er sofort entlassen, und das Ministerium Brandenburg-Manteuffel trat die Rolle der Staatsrettung am 2. November 1848 an.

## Die Kataſtrophe.

Die Nachricht, daß der König das Miniſterium Pfuel ent=
laſſen, langte gleichzeitig am 2. November mit der Anzeige des
Grafen Brandenburg in der National=Verſammlung an, daß
er vom Könige beauftragt ſei, ein Miniſterium zu bilden. Der
Graf Brandenburg war ein Onkel des Königs, ein Militär,
von deſſen ſonſtigen Fähigkeiten man wenig wußte, und der erſt
vor wenig Wochen die Aufmerkſamkeit auf ſich gelenkt hatte
durch einen militäriſchen Erlaß in Breslau, in welchem eine
drohende Sprache gegen die dortige Bürgerwehr auffiel. Im
ſpätern Verlauf und namentlich in ſeinem denkwürdigen Tode
in der ſchweren Kataſtrophe des Jahres 1850, wurde es auch
ſeinen eifrigſten Gegnern klar, daß er ein wackerer Patriot
war, der die Unterwerfung Preußens unter Rußlands und Oeſt=
reichs Reaktionsſyſtem nicht überleben konnte. Das konſtitutio=
nelle Staatsweſen war ihm jedoch bei Uebernahme ſeines Mi=
niſteriums ſo völlig fremd, daß er ſeine Ernennung zum Mi=
niſterpräſidenten nicht einmal durch Gegenzeichnung eines ver=
antwortlichen Miniſters beglaubigen ließ. Erſt nachdem der
Präſident der Nationalverſammlung, Herr von Unruh, auf dieſen
Mangel aufmerkſam machte, und die Nationalverſammlung er=
klärte, von dieſem nicht beglaubigten Privatſchreiben keine amt=
liche Notiz nehmen zu können, langte ein beglaubigtes neues
Schreiben deſſelben Inhalts an. Es beſtätigte ſich dabei das be=
reits in Umlauf gekommene Gerücht, daß Pfuel dieſe Ernennung
nicht gegenzeichnen mochte; der allbereite Miniſter Eichmann
hatte ſeinen Namen zu dieſem offiziellen Akt dargeboten.

Inzwiſchen war man über die Bedeutung dieſes Aktes nicht
im Zweifel. Es ſollte das neue Miniſterium dem ſtürmiſchen
Verlangen des Königs genüge leiſten und den Bruch mit der
Nationalverſammlung vollziehen. Der Weg hierzu war freilich
nicht klar und ſchwebte thatſächlich auch dem Grafen Branden=
burg nicht deutlich vor. Auch die Rechte war über den bevor=
ſtehenden Verlauf im Dunkeln. Die Linke forderte Angeſichts

der Gefahr: daß die Nationalversammlung sich in Permanenz erklären und einen Aufruf an das Volk zum Schutz seiner Freiheit erlassen solle. Die Zentren indessen setzten es durch, daß dieser Antrag abgewiesen und der Beschluß gefaßt wurde, eine Adresse an den König zu richten, worin der Besorgniß Ausdruck gegeben werde, welche die Ernennung des neuen Ministeriums mit einem Manne an der Spitze, der nicht das Vertrauen der Nationalvertretung für sich habe, im Lande erregt. Die Nationalversammlung appellire deshalb an das Herz des Königs, das stets für das Wohl des Volkes warm geschlagen habe, um ihn zu beschwören, dem Lande durch Ernennung eines volksthümlichen Ministeriums neue Bürgschaften des Einverständnisses zu geben.

Die Adresse am Nachmittage desselben Tages von der hierzu ernannten Kommission eingebracht, fand fast einstimmigen Beifall. Der Präsident wählte eine Deputation aus allen Parteien des Hauses und begab sich um 6 Uhr an der Spitze derselben nach Potsdam. Der Flügeladjutant des Königs, von Manteuffel, erklärte Anfangs, daß die konstitutionelle Stellung des Königs es unzulässig mache, eine politische Deputation in Abwesenheit eines verantwortlichen Ministers zu empfangen; später jedoch, als Herr von Unruh eine persönliche Audienz verlangte, theilte der Adjutant mit, daß das konstitutionelle Hinderniß durch eine telegraphische Aeußerung des Ministers gehoben sei und der König die Deputation vorlassen wolle.

In der That erschien nun der König. Herr von Unruh verlas die Adresse. Der König hörte sie schweigend an, nahm sie, faltete sie zusammen und wollte sich eben entfernen. Der Abgeordnete Johann Jacoby, der zur Deputation gehörte, fragte: „Wollen Ew. Majestät uns nicht wenigstens Gehör schenken?" Der König entgegnete heftig „nein!" — Während der König hierbei im Begriff war, in das Nebenzimmer zu treten, rief ihm Johann Jacoby nach: „Das ist eben das Unglück der Könige, daß sie die Wahrheit nicht hören wollen!"

Die Deputation, welche den Auftrag hatte, dem Könige möglichst die Lage und die Wünsche des Landes klar darzulegen, stand nunmehr, von der unerwarteten Szene überrascht, noch unschlüssig da, wie sie ihrem Auftrage nachkommen solle. Da erschien der Adjutant wiederum und erklärte: der König sehe sich nach den eben gehörten Worten veranlaßt, keine Antwort zu ertheilen. Der Zweck der Deputation war somit vereitelt.

Während dieses Vorganges in Potsdam war die Nationalversammlung in Berlin beisammen geblieben. Um 9 Uhr Abends langten die ersten unbestimmten Nachrichten von dem Mißlingen der Adresse an und erregten eine tiefe Verstimmung. Die Linke beantragte, so lange beisammen zu bleiben, bis die Deputation wiederum erscheinen und Bericht erstatten werde. Die Rechte opponirte dieser Maßnahme, welche sie als Beginn einer Permanenz-Erklärung revolutionären Charakters ansah. Als über diese Maßnahme namentliche Abstimmung stattfinden sollte, entfernte sich die Rechte und machte die Versammlung beschlußunfähig. Es war bereits gegen Mitternacht, als die Sitzung aufgehoben werden mußte.

In Berlin herrschte an diesem denkwürdigen Tage eine dumpfe Stille. Die Straßen-Demagogie hatte wie immer, wenn sie ihr unwissendes Gefolge bis zum Ausschreiten getrieben, bereits seit dem 31. Oktober ihre Thätigkeit eingestellt. Die Bürgerwehr, berufen, das Recht des Volkes zu wahren und ihre eigene Stellung zu behaupten, blickte auf die Nationalversammlung in der Hoffnung, von dieser einen Hinweis über ihr Verhalten zu erlangen. Die Situation indessen war und blieb unklar. Auch die äußerste Rechte wußte nicht, was im Anzuge sei, und selbst Graf Brandenburg war sich des Weges, den er nun einschlagen solle, nicht bewußt. Sein ursprünglicher Plan, die Nationalversammlung im Namen des Königs aufzulösen und laut dessen Wunsch eine Verfassung zu oktroyiren, scheiterte vorerst an dem Widerstreben all derjenigen, die er hierüber befragte, und die übereinstimmend erklärten, daß das Prinzip der Vereinbarung, welches einmal angenommen sei, solch einen einseitigen Akt unmöglich mache.

Am 3. November stattete der Präsident von Unruh seinen Bericht über die Vorgänge des vorangegangenen Tages ab. Einstimmig wurde es getadelt, daß kein Ministerium dem Könige zur Seite gestanden. Aber auch das Verhalten des Abgeordneten Johann Jacoby wurde gemißbilligt und diesem die Vereitelung des Zwecks der Adresse zugeschoben, obwohl sich's Niemand verhehlen konnte, daß der Weg der Verständigung nicht mehr gegeben war, und die Worte Jacoby's eine Wahrheit enthielten, welche man nicht für immer dem Ohr des Monarchen verschließen sollte. Das Geschick des Königs Friedrich Wilhelm IV. hat diese Wahrheit im tragischsten Sinne des Wortes bestätigt.

Um 4 Uhr Nachmittags langte die offizielle Antwort des Königs an. Es erklärte derselbe, er habe den Grafen Brandenburg mit der Bildung eines neuen Ministeriums beauftragt, weil er überzeugt sei, daß er sich der Förderung der konstitutionellen Freiheit widmen und das Vertrauen des Landes erwerben werde. Die Gerüchte einer bevorstehenden Reaktion seien unbegründet und würden in den Regierungshandlungen des Königs keine Bewahrheitung finden.

Auf den Wunsch der Zentren wurden nunmehr die nächsten Tage mit Spezialberathungen über die Aufhebung der bäuerlichen Lasten ausgefüllt, weil man die weiteren Beschlüsse über die Verfassungs-Artikel nicht in Abwesenheit eines Ministeriums fortsetzen mochte. So vergingen denn die Tage bis zum 8. November, wo es dem Grafen endlich nach vielen Mühen gelungen war, einige Mitglieder für sein Ministerium und deren Zustimmung zu einem bestimmten Plane zu finden, welcher nunmehr in vollster Rücksichtslosigkeit ausgeführt werden sollte.

Am 9. November erschien nach vorangegangener Anzeige an das Präsidium das neue Ministerium in der National-Versammlung. An die Seite des Grafen Brandenburg war der zu Allem fähige Manteuffel getreten, dessen Dienstbeflissenheit später weit über die Ziele hinausging, welche der Graf Brandenburg billigen mochte. Die andern Mitglieder, Strotha und Ladenberg, spielten nur eine untergeordnete Rolle. Der Letztere rettete später noch seinen guten Namen durch den

Austritt aus dem Ministerium, als der Tag von Olmütz angebrochen war.

Der Graf Brandenburg verlas nunmehr eine königliche Botschaft, welche zweifellos ein Kunstwerk Manteuffels war. Es wurde darin verkündet, daß die Regierung beabsichtige, die Freiheit der Berathungen der National-Versammlung zu wahren. Diese „Freiheit" sei durch die Tumulte in Berlin gefährdet, weshalb die Nationalversammlung auf Befehl des Königs vertagt und nach der Provinzialstadt Brandenburg verlegt werde, wo die Sitzungen am 27. November wieder eröffnet werden sollen. In Folge dieser dekretirten Vertagung wurde schließlich die National-Versammlung aufgefordert, ihre Verhandlungen **sofort abzubrechen**.

Es ist zweifellos, daß dieses Schein-Manöver, die „Freiheit der National-Versammlung" zu wahren, nur mit dem Bewußtsein ergriffen wurde, daß die National-Versammlung dem Dekrete nicht würde Folge leisten, und somit der sehnsüchtig erwünschte Konflikt endlich herbeigeführt werde.

Nach der Verlesung der Botschaft wollte der Graf Brandenburg das Wort ergreifen. Der Präsident von Unruh verwies ihn zunächst zur Ruhe, weil er ihm das Wort nicht ertheilt habe, und fügte hinzu, daß er sich nicht für berechtigt halte, die Verhandlungen abzubrechen, ohne einen Beschluß der National-Versammlung hierüber herbeigeführt zu haben.

Hierauf erhob sich Graf Brandenburg, dem das Wort nunmehr ertheilt wurde, mit einem Protest gegen jede Art von Fortsetzung dieser durch den königlichen Entschluß vertagten Versammlung und erklärte jede Berathung vor dem 27. November in der Stadt Brandenburg für eine ungesetzliche Handlung! Noch ehe der Präsident hierauf eine Entgegnung äußern konnte, verließen die Minister den Sitzungssaal und die Mehrzahl der Rechten folgte diesem Beispiel.

Der völlig unberechtigte Akt des Ministeriums rief eine lebhafte Aufregung in der Versammlung hervor. Herr v. Unruh, der die absichtlich hervorgerufene Gefahr wohl übersah, leitete mit Ruhe und Mäßigung die Frage über die Rechtmäßigkeit der verlesenen Botschaft ein. Die Frage wurde fast einstimmig verneint. Die zweite Frage, ob die Versammlung aus freiem Entschluß auf die Vertagung eingehen wolle, wurde mit 252 gegen 30 Stimmen gleichfalls verneint. Das Recht der Nationalversammlung wurde in der Verhandlung über diese Frage auch von Mitgliedern der frühern Ministerien klar nachgewiesen. Bornemann und Gierke, der Erstere Mitglied im Camphausen'schen, der Zweite Mitglied des Auerswald-Hansemann'schen Ministeriums, vertraten mit Würde dieses Recht, das aus dem Prinzip der Vereinbarung folgte. Da man sich sehr wohl bewußt war, daß das Ministerium fortan die Sitzungen der Nationalversammlung gewaltsam aufheben würde, so wurde der Beschluß gefaßt, die Sitzungen allenthalben fortzusetzen, wohin der Präsident sie verlegen würde. — Nunmehr wurde die Sitzung auf einige Stunden vertagt und um 6 Uhr wiederum eröffnet und sodann der Beschluß gefaßt, daß einer der Präsidenten und zwei Schriftführer die Nacht über im Sitzungssaale verbleiben sollen, um am Morgen die Verhandlungen weiter zu führen.

Auf den Antrag des Abgeordneten Berg wurde dem Präsidenten der Dank für sein der Würde der Versammlung entsprechendes Verhalten votirt. Derselbe war wohl verdient.

So endete der 9. November, der Tag der Rechtsverwahrungen. Ihm sollte der 10. November, ein Tag der Gewalt folgen!

## Die Gewalt siegt.

Zur selben Zeit als die National-Versammlung ihre Entschlüsse faßte, wie sie ihr von der Gefahr des Augenblicks und der Ehre der Nation geboten schienen, waren im Gebäude des

Kriegsministeriums die Minister mit Ausführung ihres nunmehr wohl durchdachten Planes beschäftigt.

Zu diesem Zweck wurde der Kommandant der Bürgerwehr, Major Rimpler, persönlich eingeladen, sich über eine Frage, welche das Ministerium an ihn zu stellen habe, erklären zu wollen. Die Frage lautete, ob die Bürgerwehr bereit sei, die gegen den Willen des Königs forttagende Versammlung in ihren ungesetzlichen Berathungen zu behindern und hierin den nothwendigen Anordnungen des Ministeriums Folge zu leisten? Die Antwort Rimplers war selbstverständlich. Er berief sich auf das Gesetz, wonach die Bürgerwehr die verfassungsmäßige Freiheit zu schützen habe und erklärte: die etwaige schriftliche Requisition des Ministeriums abwarten zu wollen, um nach Berathung mit seinem Stabe seine Entschlüsse fassen zu können. Das Verhalten Rimplers war dem Ministerium ganz willkommen. In der That wurde in der Nacht zum 10. November der Kommandeur der Bürgerwehr durch das Polizeipräsidium aufgefordert, am nächsten Morgen das Lokal der National-Versammlung abzusperren und keinem der Abgeordneten den Eintritt in dasselbe zu gestatten. Das Kommando erließ sofort ein Antwortschreiben, in welchem es die Ausführung dieser Gewaltmaßregel ablehnte, weil die dekretirte Vertagung gegen den Willen der Nationalversammlung eine Gefährdung der Freiheit sei, welche die Bürgerwehr zu schützen habe, und weil die Requisition der Bürgerwehr überhaupt durch die Gemeindebehörden hätte erfolgen müssen. Das Ministerium, das diesen Bescheid voraussah, wendete sich nun auch formell an die Gemeindebehörde, den Magistrat, und erhielt von diesem den gleichfalls erwarteten Bescheid, daß er eine Requisition der Bürgerwehr, gegen die Nationalversammlung einzuschreiten, nicht für gerathen erachte, sondern bereits an den Präsidenten der Versammlung die Mahnung erlassen habe, den Frieden in dem unglückseligen Konflikt zu versuchen. All dies wurde nun von Seiten des Ministeriums für eine Versagung des pflichtmäßigen Gehorsams ausgegeben und hieraus die Nothwendigkeit erwiesen, das Recht des Königs durch militärisches Einschreiten wahren zu müssen.

Der Präsident der Nationalversammlung, von all diesen Vorgängen und den Zwecken derselben unterrichtet, war über das nunmehr gebotene Verhalten nicht zweifelhaft. Ein gewaltsamer Widerstand war aussichtslos. Die Bürgerwehr hätte wohl, zur Vertheidigung der Freiheit aufgerufen, ihr Leben eingesetzt für Aufrechthaltung der National-Versammlung. Allein dergleichen hieße nur ein Blutbad bereiten, dessen Ausgang selbst besten Falles ein unglückseliger gewesen wäre, und der nach allen natürlichen Vorausberechnungen nur zu dem schlimmsten Militär-Terrorismus geführt haben würde. Da blieb denn nichts übrig als das Recht zu wahren, der thatsächlich konstatirten Gewalt nur unter Protest zu weichen, und es dem Volke anheim zu geben, durch moralischen Widerstand der Reaktion den Sieg unmöglich zu machen. Diese Art von Abwehr, welche unter allen ähnlichen Umständen die allein rathsame zu sein pflegt, um das Recht gegen eine zweifellose Uebermacht zu vertheidigen, wird der „passive Widerstand" genannt. Er pflegt in der Regel eine zeitlang ganz unwirksam zu bleiben; aber in richtigem Sinne durchgeführt ist ihm der Sieg in späterer Zeit sicher.

Der Gewalt-Akt war unabwendbar; es galt nunmehr nur, denselben vollauf zu konstatiren. Zu diesem Zweck berief Herr von Unruh die Nationalversammlung zum 10. November auf fünf Uhr Morgens. Es erschien dieselbe in ausreichender Zahl. Die Bürgerwehr versammelte sich gleichfalls auf dem Platze, um zu bekunden, daß sie bereit zum Schutze der Nationalversammlung sei, wenn sie von Seiten des Präsidiums hierzu aufgefordert würde. Die Führer wußten freilich, daß dies nicht im Plane des Präsidiums liege; gleichwohl war der Verlauf des Konflikts nicht im Voraus zu berechnen, da man wußte, daß das Militär bereits herbei gerufen sei und im Begriff stehe, in Berlin einzumarschiren. Was man mit Absicht vermeiden wollte, ein Blutbad unter den Augen einer Vertretung anzurichten, die zum Frieden und zur Freiheit berufen war, konnte unglücklicherweise ein Zufall herbeiführen, für den Niemand die Verantwortlichkeit übernehmen konnte.

Die Nationalversammlung blieb den ganzen Tag in ihrem

Lokal. Der Präsident stattete über die Vorgänge in der Nacht getreuen Bericht ab und unterließ nicht, die Pläne des Ministeriums offen darzulegen. Es bedurfte keiner großen Kombinationsgabe, um Jeden zu überzeugen, wie nach den Plänen der Reaktion in Berlin nur das Seitenstück der Vorgänge in Wien gespielt werden solle. Die Katastrophe, welche damit anfing, die „Freiheit der Nationalversammlung" schützen zu wollen, stand jetzt auf dem Punkte, dieselbe gewaltsam zu sprengen. Da war es denn Pflicht, dem Lande den Weg anzuweisen, welchen es zu beschreiten habe, um den Kampf zu meiden und seine Freiheit dennoch zu wahren. Dies wurde nunmehr in einer Proklamation ausgesprochen, welche den Hergang darlegte und zum Schluß folgendermaßen lautete:

„In dem schweren Augenblick, wo die gesetzliche Vertretung des Volkes durch Bajonnette auseinander gesprengt wird, rufen wir Euch zu: **Haltet fest an den errungenen Freiheiten; aber verlaßt auch keinen Augenblick den Boden des Gesetzes. Die richtige und entschlossene Haltung eines für die Freiheit reifen Volkes wird mit Gottes Hilfe der Freiheit den Sieg sichern!**"

Der Verlesung der Proklamation, welche um die Mittagsstunde stattfand, als bereits die Truppen im Einmarsch begriffen waren, folgte stürmischer Beifall, der sich bis außen hin fortpflanzte, wo die Bürgerwehr in Vollzahl ihrer Bataillone das Schauspielhaus umstellt hatte. Inzwischen war auch das Militär, geführt vom General Wrangel, aufmarschirt und umschloß den ganzen Platz. In der National-Versammlung wurde nunmehr der Antrag gestellt, die Sitzung zu schließen; die Majorität jedoch verwarf denselben und beschloß auszuharren, **bis der Gewalt-Akt noch zweifelloser konstatirt sein würde.** Zu diesem Zweck forderte Herr Rimpler den General Wrangel auf, sich über den Grund der Truppenaufstellung zu erklären. Die Antwort lautete dahin, daß die Truppen so lange den Platz einschließen würden, bis die Abgeordneten dem Vertagungsbefehl Folge leisten und das Haus verlassen würden. Der General Wrangel fügte dieser Erklärung die Worte hinzu: „Wir bleiben auf dem Platze, und wenn es acht Tage dauern sollte." —

Der Kommandeur der Bürgerwehr machte von dieser Aeußerung dem Präsidenten der National-Versammlung getreue Mittheilung und erklärte seinerseits im Namen der Bürgerwehr, daß diese sich nur entfernen werde, wenn die Versammlung es befehle oder dasselbe thäte.

Es war 5 Uhr Nachmittags, als Herr von Unruh den Stand der Dinge in der National-Versammlung klarlegte und hinzufügte, daß nach seiner Ansicht der Gewaltakt zweifellos festgestellt und der Zeitpunkt gekommen sei, wo die Versammlung in Gemeinschaft der zu ihr stehenden Bürgerwehr den Platz räumen müsse, um einen blutigen Zusammenstoß zu verhindern. Die Versammlung stimmte dem bei unter der Bedingung, am nächsten Morgen wieder Sitzung halten zu wollen. Der Präsident verkündete hierauf Namens der Versammlung: „Die National-Versammlung protestirt gegen die ihr gegenüber angewandte militärische Gewalt und erklärt, daß sie diesen Sitzungssaal heute nur in Folge der Anwendung dieser militärischen Zwangsmaßregel verlassen hat."

Herr von Unruh, in Begleitung des ganzen Präsidiums, verließ nunmehr das Lokal der Versammlung. Ihm zur Seite schritt der Kommandeur der Bürgerwehr, und ihm folgten die Mitglieder der National-Versammlung in feierlichem Zuge. Unten auf dem Platze wurde der Zug von der Bürgerwehr in die Mitte genommen. In Gegenwart der Truppen, die schweigend dem Schauspiel gegenüber dastanden, erhob sich nun der Beifallsruf unübersehbarer Volksmassen, die in weitem Umkreis den gewaltigen Platz bis in die fernsten Punkte ausfüllten und bis weit in die Straßen hinein die einzelnen Mitglieder der Volksvertretung begleiteten.

Das verlassene Sitzungslokal wurde vom Militär besetzt. Der Akt der Gewaltthat war vollzogen!

## Bis zur letzten Sitzung.

Nachdem die Gewaltthat gegen die National-Versammlung so offenkundig aufgetreten und die Erklärung des Präsidenten es zweifellos festgestellt hatte, daß die Majorität „nur der Gewalt weiche, um ein Blutbad zu verhindern", wäre es an sich nicht rathsam gewesen, in irgend einem andern Lokal die Sitzungen wieder aufzunehmen. Die Indignation der berliner Einwohnerschaft gegen dieses militärische Einschreiten war jedoch eine so gewaltige, daß aus der Mitte des Bürgerthums die Aufforderung an das Präsidium erging, die Berathungen nicht aufzugeben, sondern unter dem Schutz der städtischen Behörden und anderer Korporationen das Recht der Nation durch Fortsetzung der Verhandlung wahren zu wollen. Die Stadtverordneten Berlins stellten zu diesem Zweck ihr Lokal zur Disposition, und nicht minder bot die berliner Schützengilde ihr Haus als Sitz der Nationalversammlung an. Diese Aufforderungen im Verein mit der Nothwendigkeit, eine Verständigung unter den Mitgliedern der Majorität über ihre gemeinsamen Schritte zu ermöglichen, veranlaßten das Präsidium, die Sitzungen nach verschiedenen Lokalen zu verlegen. Es stellte sich hierbei heraus, daß die Majorität der Nationalversammlung ihrem Mandate auch unter den jetzigen Umständen treu blieb, und daß es ein leerer Vorwand war, ihre „Freiheit durch Bajonnete vor dem Terrorismus der berliner Bevölkerung wahren zu müssen." Es konnte in der That keinen schlagenderen Beweis der freien Entschließung geben, als dieses Zusammenhalten der Majorität gegenüber so offenkundiger Gewaltthätigkeiten.

Allem Anschein nach war das Ministerium nicht darauf gefaßt, daß die Mitglieder des Zentrums und sogar einige Mitglieder der Rechten so entschieden der Verordnung des Königs Widerstand leisten würden. Die Reaktion täuschte sich in doppelter Beziehung. Sie rechnete auf einen Aufstand der Radikalen, der die Gelegenheit zum blutigen Einschreiten darbieten würde, und zählte mit Bestimmtheit auf einen wilden Schrecken aller Gutgesinnten, die sich in Gehorsam fügen würden. Aber weder das Eine noch das Andere fand statt. Die Straßen Berlins boten nicht die allergeringste Gelegenheit zu einem blutigen Zusammenstoß zwischen Militär und Bürgerwehr, und die Sympathie für die Nationalversammlung gewann einen ganz allgemeinen Charakter, von welchem sich auch die gemäßigten Politiker nicht lossagen mochten. Gleichwohl war das Ministerium genöthigt, sein eingegangenes Programm zu erfüllen und seine Politik fortzusetzen, wenngleich sie für die thatsächlichen Zustände durchaus nicht passen wollte.

Die Beseitigung der Bürgerwehr war nicht minder ein brennender Wunsch des Königs wie die der Nationalversammlung; der Anlaß hierzu mußte nun künstlich gesucht werden. Am 11. November erschien denn auch eine Verordnung, wonach die Auflösung der berliner Bürgerwehr dekretirt wurde, weil sie sich geweigert habe, die Nationalversammlung zu sprengen. Aber auch Berlin mußte gedemüthigt werden! Obwohl nicht der geringste Widerstand dem Militär entgegen gesetzt wurde und es schwer hielt, irgend ein Schein-Motiv vorzuschieben, erschien doch Tags darauf, am 12. November, eine Verordnung, welche Berlin nebst einem Umkreis von zwei Meilen in „Belagerungszustand" erklärte und die weiteren Maßnahmen dem Oberbefehlshaber in den Marken, dem General von Wrangel, übertrug.

Daß diese Maßnahmen gleichfalls einem Programm angehörten, welches nur unter Voraussetzung eines an den Tag tretenden Widerstandes angefertigt worden sein konnte, ergiebt ihr Inhalt gar zu deutlich. Die Maßnahmen bestanden darin, daß alle Klubs und Vereine aufgehoben, daß jede Versammlung von mehr als 20 Personen am Tage und 10 Personen bei Nacht auf den Straßen und öffentlichen Plätzen verboten wurde, daß alle Wirthshäuser um 10 Uhr Abends geschlossen werden mußten, daß alle Zeitungen und Druckschriften erst nach spezieller Erlaubniß der Polizei verbreitet werden durften, daß alle Fremden aus Berlin ausgewiesen wurden. Man beeiferte sich hiermit offenbar, den Zustand Berlins nach Muster des Belagerungszustandes in Wien erscheinen zu lassen, obwohl es hier an jedem

Anhalt fehlte, der solchen Maßregeln auch nur den Schein einer Berechtigung hätte geben können.

Inzwischen fanden an diesen Tagen Sitzungen der Nationalversammlungen in verschiedenen vom Präsidenten angewiesenen Lokalen in beschlußfähiger Zahl statt. Die Majorität legte Protest gegen all die Gewaltthätigkeiten und die Maßregeln, die Stadt Berlin betreffend, ein und erklärte sie für gesetzwidrig. Aus den Provinzen gingen zahlreiche Adressen ein, worin sich meist die Stadtverordneten für die Nationalversammlung und gegen das Ministerium erklärten. Der moralische Widerstand gegen die Regierung wuchs zu einer Höhe an, die ihr immer weitere Gewaltmaßregeln aufzwang, wenn sie nicht zurücktreten wollte. Bisher wurde noch sorgsam jede persönliche Thätlichkeit gegen die Vertreter der Nation vermieden; am 13. November indessen mußte man sich auch noch zu diesem Schritt entschließen.

An diesem Tage hielt die Nationalversammlung ihre Sitzung im Schützenhause ab. Man berieth und beschloß daselbst eine Denkschrift, welche die Beschwerde gegen die Gewaltmaßnahmen enthielt, und die dem Staatsanwalt überwiesen werden sollte. Nach Schluß der Sitzung, als außer mehreren Mitgliedern noch der Vize-Präsident Plönnies und zwei Schriftführer im Lokal anwesend und mit dem Protokoll beschäftigt waren, erschien ein Detachement Militär in dem Sitzungssaal und führte die anwesenden Volksvertreter gewaltsam aus dem Saal.

Die Majorität der National-Versammlung ließ sich jedoch auch hierdurch nicht von der Fortsetzung ihrer Berathungen abschrecken. Am 14. tagte die Versammlung im Lokal der Stadtverordneten, jedoch ohne daß die erwartete Sprengung durch Militär stattfand. Hier wurde der Antrag gestellt, die Steuerverweigerung auszusprechen. Herr von Unruh, der dieser bedenklichen Maßnahme ausweichen wollte, erklärte, die Sitzungen überhaupt zu suspendiren, wenn nicht mindestens 203 Abgeordnete, die beschlußfähige Anzahl der Mitglieder, eine solche schriftlich forderten. Die überwiegende Majorität indessen war nicht zu solch friedlichem Ausweichen geneigt, und so wurde denn eine Sitzung zum 15. anberaumt, wo über den Antrag der Steuer=

verweigerung ein Kommissionsbericht von dem Abgeordneten, Herrn von Kirchmann abgestattet werden sollte.

Nachdem am Morgen dieses Tages wieder Militär in den Sitzungssaal der Stadtverordneten eindrang und ihn vor Beginn der Berathung besetzte, fanden sich am Abend 227 Abgeordnete in einem öffentlichen Lokal, dem Mielenz'schen Saal Unter den Linden, zu einer Sitzung ein. Der Bericht der Kommission, von Herrn von Kirchmann abgestattet, stellte es außer Zweifel, daß die fortgesetzten Gewaltthätigkeiten der Regierung den Beschluß einer Steuerverweigerung rechtfertigten, und empfahl dessen Annahme. Die Zentren indessen suchten den Beschluß, der sehr bedenklich schien, zu mildern. Schulze (Delitzsch), Philips und Schornbaum beantragten, statt der absoluten Steuerverweigerung nur den eventuellen Beschluß auszusprechen: „daß das **Ministerium Brandenburg nicht berechtigt sei, über Staatsgelder zu verfügen und Steuern zu erheben, so lange die National-Versammlung nicht ungestört in Berlin ihre Berathungen fortzusetzen vermag."** Man beabsichtigte, mit dieser Fassung das Odium Steuerverweigerung dem Ministerium zuzuschieben, wenn es fortgesetzt Gewaltthätigkeiten gegen die National-Versammlung ausübte.

Während die Anträge verlesen wurden, erscholl die Nachricht, daß das Haus von Militär besetzt werde. Die Debatten, noch nicht zum Schluß gelangt, wurden durch den Eintritt eines Majors mit vier Offizieren und einem Piket Soldaten in den Saal unterbrochen. Der Major trat an den Präsidentenstuhl heran und sprach leise mit Herrn v. Unruh. Dieser fragte ihn laut, ob er einen schriftlichen Befehl des Generals Wrangel habe, die Versammlung aufzulösen. Der Major verneinte es: „es sei ihm ein **schriftlicher Befehl verweigert worden."** Der Präsident fragte ihn nun nach dem Wortlaut seiner **mündlichen** Ordre und erklärte auf des Majors Antwort, daß er die Versammlung auffordern solle, das Lokal zu verlassen, die Versammlung werde dem nicht Folge leisten. Der Major entgegnete hierauf, daß „er in solchem Falle den Befehl **habe, seinen Auftrag nöthigenfalls mit Gewalt auszuführen."** „Unter diesen Umständen," rief Herr v. Unruh,

„erkläre ich, daß wir abermals der Gewalt weichen!" — In der Versammlung aber erhob sich unter gewaltiger Aufregung aller Gemüther die imposante Gestalt Waldeck's. Er trat an den sichtbar betroffenen Major heran und rief: „Holen Sie Ihre Bajonnette und stechen Sie uns nieder! Ein Landesverräther, der diesen Saal verläßt!"— Während die Erregung hierdurch den höchsten Gipfel erreichte, versuchten einige Mitglieder, den Major durch die Versicherung zu beschwichtigen, daß die Versammlung jetzt mitten in der Abstimmung sei und das Lokal sofort friedlich verlassen würde, wenn er die Abstimmung durch seine Anwesenheit nicht stören wolle. Dies veranlaßte den von der Szene tief ergriffenen Major — der glücklicherweise zu bessern Thaten für das Vaterland aufbewahrt war, als Vertreter der Nation mit Bajonnetten von ihrem berechtigten Sitz zu vertreiben, — den Saal mit seiner militärischen Begleitung für einen Moment zu verlassen. Im Sturm dieser Szene wurde der Antrag Schulze's zur Abstimmung gebracht und einstimmig angenommen. Der Präsident erklärte, der Beschluß sei rechtsgiltig gefaßt, da die Bajonnette den Saal verlassen hätten, und — schloß die Sitzung. —

Es war dies die letzte Sitzung der zur Vereinbarung der Verfassung gewählten preußischen National-Versammlung! — Der Major, der durch kluge Mäßigung eine blutige Gewaltthat vermied, war Herr Herwarth von Bittenfeld, der sich als General durch ruhmreichere Heldenthaten um das Vaterland verdient zu machen berufen war.

Der letzte Beschluß der Nationalversammlung war an sich ein wohlberechtigter, aber das konstitutionelle Staatswesen war dem Lande noch so fremd, daß es in dieser Aufforderung zur Selbsthilfe völlig rathlos war, wie es dieselbe verwirklichen solle. Es bestätigte sich hier die Erfahrung, daß es in Zeiten der Aufregung leichter ist, eine Revolution, als im gesetzlichen Sinne einen dauernden Widerstand in's Leben zu rufen.

Das Ministerium machte sich diese Lage der Dinge zu Nutze. Der ursprüngliche Plan desselben, aus den Reihen der Opposition Einzelne zu sich herüberzuziehen, um eine Majorität für

sich zu gewinnen, wurde zwar auch jetzt nicht verwirklicht, allein
der übereilte Beschluß der Steuerverweigerung bot einigen Abgeordneten der Rechten und des rechten Zentrums die erwünschte
Gelegenheit, sich von der Majorität zu trennen, und so bildete
sich in den nächsten Tagen einige Aussicht, daß sich dennoch eine
beschlußfähige Zahl von Abgeordneten in Brandenburg einfinden
könnte, und ein Boden geschaffen würde, um auf diesem wiederum
in die Bahn des Gesetzes einzulenken.

Allein dem innersten Triebe dieses ganzen Reaktions-Planes
lag der Gedanke, ein wirkliches Parlament in Brandenburg in's Leben zu rufen, sehr fern. Es giebt Naturen,
die in nobler Passion lieber hundert Thaler verschenken, als zehn
Thaler bezahlen. Dem König Friedrich Wilhelm IV. war diese
Passion in hohem Grade eigen. Er war bereits im September
eher geneigt, eine freisinnige Verfassung zu oktroyiren, als sich
über eine minder freisinnige auf Vereinbarungen einzulassen.
Es war ihm mehr um die Initiative aus freiem Entschluß
als um die Feststellung des Rechtes durch Verhandlungen
zu thun. Ueberraschende Gnaden-Geschenke lagen seinem
Naturell näher, als Gewährung berechtigter Volksforderungen.

Unter diesen Umständen versetzte die Einberufung der Nationalversammlung nach Brandenburg zum 27. November das
Ministerium in eine nicht geringe Verlegenheit. Das Vorgeben,
es sei die Majorität der Nationalversammlung durch
die Bevölkerung Berlins terrorisirt worden, ward
durch die Thatsachen, die in Berlin nach Einmarsch der Truppen
spielten, total hinfällig geworden. Es unterlag keinem Zweifel
mehr, daß die Nationalversammlung, wenn sie vollzählig in
Brandenburg erschiene, durchaus nicht anders stimmen würde als
in Berlin. Dies wußte die Opposition eben so gut wie das
durch Gewalt siegreiche Ministerium. In Brandenburg den
parlamentarischen Kampf fortsetzen, hieße nur den Sieg in eine
Niederlage verwandeln. Dazu kam noch der verwirrende Umstand, daß die Rechte diese Einberufung für vollen Ernst
hinnahm und durch ihr pünktliches Erscheinen eine legale
Handlung zu vollziehen wähnte. Sie merkte nicht, daß die Ge-

waltthat, welche die Vereinbarung zerstörte, nur ihren Abschluß finden könne durch den weiteren Schritt der Auflösung der Nationalversammlung, welchen sie prinzipiell für ungesetzlich hielt. Ihr Argument, daß die Verlegung der Nationalversammlung keineswegs einer Auflösung gleich sei, verurtheilte die Auflösung, welche nunmehr doch vollzogen werden mußte.

Der 27. November leitete denn auch in Brandenburg eine Reihe von Szenen ein, welche ein treues Abbild der herrschenden Verwirrungen darboten.

Zunächst fanden sich an diesem Tage nur 154 Abgeordnete im Dom zu Brandenburg ein. Da die beschlußfähige Zahl 203 betrug, so mußte die Sitzung vertagt werden. Ein erneuter Zusammentritt am 28. November ergab, daß nur fünf Abgeordnete noch hinzugetreten waren, wodurch die Beschlußunfähigkeit nicht gehoben wurde. Der Antrag, trotzdem sich zu konstituiren und für die Abwesenden deren Stellvertreter einzuberufen, wurde auch von der Rechten abgewiesen, weil die Abwesenden ihr Mandat nicht niedergelegt hatten, und die Einberufung nach Brandenburg nicht von dem berechtigten Präsidenten erfolgt war. Dieselbe Szene wiederholte sich am 29. Nachdem so erwiesen war, daß die Majorität am Rechte des Volkes festhielt, erhob sich im Lande das Verlangen, daß nunmehr die Abgeordneten vollzählig in Brandenburg erscheinen mögen. Die Zentren waren bereit, dem zu folgen, und nur die äußerste Linke widerstrebte dem als einem vergeblichen Versuch, der nur den Bruch beschleunigen würde. In der That war am 1. Dezember die Versammlung in beschlußfähiger Zahl erschienen; nur das Präsidium fehlte, weil es nicht früher erscheinen mochte, bis noch mehrere Mitglieder, welche bereits Berlin verlassen hatten, der Einladung, welche Herr von Unruh an sie erließ, würden Folge leisten können. Zu diesem Zweck stellte der Abgeordnete Parrisius den Antrag, die Sitzungen bis zum 4. Dezember zu vertagen, wo voraussichtlich die Versammlung vollzählig sein und auch wieder das berechtigte Präsidium eintreffen würde. Als die Rechte diesen Antrag verwarf, verließen die Neueingetretenen die Versammlung und machten sie somit beschlußunfähig. Hierauf erhoben sich im Dom zu Brandenburg Szenen, die Zeugniß von der leidenschaftlichen Verwirrung ablegten, in welcher die Minorität sich thatsächlich zu der Absicht geneigt zeigte, die Majorität auszuschließen, und sich als die berechtigte National-Vertretung zu geriren. Der Abgeordnete Simons erwarb sich in diesen Szenen das Verdienst, alle Gewaltsamkeiten zu vertheidigen, und machte sich dadurch für spätere Zeit der Ehre würdig, als Justiz-Minister berufen zu werden. Das Ministerium aber sah richtig voraus, daß in den nächsten Tagen die Vollzahl der Abgeordneten erscheinen, die Opposition dann in der Majorität sein und der große Sieg, um den all die Gewaltthaten geschehen waren, sich in eine parlamentarische Niederlage verwandeln würde! — Es faßte daher das Ministerium den Beschluß, die Verwirrung zu benutzen und den längst gehegten Wunsch des Königs mit einem Schlage zu erfüllen. So erschien denn am 5. Dezember 1848 eine Kabinetsordre, wodurch die zur Vereinbarung berufene National-Versammlung für aufgelöst erklärt und eine Verfassung für Preußen oktroyirt wurde!

---

Das Land war mit diesem Ausgang der Krisis nicht ganz unzufrieden, und sah über die Rechtsfrage hinweg. Die oktroyirte Verfassung war in allen wesentlichen Punkten annehmbar. Sie war dem Verfassungs-Entwurf der Kommission nachgebildet, wie sie unter Waldeck's Vorsitz ausgearbeitet wurde. Die Reaktion erwies ihr auch deshalb die Ehre, sie die „Charte Waldeck" zu nennen. In ihren guten Grundzügen verdient sie auch diesen Ehrennamen, selbst in ihrer jetzigen durch Botschaften, Oktroyirungen und Revidirungen gründlich verschlechterten Gestalt. In ihren Hinterthüren aber war sie die Charte Manteuffel. In diesen enthielt sie einen Artikel 105, worin der Krone das Recht zugesprochen wird, in Abwesenheit der Kammern Gesetze zu oktroyiren. Auf Grund dieses Artikels machte man später „Abwesenheit der Kammern" durch

Auflösung und oktroyirte das Dreiklassen-Wahlgesetz an die Stelle des allgemeinen gleichen Wahlrechts.

Dies war der Weg, auf welchem Preußen nach heißen Kämpfen zu einer Staatsverfassung unter dem siegreichen Banner der Reaktion gekommen ist!

Die Reaktion selber begann erst später ihre Laufbahn; nicht durch diese Verfassung, sondern gegen dieselbe. Damals, im Dezember 1848 schwebte noch die deutsche Frage in dem Stadium, welches die hoffnungsvollen Gemüther der Liberalen und Konstitutionellen über den Lauf der Geschichte gründlich verblendete, und ihnen die Thaten des preußischen Ministeriums als „Rettung" erscheinen ließ. Noch sah damals die liberale Majorität in Frankfurt am Main nicht, daß das Schicksal der preußischen National-Versammlung nur das Vorbild des deutschen Parlamentes sei. Die Majorität liebäugelte sehr stark mit der „Rettung" in Preußen und wähnte, durch die deutsche Kaiserkrone und die Reichsverfassung dem Lauf der Reaktion Einhalt thun zu können. — Wir werden die schweren Selbsttäuschungen dieser Partei später in einer speziellen Betrachtung der weiteren Geschichte unsern Lesern noch vorführen. Den gegenwärtigen Abschnitt der geschichtlichen Erinnerungen wissen wir vorläufig nicht besser abzuschließen, als durch ein Dokument, welches beweist, wie damals, als die preußische National-Versammlung der Gewalt weichen mußte, auch das deutsche Parlament trotz seines loyalsten Liberalismus, seines nationalen Strebens und seiner preußischen Sympathie vollständig untergraben war.

Das Dokument besteht in folgendem Brief, den der König Friedrich Wilhelm IV. am 13. Dezember an seinen intimen Freund Bunsen geschrieben.

Der Brief ist in seinen wesentlichen Punkten ohne Kommentar verständlich. Er lautet wortgetreu wie folgt:

Mein theuerster Bunsen!

Ihre letzten Briefe bestätigen mir, was ich schon zu Brühl merkte und möglichst bekämpfte, daß wir uns in Germaniana nicht verstehen, oder vielmehr, daß Sie mich nicht begreifen können. Es ist dies ein schweres Wort, ich fühle es, aber der

Freund muß sich es vom Freunde gefallen lassen. Ich verstehe
Sie und Ihre Raisonnements, Sie aber nicht die meinigen,
sonst hätten Sie nicht so schreiben können, d. h., Sie hätten
dann nicht (was Sie gethan haben) den absoluten Hindernissen,
die zwischen mir und der!!! Kaiserkrone stehen, einen leichten
und leicht zu beseitigenden Namen gegeben. Sie sagen (wörtlich wie Herr von Gagern mir sagte am 26. und 27. v. Mts.):
„Sie wollen die Zustimmung der Fürsten; gut und recht, die
sollen Sie haben."

Aber, mein theuerster Freund, da liegt der Hund begraben;
ich will weder der Fürsten Zustimmung zu der Wahl, noch die
Krone. Verstehen Sie die markirten Worte?

Ich will Ihnen das Licht darüber so kurz und hell als
möglich schaffen. Die Krone ist erstlich keine Krone. Die Krone,
die ein Hohenzoller nehmen dürfte, **wenn** die Umstände es möglich
machen **könnten**, ist keine, die eine, wenn auch mit fürstlicher
Zustimmung eingesetzte, aber in die revolutionäre Saat ge-
schossene Versammlung **macht** (dans le genre de la couronne
des pavés de Louis Philippe), sondern eine, die den Stempel
Gottes trägt, die den, dem sie aufgesetzt wird nach der heiligen
Delung, „von Gottes Gnaden" macht, weil und wie sie mehr
denn 34 Fürsten zu Königen der Deutschen von Gottes Gnaden
gemacht, und den Letzten immer der alten Reihe gesellt. Die
Krone, die die Ottonen, die Hohenstaufen, die Habsburger getragen, kann natürlich ein Hohenzoller tragen, sie ehrt ihn überschwänglich mit tausendjährigem Glanze. Die aber, die Sie —
leider meinen, berunehrt überschwänglich mit ihrem Ludergeruch
der Revolution von 1848, der albernsten, dümmsten, schlechtesten,
— wenn auch Gottlob nicht bösesten dieses Jahrhunderts. Einen
solchen imaginären Reif aus Dreck und Letten gebacken, soll
ein legitimer König von Preußen sich geben lassen, der den
Segen hat, wenn auch nicht die älteste, doch die edelste Krone,
die Niemand gestohlen worden ist, zu tragen?

Greifen Sie in Ihren Busen, liebster Bunsen; was würden
Sie, altes Glied der preußischen Diplomatie und mein wirklicher
Geheimer Rath, also mit dem Range des Hochadels bekleidet,
sagen und thun, wenn Sie etwa in Corbach zurückgezogen lebend,

von der waldeck'schen souveränen Landes-Versammlung zur Exzellenz erhoben werden sollten? Da haben Sie das treue Bild
von meiner Lage vis-à-vis Gagern und seiner Fraktion. Sie
würden der souveränen Waldecke höflichst schreiben: „Was Ihr
mir geben wollt, habt Ihr nicht zu vergeben, ich aber hab' es
aus gutem Schrot und Korn." Und grade so werde auch ich
antworten.

. . . . „Ich sage es Ihnen rund heraus: Soll die tausend-
jährige Krone deutscher Nation, die 42 Jahre geruht hat, wieder
einmal vergeben werden, so bin ich es und meines Gleichen, die
sie vergeben werden. Und wehe dem, der sich anmaßt, was ihm
nicht zukommt!" — — —

Mit nicht minderer Heftigkeit bekämpfte der König die Idee,
Oestreich aus Deutschland auszuschließen, namentlich seitdem
Oestreich wieder, von seinem Sturz erholt, fest und siegreich
dastehe. Er hält das fast für einen Hochmuthswahnsinn der
Paulskirche. Für ihn, den dicken Preußenkönig halte man die
übrig bleibenden 29 Millionen für hinreichend und fürchte ihn
nicht, da er sie der Paulskirche zu danken habe.

„Nun zu etwas Besserem. Heute Morgen habe ich Ihre
Glückwünsche und des britischen Kabinets wegen der Thaten
(Oktroyirung der Verfassung) vom 5. erhalten. So etwas thut
wohl. Von allen Enden des Landes bekomme ich ja fast mehr,
wie unaufgefordert Glückwünsche, daß ich das Land von der
Schmach der National-Versammlung erlöst und die Verfassung
gegeben habe. Die Verfassung giebt mir ein wenig Bauch-Weh,
weil sie eigentlich schlecht ist. Nun bitten Sie Gott aber ernstlich, mit und aus dem 5. Dezember die zweite Schlacht von
Leuthen zu machen, die an demselben Tage geschlagen wurde.
Dann bekommen wir gute Winterquartiere und vieles kann gut
werden. Ich bleibe mit catonischem blockhead dabei, das Reichs-
provisorium muß organisirt werden. Das Ding ist total un-
organisch. Eine Versammlung von Sechshundert, die als Sou-
verain sich eine ausübende Gewalt geschaffen hat, die bei der
Verfassung, der absoluten Hauptsache, der wahren Lebensfrage
Deutschlands, Kraft Creazion- Akte mäuschenstill bleiben muß,
— c'est trop fort. Wir Könige sammt dem Kaiser müssen uns

enge verbünden, und mit der Höflichkeit und Herzlichkeit der Wahrheit und des Rechts und des guten Willens für den einzig vorhandenen Einheitspunkt des Vaterlandes, die Paulskirche wissen laſſen: „Wir hätten uns als Königs-Kollegium konſtituirt, um bei der Verfaſſungsfrage die Rolle und das heilige Amt des legalen Souverains von Deutſchland zu üben. Wir rathen aber dringend, ſich nicht zu zieren und uns ohne Drein-Rede zu geſtatten, nun auch der Paulskirche ihre zweite Inſtanz im Staatenhauſe zu geben, denn bis auf Weiteres würden wir Könige und Fürſten allein das Staatenhaus mit Deputirten beſetzen" — dann kann etwas Vernünftiges aus der Sache werden. Die Wahl des Hauptes verbitten wir uns aber gleich alles Ernſtes, als uns allein zuſtehend. Wie glauben Sie, theuerſter Bunſen, daß bei wirklich würdigem und freundlichem Auftreten der Könige und Fürſten mit der Rede, die Paulskirche das aufnehmen würde? Ich glaube: Sie, Joſias Bunſen, können von London aus noch beſſer in Frankfurt vieles zum guten Gelingen ſolches Planes wirken. Nun, Gott befohlen, mein lieber, werther Freund." F. W.

So endete das Jahr 1848. In Preußen mit einem Siege der Reaktion, die ſich in ihren Folgen erſt ſpäter erweiſen ſollte; in Deutſchland mit trügeriſchen Hoffnungen auf eine Einheit und Freiheit, die bereits vollſtändig untergraben waren.

# 1849.

# Verfassungskämpfe

und

# Kabinets-Intriguen.

Historische Erinnerungen.

Fortsetzung der März-Tage

von

**A. Bernstein.**

Berlin.
Verlag von Franz Duncker.
1874.

# Inhalts-Verzeichniß.

| | Seite |
|---|---|
| Der große Gedenktag | 1 |
| Das Fürsten-Jahr | 4 |
| Die Situation im Jahre 1849 | 7 |
| Die Intriguen über eine Zirkular-Note | 11 |
| Die geförderte Anarchie der deutschen Kabinette | 16 |
| Der Reaktions-Kampf in Berlin | 20 |
| Der Kampf spitzt sich in der deutschen Frage zu | 23 |
| Die Deputation geht nach Berlin | 26 |
| Der Adressen-Sturm in Berlin | 30 |
| Die Entscheidung des Königs | 34 |
| Verzweifelte Stimmung | 38 |
| Die Reaktion bricht los | 41 |
| Die Anarchie in Deutschland | 45 |
| Zerrüttungen und — neue Täuschungen | 48 |
| Neue Hoffnungen und finstere Enthüllungen | 52 |
| Die zwiespaltigen Triebkräfte | 56 |
| Das Ende des Reichsparlaments | 60 |

## Der große Gedenktag.

In den großen Erinnerungen der deutschen Nation reiht sich das Jahr 1849 dem vorangegangenen Volksjahre 1848 mit einer nicht geringen Zahl von freudigen und schmerzlichen Gedenktagen an. Von all diesen aber ist keiner so hervorragend aus der Vergangenheit und keiner so verheißungsreich für eine bessere Zukunft, wie der achtundzwanzigste März 1849, der Tag, wo das erste deutsche Reichsparlament in Frankfurt am Main die Verfassung des deutschen Reiches beschlossen und verkündigt hat.

Das vorzügliche Werk des Volkes ist nicht ein bloßes Material zur Erinnerung an die getäuschten Hoffnungen und an die politischen Leiden der Nation. Wer dieses Werk kennt, der wird demselben nicht das Lob versagen, daß es der politischen Freiheit und der nationalen Einheit des deutschen Vaterlandes in treuester Gewissenhaftigkeit die Bahn der Verwirklichung vorgezeichnet und in außerordentlich umfassenden Zügen allen Ausführungsgesetzen die unumgänglichen verfassungsmäßigen Grundlagen gegeben hat. An organischem Zusammenhang, an systematischer Durchdachtheit, an politischer Vollständigkeit, an staatsrechtlicher Bestimmtheit, an volksthümlicher Freiheit und nationaler Einheit ist dieses Werk des 28. März 1849 das gründlichste, das jemals ein Parlament geschaffen. Mit ihm verglichen ist Alles, was bis auf den heutigen Tag an dessen Stelle zu setzen versucht und zum Theil verwirklicht ist, ein blasses Bild der Nachahmung, dem erst das wahre Leben eingehaucht werden wird, wenn der deutschen Nation zu Theil wird, was es durch seine Vertreter selbständig entworfen hat.

In der Geschichte der Volksfreiheit und des Volksrechts

der Jahre 1848 und 1849, welchen wir Alles verdanken, was wir als Ueberrest aus dem Zertrümmerungswust der Reaktion noch gerettet haben, steht das Werk des 28. März als der geistige Höhepunkt, als das intellektuelle Resultat der ganzen Volksbewegung da. Die März-Revolution mit ihrer dunklen Triebkraft, war durch die sogenannte rettende That in Preußen im November und die Oktroyirung der Verfassung vom 5. Dezember 1848 in ihrer stürmenden Gewalt gebrochen; aber der Wellenschlag des Märzsturmes fluthete noch in ganz Deutschland nach. Die preußische National-Versammlung war durch Waffengewalt gesprengt; aber noch tagte die National-Vertretung Deutschlands in Frankfurt am Main, an welche man die Hoffnung knüpfte, daß sie die Rechte des Volkes noch retten würde vor den absolutistischen Gewaltthaten einer nach Rache lüsternen Reaktion. Das Grundprinzip des Frankfurter Parlaments, seine Stütze einzig und allein auf der Souveränetät der Nation zu gründen, ward von den Kabinetten zwar angezweifelt, aber die Majorität des Parlaments hielt noch immer an ihrem Programm fest, daß die deutsche Reichsverfassung nur aus den Beschlüssen der Nationalvertretung und nicht aus etwaigen Verträgen und Zustimmungen der Einzel-Regierungen hervorgehen darf. Man täuschte sich im Reichsparlament nicht; man wußte mit voller Bestimmtheit, daß eine Reichsverfassung nimmermehr zu Stande kommen würde, wenn man ihre Geltung von dem Votum der deutschen Fürsten abhängig machen wollte. Wie drohend auch die Reaktion ihre Stimme erhob, wie übermüthig sie auch, aufgestachelt durch die siegreiche Waffengewalt in Wien und in Berlin, das machtlose Parlament in Frankfurt am Main höhnte und dessen baldige Vertreibung forderte und prophezeihte: es blieb das Parlament immer noch in den ersten Monaten des Jahres 1849 durch den Wall des moralischen Volksanhanges vor jeder rohen Gewaltthat geschützt. Es bemühte sich mit redlicher Treue, trotz aller drohenden Gefahren, seine ihm anvertraute Pflicht zu erfüllen und für das deutsche Reich ein Werk zu schaffen, das in seinem inneren Werth den Beruf in sich trägt, alle Stürme der Revolution und der Reaktion zu überdauern.

Die Geschichte der Revolution, die der Märztage und der Bewegungen des Jahres 1848, giebt uns ein Bild eines in dem unerträglich gewordenen Absolutismus aufgerüttelten Volkes, das es noch nicht verstanden hat, sein gutes Recht zu schützen vor den Intriguen einer heimlich wühlenden Reaktion und vor dem Zerstörungstrieb einer jeder Ordnung hohnsprechenden Straßen-Demagogie. Wir haben in den vorangegangenen Schriften diese Geschichte dem jungen Geschlechte erzählt, welches der Erbe alles dessen sein soll, was wir an Freiheit und Recht aus schweren Zeiten gerettet, damit es sich wahren lerne vor Fehlern und Mißgriffen, denen wir nicht kräftig genug Widerstand geleistet haben. Nunmehr mahnt uns der Gedenktag am 28. März 1874, der fünfundzwanzigste der Reichsverfassung, einen edleren Theil der Geschichte des deutschen Volkes, den seiner Verfassungskämpfe, zur Belehrung unserer Jugend vorzuführen; einen Theil der Geschichte, der Zeugniß ablegt von dem Ernst und der Gewissenhaftigkeit, mit welcher in schwerer und drohender Zeit die erste Vertretung der deutschen Nation den Grund gelegt hat zu allem Guten und Edlen, das jetzt zum Theil in Verwirklichung begriffen ist, zum größern und wichtigeren Theil aber noch immer erstrebt werden muß, um des Volkes Freiheit und des Vaterlandes Einheit im wahren Geiste einer nationalen Aufrichtung zu begründen.

Das Reichswahlgesetz, dessen wir uns jetzt erfreuen, ist ein Werk des heutigen Gedenktages. Es wurde am 28. März 1849 mit der Reichsverfassung zugleich beschlossen und verkündigt. Die Reaktion sah damals darin das tiefste Gebrechen, und die Demagogie hat vor wenig Jahren noch in diesem Wahlgesetz die soziale Umwälzung erblickt. Heute wissen wir, daß auch dieses Beiwerk der Verfassung von 1849 der sichere Halt gegen alle zerstörenden Elemente ist. Das Kaiserthum und das Parlament, in welchen sich heute die Einheit der Nation und die Freiheit des Volks, wenn auch nur schwach, symbolisirt, sie datiren ihren Ursprung aus dem Verfassungswerke des 28. März 1849. Einheit des Post- und Telegraphenwesens, Münz-Einheit und Einheit des Rechts, Freizügigkeit und Reichsbürgerrecht, wie alles, was nun erst die Stadien der Verwirklichung erreicht hat, es sind immer nur die Grundzüge, welche das Werk des Volkes vor einem viertel Jahrhundert der deutschen Nation vorgezeichnet hat.

Ein Blick auf diese Geschichte ist ein Blick in die edelste Schöpfung der deutschen Nation. Ein Blick auf die Intriguen, die Deutschlands Hoffnungen vernichtet, ein Blick auf die Leiden, welche die Freunde der Freiheit getragen haben, und ein Blick auf die Grundrechte, welche noch immer dem deutschen Volke versagt sind, das soll das Thema unserer nächsten Artikel sein. Sie sollen die Vergangenheit würdigen, die Gegenwart lichten und einer besseren Zukunft im Geiste des heutigen Gedenktages vorarbeiten.

## Das Fürsten-Jahr.

Das Jahr 1848 war das Volks-Jahr; das Jahr 1849 das Fürsten-Jahr. So lehrreich ein Blick auf das Jahr 1848 ist, um zu erkennen, wie demagogische Umtriebe und reaktionäre Wühlereien die edleren Ziele des Volkes unerreichbar machten, so lehrreich ist ein Blick auf das Jahr 1849, der uns zeigt, wie Fürsten-Anarchie und Kabinets-Intriguen jede Art von Reorganisation Deutschlands hintertrieben und das traurige Resultat der Olmütz-Politik vorbereitet haben, welche im Jahre 1850 ihren Triumph feierte.

Mit der in Berlin im November 1848 wieder eingesetzten Herrschaft des Militär-Regiments und des Belagerungs-Zustandes verschwand sehr bald das Straßentreiben der Demagogen. Das ruheliebende Bürgerthum tröstete sich deshalb gar schnell über die Auflösung der Nationalversammlung und die Entwaffnung der Bürgerwehr. Als am 5. Dezember 1848 die preußische Verfassung oktroyirt wurde und in ihren Artikeln die Verheißungen der März-Tage bestätigt und erneuert wurden, belebte sich die Hoffnung auf eine ruhige Entwickelung der Freiheit, und söhnte gar viele konstitutionelle Freiheitsfreunde mit den Gewaltthaten des Ministeriums Brandenburg-Manteuffel aus. Nur in der demokratisch-konstitutionellen Partei erkannte man all die Hinterthüren in den Schluß-Artikeln der Verfassung, von welchen der eine die Oktroyirung von „**Verordnungen mit Gesetzeskraft in Abwesenheit der Kammern**" gestattete, und der zweite in zweideutiger Fassung „**die Forterhebung der Steuern**" dekretirte, wodurch das Budgetrecht der Volksvertretung in hohem Grade gefährdet wurde.

Die oktroyirte Verfassung sollte einer Revision durch die neu zu wählenden Kammern unterzogen und sodann vom Könige und auch von dem **Militär** beschworen werden. Als Wahlgesetz wurde das demokratische des Jahres 1848 beibehalten, und selbst für die Wähler zur Ersten Kammer wurde ein mäßiger Zensus, ein Jahres-Einkommen von fünfhundert Thalern festgestellt. Da außerdem, nach der Entwaffnung der Bürgerwehr, der Belagerungszustand in Berlin, im Vergleich mit der blutigen Wirthschaft desselben in Wien, nur mäßig gehandhabt wurde, so schien die Hoffnung auf eine befriedigende Lösung der politischen Wirren nicht unberechtigt.

Aber der Zustand war zu tief unterwühlt, um diese Hoffnung aller Wohlmeinenden zu verwirklichen.

Der König Friedrich Wilhelm IV. war nicht bloß ein abgesagter Feind des demokratischen Staatswesens, hinter welchem er nur „höllische Bosheit" und „teuflische Widerspenstigkeit gegen die Gottes-Ordnung" erblickte, sondern auch ein tiefer Verächter der **liberal-konstitutionellen Doktrin**, welche er für eine „schwere Krankheit der Zeit" erklärte, die auch die „besseren Geister befalle und in's Verderben führe". Er war über diese Anschauungen mit seinen treuesten und begabtesten Anhängern zerfallen, deren Freundschaft er persönlich nicht gern aufgeben mochte. Selbst Graf Brandenburg stand in diesem Punkte im Widerspruch mit seinem königlichen Herrn, und mehr noch wichen von diesen seinen Anschauungen die anderen Minister und Räthe ab, welche ein konstitutionelles System für unabweisbar hielten. Nur der zu Allem willige Manteuffel stand unter den leitenden Staatsmännern dienstbereit da, weshalb denn auch ihm der traurige Ruhm verblieben ist, die

Olmütz-Epoche herbeizuführen und den „Bruch mit der Revolution" unter Nachhilfe von Raumer und Westphalen zu vollenden.

Hinter den Staatsmännern, welche das öffentliche Regiment vertraten und zunächst auf der eingeschlagenen Bahn der oktroyirten Verfassung eine neue Ordnung herbeizuführen bestrebt waren, wühlte aber eine Partei, die in fanatischer Zerstörungslust alles negirte, was an die März-Verheißungen anknüpfte. Es war dies die Kreuzzeitungs-Partei, welche sich rühmte, „klein und mächtig" zu sein und selbst dem Ministerium imponirte und gewaltige Hindernisse in den Weg legte. Sie wollte nur eine Verfassung gelten lassen, die aus zwei Paragraphen besteht. Der erste „der König befiehlt"; der zweite „das Volk gehorcht". Sie besaß hohe Protektoren in der unmittelbaren Umgebung des Königs und Helfer und Helfershelfer bis hinab in die untersten Schichten des Volkes, wo man „Enthüllungen" fabrizirte, um den König in seinen Vorstellungen von der „Bosheit der Demokratie" zu bestärken. Dieser Partei stand eine lange Zeit die Polizei mit all ihren Fäden der Provokation zu Dienste. In der Presse wurde sie von der Kreuzzeitung vertreten, die in ihrem Redakteur Wagener ein excellentes Talent entwickelte, in kurzen, schneidenden Leitartikeln die ganze Reaktionswuth aufzustacheln. Dieser prosaischen Aufstachelung, welche sich in allen entscheidenden Fällen auch gegen die Regierung richtete, wo diese dem Konstitutionalismus einige Zugeständnisse machen wollte, stand der hochpoetische Phantast Herr von Gerlach zur Seite, der mit seiner allmonatlichen „Rundschau" ein mächtiges Talent an den Tag legte, den aphoristischen und oft sehr wechselnden Anschauungen des Königs den verführerischen Ausdruck eines dogmatischen geschlossenen Systems zu geben. Jedes Schlagwort und Witzwort, wie es der König oft in freier Rede hören ließ, wurde von dem Rundschauer wie eine geheime Offenbarung verarbeitet und in romantischer Neugestaltung dem Herrn wieder vorgeführt, der sich nur von diesen erwählteren Geistern ganz verstanden sah. Die Hauptsorge, daß die „Obrigkeit von Gott" erhalten bleibe und die Klage, daß im Sturm der Rebellion „die

Unterthanen-Seligkeit" verloren gehe, wurde in der Rundschau in tausend und abertausend Variationen vorgetragen. Sie waren alle für die Intentionen des Königs berechnet und zum großen Theil auch gegen die Minister gerichtet. Sie waren ganz dazu angethan, das von poetisch-romantischen Neigungen beherrschte Gemüth des Königs jeder prosaischen Betrachtung der Wirklichkeit abwendig zu machen und aus dessen Umgebung Alles zu verdrängen, was den unabweisbaren Forderungen der Zeit zur Befriedigung dienen sollte. — Wer der Seelenbewegung eines Monarchen zu folgen im Stande ist, der jahrelang in solcher Weise von der realen Staatspflicht und dem phantastischen Gebilde eines reaktionssüchtigen Systems bedrängt wird, der wird für das endliche tragische Geschick des Königs wie alles dessen, was in seinem Namen begonnen wurde, die natürliche Ursache nicht verkennen.

Das Jahr 1849 ist der Beginn dieser tragischen Katastrophe. Wir müssen derselben nunmehr in ihrem historischen Verlauf zu folgen suchen.

## Die Situation im Jahre 1849.

Bei Beginn des Jahres 1849 stand es um die Frage der preußischen Staats-Verfassung so ziemlich erträglich; die deutsche Verfassungsfrage jedoch begann den Charakter einer Verwicklung anzunehmen, welche allen Freunden des Vaterlandes die schwersten Sorgen einflößte.

In Frankfurt am Main war das deutsche Parlament versammelt, welches den Grundsatz festhielt, daß die deutsche Reichsverfassung einzig und allein durch den Majoritäts-Beschluß des Parlaments abgeschlossen und verkündet werden sollte. Dieser Grundsatz stützte sich äußerlich auf das Prinzip der „Volkssouveränetät", wie ihn die demokratische Partei geltend machte; aber er hatte auch inneres Motiv von großer Wich-

…keit, welches die konstitutionellen Reichsfreunde respektiren mußten.

Wer Deutschlands Unglücksgeschichte kannte, der wußte sehr wohl, daß die Fürsten Deutschlands nun und nimmermehr auf friedlichem Wege der Verständigung eine wirkliche Reichs-Einheit herstellen würden. Da stand Oestreich mit dem traditionellen Anrecht, des deutschen Vaterlandes Reichs-Autorität für sein Kaiserhaus zu beanspruchen, obwohl sein natürlicher Schwerpunkt außerhalb Deutschlands lag. Von den vier Königen in Baiern, Würtemberg, Sachsen und Hannover war man sicher, daß keiner seine Souveränetät zum Besten des deutschen Reichs aufopfern würde. Die kleinen Fürstenthümer waren nicht minder eifersüchtig auf ihre Selbständigkeit und erblickten in dem alten System des Bundestages eine Bürgschaft derselben. Naturgemäß konnte also nur Preußen an die Spitze des geeinigten deutschen Vaterlandes treten, weil es material der mächtigste, national der bevölkerungsreichste und geistig der überwiegendste Staat war. Wenn man es überhaupt als eine Chimäre bezeichnen mußte, daß irgend ein vom Parlament gewählter demokratischer Präsident mächtig genug sein würde, allen deutschen Regierungen die Einheits-Verfassung aufzuzwingen, so blieb vernünftigerweise kein anderer Weg übrig, als den König von Preußen an die Spitze Deutschlands zu berufen.

Sollte dies aber mit Erfolg geschehen, so lag es klar jedem Einsichtsvollen vor Augen, daß man den Fürsten Deutschlands kein Recht zugestehen durfte, in die Verfassungsfrage Einspruch zu thun, und weil man dies Niemanden gestatten durfte, mußte man dies Recht auch dem König von Preußen versagen. Die Lage der Dinge war also derart, daß das demokratische Prinzip der Volkssouveränetät und das ausschließliche Recht des Parlaments, die Verfassung festzustellen, die allergünstigste Situation für das preußische Kaiserthum war.

Selbstverständlich folgte aber auch hieraus, daß man dafür dem deutschen Volke die Garantien der politischen Freiheit gewähren mußte, wie sie die fortgeschrittensten Völker besitzen. War es nur möglich, das Kaiserreich Deutschland durch den Machtspruch des Volks-Parlaments zu gründen, so war es auch ganz unabwendbar, daß man zunächst die Freiheit des Volkes durch die Grundrechte der Deutschen feststellen mußte.

In diesem Sinne und auf dieses Ziel hin wirkte denn auch die Majorität des Parlaments am Schluß des Jahres 1848. Die Grundrechte der Deutschen wurden zunächst proklamirt, um das deutsche Volk günstig für das Kaiserthum zu stimmen. Die Verfassung war durchberathen und sollte in den ersten Monaten des Jahres 1849 in zweiter Lesung zum Abschluß gebracht werden. An der Spitze des provisorischen Reichsministeriums stand Gagern, ein Mann von Einsicht und Reichstreue, und durchweg für das preußische Kaiserthum thätig. Als Vertreter Preußens befand' sich der grabsinnige Camphausen in Frankfurt, dessen milder Charakter von großem Einfluß auf die Stimmung Aller war, die gleich ihm die Hoffnungen der deutschen Nation nicht wollten scheitern lassen. Uebereinstimmend hierin war auch Radowitz thätig, der bei dem König Friedrich Wilhelm IV. in hohem Ansehn stand. Alle freisinnigen Mitglieder des Parlaments waren nicht minder von der Unabweisbarkeit dieser Haltung überzeugt und blickten in gespanntester Erwartung nach Berlin, woselbst die glückliche Entscheidung sich so leicht darbot, wie selten in der Weltgeschichte. Es schien fast undenkbar, daß man hier die Stimme des Schicksals verkennen und die Hoffnungen der deutschen Nation niedertreten sollte.

Allein das Fatum, welches einen der begabtesten Könige Preußens von dem Beginn bis zum Ende seiner Regierung zum Gegenstand einer fast beispiellosen Tragik werden ließ, waltete auch in dieser Situation ob und ließ bereits im Januar 1849 voraussehen, daß der Triumph nur der Partei verbleiben werde, die jeden Irrthum und jeden Wahn des Monarchen als eine Offenbarung vergötterte, die berufen sei, „die Weltverderbniß der modernen Zeit zu heilen."

In Entrüstung gegen das revolutionär gesinnte Berlin residirte der König in den Wintermonaten in Charlottenburg, wohin die Minister sich begaben, um seine Entscheidung in allen Staatsgeschäften einzuholen. Daselbst aber umgab ihn eine Kamarilla, die hinter dem Rücken des Ministeriums ihre Fäden spann, und durch diese wurde ein Briefwechsel mit dem östreichischen und dem bairischen Hof unterhalten, der alles untergrub, was in Deutschland Haltbares geplant wurde.

In den Denkwürdigkeiten Bunsens aus jener Zeit findet sich eine sehr charakteristische Schilderung dieser Kamarilla, die schließlich auch Bunsen aus der Nähe des Königs verdrängte, welcher ihm persönlich stets zugethan war und zuweilen gern seinen Rath hörte und befolgte. Durch diese Umgebung wurde dem König alltäglich alles beigebracht, was irgend wo Unfreundliches oder Verletzendes, Revolutionäres oder Rebellisches in Deutschland geäußert worden ist, und was geeignet war, das Gemüth des Königs zu verbittern. Aus dieser Umgebung ging all das Unheil hervor, das bis zum völligen Bruch mit Allem führte, was das preußische und deutsche Volk ersehnte.

Indem wir nunmehr den Lauf dieser Katastrophe vorführen werden, mag hier nur noch eine Stelle aus Bunsens Denkwürdigkeiten folgen, welche uns lebhaft in die damalige Situation versetzt.

In seinem Rückblick auf den Aufenthalt in Berlin im Januar 1849 schreibt er Folgendes:

„Der Haß des Junkerthums und der Bureaukratie, der mich nun zwanzig volle Jahre verfolgt hatte, trat mir schroffer als je entgegen; ebenso ihre heillose Unfähigkeit und unverbesserliche Beschränktheit, welche die Erbitterung über 1848 nur noch mehr hervorhob. Aber auch bei den würdigen Männern im Ministerium fühlte ich mich fremd, in ihren Häusern, Familien und Gesellschaften einsam. Graf Brandenburg zog mich an durch seine einfache Gutmüthigkeit und seine edle Hingebung an den König, allein seine ganze frühere Richtung war ein Tadel der meinigen und so umgekehrt. Graf Bülow schenkte mir Vertrauen, das ich völlig erwiderte; er wollte entschieden das Bessere, aber er konnte sich des Preußenthums nicht entschlagen, und der deutschen Bewegung als solcher war er ganz fremd. Die übrigen Minister sah ich kaum; Manteuffel sah aus wie ein verbissener Bureaukrat, überhaupt war Verbissenheit der vorherrschende Ausdruck. Gerlach und die anderen Männer des „Politischen Wochenblattes" ergingen sich, in Gemeinschaft mit dem politisch tief unsittlichen Leo, in Schmähungen alles Deutschen und gaben ihrer Feindschaft gegen mich freien Lauf in ihrem Parteiblatte. Ein wirklicher Staatsmann war nirgends zu schauen. Und was sollte er auch bei dieser Gestaltung der Dinge in Charlottenburg anfangen? Der König wollte die Politik allein führen; er wollte Diktatur üben neben der Konstitution, und dabei doch als freisinniger, konstitutioneller Fürst angesehen werden, obwohl er das konstitutionelle System für ein System des Truges und Luges hielt. Der Treue, der Zucht und des Muthes im Heere sich mit gerechtem Stolze freuend, glaubte er durch die Soldaten am Ende den politischen Knäuel entwirren zu können; tiefe Erbitterung über den 19. und 21. März hatte sich in sein edles Herz eingefressen, und diese trug sich mehr und mehr auf Frankfurt über. Oft kamen ihm wirklich deutsche und freisinnige Gefühle und Gedanken, aber die Umgebung und die geheimen Schreibereien von Olmütz und München ließen sie nicht aufkommen. Wie ich mich auch des Gedankens erwehrte, ich konnte es mir nicht verhehlen, daß der edle Fürst sich und dem Vaterlande ein schweres, schweres Geschick bereitete, welches unabwendbar schien."

## Die Intriguen über eine Zirkular-Note.

Obwohl der hinter dem Rücken des Ministeriums geführte Briefwechsel zwischen der Kamarilla in Charlottenburg und den Höfen in Baiern und Oestreich bis jetzt geheim geblieben ist, waltet doch kein Zweifel über den Inhalt desselben ob. Der König war eine zu begeisterte Natur, um seinen Sympathien und Ansichten einen Zügel anzulegen; die Impulse, welche er in Korrespondenzen und Einflüsterungen empfing, machten sich von selber in all seinen Gesprächen bemerkbar.

In Oestreich und an den Höfen der deutschen Königreiche sah man sehr wohl, wie es um die deutsche Sache steht. Im

Januar 1849 unterlag es gar keinem Zweifel mehr, daß das Kaiserthum beschlossen und der König von Preußen zum Kaiser der Deutschen ernannt werden wird. Einen direkten offenen Versuch, dies zu verhindern, hielt man für unmöglich. Die Volksvertretungen in den Einzelstaaten traten fast ohne Ausnahme für das preußische Kaiserthum in öffentlichen Resolutionen auf. Da blieb nur die stille Intrigue übrig. Charlottenburg bot dazu den geeignetsten Boden.

Der König Friedrich Wilhelm IV. hatte bereits auf seinem denkwürdigen Rundritt in den Märztagen 1848 die Erklärung abgegeben, „daß er nichts usurpiren wolle." Seinem tief religiösen Charakter entsprach solche Haltung auch so vollkommen, daß es leicht war, ihn mit diesem Versprechen zu fesseln, obwohl es sich bei Annahme der Kaiserkrone gar nicht um eine gewaltsame Aneignung handelte, sondern um Berücksichtigung des Verlangens der deutschen Nation und um Uebernahme einer Würde, auf welche Niemand sonst einen gerechten Anspruch hatte. Aber neben der Fessel, welche seine Aeußerungen ihm auferlegten, boten zwei andere Anschauungen des Königs einen mächtigen Anhalt für die Intriguen der Höfe.

Zunächst lebte in dem König eine romantische Vorstellung, daß dem Hause Oestreich der Vortritt unter den Fürsten Deutschlands gebühre. Bunsen sagt mit Recht, daß diese Vorstellung, laut welcher sich Preußen unter Oestreichs Leitung stellen wolle, die Thaten des großen Kurfürsten und die Kriege Friedrich des Großen in Rebellionen verwandle." — Eine noch mächtigere Handhabe für die Intriguen der Höfe aber war der tiefe Abscheu des Königs gegen den demokratischen Charakter der Grundrechte und der in Aussicht stehenden Reichsverfassung. Bestärkt hierin durch alle Künste der Reaktion, welche dem Könige „Enthüllungen" von vorhandenen Verschwörungen vorspiegelten, erklärte er entschlossen, die **Kaiserkrone nimmermehr aus der Hand der März-Rebellen annehmen zu wollen.** Sollte dies von ihm verlangt werden, so müßten die deutschen Fürsten ihn hierzu auffordern.

Mehr konnte man in der That in Oestreich und an den Höfen der deutschen Könige nicht wünschen. Sie waren sicher, daß, wenn der König von Preußen das deutsche Volk abweise und auf die Fürsten rechne, die Reichs-Idee und das Kaiserthum zu Grabe gebracht sei.

Im Stillen war das Ministerium Brandenburg in halber Verzweiflung über dieses Verhalten des Königs. Da wurde denn im Einverständniß mit hervorragenden Liberalen ein Plan ersonnen, den Intriguen entgegen zu wirken.

Von dem Gedanken, daß die Regierungen Deutschlands ein Einspruchsrecht in die deutsche Verfassungsfrage geltend machen sollen, hielt man sich fern. Man wußte, daß das Parlament dieses Recht nicht gelten lassen würde und war auch klar darüber, daß darin der Bruch mit allen Hoffnungen Deutschlands läge. Wohl aber hielt man es für rathsam, daß zwischen der ersten und zweiten Lesung der Verfassung im Parlamente die Regierungen ihre Meinungen über die künftige Verfassung Deutschlands aussprechen möchten, damit das Parlament diese in der End-Abstimmung beachte. Geschähe dies, so würde das Parlament seine Grundsätze nicht aufgeben, und die Regierungen wären moralisch gebunden, die Verfassung gelten zu lassen.

Dieser an sich gut ersonnene Plan wurde in einer Zirkular-Note Preußens ausgearbeitet und es handelte sich nun darum, die Einwilligung des Königs zum Erlaß dieser Note zu gewinnen.

Zur Förderung dieses Planes reiste Camphausen von Frankfurt nach Berlin. Er machte hierbei das Zugeständniß, daß die bereits abgeschlossenen und von der provisorischen Centralgewalt proklamirten „Grundrechte der Deutschen" vorerst in Preußen noch nicht verkündet werden sollten. Um auf den König günstig einzuwirken veranlaßte man ihn, auch Bunsen aus London herbeizurufen, dessen Rath stets von Einfluß auf den König war. Allein die Kamarilla verstand sehr wohl, wie in diesem Erlaß der Zirkular-Note ein schwerer Schlag gegen ihre Intriguen geführt werde und arbeitete mit solcher Energie dagegen, daß die Zustimmung des Königs ganz aussichtslos blieb.

In den Denkwürdigkeiten Bunsens finden sich Mittheilungen über diese Epoche, die so charakteristisch sind, daß wir sie hier im Auszuge vorführen müssen. Zur näheren Erläuterung wollen wir nur bemerken, daß in diesen Mittheilungen meist die Namen der handelnden Personen nicht genannt, sondern mit Buchstaben bezeichnet sind, welche wir nicht enträthseln. Es genügen aber in der Hauptsache die Schilderungen, um die damalige Situation hinreichend zu charakterisiren.

Am 9. Januar 1849 hat Bunsen eine geheime Audienz bei dem Könige, in welcher der treue Mann sehr ernstliche Mahnungen an seinen von ihm stets hochverehrten Herrn richtet. Es verdienen seine Worte, der Geschichts-Skizze jener Zeit einverleibt zu werden.

„Ew. Maj." — sagt Bunsen in innerer Bewegtheit — „Ew. Maj. sind von Gott gestellt zwischen Volk und Fürsten Deutschlands. Sie erkennen dies jetzt selbst an. Aber eben weil Sie an Gottes Statt sprechen und richten, müssen Sie mit gleichem Gewicht wägen. Das thun Sie nicht. Sie vergessen alles Unrecht der Regierungen, Sie vergessen alle Unterlassungs- und Begehungssünden der Fürsten in jener furchtbaren Zeit nach dem großen Kriege; Sie verschließen Ihr Herz der Stimme, dem Flehen, der Noth, der Verzweiflung des Volkes. Nicht des eigenen. Ich rede nicht von Preußen. Aber ich rede von Deutschland. Kein Fürst, selbst Sie nicht, auch nicht der Fürsten Gesammtheit, sind die Herren des deutschen Volkes als Nation. Sie hat ein Recht, Nation wieder sein zu wollen, und also über sich, wie über den Fürsten, in der Sphäre des Bundesreichs, Einen Herrn zu haben, heiße er nun Kaiser oder König, oder wie er wolle. Dieses Recht verkennen Sie. Sie verkennen ferner die Entschiedenheit des Willens der Edelsten des Volks, den Ränken Oestreichs und Baierns, und der Feindseligkeit aller übrigen Könige entgegenzutreten, und nicht zu ruhen, bis jene Bundeseinheit erstrebt ist. Sie vergessen, daß das Parlament diese Bewegung in eine verfassungsmäßige Bahn geleitet, daß es, der Hauptsache nach, ein konservatives Element gewesen, daß die von ihm ausgegangene Verfassung in den Hauptpunkten richtig gegriffen ist. Davor Ew. Maj. zu warnen ist meine Pflicht, aber sie ist eine schwere."

Der König hörte diese Worte mit Aufmerksamkeit an. Sie schienen einen ernsten Eindruck auf ihn zu machen. Er beschied Bunsen auf den nächsten Tag, wo eine Entscheidung über die schwebende Angelegenheit gefaßt werden sollte. Die Scene, welche an diesem Tage spielte, ist es eben, die das Bild der Zeit so merkwürdig beleuchtet:

Bunsen berichtet hierüber Folgendes:

„Sonnabend, den 20. Januar fuhr ich zum Vortrage hinaus" (nach Charlottenburg). „Graf Brandenburg war gegenwärtig. Der König war ruhiger und hörte zu. Seine Einwendungen waren immer dieselben; er mußte mir recht geben, daß die östreichischen Vorschläge Deutschland zersplittern und Preußen vernichten wollten, allein er trat deshalb doch nicht unseren Vorschlägen bei. Graf Brandenburg war nämlich in den Hauptpunkten meiner Ansicht. Es war schon wieder ziemlich spät, als wir an die praktische Frage kamen: ob die zu eröffnende Berathung der deutschen Regierungen nicht eine allgemeine sein müsse und nicht ein Königsrath? Natürlich bestand ich auf jener, leugnete die Befugniß von diesem.

„Wir wollen doch einen Augenblick C. hereinrufen" (sagte der König), „er ist im Vorzimmer." Ich rief ihn ins Kabinet. Der König trug den Punkt vor. C. stimmte dem König bei: **man thue besser daran, mit Oestreich und den Königen anzufangen.**

Während er sprach, faßte ich den Entschluß, gar keine Kenntniß von C. zu nehmen, und ohne alle Hoffnung des Erfolgs, aber auch ohne allen Rückhalt, in kalter Geschäftssprache, um die Erlaubniß zu bitten, meinen Vortrag kurz vollenden zu dürfen.

Der König gab sie mir: ich trug vor, worin Radowitz und ich übereinstimmten, worin nicht; ging ein auf die Idee des Bundes, zeigte, daß jenseit desselben nur ein völkerrechtliches Verhältniß (zu Oestreich) liege, das sich aber durch die moralische Kraft der Bundesverbindung als ein sehr starkes Trutzbündniß zeigen werde, und daß hiernach zu handeln sei.

„Was denn verlangen Sie?" fragte der König. „Nichts," erwiderte ich, „als daß Ew. Maj. genehmigen, daß die Zirkular-

Note abgebe; sie ist nothwendig und stört das Verhältniß zu
Oestreich nicht."

„Haben Sie sie gelesen?"

„Natürlich, jedes Wort erwogen."

„Billigen Sie sie?"

„Durchaus."

„Nun" (zu Graf Brandenburg gewandt), „so lassen Sie
sie abgehen: nur daß deshalb die Verhandlungen mit
Oestreich nicht abgebrochen werden."

Graf Brandenburg war wie aus den Wolken gefallen: C.
machte ein seltsames Gesicht. Der König stand auf, nachdem
er noch einige Worte hinzugefügt, und ging in sein Ankleide-
zimmer. Wir sahen uns drei einander an. „Des Herren
Kopf ist anders organisirt als der eines anderen
Menschen" (sagte Graf Brandenburg), „weshalb hat er
sich so lange gesträubt, und weshalb unmittelbar
nachher auf einmal nachgegeben?" C. schwieg, ich auch,
und eilte fort, um Graf Bülow die Kunde zu bringen, womit
ich ihn sehr erfreute."

Die Zirkular-Note ging ab. Die Hoffnungen jedoch sollten
alle vereitelt werden.

## Die geförderte Anarchie der deutschen Kabinette.

Die dem König Friedrich Wilhelm IV. mit Noth und
Mühe glücklich abgerungene Zirkular-Note vom 23. Januar 1849
belebte die Freunde Deutschlands im Lager der Konstitutionellen
mit neuen Hoffnungen; aber es lag in der Natur der Dinge,
daß sie scheitern mußten.

Die Zirkular-Note forderte die deutschen Regierungen auf,
ihre Bedenken und ihre Bemerkungen gegen die in erster
Lesung von dem deutschen Parlamente beschlossene Reichsverfassung anzugeben, und durch die provisorische Zentralgewalt
diese ihre Ansichten an das Parlament zu bringen, damit das

selbe bei der zweiten Lesung darauf Rücksicht nehmen könne. So gut diese Absicht diplomatisch sich ausnahm, so trübselig mußte sie praktisch ausfallen. Die dreißig Regierungen Deutschlands erhielten damit den Impuls, ihre Kabinets-Weisheit recht weitläufig auszukramen, was sie natürlich mit Freuden thaten. Während nun die kleinen norddeutschen Kabinette im Ganzen sich der preußischen Spitze geneigt zeigten, stand Oestreich an der Spitze aller Intriguen, welche die deutsche Einheit zu untergraben trachteten, und ermunterte die mittleren Staaten und die Kabinette der vier Könige von Hannover, Sachsen, Baiern und Würtemberg zu allen kuriosen Ansprüchen, von welchen man wußte, daß das Parlament sie abweisen und damit Motive zum Zerwürfniß darbieten würde.

Im Kern der Sache aber war und blieb Preußen selbst immer noch der unglückseligste Gegner seiner Bestimmung.

Was gegenwärtig Jedem einleuchtet, daß eine thatkräftige Zentralgewalt in Deutschland nur in der Hand eines mit überwiegenden Rechten ausgestatteten Kaisers möglich sei, der der Anarchie der vielen Kabinette einen Zügel anlegen kann, das war auch ehemals allen aufrichtigen Freunden des deutschen Reiches klar. War es unmöglich, diese Gewalt in die Hand Oestreichs zu legen, das in der überwiegenden Masse seiner nicht deutschen Bevölkerung seinen Schwerpunkt hatte, so blieb nur Preußen als der alleinige Staat übrig, dem man diese Zentralgewalt einräumen mußte. Die Urheber der berühmten Zirkular-Note konnten unmöglich anders denken und bekundeten auch diese Ansicht in vertraulichen Gesprächen. Allein die Intriguen der Kamarilla in Charlottenburg und ihr Einfluß auf den König zwangen die Minister, in die Zirkular-Note einen Passus aufzunehmen, der dem schnurstracks widersprach. Preußen — so sprach sich der Schluß der merkwürdigen Note aus — Preußen denke durchaus nicht an Vergrößerung seiner „Würde". Ja, die Note betonte ausdrücklich, „daß Se. Majestät der König und Höchstdessen Regierung nicht der Ansicht sei, daß die Aufrichtung einer neuen deutschen Kaiserwürde zu der Erlangung einer wirklichen und umfassenden deutschen Einigung nothwendig sei." „Es dürfte wohl eine andere Form gefunden werden können, unter welcher das dringende und höchst gerechtfertigte Verlangen des deutschen Volkes nach einer wahrhaften Einigung und kräftigen Gesammt-Entwicklung vollständig befriedigt werden könnte."

Es gewährt ein richtiges Bild der damaligen Zerrüttung der Zustände, wenn man erwägt, daß selbst diese, mit solchem Schluß versehene Note nur durch die energischste Aufbietung aller Kräfte dem König abgerungen werden konnte. Ein noch traurigeres Bild aber zeigen all die Vorschläge der Kabinette, welche in Folge dieser Note als „Verbesserungen der Reichsverfassung" an den Tag traten. Wenn wir all die Verbesserungs-Künste der Kabinette mit Stillschweigen übergehen, so genügt es zur Charakterisirung der damaligen Zeit, zu erwähnen, daß man in den Mittelstaaten Deutschlands Pläne entwarf, wie die Würde des Reichsoberhauptes abwechseln solle nach je drei oder sechs Jahren zwischen dem Könige von Preußen und dem Kaiser von Oestreich. Nach andern Plänen sollte auch jeder der vier Könige von Baiern, Würtemberg, Sachsen und Hannover abwechselnd die Ehre haben, einige Jahre Reichsoberhaupt zu spielen. Die Andeutung der preußischen Note, daß sich eine andere Form als die Kaiserwürde finden ließe für die „Einigung" — nicht die Einheit — Deutschlands, machte alle Intriguanten in den deutschen Kabinetten höchst erfindungsreich im Ersinnen möglicher Thorheiten, die dem Parlament zum Anhalt dienen sollten. Die Einsichtigen wußten, daß all dies in der Hofburg zu Wien mit Wohlgefallen aufgenommen werde, weil es so viel wie Vernichtung jedes vernünftigen Planes bedeutete.

Das deutsche Reichsparlament ließ sich indessen von seinem richtigen Plan weder von der beispiellosen Schwäche der preußischen Regierung, noch von den Intriguen Oestreichs und den Thorheiten der mitteldeutschen Kabinette abbringen. Entschiedener als je trat die Partei des preußischen Kaiserthums hervor. Die Unhaltbarkeit aller anderen Pläne belebte die Mehrheit des Parlamentes mit der Hoffnung, daß die Stimme der deutschen Nation doch am Ende unmöglich von Preußen könne mißachtet werden. Die demokratische Partei, welche mit gerechtem Mißtrauen gegen das Ministerium Brandenburg erfüllt war, wurde durch die Versicherung der Konstitutionellen beschwichtigt, daß die Grundrechte der Deutschen unverbrüchlich festgehalten, und somit der Einheit des Reiches die Bürgschaft der Freiheit des Volkes beigegeben werden solle.

Während so die deutschen Verfassungskämpfe in Frankfurt am Main ihren von den Kabinetten nicht gestörten Verlauf nahmen, bildeten die Wahlen in Preußen auf Grund der oktroyirten preußischen Verfassung den Schwerpunkt der tief erregten Volksbewegung.

Im Ganzen und Großen lagen dem preußischen Volke **die politischen Fragen des eigenen Staates näher als die nationalen des deutschen Reiches.** Die am 5. Dezember 1848 oktroyirte Verfassung hatte zwar einen viel freiheitlichern Anstrich als man nach dem Staatsstreich vom November hätte vermuthen dürfen; allein die Thatsachen bekundeten zu deutlich **den Unwerth aller Verfassungs-Verheißungen in Preußen** und regten das Mißtrauen gegen die Regierung auf, welche mit Gewaltthaten die National-Versammlung auseinander gesprengt hatte. Auf Grund des demokratischen Wahlgesetzes, welches beibehalten wurde, sollten nunmehr die Wahlen stattfinden; aber die so unnatürliche Konsequenz, daß man den Belagerungszustand in der Hauptstadt fortbestehen ließ in der Wahlepoche, regte die Gemüther zu tiefer Erbitterung auf und zeigte, wie wenig Gesetzessinn man dem Ministerium zutrauen könne. In Berlin, wo man die heimischen Dinge klarer sah als in Frankfurt, konnte man sich nicht der Hoffnung hingeben, daß hier der Boden sei, auf dem sich Deutschlands Einheit und Freiheit aufrichten werde!

## Der Reaktions-Kampf in Berlin.

Die Stimmung im preußischen Volke war bei Beginn des Jahres 1849 noch im höchsten Grade von der Frage der politischen Freiheit aufgeregt, wodurch die spezifische deutsch-nationale Angelegenheit stark in den Hintergrund gedrängt wurde. Es war auch gar zu natürlich, daß man sich für das deutsche Kaiserthum nicht sehr begeistern konnte, so lange man noch den Kampf gegen den königlichen Absolutismus zu führen hatte. War es nicht möglich, die Verfassung des preußischen Staates vor dem Eingriff der Oktroyirungen zu schützen, so konnte die Aussicht auf eine deutsche Reichsverfassung, trotz aller ihrer Vorzüge, keinen sonderlichen Trost gewähren. Ja, man war von früheren Zeiten her so sehr daran gewöhnt, in der freieren Existenz des Konstitutionalismus in den kleinen deutschen Staaten einen Schutz gegen den Absolutismus und die Polizei-Wirthschaft Preußens und Oesterreichs zu sehen, daß man den Gedanken der Einheit Deutschlands ohne Garantieen der Freiheit für gefährlich und verderblich hielt.

Diese Stimmung in der demokratischen Partei war der eigentlichen Reaktions-Partei sehr willkommen. Das Junkerthum in Preußen, die ganze feudale Partei mit allen ihren Verzweigungen in der Kamarilla, war empört über die Konsequenz der sogenannten deutschen Frage, welche die Devise von 1848 „Preußen geht fortan in Deutschland auf" zu verwirklichen drohte. So waren denn die extremen Parteien — die eine groß und ohnmächtig, die andere klein und stark — im Punkte der deutschen Frage praktisch viel einiger, als es theoretisch möglich schien. Nur in den Mittel-Parteien, und namentlich in den Provinzen Rheinland und Westfalen, hielt man die Hoffnung auf Deutschlands Reorganisation fest und legte auf deutsche Programme bei den Wahlen zur preußischen zweiten Kammer einen hohen Werth.

Das Ergebniß dieser Wahlen, welche im Januar stattfanden, war sehr zweifelhaft. In Berlin und in den größeren

Städten der Monarchie siegte die demokratische Partei in allen ihren Schattirungen; in den kleineren Städten und auf dem Lande überwog die ministerielle Partei, die ein konstitutionelles Programm zur Devise hatte. Der offenkundige Streitpunkt, um den sich Alles drehte, war die Frage, ob man die oktroyirte Verfassung vom 5. Dezember 1848 anerkennen solle oder nicht? Im Stillen jedoch regte der Zweifel, ob die oktroyirte Verfassung gehalten werden würde, die Gemüther viel stärker auf. Die geforderte „Anerkennung der Verfassung" wurde von vielen Konservativen nur in der Hoffnung aufgestellt, daß das Volk hierdurch das Oktroyiren selber rechtfertigen und dem Ministerium einen Anhalt bieten solle, die eigene Oktroyirung zur rechten Zeit wieder fortzuoktroyiren.

Während in Frankfurt am Main das Reichsparlament unter heftigen Kämpfen dem Abschluß der Reichsverfassung sich näherte, erhob sich der Kampf der politischen Parteien in der zweiten Kammer in Berlin zu einer Höhe, in welcher die deutsche Frage Anfangs wenig Beachtung fand. Die konstitutionelle und die konservative Partei forderten die Anerkennung der oktroyirten Verfassung, bevor sie revidirt ward. Die konstitutionelle Partei unter der Voraussetzung, daß mit der Anerkennung ein fester gesetzlicher Boden geschaffen würde; die konservative Partei unter dem stillen Vorbehalt, daß die Anerkennung die Staffel sein werde zu weiteren Oktroyirungen. Diesen Parteien gegenüber bestand die demokratische Partei darauf, daß zuerst die Verfassung revidirt und von ihren Hinterthüren gesäubert werden müsse, bevor man ihre Giltigkeit anerkennen dürfe. Sie stützte sich auf die Thatsache, daß die sechs Gesetze vom 6. April 1848 in ihrer Einfachheit und Klarheit einen besseren Damm dem Absolutismus entgegenstellen, als die weitläufige Verfassung, die nicht wenig Fallstricke gegen das Volksrecht versteckt hielt. In der Adreß-Debatte, wo dieser Kampf ausgefochten werden sollte, trat wiederum wie im Jahre 1848 das mächtige Wort Waldeck's für Recht und Freiheit ein. Er wies nach, wie die Reaktion ihre Schlingen in den Schlußartikeln dieser Verfassung ausgelegt habe; wie die „Forterhebung der bestehenden Steuern" das Budgetrecht vernichte, wie die Erlaubniß, in Abwesenheit der Kammern „**Verordnungen mit Gesetzeskraft zu erlassen**", Alles in Frage stelle, was man verheiße und gewähre. In diesem Kampfe sprach er gegenüber denen, die sich übereilt in die Anerkennung der Verfassung stürzten, das klassische Wort aus: „**Sie rannten in die Knechtschaft!**"

Wie richtig dieser Wahrspruch gewesen, das hat erst die Folgezeit erwiesen. Die Anerkennung der Verfassung sammt allen Fallstricken ihrer Schluß-Artikel fand eine schwache Majorität in der Kammer. Die Reaktion wußte sehr wohl, welch einen Anhalt sie dadurch für die Zukunft gewann; die konstitutionelle Partei schmeichelte sich mit der trügerischen Hoffnung, in der Revision der Verfassung alles gut machen zu können, was sie als verfassungswidrig sehr wohl erkannt hatte.

Die Probe auf dieses Exempel sollte sich indessen sehr bald in dem zweiten Streitpunkt der Kammer erweisen. Nachdem die Verfassung in der Adreß-Debatte ihre Anerkennung gefunden und somit der Anlaß da war, eine gesetzliche Ordnung des Staatswesens zu begründen, wurde das Verlangen, den Belagerungs-Zustand in Berlin und einigen Bezirken Preußens aufzuheben, um so dringlicher. Mochte man über die Motive zur Proklamirung des Belagerungs-Zustandes im November 1848 noch so milde urtheilen, so war jedenfalls ein Grund zur Aufrechterhaltung desselben in den ersten Monaten des Jahres 1849 nicht mehr vorhanden. Dies erkannte auch die konstitutionelle Partei an, welche sich mit ihrer Anerkennung der Verfassung schmeichelte, die Bahn der Gesetzes-Herrschaft und der verfassungsmäßigen Freiheit geebnet zu haben. Hiermit war denn eine Majorität für diesen Antrag vorauszusehen. Da trat die Regierung mit einem System auf, das leider die ganze Regierungszeit Friedrich Wilhelms IV. verdüstern sollte. Es war dies das System der Enthüllung von Verschwörungen, das zu Gunsten der Vollblut-Reaktion erfunden wurde und einen Schandfleck in der Geschichte Preußens bildet, vor dem der Freund des Vaterlandes gern den Blick verhüllen möchte, den jedoch das Richteramt der Geschichte nicht unberührt lassen kann, zumal dies schmachvolle System auch von mächtigem Einfluß auf das Scheitern aller deutschen Hoffnungen war.

---

## Der Kampf spitzt sich in der deutschen Frage zu.

Es gehörte zu den unvertilgbaren Vorstellungen des Königs Friedrich Wilhelm IV., daß das ganze politische Widerstreben des Volkes gegen den Absolutismus nur von „teuflisch boshaften, der Sünde ergebenen Verführern künstlich erzeugt sei", die sich zum Sturz der guten Ordnung des Herkömmlichen „verschworen haben." Bereits in vormärzlichen Zeiten konnte der König kaum eine politische Frage berühren, ohne über die „Bosheit", die „teuflischen Verführungskünste" der Gegner in heftige Aufwallung zu gerathen. In den Märztagen fand diese Phantasie reichliche Nahrung, und es gelang — wie wir bereits gesehen haben — selbst seinen intimsten Anhängern und hingebendsten Verehrern nicht, diesen Irrthum zu entkräften. Während des Regiments liberaler Minister im Jahre 1848 trat freilich dieser Wahn nicht in offizieller Gestalt auf, aber in den Privat-Briefen des Königs bildet derselbe den Schwerpunkt seiner Ansichten, für welche er mit dem Ungestüm einer tief aufregenden Ueberzeugung unausgesetzt kämpfte. Erst mit Eintritt des November-Ministeriums nahm die Vorstellung von der Existenz geheimer Verschwörungen eine offizielle Gestalt an und wurde eine Waffe in der Hand von bezahlten Spionen und Fälschern, deren Kunst die Kluft zwischen dem Könige und dem Volke immer mehr erweiterte.

Die im Juli 1848 gegründete Kreuzzeitung widmete diesen Spionen und Fälschern einen Theil ihres Blattes unter dem Namen „Zuschauer". Darin wurden Nachrichten über Zusammenkünfte und Besprechungen der demokratischen Führer mitgetheilt, die dem Wahn von „Verschwörungen" eine Unterlage geben sollten. Auch einzelne Flugschriften dieses Gehalts boten „Enthüllungen" der finstern Pläne in großer Umständlichkeit dar. Im Volke beachtete man lange Zeit all dies Gebahren wenig, dessen Lügenhaftigkeit offenkundig war. Einen andern Charakter gewann erst dieses System, als es bei der Debatte über den Belagerungszustand einen offiziellen Ausdruck fand.

Zu Ehren seines Andenkens müssen wir hervorheben, daß der Ministerpräsident Graf Brandenburg hierin eine Zurückhaltung beobachtete, die es glauben läßt, daß er diesem System abhold war. Wir haben bereits durch Bunsens Mittheilungen erfahren, wie freimüthig Graf Brandenburg sich über die Phantasmen des Königs in vertraulichen Kreisen äußerte. Aber neben diesem grabsinnigen Manne, den im Jahre 1850 die Schmach der Olmütz-Politik buchstäblich in's Grab brachte, stand als ein wohlgeschulter Diener seines königlichen Herrn der Minister des Innern, Herr von Manteuffel da, der die Fäden des ganzen Staatswesens leitete, und diesem Diener war es vorbehalten, in öffentlicher Kammerverhandlung dem Trugbild der Verschwörung den Charakter offiziell beglaubigter Thatsachen zu verleihen.

Bei einem Schuhmachermeister, Namens Hetzel, sollen während einer polizeilichen Nachsuchung sieben bleierne Handgranaten in einem Kasten gefunden worden sein, der angeblich einem Abgeordneten der äußersten Linken gehörte. Auch durch auswärtige Berichte wollte der Minister in Kenntniß gesetzt sein von dem nahen Ausbruch einer auf die ersten Tage des April festgesetzten Revolution. Da sei nicht blos die Wachsamkeit der Polizei, sondern die militärische Strenge des Belagerungszustandes nöthig, um die gutgesinnten Bürger der Hauptstadt vor den Schrecknissen der Revolution zu wahren. Auch von weiteren Plänen der Verschworenen wollte der Minister unterrichtet sein, die er jedoch aus weiser Vorsicht nur andeuten könne, um desto sicherer denselben entgegen zu wirken. Der Belagerungszustand sei eine Maßregel der Verwaltung, in welcher einer Kammer kein Votum zustehe, weshalb er denn vor einem Beschluß in diesem Punkte zum Heil des Staates warnen müsse.

Inmitten dieses politischen Kampfes in der preußischen Kammer, der hinlänglich den unterhöhlten Boden aufdeckte, auf welchem die konstitutionelle Partei einen gesicherten verfassungsmäßigen Zustand herzustellen gedachte, trat nun aber entscheidend der Konflikt in der deutschen Frage auf, der unaufhaltsam zum Bruch mit allen Verheißungen führen mußte.

Das Reichsparlament in Frankfurt am Main hatte in seiner Majorität durch die Monate Februar und März einen schweren Kampf gegen die Intriguen Oestreichs und der deutschen mittleren Königreiche glücklich durchgefochten. Die deutsche Reichsverfassung wurde am 28ften März 1849 abgeschlossen und als Schöpfung der Nation proklamirt. Die treuesten Anhänger Deutschlands und Preußens faßten den unter den gegebenen Verhältnissen nicht leicht zu erzielenden Beschluß, das Kaiserthum herzustellen und dem Könige von Preußen die Kaiserkrone im Namen der Nation anzubieten. Auch die Linke des Parlaments stimmte diesem Beschlusse endlich bei, nachdem zuvor das demokratische Wahlgesetz mit dem gleichen allgemeinen Wahlrecht, welches noch heute die Grundlage für die Wahlen zum Reichstage bietet, angenommen und die Konstitutionellen die feierliche Versicherung gegeben, daß sie für die Geltung der „Grundrechte der Deutschen" einstehen und die Anerkennung der Verfassung als Grundbedingung der Annahme der Kaiserkrone festhalten wollen. Nur die äußerste Rechte, meist Ultramontane, Oestreicher und Separatisten aus den kleinen Königreichen stimmten mit der kleinen republikanischen Partei der äußersten Linken gegen diese Beschlüsse und enthielten sich bei der Kaiserwahl der Abstimmung. In der deutschen Nation aber nahm man den Beschluß, in welchem man einen längst ersehnten Abschluß aufregender Kämpfe sah, mit freudigem Jubel und in der festen Ueberzeugung auf, daß Preußen und sein Monarch unmöglich diesen Ruf der Nation mißachten und Deutschland wiederum den Gefahren innerer Kämpfe und Intriguen preisgeben könne.

Die Hoffnungen selbst der Besten und Wohlwollendsten sollten jedoch alle vernichtet werden!

Die Szenen, welche in Berlin in den ersten Tagen des April 1849 spielten, gehören zu den charakteristischsten jener Zeit. Wir müssen sie, obwohl sie zu den schmerzlichsten unserer Geschichte gehören, in ihrem vollen Bilde unsern Lesern vorführen.

## Die Deputation geht nach Berlin.

In der deutschen Kaiser-Partei hatte man im März 1849 Grund zu hoffen, daß mit der Verkündigung der Reichsverfassung und der Wahl des Königs von Preußen zum Kaiser der Deutschen eine Epoche des nationalen Glückes im deutschen Vaterlande anbrechen werde. Die Zustände Europa's waren dieser Hoffnung günstig. Frankreich war durch die Revolution und die inneren Kämpfe geschwächt. England hielt sich jeder Einmischung fern. Oestreich lag noch im Kriege mit den Ungarn und den Italienern. Rußland, der einzige Gegner deutscher Einheit und Freiheit, wäre viel zu ohnmächtig gewesen, wenn Deutschlands Selbstbestimmungsrecht von Preußen nur kräftig wäre vertreten worden. Aber auch in der innern Frage des deutschen Bundesrechtes lagen die Dinge so, daß selbst der gewissenhafteste Freund des Herkömmlichen einen Zweifel an der Berechtigung der Nation und des von ihr beschlossenen Kaiserthums nicht mehr hegen konnte.

Zunächst hatte der östreichische Kaiser in einem Patent vom 4. März 1849 für alle seine Ländergebiete eine Gesammt-Verfassung verkündigt. Hierdurch ward selbstverständlich der Theil Deutsch-Oestreichs, der bis dahin zum deutschen Bunde gehörte, politisch von demselben getrennt und in einen neuen Gesammtstaat mit andern nicht-deutschen Ländern vereinigt. Ein Einspruchsrecht Oestreichs gegen den deutschen Bundesstaat hatte daher jede rechtliche Basis verloren und gab Deutschland das Recht, sich jedenfalls ohne Oestreich bundesstaatlich zu konstituiren. Außerdem aber hatte der Drang der Nation auch auf die Majorität der deutschen Fürsten einen Druck ausgeübt, der sie zur Anerkennung der Beschlüsse des Reichsparlamentes bewog. Widerstanden auch die Könige von Baiern, Würtemberg, Sachsen und Hannover diesem Nationalwillen, so waren sie doch immer nur eine Minorität gegenüber den andern Fürsten, die dem Zuge der Nation Folge leisteten.

In Berücksichtigung dieser günstigen Umstände hatte denn auch die zweite Kammer in Berlin in die Adresse vom 19. März 1849 folgenden Passus im Einverständniß mit der Regierung aufgenommen:

„Wir hoffen, daß der Weg der Verständigung aller deutschen Regierungen mit der deutschen Nationalversammlung zu einem erwünschten Ziele führen werde."

Auch in Bezug auf Oestreich und die durch das Patent vom 4. März veränderte Sachlage sprach die Adresse den richtigen Grundsatz aus, daß Deutschland sich allenfalls ohne Oestrich konstituiren müsse. Diese Worte der Adresse lauten:

„Sollten einzelne Mitglieder des deutschen Bundes durch die eigenthümliche Zusammensetzung ihres Gebietes, oder aus anderen Gründen, sich dem Bundesstaate überhaupt, oder für jetzt nicht anschließen, so wird es, wie wir zuversichtlich erwarten, Ew. Majestät Regierung dennoch gelingen, unbeschadet fortdauernder Bundesgemeinschaft aller deutschen Staaten, die Bildung des engeren Bundesstaates innerhalb derselben zu erreichen.

Da sich die preußischen Minister und die ihnen anhängende Partei mit diesem Passus der Adresse einverstanden erklärten, schien es fast unmöglich, daß Preußen selber der Hoffnung der deutschen Nation den Todesstoß versetzen werde.

In der That wurden diese Hoffnungen auch von solchen Freunden des Kaiserthums gehegt und genährt, welche in direktem Verkehr mit den preußischen Ministern standen. In Frankfurt am Main war in dieser Beziehung ein eigenthümlich gearteter Diplomat, Herr von Radowitz, sehr thätig, der dort zwar keine offizielle Stellung einnahm, sondern als bloßes Parlamentsmitglied wirkte, von dem man aber wußte, daß er im vertrautesten Verkehr mit dem König Friedrich Wilhelm IV. stand und durch dessen Freundschaft ausgezeichnet werde. Radowitz war noch am 27. März, dem Tage vor der Verkündigung der Verfassung, so voll Zuversicht in seinen Hoffnungen, daß er einer Deputation der Linken die Versicherung gab, es werde die deutsche Nation nicht in ihrem loyalen Verlangen zurückgewiesen werden. Man hatte um so mehr Grund, auf diese Versicherung einen besonderen Werth zu legen, als Radowitz zu den Mitgliedern der äußersten Rechten gehörte, welche grundsätzlich die Zustimmung der Fürsten zu der Verfassung für nöthig hielten und im Protokoll sich verwahrten gegen den Beschluß, daß das Parlament berechtigt sei, die Verfassung als giltiges Reichsgesetz aus eigener souveräner Machtvollkommenheit zu proklamiren. Auch die übrigen mit der preußischen Regierung vertrauten Mitglieder des Reichsparlaments theilten diese Hoffnungen und sprachen sie unter Bürgschaft ihres Namens aus. All das bewirkte, daß die Linke des Reichsparlaments ihre Bedenken fallen ließ und den Beschluß nicht nur annahm, sondern auch einige Mitglieder zur Deputation bezeichnete, welche dem gewählten Kaiser die Botschaft der Nation persönlich überbringen sollte.

Die Verkündigung des hoffnungsvollen Beschlusses wurde nicht bloß in Frankfurt am Main mit Jubel aufgenommen und durch Illumination gefeiert, sondern auch in allen benachbarten Staaten gab man sich der freudigen Hoffnung hin, daß eine schwere nationale Krisis einem glücklichen Abschluß nahe sei. Man ließ sich auch in dieser freudigen Stimmung nicht stören durch die Nachricht, daß der Erzherzog Johann von Oestreich die Würde des Reichsverwesers niederzulegen entschlossen sei. Es lag in der Natur der Dinge, daß die provisorische Zentralgewalt ihr Ende haben müsse, wenn der Kaiser die definitive Gewalt seines Amtes übernehme. Ohnehin wußte man ja auch, daß dem östreichischen Prinzen der Beschluß des Parlaments nicht behagen konnte.

Das Reichsparlament wählte aus allen Fraktionen eine

aus drei und dreißig Mitgliedern bestehende Deputation, welche die Botschaft nach Berlin bringen sollte. Es waren darunter Männer wie Ernst Moritz Arndt, Dahlmann, Mittermayer, Raumer, Rießer, die in allen Parteien hochgeachtet dastanden.

Sie traten ihre Reise in der Hoffnung an, daß ihre Mission eine für das Vaterland glückverheißende sein werde, und empfingen in den einzelnen Orten, in Köln, in Kassel, in Hannover, in Braunschweig, in Magdeburg und selbst in Potsdam begeisterte Glückwünsche aller treuen Anhänger des deutschen Vaterlandes.

Die Deputation hätte bereits am 1. April in Berlin eintreffen können; aber man schien dies ominöse Datum meiden zu wollen und verzögerte die Ankunft bis auf die nächsten Tage, unter dem Vorgeben, inzwischen noch nähere Nachrichten über den bevorstehenden Empfang zu erhalten. Die Nachrichten lauteten wiederum günstig; so wenigstens erschienen sie einigen Mitgliedern der Deputation. Aber im Berliner Volke wollte sich die Hoffnung nicht beleben. Man sah mit tiefem Mißtrauen auf den Umstand, daß der Belagerungszustand nicht aufgehoben wurde und die Kaiser-Deputation genöthigt sein würde, den militärisch besetzten Bahnhof zu passiren. Man nahm es als ein trauriges Omen auf, daß der Magistrat in Berlin sich von Manteuffel Instruktionen einholte für eine möglichst nichtssagende Adresse, die sehr abwich von der der Stadtverordneten. Die Kreuzzeitung wüthete gegen die Rebellen und ihre Vertreter. Und der König reiste am Tage vor der Ankunft der Deputation nach Freienwalde, wo, wie man versicherte, die Kamarilla hinter dem Rücken der Minister die Antwort des Königs in Berathung nehmen wolle.

## Der Adressen-Sturm in Berlin.

Man war in Berlin mißtrauisch, und wie sehr mit Recht, das hat die Folge gezeigt; aber die Bedeutung des Momentes wurde darum doch nicht verkannt. Es erhob sich ein Adressen-Sturm innerhalb wie außerhalb der Volksvertretung, der die Bewegung jener Zeit in allen ihren Parteien kennzeichnete.

Wir glauben, das Bild jener Parteikämpfe nicht lebhafter schildern zu können, als es in einem Leitartikel der damals zuerst aufgetretenen „Urwähler-Zeitung" unter dem frischen Eindruck der Tagesbegebenheit geschah; der Artikel lautet wie folgt:

„In der Kaiserangelegenheit haben sich hören lassen:
1) Stadtverordnete,
2) der Magistrat,
3) die Minister,
4) die Vollblut-Reaktion,
5) die äußerste Rechte,
6) die Rechte,
7) das Zentrum,
8) die Linke,
9) die äußerste Linke.

Die Stadtverordneten und der Magistrat in besonderen Adressen; die Minister in Erklärungen; die Vollblut-Reaktion in der Kreuzzeitung; die äußerste Rechte, die Rechte, das Zentrum und die Linke in der Kammer-Sitzung vom 2. April; die äußerste Linke durch Schweigen.

Es ist wichtig, sich diese Kämpfe der Meinungen einmal näher anzusehen.

Die beste Adresse ist die der Stadtverordneten. Sie sagt: Nimm an! Das Weitere wird der liebe Gott schon gut machen, die Diplomaten schon verderben und das deutsche Volk schon erträglich ordnen!

Die weiseste Adresse ist die des Magistrats; denn es steht so gut wie gar nichts darin. Sie schneidet ein Gesicht, das

eben so gut für Mondschein wie für Regen paßt. Sie lächelt
mit dem einen Auge und weint mit dem anderen. Sie wedelt
mit dem Zopfe und sagt: Bedenklichkeit ist immer gut! Sie
hält die Finger an der Nase und ruft voll Begeisterung aus:
Wir wollens abwarten!

Die Erklärung des Ministerpräsidenten ist die inhalt-
reichste; denn sie ist eine Erklärung, welche zum Verständniß
einer neuen Erklärung bedarf, und diese neue Erklärung wird
wieder erklärt werden müssen, so daß die jetzige ministerielle Erklärung eigentlich eine Urgroßmutter-Erklärung ist und eine Tochter-
Erklärung und eine Enkel-Erklärung und Urenkel-Erklärung
gebären wird, bis ein völlig unsterbliches Geschlecht von Erklärungen ein unerklärliches Familienband um uns flicht.

Die Vollblut-Reaktion steht in der neuesten Kreuzzeitung.
Sie besagt: Was? Eine Kaiserkrone bringt Ihr? Bett-
ler seid Ihr! Ihr habt kein Gold, kein Geld, kein Land,
kein Recht, keine Macht, kein Volk, keine Soldaten! Ihr
seid bankerotte Spekulanten in zurückgesetzter Volks-Souve-
ränetät! Ihr seid am wahren wirklichen Ausverkauf wegen
Aufgabe des Geschäfts der Volksvertretung! Macht Euch nicht
mausig und seid froh, wenn man Euch freie Station in den
Gasthäusern giebt und Euch heimschickt mit Redensarten,
wie Ihr mit Redensarten gekommen seid!

Wir kommen zu den Kammer-Parteien, und hier wird die
Sache ernster.

Eine Deputation bietet eine Kaiserkrone an. Wer schickt
diese Deputation? — Das Reichsparlament in Frankfurt!
Wer hat das Reichsparlament bevollmächtigt? Das deutsche
Volk. Wer hat dem deutschen Volke die Vollmacht gegeben?
Die deutsche März-Revolution!

Das ist der Angelpunkt, um welchen sich die Parteien
drehen.

Zwar haben die Regierungen selber die Verordnung zur
Wahl des Reichsparlamentes erlassen; der Bundestag, der
Deutschland lange genug verfinstert, hat sich selber als aufgelöst erklärt. Allein das geschah im Taumel der revolutionären Strömung; das war selber ein Akt der Revolution.

Die Deputation also ist immerhin ein Kind der Revolution.

Die äußerste Rechte will das Kind verleugnen.

Die Rechte will es in Pension geben.

Das Zentrum will es ins Haus nehmen und erziehen.

Die Linke will es als alleinigen Erben anerkennen.

Die äußerste Linke schmollt mit dem Revolutionskinde, das mit Fürsten liebäugelt!

Die äußerste Rechte (Graf Arnim und sein Anhang) möchte am liebsten mit der äußersten Linken stimmen und gar keine Adresse an den König erlassen. Sollte sie sprechen, so würde sie am liebsten sagen: Du bist König von Gottes Gnaden, wie kannst Du Kaiser werden von des Volkes Gnaden! Dadurch erkennst Du ja die Revolution an und nimmst ein Geschenk aus ihrer verbrecherischen Hand! Du bist geboren zum Oktroyiren; diese Kaiserkrone ist vom Volk oktroyirt. Das Volk darf nicht oktroyiren! — So würde sie gern sprechen; allein da es nicht so offen geschehen kann, umwickelt sie den Kern mit konstitutioneller Baumwolle und läßt ihn nur für den Kenner durchschimmern. Ihre Adresse sagt nichts anderes als: Deutschland ist in Verlegenheit und Gefahr; Oestreich schließt sich ab; Preußen muß rettend an die Spitze treten. Die Leute, die die Krone anbieten, haben keine zu vergeben; aber Du ergreife sie, und setze sie Dir selbst aufs Haupt; jedoch nicht auf Grund der deutschen Reichsverfassung, sondern aus eigener Machtvollkommenheit. Das werden die deutschen Fürsten gern zugeben; und Du oktroyirst dann die deutsche Reichsverfassung!

Die Rechte (Vincke und sein Anhang) sagt: Die Völker haben kein Recht, Dir die Krone zu geben; aber nimm die Deputation an als einen Beweis des Vertrauens der deutschen Völker. Dieses Vertrauen der Völker zu Dir wird die konstitutionellen Fürsten bewegen, Dir aus rechtmäßiger Machtvollkommenheit die Kaiserkrone zu reichen.

Während die äußerste Rechte nur die Verlegenheit der Völker und die Macht der Fürsten im Auge hat, sieht die Rechte auf das „Vertrauen der Völker" und auf das vom Vertrauen getragene Recht der Fürsten.

Das Zentrum (v. Unruh und Genossen, im Kommissions-Entwurf vertreten) steht wie immer zwischen zwei Gedankenstrichen. Es bildet auch hier den „Vereinbarer". Nach ihm hat die Reichs-Versammlung nicht das Recht, die Verfassung endgiltig zu geben und den Kaiser zu ernennen; aber sie hat ein eben so gutes Vorschlagsrecht wie die Fürsten, die auch nichts oktroyiren dürfen. Das Zentrum sagt: Nimm die Krone an und vereinbare Dich dann über die Verfassung! Zwar wirst Du dadurch Schwierigkeit haben mit den Fürsten; allein wenn die Völker wollen, werden die Fürsten sich vereinbaren müssen.

Die Linke (Parrisius und Genossen) bringt nur Einen Satz in die Adresse des Zentrums hinein; der sagt aber Alles. „Die deutsche National-Versammlung hat durch die Festsetzung der Verfassung das Werk der Einigung und Kräftigung Deutschlands seiner Vollendung entgegengeführt!" Das heißt: mag der König die Krone annehmen oder nicht; die deutsche Reichsverfassung steht fest! Wir wünschen, daß der König die Krone annehme; aber nur auf Grund der Verfassung, die das deutsche Volk sich selbst gegeben.

Und was sagt die äußerste Linke?

Sie schweigt! Sie sagt damit: Du Kind der Revolution, die Mutter verleugnest Du? geh hin, wir müssen Dich verleugnen!

Das sind die neun Stimmen um den Einen Kaiser!"

Dieser Artikel in Nr. 6 der Urwählerzeitung giebt die Stimme der Zeit und die Stimmung des Tages in volksthümlicher Weise charakteristisch genug wieder. Die Kammer-Verhandlungen am 2. April 1849 waren von der ganzen Erregung der Situation getragen. Die äußerste Linke schwieg und stimmte für die Adresse des Zentrums. Die äußerste Rechte sah, daß sie nicht durchkommt und stimmte für die Vincke'sche Adresse. Diese erhielt denn auch eine schwache Majorität. Sie wurde mit 156 gegen 151 Stimmen angenommen.

Aber in Freienwalde war ein anderer Entschluß zu Stande gekommen. Es sollte auch die loyalste der Volksstimmen vergeblich sein.

## Die Entscheidung des Königs.

Noch am Morgen des dritten April 1849 konnten sich, trotz mancher unerfreulichen Anzeichen, die treuesten Vaterlandsfreunde nicht von der Hoffnung losmachen, daß der Tag eine glückliche Entscheidung herbeiführen werde. Selbst die Erste Kammer hatte am vorhergehenden Tage eine Adresse an den König beschlossen, welche dieser Hoffnung vollen Ausdruck ließ. Allein der Erfolg schnitt auch den gemäßigtsten Wünschen jede Aussicht auf bessere Zustände ab.

Die Kaiser-Deputation, an deren Spitze der Präsident des Reichsparlamentes, Herr Simson, wurde in feierlicher Audienz vom Könige im Schloß empfangen. Der Präsident hielt eine Ansprache, in welcher in kurzen bestimmten Sätzen der Gedanke ausgedrückt wurde, daß die Annahme der Kaiserkrone nur auf Grund der geltenden Reichsverfassung erfolgen könne, und die Deputation im Auftrage des deutschen Volkes „in der ehrfurchtsvollen Hoffnung vor Sr. Majestät erschienen sei, daß derselbe geruhen werde, die begeisterten Erwartungen des Vaterlandes durch einen gesegneten Entschluß zu glücklicher Erfüllung zu führen."

Die Antwort des Königs ist so charakteristisch, daß wir sie hier in voller Fassung vorführen müssen, zumal darin bereits Pläne angedeutet sind, welche sehr bald zur Ausführung gebracht werden sollten, deren Erfolglosigkeit aber jedem Einsichtigen klar sein mußte.

Die Worte des Königs lauteten wie folgt:

„Die Botschaft, als deren Träger Sie zu mir gekommen sind, hat Mich tief ergriffen. Sie hat meinen Blick auf den König der Könige gelenkt und auf die heiligen und unantastbaren Pflichten, welche Mir als dem Könige Meines Volks und als einem der mächtigsten deutschen Fürsten obliegen. Solch ein Blick, Meine Herren, macht das Auge klar und das Herz gewiß.

„In dem Beschlusse der deutschen National-Versammlung, welchen Sie meine Herren Mir überbringen, erkenne ich die Stimme der Vertreter des deutschen Volks. Dieser Ruf giebt Mir ein Anrecht, dessen Werth Ich zu schätzen weiß. Er fordert, wenn Ich ihm folge, unermeßliche Opfer von Mir. Er legt mir die schwersten Pflichten auf.

„Die deutsche National-Versammlung hat auf Mich vor Allem gezählt, wo es gilt, Deutschlands Einheit und Kraft zu gründen. Ich ehre ihr Vertrauen. Sprechen Sie ihr meinen Dank dafür aus. Ich bin bereit, durch die That zu beweisen, daß die Männer sich nicht geirrt haben, welche ihre Zuversicht auf Meine Hingebung, auf Meine Treue, auf Meine Liebe zum gemeinsamen Vaterlande stützen.

„Aber meine Herren, Ich würde Ihr Vertrauen nicht rechtfertigen, Ich würde dem Sinne des deutschen Volkes nicht entsprechen, Ich würde Deutschlands Einheit nicht aufrichten, wollte Ich mit Verletzung heiliger Rechte und meiner früheren feierlichen Versicherungen, ohne das freie Einverständniß der gekrönten Häupter der Fürsten und der freien Städte Deutschlands, eine Entschließung fassen, welche für sie und für die von ihnen regierten deutschen Stämme die entscheidendsten Folgen haben muß.

„An den Regierungen der einzelnen deutschen Staaten wird es daher jetzt sein, in gemeinsamer Berathung zu prüfen, ob die Verfassung dem Einzelnen wie dem Ganzen frommt, ob die Mir zugedachten Rechte mich in den Stand setzen würden, mit starker Hand die Geschicke des großen deutschen Vaterlandes zu leiten und die Hoffnungen seiner Völker zu erfüllen!

„Dessen aber möge Deutschland gewiß sein, — und das meine Herren, verkünden Sie in allen deutschen Gauen: Bedarf es des preußischen Schildes und Schwertes gegen äußere und innere Feinde, so werde Ich, auch ohne Ruf, nicht fehlen.

Ich werde dann getrost den Weg Meines Hauses und Meines Volkes gehen, den Weg deutscher Ehre und Treue."

Die Deputation wurde mit diesem Bescheid entlassen und nahm die traurige Ueberzeugung mit, daß nunmehr Alles vergeblich und müßig sei. Der König Friedrich Wilhelm IV. meinte zwar, daß „der Blick nach oben auf den König der Könige das Auge klar und das Herz gewiß mache". Für jedes Mitglied der Deputation, wie für Jeden, der die Zustände Deutschlands kannte, lag es aber klar und gewiß vor Augen, daß, wenn die deutschen Fürsten, wozu denn auch der Kaiser von Oestreich und die Könige der Mittelstaaten gehörten, die Entscheidung treffen sollen, ob die Reichsverfassung ihnen frommt und die Kaiserwürde Preußens ihnen paßt, die Aussichten und Hoffnungen der Nation für ewig begraben seien.

Man hat Grund zu vermuthen, daß das preußische Ministerium selber mit dieser Antwort des Königs nicht einverstanden war. Sicher ist es, daß Graf Brandenburg noch einige Tage vorher nicht gewiß wußte, wie dieser Bescheid des Königs ausfallen werde. Nur die Kreuzzeitung jubelte triumphirend und pries die Antwort als die Stimme des wahren Königthums von Gottes Gnaden nach Gottes Eingebung. Gleichwohl hatte das Ministerium jetzt keinen anderen Ausweg, als die aussichtsloseste Bahn, welche der König angedeutet, zu betreten und möglichst die Dinge noch so zu wenden, daß die schroffe Abweisung der Kaiserkrone Etwas an ihrer Schärfe verliere.

Wir haben es bereits erwähnt, daß der Erzherzog Johann von Oestreich nach der stattgehabten Kaiserwahl den Entschluß gefaßt hatte, die ihm anvertraute provisorische Zentralgewalt niederzulegen. Das preußische Ministerium erließ denn auch sofort eine Zirkular-Note, in welcher diese Abdankung des Reichsverwesers acceptirt und den deutschen Fürsten angezeigt wurde, daß der König von Preußen diese Zentralgewalt zu übernehmen bereit sei und deshalb eine gemeinschaftliche Berathung der Fürsten Deutschlands für dringlich erachte. Aber die Folge dieses verzweifelten Schrittes war, daß der Kaiser von Oestreich sofort dem Reichsverweser die Weisung zugehen ließ, die Würde seines Amtes nicht aufzugeben und provisorisch die Zentralgewalt zu behalten. Zugleich wurde von Oestreich die Erklärung erlassen, daß — da die Reichsverfassung nunmehr fertig, das Mandat der Abgeordneten erloschen sei und die östreichischen Mitglieder das Reichsparlament verlassen sollen. Die gemeinsame Berathung der Fürsten aber wurde von Oestreich für unnöthig erklärt, da aus der Verfassung doch nichts werden könne! Dieser Ausgang war zu natürlich, um überraschen zu können. Im „klaren Blick nach oben" wurde alles, was hier unten auf Erden thatsächlich vorging, völlig übersehen.

Zur Bezeichnung der Situation müssen wir noch eines Briefes erwähnen, den der ehrwürdige Ernst Moritz Arndt an den König richtete, um ihn zur Annahme der Kaiserkrone zu bewegen, worauf ihm eine Antwort zu Theil wurde, welche voll war der Entrüstung gegen die Rebellion und die Zumuthung, aus ihrer Hand eine Würde anzunehmen. Gleichwohl bekundet ein Vorgang am Hofe des Königs, daß dieser trotz des Ernstes der Lage einem Zuge nach Scherz und Witz nicht unzugänglich blieb.

Zu Ehren der Deputation wurde dieselbe zu einem Festmahl im Charlottenburger Schloß eingeladen. Die meisten Mitglieder blieben aus und nur Einige der thätigsten der Kaiser-Partei fanden sich veranlaßt der Einladung zu folgen. Unter diesen war auch der Abgeordnete Rießer aus Hamburg. Der König, umgeben von Generälen und Hofmännern, bewegte sich heiter in der Gesellschaft. Er wandte sich lachend zu Rießer: „Nicht wahr, Herr Dr., Sie sind ja auch überzeugt, daß ich die Verfassung nicht unbeschnitten annehmen konnte!" Die Umgebung stimmte in das Lachen ein, weil Rießer ein Jude war.

Der wackere Rießer konnte den Witz verschmerzen, nicht aber konnte er es verschmerzen, daß ihm diese Behandlung im Schlosse des Gastgebers zu Theil wurde, wohin er sich nur aus Ehrfurcht und in Rücksicht auf die Nation begeben, die dem Könige die höchste der Ehren zugedacht hatte!

## Verzweifelte Stimmung.

Bestürzt über die unerwartete Antwort des Königs gab die Kaiser-Deputation am 4. April 1849 eine Erklärung an das preußische Ministerium ab, welche mit Entschiedenheit betonte, daß die Wahl des Kaisers im Reichsparlament nur erfolgt sei auf Grund der beschlossenen Reichsverfassung, daß also jede Nichtanerkennung derselben von Seiten des Königs auch die Wahl selber vernichte. — Zur Beruhigung derjenigen Mitglieder der Deputation, die auch jetzt noch die Hoffnung nicht ganz aufgeben mochten, wurde jedoch am Schluß der Erklärung der Satz angefügt, daß die Reichsverfassung immerhin als Vorlage für die gemeinsame Berathung der deutschen Regierungen gelten „könnte."

Daß diese Erklärung an das preußische Ministerium gerichtet wurde, beruhte auf der konstitutionellen Fiktion, daß der König unverantwortlich sei und das Ministerium alles zu verantworten habe, was von dem Könige geschieht. Wie sehr diese Fiktion in Preußen von aller Wirklichkeit fern war, das lag leider längst am Tage. Ganz besonders war es im vorliegenden Falle klar, daß der König hierin seinen eignen Eingebungen und den Rathschlägen einer Kamarilla gefolgt war, die hinter dem Rücken des Ministeriums ihren Einfluß geltend machte. Gleichwohl war diese Erklärung der Deputation dem Ministerium sehr willkommen. Die Aufregung in Preußen und in Deutschland war so groß, daß das Ministerium die Gelegenheit mit Freuden ergriff, um durch diplomatische Einwirkungen glauben zu machen, daß die Ablehnung keine definitive gewesen, da ja noch die Möglichkeit vorhanden sei, daß die Fürsten die Verfassung modifiziren und die Kaiserwahl bestätigen würden.

Diese Möglichkeit wäre vielleicht noch vorhanden gewesen, wenn nicht das Geschick auf dem Kriegsschauplatz in Italien den Uebermuth Oestreichs in hohem Grade gesteigert hätte. Wenige Tage vor der Kaiserwahl in Frankfurt am Main, am

23. März 1849, fand nämlich die Schlacht bei Novara statt, wo die Italiener eine gänzliche Niederlage erlitten. Oestreich schloß schnell einen Italien demüthigenden Frieden und rief zugleich Rußlands Hilfe an, um die Ungarn zu züchtigen, die gegen Oestreich siegreich waren. Dies verlieh dem östreichischen Hof den Muth, gegen jeden Plan der Verständigung zwischen Preußen und dem Reichsparlament mit Entschiedenheit zu protestiren und namentlich „Verwahrung" einzulegen gegen den Gedanken, daß man in der deutschen Angelegenheit auf Grund der preußischen Vorschläge „gemeinsame Berathungen" pflegen wolle. Eine Note der östreichischen Regierung an den Reichsverweser nahm deshalb einen Ton an, der für das preußische Ministerium in hohem Grade verletzend war. Wußte man ja in Wien sehr wohl, daß in diesem Punkte der König von Preußen nicht auf Seiten seines eigenen Ministeriums stand.

Für die deutsche Kaiser-Partei war diese Lage der Dinge ein harter, aber leider nur ein zu wohlverdienter Schlag. In Verkennung der wahren Verhältnisse hatte diese Partei noch wenige Monate vorher den Sieg Oestreichs über die Italiener als einen Sieg „deutscher Waffen" ersehnt. Jetzt erst, und viel zu spät, merkte sie, daß sie dem Feinde Triumphe und dem Freunde Niederlagen herbeigewünscht hatte.

In Verzweiflung über den traurigen Stand der Dinge zögerte die Kaiser-Deputation den Bericht an die Nationalversammlung mehrere Tage hin. Man hoffte noch immer und wollte den preußischen Ministern Zeit lassen, einen Ausweg zu finden. Die preußischen Kammern waren in schwerer Aufregung. Die konstitutionelle Partei unter Vincke fühlte sehr wohl den schweren Schlag, der nunmehr auch gegen sie geführt worden sei; allein die unglückselige konstitutionelle Fiktion ließ ihr keinen anderen Weg als das Ministerium anzugreifen, das am Stand der Dinge unschuldig war. Im Volke selber war man von all den Selbsttäuschungen fern und fühlte, daß man auf parlamentarischem Wege vergeblich gegen das Mißgeschick ankämpfen würde.

Während am Rhein und in Westfalen die Volksstimmung

sich in energischen Versammlungen kund gab und Beschlüsse gefaßt wurden, welche die unbedingte Giltigkeit der Reichsverfassung aussprachen, entstand in den deutschen Kabinetten eine Spaltung, welche sehr bald zu einer neuen Verwicklung führte.

Oestreichs entschiedenes Auftreten fand sofort in Baiern Anklang. Auch dieses erklärte mit großer Bestimmtheit, sich auf Verhandlungen mit dem Reichsparlament nicht einlassen zu wollen. In Würtemberg war die Volksstimmung entschieden national-kaiserlich; aber der Hof bekam mit einemmale frischen Muth, sich gegen eine Kaiserkrone auf dem Haupte eines Hohenzollern zu verwahren, weil sich diesem Hause das baiersche Haus nimmermehr unterordnen würde. Das dortige März-Ministerium trat denn auch sofort zurück, und der Führer desselben, der würdige Römer, stellte sich an die Spitze der Opposition. Wie man an den Höfen von Hannover und Sachsen dachte, war kein Geheimniß; allein auch in diesen Königreichen war das Volk entschieden deutsch-kaiserlich. In den kleineren Staaten Deutschlands dagegen waren die Regierungen in Händen der März-Minister, und diese stellten sich auf die Seite Preußens und des Reichsparlamentes.

In diesem Sinne gaben denn auch am 14. April die Bevollmächtigten von Baden, beider Hessen, Oldenburg, Mecklenburg, Holstein, Lauenburg, Braunschweig, Nassau, der sächsischen Herzogthümer, Waldeck, der anhaltinischen Länder und der vier freien Städte u. s. w. eine Note an den preußischen Bevollmächtigten ab, worin sie sich bereit erklärten, auf „gemeinsame Berathungen" einzugehen, dabei die Reichsverfassung und die Kaiserwahl anzuerkennen und auf Verständigung mit dem Reichsparlament hinwirken zu wollen, um geeignete Abänderungen der Verfassung auf verfassungsmäßigem Wege herbeizuführen. Es ließ sich voraussehen, daß wenn nur die preußische Regierung selber einen festen Stand hätte einnehmen wollen und können, noch immerhin der Bruch mit dem Parlament nicht hätte einzutreten brauchen. Auf diesen Plan hin richteten sich nun die bescheidenen Hoffnungen der Kaiser-Partei, welche ihre Stimme in den preußischen Kammern erhob. Allein die Lage der Dinge war eine so gelockerte, daß das preußische Ministerium selber den Muth nicht hatte, den eigen gewählten Standpunkt festzuhalten. Der Minister-Präsident Graf Brandenburg gab am 21. April in der zweiten Kammer eine Erklärung ab, die wiederum die Hoffnung weiter hinauszuschieben suchte. Auf die Entgegnung, daß die öffentliche Meinung die Macht sei, auf welche Preußen sich stützen müßte, sprach der Graf Brandenburg die im Gedächtniß des Volkes fortlebenden Worte aus, daß die öffentliche Meinung eine Macht sei, wie Sturm und Wind, die man wohl beachten möge, der man aber das Staatsschiff nicht anvertrauen dürfe, weil es dann nie den rettenden Port erreichen würde. „Niemals! niemals! niemals!"

## Die Reaktion bricht los.

Das berüchtigte „Niemals, niemals, niemals" des Grafen Brandenburg war das Signal zum Ausbruch des tiefsten Volkszornes, wie des hochgeschwellten Muthes der rothen Reaktion. Der Kampf in dem Parlament in Frankfurt nahm einen viel schrofferen Charakter als in den letzten Monaten an, wo man noch eine glückliche Lösung hoffen konnte, und viele Mitglieder der Linken auf ihre Partei mäßigend einzuwirken suchten. Als nun nach diesem Ausspruch des preußischen Minister-Präsidenten auch der letzte Hoffnungs-Schimmer verschwand, wendete sich das Blatt, und die Beschlüsse der Linken gewannen die entscheidende Majorität.

Die Anzeichen, daß die deutsche Nation die Durchführung der Reichsverfassung verlange, strömten von allen Seiten herbei. Nicht blos die Zustimmungs-Adressen von Volksversammlungen bekundeten dies, sondern die Beschlüsse vieler offizieller Volksvertretungen in den Einzelstaaten lauteten in diesem Sinne. Das Reichs-Parlament wurde aufgefordert, an der Verfassung festzuhalten und so lange versammelt zu bleiben, bis ein neuer

Reichstag, gewählt nach dem Reichswahlgesetz, an seine Stelle
träte. In Würtemberg nahm die Aufregung ganz und gar den
Charakter einer Revolution an. Der König, welcher sich wei-
gerte, die Verfassung anzuerkennen und an Stelle des März-
Ministeriums ein reaktionäres ernannte, wurde durch eine Volks-
Demonstration vor dem Schloß in Stuttgart zu der Erklärung
veranlaßt, daß er nicht die Verfassung, sondern nur die
Kaiserwahl bekämpfen wolle. Gleichwohl beeilte er sich, seine
Residenz zu verlassen und begab sich sammt seinem Hof nach
Ludwigsburg, um von dort aus gegen die Volksbewegung Dekrete zu erlassen. Die Kammer jedoch ergriff entschieden Partei für die Reichsverfassung, erklärte sich für permanent und
erließ eine Adresse gegen das neue Ministerium. In den bairischen Distrikten fand nicht mindere Aufregung statt, und entschiedener noch bereitete sich in Baden eine Bewegung vor,
welche sich sehr bald in eine wirkliche Revolution verwandeln
sollte.

So war es denn zweifellos, daß die Volksstimme, in Süd-
deutschland nicht minder wie die in den kleinern norddeutschen
Staaten, die Aufrechthaltung der Reichsverfassung und die Auto-
rität des Reichsparlaments forderte. Aber auch in den zwei
Königreichen Norddeutschlands, Hannover und Sachsen, erhob
sich die Aufregung zu einem Sturm, der einen bedrohlichen
Charakter annahm. Es lag klar am Tage, daß wenn nur
Preußen nicht selber die unheilvolle Tendenz angenommen hätte,
die Stimme des Volkes zu verachten und auf die
Fürsten zu bauen, die Volksströmung stark genug gewesen
wäre, den Fürsten jeden Widerstand gegen das Reich und das
Kaiserthum zu benehmen.

Bei diesem Stande der Dinge in Deutschland wird man
es erklärlich finden, daß sich das Reichsparlament zu einem Beschluß hinreißen ließ, der als ein Eingriff in die Rechte der
Einzelregierungen aufgefaßt werden konnte und der, anstatt die
Ziele der Nation zu fördern, der Reaktion den Anhalt bot, in
voller Stärke aufzutreten.

Nach mehrtägigen Debatten im Reichsparlament beschloß
dasselbe am 25. April 1849 folgende Resolutionen:

„Die Reichsversammlung erklärt in Uebereinstimmung mit ihrer nach Berlin gesandten Deputation, daß die Annahme der dem Könige von Preußen übertragenen Würde des Reichs-Oberhauptes die Anerkennung der Reichsverfassung voraussetze."

„Die Regierungen, welche die Anerkennung der verkündeten Reichsverfassung noch nicht erklärt haben, sind aufzufordern, die Anerkennung der Reichsverfassung, der Wahl des Oberhauptes und des Wahlgesetzes nunmehr auszusprechen. Dieselben Regierungen sind zu veranlassen, sich aller Anordnungen zu enthalten, durch welche dem Volke die verfassungsmäßigen und gesetzlichen Mittel, seinen Willen kund zu geben, in diesem entscheidenden Augenblicke geschmälert oder entzogen würden, insbesondere von ihrem Rechte, die Ständeversammlungen zu vertagen oder aufzulösen, keinen Gebrauch zu machen, welcher die Kundgebung des Volkswillens verhindert, vielmehr dieselbe in Thätigkeit zu setzen und zu belassen, bis die Reichsverfassung zur Anerkennung gebracht sein wird."

In Berlin fand in diesen verhängnißvollen Tagen gleichzeitig eine Debatte statt, die das große Lügengewebe der rothen Reaktion bloß legte. Es war die Debatte über den Belagerungszustand, worin der Minister des Innern, Herr von Manteuffel mit seinen „Enthüllungen" paradirte, um die Aufrechthaltung des Belagerungszustandes als eine nothwendige, den Staat rettende Maßregel zu vertheidigen. Die bei dem Schuhmachermeister Hetzel aufgefundenen sieben bleiernen Handgranaten spielten die Hauptrolle, an welche sich der Mythus einer großen Verschwörung zur Proklamirung der Republik anknüpfte. Das ganze Lügen-Arsenal des „Zuschauers der Kreuzzeitung," deren Spione bezahlte Agenten der Polizei waren, wurde vor der Kammer mit offizieller Glaubwürdigkeit ausgekramt. Ob Manteuffel selber diese Polizeimythen glaubte, oder ob er hierin auch nur den treuen Diener der Reaktion spielte, müssen wir dahingestellt sein lassen. Wir können zur Ehre der Volksvertretung nur sagen, daß selbst konservative Mitglieder derselben auf diese Enthüllungen keinen Werth legten und einzig und allein aus formalen Motiven den Antrag auf Aufhebung des Belagerungszustandes als einen Eingriff in die Verwaltungsrechte der Regierung bekämpften. Die Majorität jedoch erkannte diese Motive nicht an und stimmte mit 184 gegen 139 dem Antrage der Linken bei, wonach die Fortdauer des Belagerungszustandes ohne Zustimmung der Kammern für ungesetzlich erklärt und die Zustimmung nicht ertheilt wurde.

Ueber den Erfolg dieses Votums täuschte man sich in der Kammer nicht. Man wußte sehr wohl, daß darum der Belagerungszustand nicht aufgehoben werden würde. Aber es geschah mehr als dies. Die Resolution des Reichsparlaments in Frankfurt am Main, daß die Regierungen, welche die Reichsverfassung nicht anerkannt haben, von ihrem Rechte, die Kammern aufzulösen, keinen Gebrauch machen sollten, war das Signal für die preußische Regierung, gerade das Gegentheil zu thun. Das Votum gegen den Belagerungszustand gab nur den Vorwand dazu her.

Am Freitag den 27. April 1849 war die Kammer versammelt, und eben im Begriff, über ein Vereinsgesetz eine namentliche Abstimmung vorzunehmen, als sich der Ministerpräsident erhob und im Namen des Königs die Auflösung der Kammer verkündete.

Die Nachricht verbreitete sich schnell im Volke. Es sammelte sich eine Masse auf dem Dönhofsplatze an, welche die Majorität mit Beifallsbezeugungen beehrte. Aber der Belagerungszustand herrschte. Das Militär wurde beordert und nach einigem Trommelwirbeln wurde „Feuer" kommandirt, worauf die Massen zerstoben. Sieben Leichen blieben auf dem Platze als Opfer dieses Zustandes.

# Die Anarchie in Deutschland.

Die Auflösung des preußischen Abgeordnetenhauses fand natürlich in den Königreichen Hannover und Sachsen sofortige Nachahmung. Was konnte man auch an den Höfen von Dresden und Hannover Besseres wünschen als dieses Vorgehen Preußens, das ihm den Haß des Volkes zuzog und die Fürsten von der Furcht erlöste, sich der kaiserlichen Autorität und der Geltung einer Reichs-Verfassung fügen zu müssen. Daß die preußische Regierung hierbei immer noch den Plan einer Verständigung mit dem Reichsparlament in Frankfurt am Main festhielt, konnte von den andern deutschen Höfen nur als ein müßiges Spiel betrachtet werden, dessen Nichtigkeit zweifellos war.

Unter diesen Umständen wurde es auch dem Könige von Würtemberg leicht, sich mit seinem Volke auszusöhnen. Er erklärte, die Reichsverfassung anzuerkennen und auch gegen die Kaiserwahl keine Einwendung zu machen! Wußte er ja sehr gut, daß ihm Preußen die schwere Rolle volksverhaßter Entschlüsse abnehme.

Desto tiefer aber griff der Unmuth in den preußischen Provinzen um sich, und namentlich in den Kreisen, wo die konstitutionelle Partei starken Anhang hatte. In Elberfeld, in Düsseldorf und in Köln wurden Aufrufe zu Gunsten der Reichs-Verfassung verbreitet. Sie fanden nicht blos im Volke und in politischen Volksversammlungen Anklang und Zustimmung, sondern auch in den städtischen Behörden der Rheinprovinz, die in Köln eine Versammlung hielten, trotzdem sie durch ein Regierungsverbot daran verhindert werden sollten. Als die bedenklichsten Anzeichen der revolutionären Stimmung traten Erklärungen der freiwillig zusammentretenden Landwehr-Versammlungen an vielen Orten auf, die die Geltung der Reichs-Verfassung aussprachen. Am allerentschiedensten aber brach in den ersten Tagen des Monats Mai der Sturm einer wirklichen Revolution zu Gunsten der Reichs-Verfassung im Königreich Sachsen aus, bei der sich hauptsächlich die Bürgerwehren betheiligten. Volksversammlungen vor dem königlichen Schloß in Dresden forderten durch Deputationen den König auf, die Reichs-Verfassung anzuerkennen. Da er sich dessen weigerte, wurde das Schloß belagert, um die Flucht des Königs zu verhindern. Die sächsische Regierung fühlte sich zu schwach, dieser Revolution mit eigenen Kräften entgegenzutreten, und der Volkswille wäre unbedingt siegreich gewesen, hätte man nicht am dresdner Hofe sehr wohl gewußt, wie die Kamarilla in Charlottenburg danach schmachtete, die Revolution niederzuschmettern. Man hielt deshalb das Volk hin, bis es dem König und seiner Familie am 4. Mai gelang, aus Dresden zu fliehen und auf der Festung Königstein eine Zuflucht zu finden. Es bildete sich zwar sofort eine provisorische Regierung, welche die Geltung der Reichs-Verfassung proklamirte; allein der König von Sachsen hatte bereits am 2. Mai einen Ruf nach Hilfe an den König von Preußen ergehen lassen und zwar auf Grund der deutschen Bundesakte, die solche Hilfe benachbarten Regierungen zusichert. Und dieser Hilferuf fand sofort Gehör; die preußische Regierung übernahm schleunigst die Rolle, den Fürsten zu dienen und sich den Völkern verhaßt zu machen!

In Folge dieses Zustandes erhob sich nun auch in der bairischen Pfalz, und ganz besonders in Baden, der Volkssturm zu Gunsten des Reichsparlamentes und der Reichs-Verfassung, während die Regierungen das Beispiel Sachsens nachahmten und Preußen herbeiriefen, um in Deutschland das Werk der Reaktion zu vollenden.

Inmitten dieser traurigen Situation befand sich das Reichsparlament in Frankfurt a. M. in einer so verzweifelten Lage, daß es nicht Wunder nehmen konnte, wenn die Zahl der Mitglieder sich täglich verminderte. Die ängstlichen Gemüther nahmen jeden Vorwand auf, um sich von ihrem Posten zu entfernen. Der Reichsverweser ließ die Dinge gehen, wie sie wollten, weil er sehr wohl voraussah, daß Preußen sich selber Hemmnisse schaffe, und die Entschiedenen in dem Parlament diesen Eifer Preußens nur steigern würden. Von allen Seiten durch Volksdemonstrationen bestürmt, die Verfassung zur Geltung zu bringen, faßte das Parlament Beschlüsse, welche die Aufregung des Volkes vermehrten und der Reaktion alle Verwände darboten, um unter dem Schein eines Kampfes gegen die Anarchie, die Ziele des Volkes zu vernichten. Man war sich im Reichsparlamente sehr wohl der Gefahr der Lage bewußt. Man sah in dem Schicksal der preußischen Volksvertretung das Bild des eigenen Geschickes voraus. Um die Beschlußfähigkeit trotz der Flucht vieler Mitglieder aufrecht zu erhalten, wurde die Geschäftsordnung dahin geändert, daß die Anwesenheit von 150 Mitgliedern hinreichend sein solle, um rechtsgiltige Beschlüsse zu fassen. Zugleich wurde bestimmt, daß der Präsident der Versammlung auf den Antrag von 100 Mitgliedern, den Sitz des Parlaments nach jedem beliebigen Orte Deutschlands verlegen dürfe. Das Augenmerk richtete sich bereits hierbei auf Stuttgart, wo scheinbar der König von Würtemberg dem Drange des Volkes nachgegeben und in die Anerkennung der Verfassung gewilligt hatte.

Während dieser Verwickelungen im Innern des deutschen Vaterlandes nahmen die Verhältnisse der auswärtigen Angelegenheiten einen der Reaktion höchst willkommenen Verlauf.

Nachdem die östreichischen Waffen zu Ende März in Italien sehr glücklich gewesen, erlitten sie im Lauf des April in Ungarn eine sehr entschiedene Niederlage. Da rief denn am 1. Mai der Kaiser von Oestreich die Hilfe Rußlands an, und die preußische Regierung gestattete den Russen den Durchzug durch das schlesische Gebiet, um diese Hilfe desto schneller herbeizuführen. Die ungarischen Staatsmänner wiesen vergeblich darauf hin, daß jeder Schritt zu Gunsten Oestreichs die Hoffnungen Preußens auf den deutschen Bundesstaat vernichten, daß Oestreich, in seinem Innern gesichert, nur darauf ausgehen würde, wiederum in Deutschland die hervorragende Rolle am alten Bundestag zu spielen. — Es ist undenkbar, daß die preußischen Staatsmänner die Richtigkeit dieser Behauptungen nicht sollten eingesehen haben; allein am Hofe zu Charlottenburg sah man in dem Eintritt Rußlands nur den Wiederbeginn der gestörten heiligen Allianz und hegte die Hoffnung, durch diese die Volksbewegungen für immer vernichten zu können.

Die preußischen Regimenter in Sachsen verrichteten ihr

Werk mit militärischer Exaktität. Schon am 9. Mai setzten sie den König von Sachsen in die Lage, den Belagerungszustand und das Standrecht in seinem Staate zu proklamiren. Der Vorgang wirkte auch dahin, daß im Königreich Hannover die Volksbewegung nicht in eine Revolution ausbrach. Auch in Rhein-Baiern geschah diese „Rettung" durch Preußen ziemlich schnell. — Der Revolutionsherd konzentrirte sich nur noch in Baden mit stärkerer Gewalt, weil daselbst das Militär zum Volk übergegangen und die Festungen in der Hand der Revolution waren.

Nunmehr, erst am 14. Mai, ließ die preußische Regierung die Phantasie der Verständigung mit dem Reichsparlamente fallen. Sie erklärte das Parlament für erloschen in seinem Beruf und forderte die preußischen Abgeordneten auf, dasselbe zu verlassen.

## Zerrüttungen und — neue Täuschungen.

Die vom König Friedrich Wilhelm IV. erlassene Abberufung der preußischen Mitglieder des Reichsparlamentes am 14. Juni 1849 führte eine Zerrüttung in Deutschland herbei, welche zu den schmerzlichsten Erinnerungen dieser Zeit gehört.

Die Kaiserpartei, der die meisten preußischen Abgeordneten angehörten, hatte, wie bereits erwähnt, ursprünglich die Linke des Parlamentes nur durch die feierliche Versicherung, daß man gemeinsam für die Reichsverfassung einstehen würde, für die Wahl des Königs von Preußen zum Kaiser von Deutschland gewonnen. Die feierliche Versicherung hatte freilich zur natürlichen Voraussetzung, daß der König die Kaiserkrone annehmen werde. Diese Voraussetzung erwies sich nun als ein schwerer Irrthum, und da läßt sich's nicht leugnen, daß damit auch die feierliche Versicherung allen natürlichen Boden verlieren mußte. Allein in diesem Bruch mit dem bisher festgehaltenen Prinzip trat eine so tiefe moralische Erschütterung alles Vertrauens ein, daß die Spaltung im Parlament nur klaffender als je ausbrechen konnte.

Die eigentliche Kaiserpartei folgte der Aufforderung der preußischen Regierung, und einige siebzig Mitglieder legten ihre Mandate nieder. Die Linke des Reichsparlaments sah sich von den Männern verlassen, denen sie Vertrauen geschenkt, und erblickte darin einen Verrath gegen die Nation, der sie immer weiter und weiter in die revolutionäre Strömung hineinriß. Sie erklärte zunächst die Abberufung für ungesetzlich und forderte die deutsche Nation zum Festhalten ihrer Rechte und zur Treue gegen die verrätherisch verleugnete Verfassung auf. Da aber die Verfassung ohne Reichs-Oberhaupt jeder Basis der Verwirklichung entbehrte und der Erzherzog Johann als Reichsverweser weit entfernt davon war, irgend etwas zu thun, was den Interessen Oestreichs widerstrebte, so verfiel das Reichsparlament auf den unausführbaren Gedanken, an Stelle eines Kaisers provisorisch — wo möglich aus der Reihe deutscher Fürsten — einen Reichsstatthalter erwählen zu wollen, welcher die Rechte und Pflichten des Kaisers ausüben sollte. Dieser Statthalter sollte den Eid auf die Verfassung leisten, alle Beamten des Reiches und der Einzelstaaten zu dem gleichen Eide auffordern, und die Wahlen zum nächsten ordentlichen Parlament ausschreiben. Mit dem Eintritt dieser Statthalterschaft sollte auch die bestehende provisorische Zentralgewalt des Reichsverwesers ihr Ende erreichen.

Die Unausführbarkeit dieses Beschlusses brachte nur noch weitere freiwillige Austritte aus dem Parlament zu Wege und leitete die Katastrophe ein, auf welche wir noch in unserer weiteren Darstellung kommen werden.

Während so das deutsche Reichsparlament seiner innern Auflösung entgegen ging, begann in Preußen eine neue Epoche der Politik, welche den innersten Zwiespalt seiner treibenden Elemente schärfer als je an's Licht stellte und eine Reihe von Selbsttäuschungen herbeiführte, die schließlich erst mit dem traurigsten aller Ergebnisse, mit der Demüthigung von Olmütz ihr Ende fand.

Der eigentliche Träger dieser neuen Epoche war Herr von Radowitz, ein eigenthümlich gearteter Diplomat, von vielem Talent und bis auf gewisse mystische Marotten, auch von klarem Charakter. Sein Vielwissen, sein Kunstsinn, seine mystische Weltanschauung, sein Widerstreben gegen die trockene Bureaukratie und ganz besonders seine ausgezeichnete Rednergabe machten diesen Mann dem Könige werth und theuer. Ein eigentlicher Beamter war er nicht. Er stand auch wegen seines freien Sinnes mit den Ministern nicht in freundlichem Verhältniß; aber er wurde persönlich vom König gern mit Sondermissionen betraut, wie er denn auch dem geistigen Zuge des Monarchen mit fast schwärmerischer Liebe anhing.

Radowitz war Katholik und hatte nicht wenig Einfluß auf die vom König vollzogenen Maßnahmen, welche der katholischen Kirche eine vom Staate unabhängigere Stellung gaben, als sie jemals in Preußen hatte. Aber er gehörte nicht der ultramontanen Partei an und trennte sich in der Hauptfrage, in der Kaiserwahl, von der von ihm sonst stark beeinflußten Fraktion. In diesem Punkte ging er mit Gagern Hand in Hand und stand zur Kaiser-Partei, weshalb auch er von der Ablehnung der Kaiserkrone tief erschüttert wurde. — Er war ein entschiedener Gegner der Kamarilla von Charlottenburg und ihres Organs, der Kreuzzeitung. Er war kein Feind Oestreichs, aber er wollte Deutschland auch nicht an Oestreich ausgeliefert wissen. Er arbeitete an dem Plane, dem Gagern bereits anhing, daß Deutschland mit Preußen an der Spitze sich ohne Oestreich konstituiren und nur in ein völkerrechtliches Schutz- und Trutz-Bündniß mit Oestreich treten solle. Das vom Kaiser von Oestreich erlassene Patent vom 4. März 1849, wodurch die östreichischen Lande zu einem „Gesammtstaat" erklärt wurden, war diesem Plane sehr günstig. Die Reichsverfassung selber hatte ja bereits die Möglichkeit der Konstituirung Deutschlands ohne Oestreich in Aussicht genommen. Jetzt, wo die Ausführung der Reichsverfassung nicht mehr im Bereiche der Möglichkeit lag, ergriff Radowitz mit frischem Muthe den Plan, daß Preußen selber die Arbeit aufnehmen müsse, die dem Parlamente nicht gelungen sei, und der König,

stets geneigt, aus eigener Machtvollkommenheit das
zu bieten, was er als Volksforderung entrüstet abgewiesen, ging auf diesen Plan ein und erließ eine vom
15. Mai datirte Proklamation „an mein Volk", welche mit
neuen Verheißungen auftrat im Augenblick, wo man die alten
Verheißungen zerstörte.

Die Proklamation war ganz im Geiste und in den Anschauungen des Königs ausgearbeitet. Sie stellte den Satz an
die Spitze, daß eine verbrecherische revolutionäre Partei, die nur auf Umsturz alles Bestehenden sinne, die deutsche
Frage als Vorwand benutze, um die Nation zu vergiften.
Dieser Partei entgegen zu treten, sei die heilige Pflicht Preußens und sein unauslöschlicher Beruf in Deutschland. Weil sich
der König dieser Pflicht stets bewußt sei, darum habe er auch
die Kaiserkrone abgelehnt, welche die Nation nicht anzubieten
berechtigt war ohne die Zustimmung der deutschen Fürsten.
Der Versuch, sich hierüber mit dem Reichsparlament zu verständigen und es zu veranlassen, die Entscheidung in die Hand
der Fürsten zu legen, sei gescheitert, und somit habe das Parlament „mit Preußen gebrochen", weshalb denn das Mandat der Abgeordneten erloschen und ihre Abberufung erfolgt sei.
Aber der König wolle nicht das negative Resultat. Ihm liege
das berechtigte Streben Deutschlands nach einer Reform am
Herzen, deshalb habe seine Regierung mit den Vertretern
der andern deutschen Fürsten Verhandlungen angebahnt, um die Ansprüche der Nation zu befriedigen. Im Verein mit diesen größeren Staaten Deutschlands
werde er das in Frankfurt am Main begonnene Werk der Regeneration Deutschlands wieder aufnehmen und eine deutsche
Verfassung besseren Geistes schaffen.

„Diese Verfassung", so spricht die Proklamation aus: „Diese
Verfassung soll und wird in kürzester Frist der Nation gewähren, was sie mit Recht verlangt und erwartet: ihre Einheit,
dargestellt durch eine Exekutivgewalt, die nach außen den Namen
und die Interessen Deutschlands würdig und kräftig vertritt,
und ihre Freiheit, gesichert durch eine Volksvertretung mit
legislativer Befugniß! Die von der National-Versammlung

entworfene Reichsverfassung ist hierbei zu Grunde gelegt."
„Einem Reichstage aus allen Staaten, welche sich diesem Bundesstaate anschließen, werde diese Verfassung zur Prüfung und Zustimmung vorgelegt werden! Deutschland vertraue hierin dem Patriotismus und dem Rechtsgefühl der preußischen Regierung, sein Vertrauen wird nicht getäuscht werden!"

So war denn eine neue Epoche inmitten der Zerrüttung der bisherigen feierlich eingeleitet, aber unter Umständen eingeleitet, die leider die bittersten Täuschungen trotz aller feierlichen Proklamationen herbeiführten.

## Neue Hoffnungen und finstere Enthüllungen.

Das traurige Bild, welches die preußische und die deutsche Politik während dieser Epoche und bis zum Tage der Demüthigung von Olmütz darbietet, wird nur begreiflich, wenn man es weiß, daß der König Friedrich Wilhelm IV. jetzt mehr denn je von zwei Impulsen entgegengesetzter Natur getrieben wurde. In seinen idealen Vorstellungen folgte er gern dem freien Zuge der nationalen Regeneration und war so erfüllt von dem guten Glauben an sein Ideal, daß er gar nicht begreifen konnte, wie irgend ein Fürst des deutschen Vaterlandes so unpatriotisch sein würde, demselben ein Opfer zu versagen. In der Praxis aber, deren prosaische Geschäfts-Schranken ihm außerordentlich widerstrebten, ließ er die Dinge in der Hand derer, die seinem Mißtrauen gegen die Demokratie stets neue Nahrung zuführten und die seinen Glauben an böswillige „Verschwörungen" durch sogenannte „Enthüllungen" fortdauernd zu steigern suchten.

Nur wenn man diese zwei Grundzüge im Charakter des Königs betrachtet, kann man es begreifen, wie er in denselben Tagen, wo er entschlossen war, den nationalen Forderungen Deutschlands eine neue Bahn der Befriedigung zu öffnen, zugleich Maßnahmen billigen konnte, welche das Gefühl des Volkes auf's Tiefste verletzen mußten.

Die Proklamation vom 15. Mai weckte in einigen vertrauensvollen Gemüthern neue Hoffnungen. Es fanden in Berlin Konferenzen der Vertreter deutscher Regierungen statt, in welchen Radowitz die Stimme Preußens vertrat. Er legte den Plan der Konstituirung eines deutschen Bundesstaates ohne Oestreich vor; aber auch zugleich den Entwurf eines Bündnisses dieses Bundesstaates mit dem östreichischen Kaiserstaat, dessen unangetasteter Bestand ein Hauptaugenmerk der deutschen Nation sein würde. Der deutschen Nation sollte hiernach eine Parlamentsvertretung zugesichert werden, jedoch nicht auf der Basis eines demokratischen gleichen Wahlrechts, sondern eines Drei-Klassen-Systems, wie es auch wirklich noch im Monat Mai für Preußen oktroyirt wurde und jetzt noch immer in Geltung ist. Auch die „Grundrechte der Deutschen" wurden in dem neuen Plane, wenngleich nur in verkümmerter Gestalt, berücksichtigt. Das Kaiserthum sollte freilich nicht wieder aufgenommen, wohl aber sollte ein Fürsten-Kollegium, aus sechs Stimmen bestehend, gebildet werden, an dessen Spitze der König von Preußen als „Reichsvorstand" stehen sollte. Die sechs Stimmen wurden so vertheilt, daß Preußen und Baiern je eine, Würtemberg mit Baden die dritte, Sachsen sammt den kleinen Herzogthümern die vierte, Hannover sammt Braunschweig, Oldenburg, Mecklenburg u. s. w. die fünfte und Kurhessen im Verein mit den übrigen kleinen Staaten die sechste Stimme haben sollte. Dieses Fürsten-Kollegium sollte die Reichsgewalt unter Leitung des Reichsvorstandes oder „Reichs-Oberhauptes" haben und die Regierung des Reiches bilden. Vereinigung des Heeres, der Diplomatie, der Gesetzgebung und des Rechts sollte nach außen wie nach innen die Basis der Einheit; die Reichsvertretung, in Volkshaus und Staatenhaus bestehend, die Freiheit der deutschen Nation verbürgen.

In den Grundgedanken war diese Gestaltung der in Frankfurt beschlossenen Reichsverfassung nachgebildet. Von einzelnen engherzigen Verkümmerungen abgesehen, bestand der Unterschied nur darin, daß die von dem Reichsparlament beschlossene Reichsverfassung die Reichsgewalt einzig und allein in die Hand des Einen Kaisers legt, während der neue Plan im Fürsten-Kollegium eine Institution schaffen wollte, worin das Reichs-Oberhaupt nur eine Stimme neben fünf anderen gleichberechtigten Stimmen besitzen sollte.

Man möchte es kaum für denkbar halten, daß selbst dieser für Preußens berechtigte Ansprüche so bescheidene Plan auf Widerstand von Seiten der Fürsten hätte stoßen können. Aber die von Preußen selber geschaffene Situation gab den Fürsten die Macht in die Hand, auch diese Pläne zu kreuzen.

Zunächst erklärte der östreichische Regierungs-Vertreter, daß er sich jeder Meinungs-Aeußerung enthalten wolle. Ein Deutschland ohne Oestreich sei ein Bruch des deutschen Bundes. Die Siege Oestreichs in Italien und die Hilfe, die ihm Rußland in Ungarn zugesagt, gaben ihm den Muth, jeden solchen Plan vorweg als unberechtigte Zumuthung abzuweisen, auf welche sein Vertreter sich nicht weiter einlassen wollte. Baiern und Würtemberg, kaum gerettet durch das Einschreiten Preußens gegen das Volk, legten gleichfalls die Schüchternheit ab und widersprachen jedem solchen Plane, der ihrer Souveränetät Abbruch thue. Hannover konnte freilich nicht so offen auftreten; aber es stimmte dem Versuch nur bei in der ausdrücklich zugefügten Voraussetzung, daß auch Baiern sich demselben anschließen würde. Noch weniger offen war Sachsen, das noch ganz von preußischem Militär besetzt war. Sein Bevollmächtigter erklärte, sich Hannover und Preußen anzuschließen, was — wie sich's später herausstellte — so viel besagte: wenn Hannover zurücktritt, so wird Sachsen ein Gleiches thun! Von den kleineren Staaten war es freilich selbstverständlich, daß sie zustimmten. Sie hatten die Reichsverfassung und die Kaiser-Autorität anerkannt und konnten dem bescheidenen Plane natürlich nicht abgeneigt sein.

So war denn der neue Plan eigentlich schon in seinem Entstehen eine Fehlgeburt. Gleichwohl war Radowitz entschlossen, aus dem Zusammenbruch so viel zu retten, wie sich retten ließ. Sein Spruch lautete: „Der deutsche Bundesstaat müsse gebildet werden, mit Allen, mit Vielen, mit Wenigen! Er wird, wenn er erst besteht, an Erfolgen wachsen und die Einheit in der Zukunft anbahnen."

Obwohl der mißliche Stand der Dinge trotz der „geheimen" Anfragen gar bald durch die Mittheilungen der Gegner in die Oeffentlichkeit drang, regten sich doch immerhin noch neue Hoffnungen im Herzen der Kaiser-Partei. Aber der Zustand in Preußen selber nahm faktisch eine Gestalt an, die das Volk mehr als je verbittern und selbst die gesundesten Pläne zertrümmern mußte.

Der Tag nach der Proklamation, welche eine neue Aera ankündigte, der 16. Mai 1849, überraschte Berlin mit der Bekanntmachung, daß der Belagerungszustand verschärft worden sei! Ein wirkliches Motiv dafür war nicht vorhanden; aber man ahnte es ganz richtig, daß es galt, die finstern Pläne der Reaktion zu verwirklichen. In Folge der Bekanntmachung wurde ein Kriegsgericht eingesetzt, welches mit Ausschluß der ordentlichen Gerichte über die politischen Vergehen Recht sprechen sollte. Weshalb? Das Räthsel wurde sehr bald in schauerlicher Weise gelöst. Die Zeitungen verkündeten schon am 18. Mai, daß der Abgeordnete Waldeck verhaftet worden und in seiner Wohnung eine Haussuchung stattgefunden habe. Die Kreuzzeitung theilte mit, daß endlich die Beweise der hochverrätherischen Pläne, über welche sie so oft „Enthüllungen" gebracht, nunmehr ganz und gar in den Händen der Polizei seien. Die Verschwörung sei durch Entdeckung von Schriftstücken untrüglichen Inhalts vollständig erwiesen, und die Strafe werde die Verbrecher, die sich bisher derselben sehr schlau entzogen haben, endlich ereilen!

So trat denn in denselben Tagen, wo die Proklamation des Königs die deutsche Nation „zum Vertrauen auf den Rechtssinn der preußischen Regierung" aufforderte, diese Regierung im Innern ganz in die Fußstapfen der rothen Reaktion! In den Konferenzen mit den Vertretern der deutschen Regierungen, wo Radowitz im Vertrauen auf den nationalen Sinn der deutschen Fürsten neue Pläne versuchte, hatte man Gelegenheit zu sehen, wie hohl die Hoffnungen waren.

Dem Volke aber, das man zum Vertrauen aufforderte, bot
man Szenen dar, die hinlänglich klar zeigten, wie tief man von
den Fesseln der Kamarilla umstrickt war, die jede Hoffnung
auf des Volkes Vertrauen ersticken mußten.

## Die zwiespaltigen Triebkräfte.

Während die Kaiser-Partei in den von Radowitz verfolgten
Plänen einen neuen Schimmer von Hoffnungen für Deutschland erblickte, geschah von Seiten der Reaktion Alles, um das
Volk, das der Kaiser-Idee sonst mit Liebe anhing, von jeder
neuen Hoffnung abzuschrecken und jeden Versuch der Aus-
söhnung zwischen Volk und Thron zu vereiteln.

Zunächst wurden jetzt alle Schleusen der Lüge und der
besoldeten Angeberei geöffnet, um durch sogenannte „Enthüllungen" darzuthun, daß die große gewaltige „Verschwörung
gegen die Monarchie" in vollem Zuge gewesen und nunmehr entdeckt sei. In der Umgebung des Königs wurden diese
schauerlichen Lügen mit einer so fanatischen Glaubwürdigkeit
bekleidet, daß Jeder, der einen Zweifel daran hören ließ, wie
ein Feind und Mitverschworner betrachtet wurde. Radowitz
war persönlich überzeugt, daß hinter all' dem nichts als
die Kunst der Polizei-Agitation steckte. Er merkte auch
wohl, daß alle diese Erfindungen darauf hinausliefen, den
König ganz und gar den Reform-Ideen abwendig
zu machen. Aber er schwieg und ließ geschehen, was er kaum
zu verhindern im Stande gewesen wäre. Er hatte auch viel
zu viel mit den Intriguen in der deutschen Diplomatie zu
kämpfen, um noch dem Strom der Reaktion im Innern Einhalt thun zu wollen.

So nahm denn der Weg Preußens nach zwei Richtungen
hin einen Verlauf, der den Zusammenbruch schon im Keime in
sich trug. Regeneration Deutschlands und Reaktion

in Preußen, das sind Gegensätze, die keine Regierungskunst auszugleichen im Stande ist.

Noch vor Ablauf des Monats Mai 1849 traten die Ergebnisse in beiden Richtungen sehr grell ans Licht.

Den Gedanken, ganz Deutschland, außer Oestreich, in einem Bundesstaat zu vereinigen, ließ man wegen des Widerstrebens von Baiern und Würtemberg fallen. Es erschien am 28. Mai ein Verfassungs-Entwurf unter der scheinbaren Uebereinstimmung von Preußen, Sachsen und Hannover, — man nannte ihn „die Drei-Königs-Verfassung" — worin der erste Artikel besagte, daß der deutsche Bundesstaat bestehen solle aus den deutschen Staaten, welche sich diesem Bundesstaate anschließen wollen. Daß Hannover in Wirklichkeit auch nicht diesen Bundesstaat wollte, das suchte man zu verhüllen, um das Projekt nicht von vorne herein zu diskreditiren. Für Preußen selber aber wurde am 30. Mai das verfassungsmäßige Wahlgesetz fortoktroyirt, und gegen alle verfassungsmäßige Berechtigung anstatt des allgemeinen gleichen und geheimen Wahlrechtes das Drei-Klassen-Wahlgesetz mit öffentlicher Abstimmung verordnet. Auf Grund dieses neuen Wahlgesetzes sollte eine Volksvertretung einberufen werden, welche die oktroyirte Verfassung vom 5. Dezember 1848 zu revidiren hatte, die sodann erst in volle Geltung treten würde.

Es war nun sehr natürlich, daß weder das Volk, noch die wirkliche Reaktion mit diesem zwiespältigen System zufrieden sein konnte. Im Volke war man entschieden, das neue Wahlgesetz nicht zu acceptiren. Trotz des Belagerungszustandes und des Kriegsgerichtes verständigte man sich schnell, sich der Wahlen zu enthalten. Selbst Männer von tief patriotischer Gesinnung, wie der Präsident Grabow, standen fest im Rechtspunkte, ein so offenkundig verfassungswidriges Verfahren durch Wahl-Enthaltung von sich abzuweisen. Aber der Schimmer deutscher Hoffnungen blendete die preußische konstitutionelle wie die ehemalige deutsche Kaiser-Partei. In Preußen erklärte sich diese Partei — unter der Reserve, „weitere Oktroyirungen zu verhüten" — nach dem Wahlgesetz wählen zu wollen. In Deutschland beriefen am 3. Juni 1849

Gagern, Dahlmann und Genossen eine Versammlung ihrer Freunde nach Gotha, woselbst sie denn auch am 26. Juni den Beschluß faßten, die „Drei-Königs-Verfassung" anzuerkennen und die Radowitz'schen Pläne zu verwirklichen. Von dieser Versammlung datirt der Name „Gothaer", der durch lange Zeit im Munde des Volkes zur Bezeichnung eines wankelmüthigen Politikers fortlebte.

Nicht minder entrüstet wie die Volks-Partei war aber auch die wirkliche Reaktion, die ihre Wühlereien gegen Radowitz und seine Pläne am Hofe durch die Kamarilla, im Volke durch einen Verein, der unter dem Namen „Treubund" existirte, und in der Presse durch die Kreuzzeitung betrieb.

Ein Leitartikel der Kreuzzeitung vom 8. Juni 1849 giebt ein so charakteristisches Bild der damaligen Zustände, daß wir denselben hier im Auszuge aufführen mögen.

„Wie lange" — ruft die Kreuzzeitung im Zorn gegen die Drei-Königs-Verfassung aus — „wie lange wird die leidige Verfassungs-Macherei unsere Geduld mißbrauchen?" Die Kreuzzeitung macht dem preußischen Ministerium den Vorwurf der Heuchelei, weil es öffentlich Verfassungen verheißt, die es heimlich durch die Praxis gründlich vernichtet. „Wann" — fragt die Kreuzzeitung — „wann wird man es endlich wagen, die Heuchelei einer heimlichen Praxis durch ein offenes Bekenntniß von sich abzuthun?"

Auch mit den Fürsten ist sie nicht zufrieden, die sich durch die Radowitz'schen Pläne zu neuen Verfassungs-Verheißungen bewegen ließen:

„Wo sind die Fürsten — sagt sie — die ihre Gaben als Akt der Liebe bezeichnen dürfen? Wo sind die Völker, die für diese Gaben dankbar sind?"

Sie höhnt die Staatsmänner, die nicht den Muth haben, mit dem Konstitutionalismus zu brechen, den sie doch praktisch nicht durchführen wollen.

„Wo sind die Staatsmänner — fährt sie fort — die nicht gezwungen wären, die großen Wahrheiten der Neuzeit um des Gewissens halber praktisch zu verleugnen? Und dennoch will man nicht heraus aus diesem Zauberkreis der Verwirrung;

dennoch gefällt man sich in der gefährlichen Täuschung, das Brausen der Völker „Freude" und den Strudel „Fortschritt" zu benennen!"

Die Kreuzzeitung jammert, daß die Staatslenker noch immer nicht sehen, wohin sie von Radowitz geleitet würden. Sie beklagt die Einsichtslosigkeit, die noch größere Muthlosigkeit und die noch viel größere Inkonsequenz.

„Wir haben — ruft sie aus — wir haben keinen Grund, die Einsicht des jetzigen Geschlechtes zu preisen; aber seine Einsicht ist doch noch größer als sein Muth, und sein Muth noch größer als seine Konsequenz."

Die Kreuzzeitung ruft Wehe aus über die verworrene, vom göttlichen Rechte der Obrigkeit abgefallene Zeit:

„In weiten Kreisen kaum noch die Möglichkeit des Verständnisses, daß alle Obrigkeit von oben kommt, und daß die menschliche Willkür sich niemals ungestraft an dem eisernen Bestande des göttlichen Rechts vergreifen darf. Man weiß keinen andern Rechtsgrund als die „Mehrheit des Volkes"; man glaubt das Vaterland gerettet, wenn man dieser Mehrheit das Prädikat „ungeheuer" hinzufügen darf!" —

Die Kreuzzeitung schließt mit der Mahnung:

„Man wird nicht eher nach oben schauen, als bis man unten nichts mehr erblickt als die Räuberhöhle und das Leichenhaus der rothen Republik!"

Der König Friedrich Wilhelm IV. ließ beiden Richtungen freien Lauf. Radowitz kämpfte gegen eine störrige Diplomatie und die Reaktion wüthete gegen das Volk. Das Kriegsgericht konnte nichts unter Waldecks Papieren ausfindig machen, was auch nur entfernt einem kurzen Prozeß zur Unterlage dienen konnte. Man mußte den Verhafteten den ordentlichen Gerichten überweisen und sich mit kleinen Schikanen gegen einige andere „Maigefangene" begnügen. Die Konstitutionellen wuschen ihre Hände in Unschuld und wählten. Die Gothaer hofften, daß dieses Preußen dennoch Deutschland regeneriren werde.

## Das Ende des Reichsparlaments.

Inzwischen tagte noch immer in Frankfurt am Main der Rest des Reichsparlaments fort, trotzdem fast Zweidrittel der Mitglieder ihr Mandat niedergelegt hatten. Man war nun schon genöthigt, der Versammlung die Beschlußfähigkeit bei Anwesenheit von Einhundert Abgeordneten zuzusprechen. Natürlich siegte in der Zahl der Zurückgebliebenen stets die radikalste Partei, weil ihre Logik immer die einfachste ist und als die muthigste erscheint, und in der That sehr viel Muth dazu gehörte, in der Verwirrung der deutschen Zustände auf parlamentarischem Wege einen erträglichen Ausgang zu erhoffen.

Bei solcher Lage der Dinge ist es denn auch erklärlich, daß sich die Versammlung von einem täuschenden Schimmer der Hoffnung noch zu einem kühnen Versuch verleiten ließ.

Es ist eine bekannte und oft sich wiederholende Erscheinung, daß so oft die deutschen mittleren Königreiche die preußische Regierung in unpopulären Maßnahmen erblicken, sie die Freisinnigen spielen. Diese wohlfeile Intrigue wurde denn auch in Würtemberg wieder in Szene gesetzt, wo die Bevölkerung entschieden für die Reichsverfassung gestimmt war. Nachdem der Bruch zwischen dem Reichsparlament und der preußischen Regierung völlig entschieden war, hatte der Hof von Würtemberg nichts dagegen, der Sympathie des Volkes für das Parlament freien Spielraum zu lassen. Man nahm eine aussichtslose Schwärmerei für die Parlaments-Verfassung gern hin, weil man sich unter dieser demokratischen Firma am leichtesten den Projekten der berliner Politik entwinden konnte.

Von diesem Schein verleitet und von der Befürchtung gedrängt, daß Preußen eine gewaltsame Sprengung in Szene setzen würde, erblickte der Rest des Reichsparlaments einen Zufluchtsort in der Hauptstadt des Königreichs Würtemberg. Das Parlament beschloß am 30. Mai 1849, die Sitzungen im Laufe der nächsten Woche in Stuttgart zu halten. Zugleich erließ das Parlament die Aufforderung an den Reichsverweser, die provisorische Zentralgewalt nach Stuttgart zu verlegen, und nicht minder wurden die kleinen deutschen Regierungen, welche die Reichsverfassung anerkannt hatten, eingeladen, ihre Bevollmächtigten an den neuen Sitz des Parlaments zu beordern.

Die Verlegung des Parlaments ging denn auch ungehindert von statten. Einhundert und fünf Abgeordnete fanden sich am 6. Juni in Stuttgart ein und konstituirten sich daselbst als das rechtsgiltige Reichsparlament. Die Aufforderung an den Reichsverweser blieb natürlich unbeachtet. Derselbe stellte die fein ausgesonnene Theorie auf, daß er zwar sein „Amt" von dem Parlament, aber seine „Macht" von den Regierungen Deutschlands erhalten habe. Sein Amt könne er freilich nur in die Hand des Parlamentes wieder zurückgeben, aber seine Macht müsse er wahren, bis eine Behörde der Regierungen Deutschlands gebildet sei, der er sie überantworten könne. Diese Theorie, die selbstverständlich in Wien geschmiedet worden, zeigte sehr deutlich, daß Oestreich nur gesonnen sei, die deutsche Zentralgewalt dem alten Bundestag zu übertragen, der sie dem Reichsverweser provisorisch verliehen habe. Es galt in Aufstellung dieser Theorie nicht bloß dem Parlament entgegen zu treten, sondern auch den Plan von Radowitz zu vereiteln, der dem König von Preußen diese Gewalt provisorisch zusprechen wollte, bis die Drei-Königs-Verfassung einen definitiven Zustand werde gebildet haben.

Aber auch die kleinen Regierungen, welche die Reichsverfassung anerkannt hatten, mochten den Rest des Parlaments in Stuttgart nicht anerkennen. Sie schlossen sich dem Drei-Königs-Bündniß an und wandten sich mit Fragen an den Reichsverweser, wie es fortan mit der Zentralgewalt solle gehalten werden. Ihre Absicht war offenbar den Plänen des berliner Kabinets günstig. Sie erhielten natürlich von Frankfurt wie von Wien aus die Antwort, daß die provisorische Zentralgewalt nur einer definitiven und rechtmäßig von allen deutschen Regierungen eingesetzten weichen könne, daß aber das Drei-Königs-Bündniß, dem sich nur ein Theil

Deutschlands angeschlossen habe, zur rechtmäßigen Uebernahme der Zentralgewalt nicht geeignet sei.

Dieser Kabinets-Anarchie in Deutschland entsprachen denn auch die anarchischen Beschlüsse, welche der Rest des Parlamentes in Stuttgart faßte. Es ist nicht sicher, aber es läßt sich wohl vermuthen, daß der König von Würtemberg die Hoffnung gehegt habe, es würde ihm das Parlament in Stuttgart die Würde der „Statthalterschaft Deutschlands" zusprechen, die laut den im Mai gefaßten Beschlüssen womöglich aus der Reihe der deutschen „Fürsten" gewählt werden sollte. Wäre dies geschehen, so hätte der würtemberger Hof jedenfalls eine Handhabe erlangt, in die sich kreuzenden Fäden der Kabinets-Anarchie irgend wie ein neues Gespinnst hineinzuflechten, um das berliner Projekt zu vereiteln. Der Parlamentsrest in Stuttgart indessen war zu radikal und zu redlich, um einem Intriguen-Spiel zu dienen. Er erklärte die Reichs-Verweserschaft in der Hand des Erzherzogs Johann von Oestreich für erloschen, er legte Protest ein gegen das Drei-Königs-Bündniß, das Deutschland zerreiße und der Reichsverfassung widerspreche. Er forderte die kleinen Regierungen auf, an der Geltung der Reichsverfassung festzuhalten, und richtete Proklamationen an das deutsche Volk, zur rechtsgiltigen Verfassung treu zu stehen und für deren Durchführung einzutreten. Um aber eine provisorische neue Reichsgewalt zu bilden, wählte er eine „Regentschaft", bestehend aus fünf seiner Mitglieder, welche den verfassungstreuen Regierungen und dem verfassungstreuen Volke in Verwirklichung der Reichsverfassung den rechtmäßigen Beistand leisten sollten.

Es gehört zur Kennzeichnung der damaligen anarchischen Zustände, die unausführbare Aufgabe zu beachten, welche fünf Privatpersonen als „Regenten" Deutschlands gestellt wurde. Die Regentschaft sollte sorgen „1) Für schleunige Aufstellung eines Reichsheeres und Organisation der Volksbewaffnung zur Durchführung der Reichsverfassung; 2) für Wahrung der Interessen Deutschlands nach außen, besonders auch in der deutsch-dänischen Angelegenheit; 3) für Betreibung der Wahlen zu dem auf den 15. August 1849 einzu=

berufenden Reichstage." — Noch charakteristischer für den damaligen Stand der Dinge in Deutschland ist es, daß sich wirklich fünf Mitglieder von nicht unbedeutendem Talent bereit fanden, die unausführbare Rolle zu übernehmen. Es waren dies die Parlaments-Mitglieder: Raveaur aus Köln, Vogt aus Gießen, Schüler aus Zweibrücken, Heinrich Simon aus Breslau und Becher aus Stuttgart.

Vergeblich warnte der verfassungstreue Minister Römer in Stuttgart vor solcher unausführbaren Anmaßung. Die Regentschaft forderte, daß Würtemberg 5000 Mann stellen sollte, um den preußischen Truppen entgegen zu treten, welche im Marsche auf das in vollster Revolution stehende Baden waren. Es war selbstverständlich, daß der Aufforderung nicht Folge geleistet werden konnte. Nun fiel denn auch der Schleier der ganzen Sympathie Würtembergs für die Reichsverfassung und den Rest des Parlaments. Nach einigen friedlichen Verhandlungen, worin die württembergische Regierung die Forderung vergeblich stellte, es solle das Parlament seinen Sitz nach irgend einem andern Lande verlegen, entschloß sich die Regierung, das Sitzungslokal militärisch zu schließen und den Zusammentritt des Parlaments zu verhindern. Am 18. Juni 1849 fanden die Mitglieder das Lokal geschlossen, den Zugang mit Truppen besetzt. Sie wichen der Gewalt. Das Reichs-Parlament, in kühnen Hoffnungen der Nation entstanden, von Kabinets-Intriguen durchkreuzt, durch Radikalismus zu unausführbaren Plänen hingerissen, fand an diesem Tage sein Ende in hoffnungsloser Zerrüttung. Nur Eines blieb zurück: die Reichsverfassung vom 28. März 1849, deren hohen Werth die deutsche Nation dereinst in besseren Zeiten vollauf noch erkennen wird.

---

Franz Duncker's Buchdr. in Berlin.

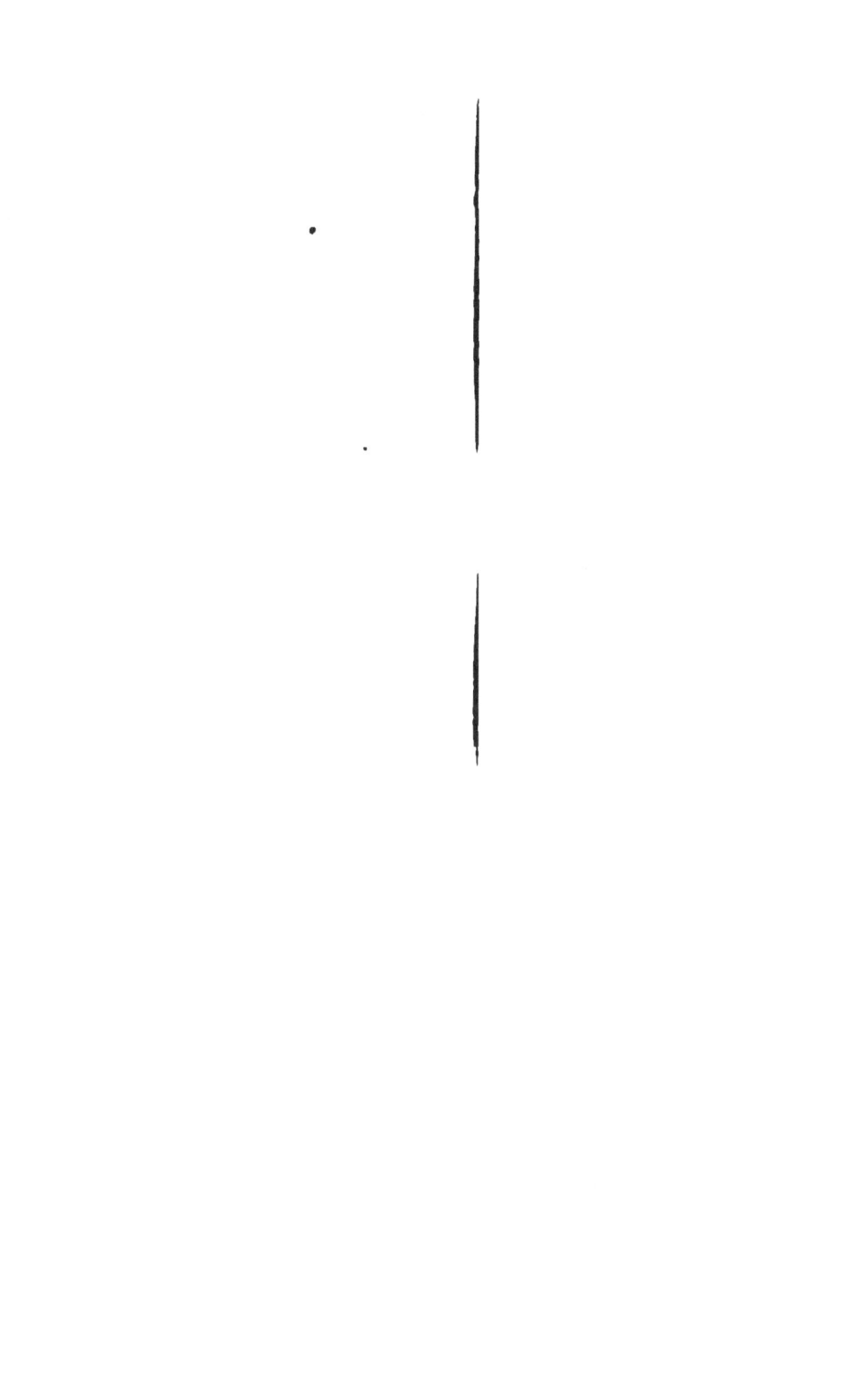

# Bis nach Olmütz.

## Historische Erinnerungen.

Fortsetzung von „1849"

von

## A. Bernstein.

Berlin.
Verlag von Franz Duncker.
1874.

# Inhalts-Verzeichniß.

| | Seite |
|---|---|
| Die Zeit der stillen Kämpfe | 1 |
| Kämpfe um das oktroyirte Wahlgesetz | 5 |
| Die Kämpfe um die preußische Verfassung | 8 |
| Die Geburtsstunde der preußischen Verfassung | 12 |
| Die Bubenstücke der Reaktion | 16 |
| Wie das Bubenstück eingefädelt wurde | 20 |
| Der Abschluß des Prozesses gegen Waldeck | 23 |
| Die Wirkung des Prozesses | 27 |
| Das Schwanken Deutschlands | 31 |
| Wie das Interim den Keim des Verderbens ausstreut | 35 |
| Die Verwirrung steigert sich | 39 |
| Die Sprengung des Drei-Königs-Bündnisses | 43 |
| Verwirrung im Innern und Gefahrdrohung von außen | 48 |
| Wie die Zerrüttung immer weiter um sich greift | 53 |
| Die Einberufung eines Fürsten-Kongresses | 57 |
| Von den freien Fürsten bis zu den Kreuzzeitungslehren | 61 |
| Der Konflikt in seiner Höhe | 66 |
| Vom Tode des Grafen Brandenburg bis zum Gang nach Olmütz | 71 |
| Wie Manteuffel sich beeilt die Ehre Preußens zu retten | 76 |
| Die Demüthigungen in Olmütz | 80 |
| Die Zeiten der Schmach | 84 |
| Der Bruch mit der Revolution | 88 |
| Die Lage des Königs | 92 |
| Das Volk zwischen Revolution und Reaktion gestellt | 96 |

# Die Zeit der stillen Kämpfe.

Die Erfahrung lehrt zu allen Zeiten, daß politische Wirren extremer Natur die günstigste Gelegenheit für alle mittelmäßigen Charaktere sind, um ihre Freiheitsliebe dem Volke und ihre Loyalität dem Hofe zu erweisen; und die Epoche dieser Mittelmäßigen trat denn auch nunmehr mit dem Juli des Jahres 1849 in Preußen wie in Deutschland ein.

Die parlamentarische Demokratie war zersprengt. Die Parlaments-Mitglieder, die in Stuttgart getagt hatten, wußten welch ein Schicksal ihnen von der siegreichen Reaktion bereitet wird und suchten in der nahen Schweiz eine Zuflucht. Die Revolutionen in Baden und der Pfalz wurden durch preußische Heere blutig niedergeschlagen und Kriegsgericht und Standrecht suchten und fanden ihre Opfer. So war denn Preußen in der That der Retter der deutschen Regierungen im Norden wie im Süden des Vaterlandes. Wie aber vergalten sie ihm diese Liebesdienste?

Der Verlauf der Geschichte hat es erwiesen, daß allenthalben, wo preußische Waffen die Regierungen gestützt hatten, diese nur um so eifriger bemüht waren, den Haß des Volkes gegen Preußen zu schüren und die von Preußen ihnen wiedergegebene Freiheit der Entschließung nur benutzt haben, um selbst die bescheidensten nationalen Ziele Preußens zu zerstören.

Es war leicht dies vorauszusehen. Während der Zeit, daß Deutschland durch Preußen wiederum zum Spielball in der Hand der deutschen Kabinette gemacht wurde, hatte auch Rußland sein Werk der Rettung in Ungarn vollbracht und dem östreichischen Hof die volle Freiheit verliehen, alle Schleusen der

Intrigue gegen Preußen zu öffnen. Die aufrichtigen Freunde Deutschlands und Preußens blickten hoffnungslos in die nächste Zukunft. Nur in der Ferne kommender Zeiten sahen sie die einstigen Tage der Umkehr und der Vergeltung. Die Urwähler-Zeitung, ein kleines Volksblatt, das seine im Belagerungszustand stets gefährdete Existenz nicht erkaufen mochte durch Verhüllung der Wahrheit, sprach bereits im Juli 1849 Worte aus, welche sich erst nach fast einem Menschenalter zu erfüllen bestimmt waren. Im Leitartikel vom 11. Juli jenes Jahres heißt es über „Völkerpolitik und Fürstenpolitik":

„Das Schicksal pocht zum letzten Mal an Deine Pforte, Preußen! Die Völker Deutschlands brachten Dir die Krone und Du hast es verschmäht, sie aus ihrer Hand zu nehmen. Die Fürsten aber spinnen um Dich ein Netz von altem Lug und neuem Verrath".

Wo ist nun Oestreichs Freundschaft, dessen blutigem Siege in Wien Du Beifall gelächelt? Wo ist des Baiers Treue, in dessen Fürstenrecht einzugreifen Du zu zart gewissenhaft gewesen?"

„Sie schüren Gluthen, Hassesflammen über Deinem Haupte und laden ein zum Bunde gegen Dich, der Kirche alten Fanatismus und den Haß der von ihnen selbst verleugneten Freiheit. Verlassen hat Dich Hannover, das Dich zum völkerbrüchigen Bündniß verlockte, verleugnet Sachsen, das — o der Schmach — zum Henkerdienst Dich brauchte. Darum ermanne Dich und höre die letzte Mahnung:

„Die Fürsten-Politik gab Dich dem Völkerhasse Preis; der Völker Politik erhebt Dich einst noch über Fürsten!"

Mahnungen dieser Art waren vergeblich. Radowitz verhüllte vorsorglich all die Intriguen der Kabinette Deutschlands gegen seine nationalen Pläne und Hinckeldey, der Polizei-Präsident in Berlin, stellte all seine Hilfsdienste der Reaktion zu Gebote, um durch lügnerische „Enthüllungen" und polizeiliche Verfolgungen den Bruch zwischen Volk und Krone unheilbar zu machen. Aber die Mittelmäßigen waren frisch auf. Der Entschluß der Volkspartei, sich der Wahlen nach dem oktroyirten Wahlgesetz zu enthalten, wurde von diesen Politikern, die so gerne freisinnig sind, wo sie es mit Loyalität sein können, als ein Staatsverbrechen betrachtet. Die Partei der aufrichtig Konstitutionellen machte sich glauben, daß wirklich die Reaktion nur deshalb die Demokratie niederkämpfe, um einen ruhigen verfassungsmäßigen Zustand herzustellen und die „Gothaer" blickten gläubig auf Radowitz, der sie fort und fort versicherte, daß er die Intriguen der Kreuzzeitungs-Partei siegreich überwinden werde.

Ein paar Worte aus dem Organ der Gothaer, der in Frankfurt am Main herausgegebenen „Deutschen Zeitung" vom 11. Juli 1849, sind für die Vertrauungsseligkeit dieser Partei so bezeichnend, daß wir sie hier unsern Lesern vorführen müssen:

Nach einer sehr verschleierten Darlegung der bereits entwickelten Intriguen der deutschen Kabinette gegen die Politik Radowitz spricht die Zeitung Folgendes aus:

„Alle Regierungen haben so oft geklagt über Mangel an Vertrauen zu ihren Absichten. — Wohlan: wir vertrauen ihnen! Wir setzen unser Vertrauen vor Allem auf Preußen und die Unsrigen haben dieses in dem Programm von Gotha ausgesprochen. Wir dürfen erwarten, daß die preußische Regierung diesem Vertrauen entgegenkommt und sich auf die Nation stützt, welche zu ihrer Unterstützung bereit ist. Sie darf um so weniger Bedenken tragen, als es der besonnenste und gesetzteste Theil des Volkes ist, welcher sich um Preußen zu schaaren entschlossen ist, so lange es fortschreitet auf dem graden Wege zur Einheit. Preußen vermag nichts auszuführen ohne seinen mächtigen Bundesgenossen von 1813, den Volksgeist und die öffentliche Meinung. Die öffentliche Meinung wird es diesmal schützen und emportragen. Die preußische Regierung kann nicht offen genug auftreten. Sollten Sachsen und Hannover sich Umtriebe erlauben gegen ihren eigenen Entwurf, so müssen sie an das Licht der Oeffentlichkeit gestellt werden. Sind sie nicht vorhanden, so müssen wir beruhigt werden. Die deutschen Regierungen und Bevölkerungen, welche im Begriff stehen, sich an Preußen anzuschließen, müssen wissen, woran sie sind. Wir wollen ja so gern vertrauen! Man stärke unser Vertrauen vor allem durch Handlungen. Man beschleunige den Reichstag (für den Bundesstaat der sogenannten Drei-Königs-Verfassung) auf alle Weise. Man zeige Oestreich gegenüber eine feste Entschlossenheit. Man denke in Berlin nichts anderes, als wie man so rasch als möglich das deutsche Reich zu Stande bringe, das man selbst entworfen hat. Friedrich der Große wird auf sein Denkmal gern verzichten, wenn man ihm dieses setzt."

Wie aber dachte das preußische Ministerium?

Graf Brandenburg nahm die deutsche Frage ernst; aber es fehlte ihm die Gabe sich in den Schlichen der Diplomatie zurecht zu finden. Der König empfand in seiner geistigen Beweglichkeit ein Mißbehagen an der Grabheit und wortarmen Schlichtheit des Grafen. Er verkehrte gern mit Radowitz, der, ohne Minister zu sein, die Geschäfte leitete und den König mit der Trockenheit der Geschäfte verschonte. Manteuffel war und blieb ein Diener, gleich bereit, bureaukratisch abzufertigen was der Tag brachte. Die Kamarilla aber war ganz Kreuzzeitung, die alles Kammerwesen ein „Jammerwesen" nannte. Sie unterwühlte alle freisinnigen Ziele durch „Enthüllungen" und blickte auf Oestreich und Rußland hin, die den einstigen Genossen der heiligen Allianz wieder in ihr Netz ziehen wollten. Der Rundschauer der Kreuzzeitung predigte „Buße und Umkehr" von dem Wege des Verderbens und stellte den König David, wie er vor der Bundeslade tanzte, als das Ideal eines Monarchen nach dem Herzen Gottes dar. — Während die offiziellen Aktenstücke noch immer den Kampf für die Dreikönigs-Verfassung fortspannen und den deutschen Bundesstaat zu verwirklichen trachteten, war am Hofe selber der Boden für jede Reform bereits untergraben. Man belächelte die Phantasten, die noch immer wähnten, daß jemals aus all den Verheißungen eine Wahrheit werden solle!

# Kämpfe um das oktroyirte Wahlgesetz.

Am 17. Juli 1849 fanden die Wahlen in Preußen zur zweiten Kammer auf Grund des oktroyirten Drei-Klassen-Wahlgesetzes statt und mit diesem Wahltage trat ein Verhalten der demokratischen Partei ein, das durch ein ganzes Jahrzehnt der Grund schwerer innerer Kämpfe und Leiden wurde.

Das gleiche und geheime Wahlrecht war durch das ordnungsmäßig zu Stande gekommene und vom König sanktionirte Gesetz vom 8. April 1848 eine Grundsäule des bestehenden Rechtes. Die oktroyirte Verfassung vom 5. Dezember 1848 ließ dieses Wahlgesetz bestehen und im Januar 1849 wurde ebenfalls die Wahl auf Grund dieses Gesetzes vollzogen. Die hiernach in's Leben gerufenen Kammern haben in ihrer Majorität die oktroyirte Verfassung als zu Recht bestehend im Einverständniß mit der Regierung anerkannt. Eine Abänderung der Verfassung konnte also staatsrechtlich nur auf verfassungsmäßigem Wege erfolgen, und da das allgemeine und gleiche Wahlrecht mit in den Text der Verfassung aufgenommen war, so stand es fest, daß selbst der berüchtigte Oktroyirungs-Artikel, der dem Ministerium das verfängliche Recht einräumte, „Gesetzes-Verordnungen zu erlassen in Abwesenheit der Kammern", unmöglich auch Verfassungs-Aenderungen gestattet. Die Fort-Oktroyirung des allgemeinen Wahlrechts war also ein offenkundiger Verfassungsbruch, den kein Freund eines geordneten Staatswesens billigen konnte. Selbst der Professor Stahl, der Vertheidiger und Lobredner jeder Art von Verfassungsverletzung, erkannte an, daß dies ein Schritt „revolutionären Charakters" sei; er meinte nur, es wäre dies ein rettender Schritt aus der Revolution gewesen, in den man durch eine Revolution hineingerathen war.

Auch die konstitutionelle Partei war über die Ungesetzlichkeit dieses Schrittes nicht im Zweifel. Ihr Führer in allen bisherigen Streitfragen, Georg Vincke, der die Devise,

„Recht muß Recht bleiben" stets mit Energie verfochten hatte, konnte sich auch jetzt nicht dieses Grundsatzes entschlagen und lehnte es ab, nach dem oktroyirten Wahlgesetz zu wählen. Nicht minder enthielt sich der Ehrenmann Grabow, der Präsident der bisherigen Volksvertretungen, der Ausübung des Wahlrechts. Selbst der ehemalige Staatsminister Gierke und mehrere seiner durchweg streng konstitutionellen Gesinnungsgenossen erklärten später in der Ersten Kammer, daß sie die Oktroyirung des neuen Wahlgesetzes für einen Verfassungsbruch halten und demselben nicht ihre Zustimmung geben können.

In der demokratischen Partei waren nicht bloß diese Rechtsgründe, sondern auch politische Motive bestimmend für die Wahl-Enthaltung.

„Wozu sollen wir wählen?" fragten die demokratischen Organe. „Um das demokratische Wahlgesetz aus der Welt zu schaffen und das Groschen-Gesetz — so wurde das Drei-Klassen-Wahlgesetz genannt — gutzuheißen? Das wäre ein Abfall, eine Zerstörung unseres großen Prinzips. Um zu siegen und das demokratische Wahlrecht wieder herzustellen, da würden doch nur neue Rettungen und Beseitigung der ganzen Verfassung folgen!"

Und in der That: Glaube und Vertrauen war dermaßen im Volk durch all die Erlebnisse erschüttert, daß man voraussah, es würden alle Verheißungen, trotz aller Gutgesinntheit der Vertrauensseligen, eine Beute der Kreuzzeitungs-Partei werden.

Die Wahl-Enthaltung wurde demnach zu einem populären Prinzip erhoben, das wie alle Prinzipien, wenn sie einmal unter berechtigten Zuständen zur allgemeinen Geltung kommen, auch seine traurigen Konsequenzen in veränderten Zeitumständen nach sich zog. Wir werden später noch Gelegenheit haben zu zeigen, wie dies mit diesem Prinzip auch der Fall war, und wie nur ein bedeutsamer Umschwung es herbeiführte, daß die Konsequenzen der Wahlenthaltung nicht weiter getrieben wurden.

Vom Standpunkt des Rechts aus ließ sich die Betheiligung an den Wahlen im Juli 1849 nicht vertheidigen; gleichwohl nahm die konstitutionelle Partei in der Reihe der Konservativen aller Schattirungen aus „politischen Motiven" die Gelegenheit wahr, zu retten, was sich scheinbar retten ließ. Sie forderten mit einem fanatischen Rigorismus zur Wahlbetheiligung auf, damit das Volk sie nicht gegen die Konservativen in der Minorität lasse, wodurch die Verfassung selbst in ihrer abgeschwächten Gestalt gefährdet und der Absolutismus wieder hergestellt würde. Sie wollten es nicht zugeben, daß sie nur einen Schein-Konstitutionalismus retteten, den sie später selber gar sehr zu beklagen hatten.

Aber bevor noch der Wahltag herankam, wurden die Konstitutionellen durch zwei Schläge in's Antlitz verletzt, die sie wohl fühlten, jedoch in der Manier aller Vertrauensseligen verbeißen mußten.

Zunächst wurden einige Tage vor den Wahlen, welche eine ordentliche Gesetzgebung einleiten sollten, zwei wichtige Gesetze wiederum oktroyirt. Das eine war ein Disziplinargesetz gegen nicht richterliche Beamte, das ganz im Geiste der Gesinnungsmache ausfiel, und das zweite ein Disziplinargesetz gegen richterliche Beamte, das noch schärfer als je in die Unabhängigkeit des Richterstandes eingriff, welche die Verfassung verheißen hatte. Angesichts der bereits anberaumten Wahlen waren diese Oktroyirungen „in Abwesenheit der Kammern" durch nichts motivirt als durch das Bestreben, den Geist der Beamten, die dem Rechtsstandpunkt anhingen, zu zügeln, bevor die Kammern eintreten. Ein anderer Erlaß aber, den man eiligst oktroyirte, ist für den damaligen Zustand noch charakteristischer.

In dem ursprünglichen Gesetz über den Belagerungszustand und die eilige Einsetzung eines Kriegsgerichts in Berlin war die Bestimmung aufgenommen, daß „nach Aufhebung des Belagerungszustandes die Urtheile des Kriegsgerichts den ordentlichen Gerichten übergeben werden sollen, welche alsdann die ordentliche gesetzliche Strafe zu erkennen haben." Nun stand die Aufhebung des Belagerungszustandes bevor, da notorisch nicht die Spur von allen „Verschwörungen" sich auffinden ließ. Das Kriegsgericht in

Berlin, unter dem Vorsitz eines Mannes, der später wegen „Unterschlagung von Mündelgeldern" zu schwerer Strafe verurtheilt werden mußte, hatte faktisch nur unbedeutende Dinge, wie die Tragung einer rothen Schleife, die Betheiligung an einem demokratischen Klub ꝛc. zur Aburtheilung gebracht. Jetzt war man in der Verlegenheit, diese „Urtheile" den ordentlichen Gerichten zu überweisen. Da wurde denn eiligst das oktroyirte Belagerungszustands-Gesetz umoktroyirt und zwar dahin, daß nicht die „Urtheile", sondern die noch nicht abgeurtheilten Sachen an die Gerichte gebracht werden sollen. Man schämte sich der Kindereien, die man acht Monate lang als Vorwand für die Aufrechterhaltung des Belagerungszustandes gebrauchte. Die „Verurtheilten" wurden nicht vor die ordentlichen Gerichte gestellt und die noch nicht „abgeurtheilten Sachen" wurden der Vergessenheit anheimgegeben.

Aber Waldeck war noch im Gefängniß. Auf diesen Prozeß spitzte sich das ganze Interesse all der Lügen zusammen, welche die „Enthüller" zusammengetrieben. Die Ueberzeugung, daß diesem Prozeß ein Bubenstück zu Grunde liege, verbitterte die Stimmung des Volkes und machte dasselbe von jeder Betheiligung an den Wahlen abwendig. Der 17. Juli ergab denn auch eine Minoritäts-Wahl. Es hatten 26 Prozent gewählt, während 74 Prozent sich der Wahl enthalten haben. Und die Konstitutionellen? Sie blieben in der gewählten Kammer in der Minorität.

## Die Kämpfe um die preußische Verfassung.

Die Rolle der Konstitutionellen in der im Juli 1849 gewählten Kammer war die traurigste und unglückseligste, die jemals einer Vertretung zugemuthet wurde.

Die Kammern waren laut den Verkündigungen vom 5. Dezember 1848 berufen, um die oktroyirte Verfassung zu revidiren. Im Volke war man nicht zweifelhaft, was die Regierung mit dieser Revision beabsichtigte. In der oktroyirten Verfassung waren die meisten Artikel dem Entwurf der Kommission der National-Versammlung entlehnt und zum Theil waren auch die wichtigsten Grundrechte des Volkes ihr einverleibt worden, wie das Reichs-Parlament für ganz Deutschland sie beschlossen hatte. Von kleinlichen bureaukratischen Verkümmerungskünsten abgesehen, wäre die oktroyirte Verfassung auch von der demokratischen Partei als ein willkommenes Grundgesetz des preußischen Staates aufgenommen worden, wenn nicht zwei Hinterthüren dem Schluß dieser Verfassung angehängt gewesen wären, die Alles was sie enthielt, gefährdeten. Die eine war der berüchtigte Oktroyirungs-Artikel, der dem Ministerium das Recht zusprach, „in dringlichem Falle Verordnungen mit Gesetzeskraft ohne Kammern zu erlassen", und die zweite bestand in dem berüchtigten Artikel, welcher die Forterhebung der bestehenden Steuern in verschleierter Gestalt gestattete. In der demokratischen Partei war man denn auch im Anfang des Jahres 1849 der Ueberzeugung, daß man diese Verfassung nicht früher als Staatsgrundgesetz anerkennen dürfe, bevor diese zwei reaktionären Artikel hinausrevidirt sein würden, weshalb man denn auch zuerst die Revision vornehmen und sodann die Anerkennung der Verfassung aussprechen wollte. — Selbstverständlich ging die Reaktion von dem gerade entgegengesetzten Standpunkte aus. Sie zollte den Beschränkungen der Volksvertretung Beifall und wollte die Revision nur benutzen, um die Spuren der Grundrechte des Volkes zu vertilgen. — Die konstitutionelle Partei trat nun im Juli 1849 mit dem Programm auf, den Weg der Vermittelung wandeln und die Revision im Sinne der Freiheit des Volkes und der berechtigten Macht der Regierung vollziehen zu wollen, damit die Verfassung nicht blos vom Volke anerkannt, sondern auch vom Könige beschworen und von den Beamten gewissenhaft erfüllt werde.

Freilich gestand die konstitutionelle Partei, daß ihr Weg der Vermittelung durch die Pforte des oktroyirten Wahlgesetzes führe, das an sich eine Verfassungs-Verletzung enthielt; allein sie versicherte feierlichst, sie trete nur in diese Pforte ein, um jeden weiteren Schritt auf dieser Bahn zu verhindern und einen verfassungsmäßigen Zustand herzustellen; ihr Augenmerk werde darauf gerichtet sein, in Preußen ein konstitutionelles Regiment zu begründen, das zugleich für Deutschland mustergiltig sein würde, welches nunmehr all seine Hoffnungen auf Preußen setze.

So wurde denn im August 1849 die Revisions-Arbeit begonnen, bei welcher man unter natürlichen Zuständen die oktroyirte Verfassung als Regierungs-Vorlage betrachtet haben würde, für deren Aufrechterhaltung gerade die Konservativen hätten einstehen müssen. Allein in Wirklichkeit stellte es sich sofort heraus, daß die Regierung für ihre eigene Vorlage nicht stimmen wollte, sondern im Gegentheil von der Kammer verlangte, sie möge aus eigner Initiative die Regierung von all den Verheißungen befreien, welche man dem Volke in den Verfassungsartikeln gemacht hatte.

Es geschah wie die Regierung wünschte. Ein Schauspiel schlimmerer Art ist in der politischen Welt schwerlich jemals vorgekommen. Selbst Professor Stahl, der exzellenteste Lobredner dieser Revision, wußte ihr keine größere That nachzurühmen, als daß sie die Krone verschont habe mit der unerfreulichen Aufgabe, die oktroyirte Verfassung aus eigener Machtvollkommenheit zu verbessern! Die Dienstwilligkeit der Reaktion war so groß, daß die Regierung zuweilen noch mäßigend eingreifen mußte, um den Verfassungsbau nicht ganz zertrümmern zu lassen. Fast kein Artikel der Grundrechte blieb von solchen „Verbesserungen" verschont. Es begann der Prozeß des Parlamentarismus, welchen Herr von Gerlach „die Durchlöcherung der Verfassung" nannte und der dann noch ein halbes Jahrzehnt fortspielte. Die konstitutionelle Partei kämpfte hin und wieder einen würdigen Kampf; aber er endete immer mit der Niederlage, die ihr zu spät beweisen sollte, wie man sich selber aller Kraft beraubt, wenn man sich einbildet, der Freiheit zu dienen, ohne sich auf das Volk selber zu stützen.

In der Kardinalfrage über die Geltung des oktroyirten Drei-Klassen-Wahlgesetzes war es der ehrliche Camphausen, dem das Meisterstück zufiel, eine That zu rechtfertigen, die ein offenkundiger Bruch des Rechtes war. Er wußte hierfür nichts anzuführen als das verfängliche Lob einer „rettenden That", wo man auch ohne Erlaubniß in das brennende Haus des Nachbars eindringt, um ihn aus der Feuersgefahr zu erlösen! — Die oktroyirte Verfassung hatte auch die Vereidigung des Militärs auf die Verfassung verheißen. Auch dieser Artikel wurde unter Zustimmung der Konstitutionellen fortrevidirt. — Die oktroyirte Verfassung hatte die Freiheit der Presse garantirt und ausdrücklich bestimmt, daß dieselbe weder durch Kautionen noch durch Konzessionen, weder durch Steuern noch durch Entziehung des Postdebits beschränkt werden solle. Die Revision hat all das gestrichen und ließ bloß die eine Verheißung stehen, daß die Zensur nicht wieder eingeführt werden solle. — Der Artikel, welcher die Forterhebung der Steuern in verblümter Weise dekretirte und somit dem Steuerbewilligungsrecht der Volksvertretung schweren Abbruch that, veranlaßte einen freilich harten Kampf in den Reihen der Konstitutionellen. Der Graf Schwerin trat entschieden für das Recht der Steuerbewilligung ein und seine Gesinnungsgenossen sprachen es offen aus, daß mit Versagung dieses Rechtes der Werth der Volksvertretung verschwinde. Allein Professor Stahl hielt eine Rede, worin er darthat, daß der Kampf des Königs mit seinem absoluten Veto gegen eine Kammer, welche das Steuerbewilligungsrecht habe, ein Duell mit einer ungeladenen Pistole gegen eine geladene sei; und die Majorität ließ den vielbesprochenen Artikel in Kraft.

Die einzige Verbesserung, welche die Konstitutionellen durchgesetzt haben, betraf den Oktroyirungs-Artikel. Seine völlige Beseitigung wurde abgelehnt und selbst die Konstitutionellen wagten nicht ihn aus der Welt schaffen zu wollen. Die Verbesserung bestand nur darin, daß ein Passus aufgenommen wurde, wonach eine Oktroyirung nicht einer Verfassungs-Bestimmung widersprechen dürfe. Man war schon so weit herabgekommen, daß man es als einen Triumph ansehen mußte, wenn man sich nur sicher fühlen durfte vor neuen Einbrüchen in die Verfassung.

Vier Monate gingen in dieser aufreibenden und selbstvernichtenden Arbeit der Kammer hin, bis man im Dezember 1849 meinte am Ende derselben zu sein und endlich die Verkündigung und Beeidigung der Verfassung in Aussicht zu haben. Da aber wandte sich das Blatt wiederum urplötzlich. Die Kammer wurde am 9. Januar 1850 durch eine Königliche „Botschaft" überrascht, welche neue „Verbesserungen" von ihr forderte und worin der sehr deutliche Hinweis enthalten war, daß, wenn diese Verbesserungen versagt würden, der Abschluß und die Beeidigung der Verfassung nicht erfolgen könne!

## Die Geburtsstunde der preußischen Verfassung.

Die Hoffnung der Konstitutionellen auf einen geordneten verfassungsmäßigen Zustand erhielt durch die Botschaft des Königs, datirt vom 7. Januar 1850, einen Stoß, der fast die Partei zersprengt und die entschiedeneren Mitglieder zum offenen Bruch mit der Regierung gebracht hätte. Allein die Aussicht, daß man den Kampf gegen die Reaktion mit besserem Erfolg würde führen können, wenn nur erst die Verfassung durch den Eid des Königs und des Beamtenthums unverbrüchlich sein sein wird, bot wiederum den Anhalt zu erneuerter Nachgiebigkeit und erneuerter Selbsttäuschung dar.

Die Botschaft verkündete, daß die Verfassung noch nicht hinlänglich genug verbessert sei, um sie ohne Rückhalt beschwören zu können. Es wurden fünfzehn neue Verbesserungen in Vorschlag gebracht, von welchen einige unwesentlich waren und nur den Haupt-Forderungen einen harmlosen Anstrich geben sollten. In diesen aber wurde nicht weniger verlangt als die Umkehrung all' der Grundsätze konstitutionellen Charakters, die in der Revision noch stehen geblieben waren.

An Stelle des bereits gründlich verkümmerten Artikels über die „Minister-Verantwortlichkeit", verlangte die Botschaft, daß gesagt werde: „Die Minister sind dem Könige und dem Lande verantwortlich". Da der König ohnehin jederzeit die Minister entlassen kann, so hatte dieser Vorschlag gar keinen andern Sinn als den Ministern in allen Fällen einen Rückhalt zu bieten, sich auf ihre Verantwortlichkeit vor dem Könige zu berufen, wenn sie einen Regierungsakt gegen den Beschluß der Volksvertretung vollführt haben.

In den Grundrechten, welche die Verfassung noch enthielt, war die Gleichheit vor dem Rechte allen Preußen zugesichert; die Botschaft verlangte dagegen eine Erste Kammer aus erblichen ehemaligen Reichs-Unmittelbaren, Fürsten, Grafen ⁊c., und dazu noch lebenslänglich vom Könige ernannten Mitgliedern zu bilden.

Dem in die Verfassung selber aufgenommenen Grundsatz, daß Niemand seinem ordentlichen Richter entzogen und Sonder-Gerichte nicht geschaffen werden sollten, trat die Botschaft mit dem Verlangen entgegen, einen Staatsgerichtshof ins Leben zu rufen, der über Hochverrath und sonstige politische Verbrechen gegen die Sicherheit des Staates Recht sprechen solle, weil die ordentlichen Gerichte und die Geschwornen viele Angeklagte freigesprochen haben.

Der Kampf in der zweiten Kammer war ein harter. Unter den Führern der konstitutionellen Partei, welche diese Verkümmerungen der Verfassung bekämpften und entschieden dagegen stimmten, verdienen die Namen Auerswald und Patow, die ehemaligen März-Minister, ehrend genannt zu werden. Aber es war ein vergeblicher Kampf gegenüber den Konservativen, welche die „Durchlöcherung der Verfassung" offenkundig erstrebten und gegenüber den Gutgesinnten, die um jeden Preis und unter der Selbsttäuschung späterer berechtigter Opposition, eine Verfassung beschwören wissen wollten.

Die eine „Verbesserung" der Minister-Verantwortlichkeit wurde freilich entschieden abgelehnt. Diese Umkehr von allen Grundsätzen eines verfassungsmäßigen Zustandes, wonach der König unverantwortlich und deshalb grade das Ministerium verantwortlich vor der Volksvertretung sein muß, war selbst den Halb-Konservativen ein zu greller Bruch mit der Verfassung. Die anderen Anträge wurden zum Theil unverändert, zum Theil modifizirt angenommen.

Die Aussicht auf eine unbedingte Anerkennung und Beeidigung der Verfassung war demnach wiederum mit schweren Opfern an Recht und Freiheit erkauft worden.

Am 31. Januar 1850 wurde denn auch wirklich die Verfassung als „Staatsgrundgesetz" verkündigt. Die Beeidigung der Verfassung durch den König wurde auf den 7. Februar angesetzt. Sie fand im königlichen Schlosse zu Berlin statt. Aber die Rede, mit welcher der König diesen Eid einleitete, ist so charakteristisch für den damaligen und den nachfolgenden Zustand, daß wir sie in den wesentlichen Punkten hier vorführen müssen.

Die Rede des Königs spricht zunächst aus, daß er in diesem feierlichen Moment dastehe, wie „nie vorher und nie mehr in der Zukunft". Er übe nicht die ererbten Rechte seines königlichen Hauses aus, die im absoluten Königthum bestehen, und sei auch nicht gedeckt durch Verantwortlichkeit der Minister, die das Merkmal des konstitutionellen Königthums sind. „Ich stehe da als Ich selbst allein, als Mann von Ehre, der sein Theuerstes, sein Wort, geben will, ein Ja! vollkräftig und bedächtig." —

Ueber die Verfassung selber äußert sich der König dahin, daß sie ein Werk sei „entstanden in einem Jahre, welches die Treue werdender Geschlechter wohl mit Thränen aber vergebens wünschen wird aus unserer Geschichte hinauszuringen. „Es sei ein Werk des Augenblicks und trage den breiten Stempel seines Ursprungs". Die Kammer habe sich den Dank des Landes verdient durch die Verbesserungen dieses Werkes. Aber diese Verbesserungsarbeit habe erst begonnen und müsse fortgesetzt werden. Der König beschwöre die Verfassung: aber er könne und thue es in der Zuversicht, daß es nunmehr dem vereinten Streben der Regierung und der künftigen Landtage gelingen werde, dieses Werk immer mehr den Lebensbedingungen Preußens entsprechender zu machen."

Hierauf wendet sich die Rede des Königs zur Beurtheilung der Parteien des Landes. Die demokratische Partei wird wiederum als eine bezeichnet, welche „die königlich verliehene Freiheit zum Deckel der Bosheit mache und dieselbe gegen ihren Urheber, gegen die von Gott eingesetzte Obrigkeit kehre". Die zweite, die konstitutionelle Partei, wird als eine bezeichnet, welche die Verfassung gleichsam als Ersatz der Vorsehung betrachte und die alte heilige Treue der Geschichte mißachte. Diesen Parteien gegenüber müssen die guten Parteien dem Könige beistehen, ihm das Regieren mit dem Verfassungsgesetz erst möglich zu machen. In diesem Sinne wolle der König die Verfassung beschwören.

Bevor er jedoch dies thue, wiederhole er jetzt nochmals die Gelübde, welche er im Huldigungseide in Königsberg im Jahre 1840 gethan und die Gelöbnisse, welche er am 11. April 1847 bei Eröffnung des vereinigten Landtages ausgesprochen. Es waren dies die Gelöbnisse des absoluten Königthums, die jetzt nochmals bekräftigt wurden. In diesem Sinne versicherte der König, die Verfassung unverbrüchlich zu halten und bekräftigte dies mit einem feierlichen „Ja! Ja! so wahr mir Gott helfe".

Zum Schluß fügte der König den folgenden Spruch hinzu:

„Und nun befehle Ich das bestätigte Gesetz in die Hände des allmächtigen Gottes, dessen Walten in der Geschichte Preußens handgreiflich zu erkennen ist, auf daß er aus diesem Menschenwerk ein Werkzeug des Heils machen wolle für unser theueres Vaterland, nämlich der Geltendmachung Seiner heiligen Rechte und Ordnungen! Also sei es!"

In der demokratischen Partei verkannte man auch nicht einen Augenblick den Geist der Rede, welche den Eid auf die Verfassung einleitete und erklärte. In der konstitutionellen Partei suchte man freilich wiederum Alles mit gutgesinnten

Hoffnungen zu umhüllen. Aber die konservative Partei war offenherziger. Noch an demselben Tage erschien eine Erklärung vom Herrn von Gerlach und Genossen, worin gesagt wurde: Die Verfassung sei beschworen in der Voraussetzung, daß sie nicht so bleiben dürfe wie sie lautet. Es sei fortan die Aufgabe der Partei, aus der Verfassung die Konsequenzen der Revolution und den Götzendienst des Konstitutionalismus hinauszutreiben, damit die Verfassung gehalten werden könne. — Die Kreuzzeitung drückte sich noch deutlicher aus: Sie sagt in einem Leitartikel:

„Verlangt man von uns „eine gewissenhafte Beobachtung der Verfassung", so zwingt uns eben unser Gewissen, die widerchristlichen Grundsätze der Zeit und ständen sie gleich in Preußens „Staatsgrundgesetz", auf Tod und Leben zu bekämpfen, Alles, soweit dies ohne sophistischen Zwang möglich ist, dem Zeitgeist zuwider auszulegen, nach Möglichkeit auf die legale Beseitigung verderblicher revolutionärer Errungenschaften hinzuarbeiten und vor Allem unseres rechtmäßigen Unterthanen-Eides nicht zu vergessen!"

Das waren die Merkzeichen, unter welchen die preußische Verfassung ins Leben trat.

## Die Bubenstücke der Reaktion.

Wir haben, um im Zusammenhang zu bleiben, die Entstehungsgeschichte der preußischen Verfassung bis in die ersten Monate des Jahres 1850 verfolgt; nunmehr jedoch müssen wir wiederum den Blick zurückwenden auf die Vorgänge in den letzten Monaten des Jahres 1849, weil in diesen Vieles geschah, was bestimmend und verstimmend auf die Zukunft einwirkte.

Neben dem löblichen Bestreben, einen verfassungsmäßigen

Zustand in Preußen herzustellen, gingen gleichzeitig die zwei Richtungen der Politik fort, welche wir bereits als Gegensätze wunderlicher Art bezeichnet haben. Radowitz kämpfte für die Herstellung eines **deutschen Bundesstaates** und die Verwirklichung der **Drei-Königs-Verfassung** einen recht bittern Kampf gegen die schändlichsten Intriguen der hannoverschen Regierung und die versteckteren Winkelzüge der sächsischen Diplomatie. Er hatte hierin scheinbar noch immer den König Friedrich Wilhelm IV. auf seiner Seite und das ließ ihn und seine Gesinnungsgenossen hoffen, daß nicht Alles vergebliche Mühe sein würde. — Seine Gegner am Hofe operirten jedoch besser. Sie suchten das vom Glauben an demokratische Verschwörungen bereits aufgeregte Gemüth des Königs immer tiefer in das Netz der Polizei-Intriguen zu verwickeln. Sie wußten sehr wohl, daß dadurch eine Verbitterung zwischen Volk und Krone erzeugt wird, an der schließlich jeder Hoffnungsplan der Gothaer scheitern muß.

Wir werden die diplomatischen Intriguen, mit welchen Radowitz und die Gothaer zu kämpfen hatten, noch näher vorführen. Sie sind ein außerordentlich lehrreicher Beweis dafür, wie richtig der Grundgedanke des Reichsparlamentes gewesen, daß **Deutschlands Einheit nur gegründet werden könne auf der Sympathie des Volkes und unfehlbar zerrüttet wird durch die Politik der Kabinette.** — Für jetzt jedoch müssen wir zeigen, wie erfolgreich die Hof-Intriguen waren, welche eine unübersteigliche Mauer des Mißtrauens zwischen König und Volk aufrichteten. Und dies eben wird durch Nichts klarer dargethan als durch einen Blick auf den Prozeß gegen Waldeck und auf die schauerliche Thatsache, daß selbst die offenkundigste Enthüllung eines verruchten Bubenstückes der Reaktion nicht im Stande war den König zu überzeugen, daß **er von seiner Umgebung in tiefen Irrthümern über das Streben und Wollen des Volkes erhalten werde.**

Wir haben es bereits erwähnt, daß am 15. Mai 1849 der Belagerungszustand in Berlin verschärft und ein Kriegsgericht schleunigst in's Leben gerufen wurde. Diese Maßregel hatte keinen andern Zweck als Tags darauf bei der Verhaftung des

Geheimen Ober-Tribunalsrath Waldeck ungenirt von allen Schranken des ordentlichen Gerichtsverfahrens vorgehen zu können und womöglich diesen mächtigsten Vertreter der Volksfreiheit in der Kammer vor ein Kriegsgericht zu stellen und ihn wegen Hochverraths verurtheilen zu lassen.

Unzweifelhaft setzte man hierbei voraus, daß sich in den Papieren Waldeck's irgend Etwas werde finden lassen, was zur Unterlage einer Anschuldigung dienen könnte. Unter dieser Voraussetzung scheute man sich nicht, vorläufig auf Grund eines gefälschten Schriftstückes einzuschreiten. Hätte man etwas derartiges, wie man hoffte und wünschte, gefunden, so würde man sicherlich das gefälschte Schriftstück beseitigt und der Anschuldigung eine bessere Basis gegeben haben.

Es fand sich nichts von dem, was man suchte. Unter den Papieren Waldecks war nicht die Spur irgend eines strafbaren Verhaltens zu entdecken. Da aber seine Verhaftung eine ungeheure Aufregung im Volke verursachte, so blieb nichts anderes übrig, als den Verhafteten zunächst dem ordentlichen Gerichte zu überweisen und auf Grund des gefälschten Schriftstücks eine Untersuchung gegen ihn einzuleiten.

Mit diesem bubenhaften Schriftstück hatte es aber folgende Bewandtniß.

In der Nationalversammlung von 1848 und in der zweiten Kammer vom Februar 1849 saß auf der äußersten Linken ein jugendlicher Abgeordneter aus der Rheinprovinz Namens D'Ester. Er war talentvoll; aber von fanatisch revolutionärem Charakter. Im Parlament selbst und auch in der Fraktion spielte er keine sonderlich hervorragende Rolle; allein in Klubs und Volksversammlungen machte er sich durch seine entschiedenen Gesinnungen und seine Rednergabe sehr bemerklich. Ob D'Ester wirklich revolutionäre Pläne ersonnen und irgendwie Unternehmungen derart vor hatte, ist nicht erwiesen. Gleichwohl konnte man ihm dergleichen zutrauen und sein Verhalten nach Auflösung der Kammer gab solcher Vermuthung den Anschein der Wahrheit. D'Ester begab sich sofort nach Baden, wo er sich der revolutionären Bewegung anschloß, trat dann nach der Schweiz über, wo er als Flüchtling weilte. Für die Kreuzzeitung und ihre „Enthüllungs-Fabrik" war er also eine erwünschte Persönlichkeit. Seinem leichtfertigen Wesen konnte man alle möglichen und unmöglichen Pläne gefährlichen Charakters andichten.

Um dieselbe Zeit trieb sich ein junger Bursche Namens Ohm, ein brodloser Ladendiener, in Berlin umher, der Klubs, Versammlungen und öffentliche Lokale fleißig besuchte und sich den Anschein eines begeisterten Demokraten gab, ohne jedoch mit irgend einem Abgeordneten in nähere Berührung zu kommen. Sein Gewerbe bestand in Spionage für den Enthüllungs-Fabrikanten der Kreuzzeitung, Namens Gödsche, dem er Nachrichten aus den von ihm besuchten Kreisen brachte.

Der sogenannte „Zuschauer" der Kreuzzeitung enthielt denn auch in der That manchen Bericht über Gehen und Kommen von demokratischen Abgeordneten in öffentlichen Lokalen, der in entstellender Weise als Material für „Enthüllungen" verbrecherischer Pläne ausgebeutet wurde, aber vorläufig zu nichts weiter führte als zu der Ueberzeugung der demokratischen Partei, daß sie von Spionen beobachtet werde.

Der damalige Polizei-Präsident in Berlin, Herr von Hinckeldey erhielt durch Gödsche Kenntniß von seinem Gehilfen Ohm, dessen Gewerbe er billigte, dessen Mittheilungen indessen lange keinen Anhalt für irgend ein Einschreiten dargeboten haben.

Nunmehr jedoch, wo man den Plan faßte, in Waldeck einen Verschwörer zu entdecken, wurde Ohm veranlaßt, einen Brief D'Esters an sich selbst zu fabriziren. In diesem Briefe theilt D'Ester dem Ohm mit, daß die Revolution zur Herstellung einer sozialdemokratischen Republik im besten Gange sei, und giebt ihm auch Anweisung, dies Waldeck mitzutheilen. Wer den Brief geschrieben hat, das ist nicht ermittelt worden; die Handschrift war der D'Ester'schen offenbar nachgeahmt. Die Unterschrift „D'Ester" ward ausgestrichen, aber so, daß sie noch lesbar bleiben sollte. Der Schreiber dieses Briefes war offenbar ein ungebildeter Mensch, denn außer einigen Sprachfehlern waren auch einzelne Namen falsch

geschrieben. Gleichwohl war dies ein Dokument, auf Grund
dessen man immerhin Waldeck verhaften und seine Papiere
durchsuchen konnte; und dies war der rothen Reaktion vorerst genug.

Die Art und Weise jedoch, wie dieser Brief in die Hand
der Polizei gespielt wurde, ist so charakteristisch für die damaligen Zustände, daß wir sie hier näher vorführen müssen.

## Wie das Bubenstück eingefädelt wurde.

Der gefälschte Brief D'Ester's an den Ladendiener Ohm
sollte als eine große „Entdeckung" gelten. Um den erwünschten
Effekt hervorzubringen, durfte natürlich Ohm nicht als Spion
und Angeber, sondern als „Mitverschworener" erscheinen, weshalb denn dessen schleunige Verhaftung bereits von dem Polizei-
präsidenten am 14. Mai angeordnet wurde. Der Wunsch jedoch, die große Entdeckung vor das Kriegsgericht zu bringen, gebot einen Aufschub dieser Verhaftung. So wurde denn
am 15. Mai der Belagerungszustand verschärft, das Kriegsgericht eingesetzt und die Verhaftung Ohm's erst am 16. Mai
vollzogen.

Bei dieser Gelegenheit fand denn auch zum Schein eine
Nachsuchung in der Wohnung Ohm's statt, wobei der gefälschte Brief in der Schlafrocktasche des Verhafteten „entdeckt"
wurde. Der vollziehende Polizei-Beamte wußte sehr wohl, was
er zu finden habe und führte nunmehr den „Verschwörer" und
die „Entdeckung" dem Polizeipräsidenten von Hinckeldey zu, woselbst sich auch Herr Gödsche einfand. Hier jedoch begab sich
eine Szene, die im öffentlichen Prozeß nicht in allen Punkten
aufgeklärt werden konnte, deren thatsächlicher Erfolg aber fast
mit Sicherheit den richtigen Hergang vermuthen läßt.

Im Kriminal-Polizeiwesen kommt es häufig vor, daß man durch erdichtete Angaben einen Anhalt zum Einschreiten findet, aus dem man bei glücklichem Griff auf richtige Spuren kommt. Offenbar hegte Herr von Hinckeldey die Hoffnung, auch hier einen solchen Fall in der Hand zu haben. Der gefälschte Brief sollte nur die Gelegenheit bieten, um bei Waldeck echte Schriftstücke, die den einflußreichen Mann kompromittirten, zu finden. Vorerst also mußte man Ohm und Waldeck als Verschwörungsgenossen behandeln. Dem Scharfblick des Polizei-Präsidenten konnte es aber, wo er den Ohm persönlich vor sich hatte, nicht entgehen, daß es eine Unmöglichkeit sei, diesen dummen Zeugen als Komplicen eines Waldeck vor einen Untersuchungsrichter hinzustellen. Es schien also am rathsamsten, die Person Ohm's schleunigst wieder verschwinden zu lassen und den gefangenen Laffen in einen gefährlichen Flüchtling zu verwandeln.

Dieser Plan wurde bewerkstelligt. Herr von Hinckeldey mußte sich — wie er später in öffentlicher Gerichtsverhandlung angab — „wegen dringlicher Geschäfte einen Augenblick aus dem Amts-Zimmer entfernen". Gödsche und Ohm blieben allein. Da fand Ohm die Thür zu der Privat-Wohnung des Polizei-Präsidenten offen, und nicht minder die Hinterthüren in den Wohnungsräumen, die endlich nach der Straße führten, alle unverschlossen. Er ergriff die Flucht, erlangte seine Freiheit und begab sich unangefochten per Eisenbahn nach Hamburg. — Nunmehr konnte man zur Verhaftung Waldeck's schreiten. Der entflohene Mitverschworene und der Brief D'Esters, das schien Anhalt genug für weitere Entdeckungen.

Die Rechnung erwies sich aber als trügerisch. Die Haussuchung bei Waldeck zeigte nicht die geringste Spur eines Anhaltes für eine Anklage. Es ergab sich also sehr bald, daß ohne Ohm, der den Brief D'Esters beglaubigen sollte, gar nichts anzufangen sei. Darnach mußte Ohm wieder herbeigeschafft werden. Deshalb wurde der Laffe veranlaßt, an Gödsche einen Brief zu schreiben und seinen Zufluchtsort zu verrathen. Gödsche brachte pflichtschuldigst diesen Brief in

die Hände des Herrn von Hinckeldey und ein abgesandter Po-
lizei-Mann entdeckte den Verschwörer in Hamburg und brachte
ihn zurück in den Gewahrsam des Untersuchungsrichters. Der
entflohene und wieder eingefangene Mitverschworene sollte der
Anklage einen haltbaren Hintergrund geben.

In den ruhigern und gesetzlichern Zeiten, die uns jetzt zu
Theil geworden sind, erscheinen solche Vorgänge fast wie Fabeln.
Aber sie sind leider ein wahres Stück preußischer Geschichte,
das man zur Mahnung und Warnung nicht unenthüllt lassen
darf. Die Aufregung, welche sie im Jahre 1849 im Volke erzeugten, als die öffentliche Gerichtsverhandlung all das bloß-
legte, übersteigt die Grenze jeder Beschreibung und ertödtete
im Herzen des Volkes jede Hoffnung auf eine nahe friedliche
Gestaltung der Zustände des Vaterlandes.

Und doch ist es nicht das Verhalten der Kriminal-Polizei,
die oft zu künstlichen Mitteln ihre Zuflucht nehmen muß, sondern der ganze weitere Verlauf der Untersuchung, der ein trü-
beres Licht auf jene Tage wirft. Wie konnte die Fälschung
dem prüfenden Auge des Untersuchungsrichters entgehen? Was
konnte man nach Wochen und Monaten entdecken, wo man
durch ganz Deutschland die Spuren aller Polizei-Angaben vergeblich verfolgte? Wie war es möglich, daß Anklage-Senate
dem Bubenstück die Bedeutung eines wirklichen strafbaren Vorganges verleihen konnten? Diese Fragen, die uns heute noch
ganz unlösbar scheinen, finden ihre Erklärung nur in dem damaligen fortdauernden und stets sich steigernden Treiben einer
Reaktion, die mit aller Macht neue und immer neue Netze der
Enthüllungsfabrik spann. Fast sieben volle Monate vergingen
in einer stets wachsenden Aufregung des Volkes, das nun und
nimmermehr an das erdichtete Verbrechen glaubte und es doch
unerklärlich fand, daß man den Unschuldigen so lange im Kerker
halten könne. Die Geschäftsspekulation bemächtigte sich dieser
Stimmung und in Tausenden von Exemplaren wurden Bilder
im Volke verbreitet, in welchen man den hochverehrten Waldeck
im Kerker hinter Gittern sah. Die Polizei fahndete nach diesen
Bildern in allen Läden der Buchhändler und der Buchbinder,
aber sie fanden tausend Hände, die sie verbreiteten. Der Ge-

burtstag Waldecks, am 31. Juli, wurde wie ein Volksfest begangen, die Polizei fand nicht Schutzleute genug, um die in allen öffentlichen Lokalen improvisirte Feier zu stören. Die Nachricht, daß der wackere Direktor der Stadtvoigtei, Herr von Rohr, aus dem Amt entlassen werde, weil er dem unter seinem Schutz stehenden gefangenen Märtyrer einige Erleichterung der Untersuchungshaft gewährt habe, steigerte den Zorn des Volkes zu einer Höhe, wie sie sonst in bösen Zeiten kaum an den Tag tritt. Und auf der andern Seite wühlte die Kreuzzeitung fort und fort in der angesponnenen „Enthüllung". Von Tag zu Tag steigerte sich ihre Lust an der Qual des Volkes. Im „Zuschauer" Hohn und Spott unter frommem Augenverdrehen und in der „Rundschau" ein wahrhafter Cancan von phantastischem Konservatismus waren die Züge der Zeit, welche die Spannung zwischen Krone und Volk immer weiter und weiter zum jähen Riß erweiterten.

Endlich nach fast sieben Monaten der tiefsten Erbitterung kam der Tag des öffentlichen Gerichtes, der das Bubenstück in seiner ganzen Schauerlichkeit enthüllte. Er brachte ein blendendes Licht der Wahrheit, aber — keine Erlösung aus der einmal zur Herrschaft gelangten Verfinsterung.

## Der Abschluß des Prozesses gegen Waldeck.

Am 28. November 1849 wurde die Gerichtsverhandlung über den Prozeß Waldeck unter Zuziehung der Geschworenen eröffnet. Bereits einige Tage vorher war die Anklageschrift durch die Zeitungen bekannt geworden und ließ deutlich genug erkennen, daß selbst die Staatsanwaltschaft an die Echtheit des sogenannten Briefes von D'Ester nicht glaube. Daß trotzdem eine Anklage gegen Waldeck erhoben werden konnte, war selbst in den Augen der politischen Gegner des Angeklagten ein trauriges Zeugniß der Zustände in Preußen.

Noch räthselhafter klang Alles, was über den Mitangeklagten Ohm im Publikum verbreitet ward. Die Kreuzzeitung verwickelte sich in den Nachrichten über ihn in die merkwürdigsten Widersprüche, indem sie ihn bald als Mitverschworenen, bald als treuen Patrioten, der die Enthüllung herbeigeführt, hinstellte. Im Volke nahm die Ueberzeugung von der Unschuld Waldeck's freilich den Charakter einer unumstößlichen Gewißheit an; aber den wirklichen Zusammenhang des gegen ihn unternommenen Bubenstücks konnte man doch nicht leicht überschauen.

Der Andrang zu der öffentlichen Verhandlung war ungeheuer stark. Der Platz vor dem Schwurgerichtslokal, der Molkenmarkt, war vom frühen Morgen an mit Menschen überfüllt. Nur einem kleinen Theil derselben gelang es, in dem sehr beschränkten Zuhörer-Raume einen Platz zu finden. Die große Masse des Volkes, umdrängt und geschoben von einer Schutzmannschaft, die die Straße frei halten wollte, mußte sich mit den Mittheilungen begnügen, welche von Mund zu Mund von den Augenzeugen der Gerichtsszenen bis in die fernsten Gruppen der Nebenstraßen verbreitet wurden.

Als die Nachricht in's Publikum gelangte, daß Waldeck, der damals erst 47 Jahre alt war, zwar ungebeugt und in ganzer stattlicher Persönlichkeit in der Schranke der Angeklagten erschienen, aber sein blondes Haar schneeweiß geworden sei, bewältigte Zorn und Schmerz die Gemüther dermaßen, daß fast kein Auge thränenleer blieb. Gleichwohl blieb die Haltung der Volksmassen eine fast feierliche durch alle die Tage des Prozesses, welcher erst am 3. Dezember seinen Abschluß fand. Erst da, als die Nachricht herabkam, daß nicht bloß Waldeck freigesprochen, sondern die ganze Anklage gegen ihn auch vom Staatsanwalt für „ein Bubenstück, ersonnen um einen Mann zu verderben" erklärt wurde, erst da brach der Strom der lange verhaltenen Empfindung laut aus und führte eine Szene des Volksgefühls herbei, deren wir noch weiterhin gedenken müssen.

Der Prozeß selbst, unter dem Vorsitz Tabbels, eines würdigen, wahrhaften Richters guten altpreußischen

Schlages geleitet, brachte all die Niederträchtigkeiten zu Tage, welche wir bereits in unserer Darstellung kurz berührt haben. Die Berichte über diesen Prozeß sind stenographisch niedergelegt und verdienen von Jedermann gelesen zu werden, der die traurigen Zeiten näher kennen lernen will, aus welchen wir erst nach bitteren Kämpfen erlöst worden sind. Was aber mehr als der Prozeß selber die trübseligste Epoche des preußischen Staats- und Volkslebens charakterisirt, ist der Umstand, daß auch diese Enthüllung des Bubenstücks der Reaktion nicht die Wirkung hervorbrachte, welche treue Freunde des Vaterlandes zu Anfang hoffneten. Die offenbaren Schandthaten einer Partei, die zu Lug und Trug, zu Fälschung und Meineid ihre Zuflucht nahm, führte nicht zu der Erkenntniß, daß dieser Abweg eine tiefe Zerrüttung des ganzen Rechtsgefühls zur Folge haben müsse. Es wurde im Gegentheil der eingeschlagene Weg immer weiter verfolgt, und durch Gesetze mannigfacher Art zu verhindern gesucht, daß fortan die politischen Prozesse einen gleichen Ausgang wie der gegen Walbeck nehmen.

Der Prozeß gegen Walbeck endete, wie bereits erwähnt, nicht bloß mit einer Freisprechung des Angeklagten von Seiten der Geschworenen, sondern mit einer Vernichtung der Anklage von Seiten der Staatsanwaltschaft, an deren Spitze damals ein gesetzestreuer Mann von hochberühmtem Namen stand. Der Oberstaatsanwalt von Sethe war der Sohn eines treuen echt preußischen Richters, der dereinst in der traurigen Zeit der napoleonischen Herrschaft mit eiserner Ruhe und Festigkeit dem fremden Eroberer die Gesetztreue des preußischen Richterstandes furchtlos entgegenstellte. Sein Sohn erwies sich im Prozeß Walbeck seines Vaters würdig. Aber ein Jahr darauf mußte er von seinem Posten weichen und gefügigern Nachfolgern sein Amt überlassen, nachdem Maßregeln und Gesetze die treue Fortführung des Amtes ihm unmöglich machten. — Auch der Vorsitzende Tabbel im Prozeß Walbeck wurde bald darauf von der Leitung der politischen Prozesse durch gefügigere Charaktere verdrängt. Die Veröffentlichung einer Anklageschrift vor Abschluß eines Prozesses wurde verboten! Die Geschwornen wurden bei politischen Prozessen beseitigt. Die ordentlichen Gerichte mußten aufhören in ähnlichen Anklagen Recht zu sprechen und ein Staatsgerichtshof wurde dafür ins Leben gerufen. Selbst die Vertheidigung mußte sich neuen Beschränkungen unterwerfen und der Rechtsanwalt Dorn, der Waldeck zur Seite stand, mußte die Kränkung erleben, daß ein Offizier-Korps darüber berieth, ob er aus der Reihe der Landwehr-Offiziere gestrichen werden solle!

Zugleich mit der Freisprechung Waldeck's faßte der Gerichtshof unter Tadel den Beschluß, den elenden Burschen Ohm im Gefängniß zurückzuhalten, um ihn wegen falscher Denunziation zur Verantwortlichkeit zu ziehen. So enthüllt auch das Bubenstück dastand, so sehr mußte dem Freunde des Rechts und der Gesetzestreue daran liegen die geheimen Fäden kennen zu lernen, von welchen das elende Werkzeug der Reaktion geleitet wurde. Aber Monat auf Monat verging, ohne daß dem Beschluß des Gerichts Folge gegeben wurde. Das Recht der Anklage ward zu einem Monopol der Staatsanwaltschaft erklärt, so daß ein Gerichtshof nicht im Stande ist ohne Einschreiten des Staatsanwalts irgend eine strafbare Handlung vor sein Forum zu ziehen. Und die Staatsanwaltschaft fand unbekannte Hindernisse den Prozeß gegen Ohm einzuleiten. Das elende Individuum wurde, man weiß nicht genau wann, aus der Haft entlassen und ist verschollen, ohne daß bisher sein Aufenthalt oder Ende bekannt geworden ist!

Der Prozeß Waldeck ist ein höchst charakteristisches Stück der Leidensgeschichte des preußischen Volks. Wir sind nicht im Stande ihn hier in dieser Skizze der Geschichte näher darzustellen. Wohl aber müssen wir noch in Kürze seine Einwirkung auf das Volk in Betracht ziehen und mindestens auf Eine traurige Thatsache hinweisen, wie man künstlich zu verhindern wußte, daß das Bubenstück der Reaktion dem Könige den Abgrund zeige, in welchen sie das ganze Staatswesen hineinzureißen drohte.

## Die Wirkung des Prozesses.

Bei der Enthüllung des Bubenstückes gegen Waldeck bot in der öffentlichen Gerichtsverhandlung die Leitung des Polizei wesens in Berlin ein widerliches Bild dar. Der Polizei-Präsident Herr von Hinkeldey als Zeuge vorgefordert, gerieth durch die Fragen des Vorsitzenden über sein Verhältniß zu Gödsche und Ohm in so peinvolle Verlegenheit, daß er sich zu einem Benehmen hinreißen ließ, dessen "Unschicklichkeit" der Präsident ihm ernstlich verweisen mußte. Er schlug mit der Faust auf den Tisch, behauptete als Polizei-Präsident höheren Weisungen in Ermittlung verbrecherischer Umtriebe folgen zu müssen, welche er nicht öffentlich mitzutheilen brauche. Dergleichen seien Amtsgeheimnisse, in die der Richter nicht einzudringen befugt sei, und am allerwenigsten in öffentlichen Verhandlungen, durch welche die Verschwornen leicht ermitteln könnten, wie weit sich die Fäden ihrer verbrecherischen Pläne bereits in der Hand der Polizei befinden. — Der Vorsitzende des Gerichtshofes rügte mehrere Male diese Haltung des "Zeugen" und entließ ihn mit der Weisung, daß er, falls es nöthig sein sollte, nochmals würde vorgeladen werden; aber der Polizei-Präsident entgegnete: er werde erscheinen, wenn seine Amtsgeschäfte ihn nicht anderweitig in Anspruch nehmen und trat aus dem Gerichtssaal wie Jemand, der sich seiner Unverantwortlichkeit bewußt ist und nur aus Gnaden sich dazu bewogen findet, dem Richter Rede zu stehen.

Es ist fast unmöglich, den Eindruck wiederzugeben, den dieses Benehmen in allen Kreisen der Gesellschaft machte. War der ganze Prozeß ein schauerlicher Beweis, daß die Wühlerei der Reaktion keine Grenzen kannte und zu Bubenstücken ihre Zuflucht nahm, wie sie in Preußen bis dahin ganz unerhört waren, so stand doch bis dahin mindestens die Autorität des Gerichtes wie ein unantastbares Dogma im Staate Friedrichs des Großen da. Daß ein Polizei-Präsident diese in so

herausfordernder Weise verletzen darf, erschütterte weit mehr
die Gemüther treuer Vaterlandsfreunde, als alle Schandthaten
und Lügen der bezahlten Agenten.

In den letzten Tagen der Gerichtsverhandlungen verbreitete sich denn auch das Gerücht in Berlin, daß der König im höchsten Grade entrüstet sei über den Polizei-Präsidenten und dessen Beseitigung die unbedingte Folge sowohl seiner Verbindungen mit den Agenten des Bubenstückes, wie seines Benehmens gegenüber dem Präsidenten des Gerichtshofes sein würde.

Es ist nicht ermittelt, ob diesem Gerücht irgend ein thatsächlicher Vorgang zu Grunde gelegen habe. Es liegt die Vermuthung nahe, daß sich Freunde des Vaterlandes gar nicht denken konnten, es würden solche Enthüllungen wie sie sich jetzt dargeboten, ohne Eindruck auf das sonst so tief empfindende Gemüth des Königs bleiben. Sie mögen wohl ihre Wünsche in die Sprache der Hoffnung gekleidet haben und die Hoffnungsvollsten griffen sie gern als Thatsachen auf. Selbst im Volke, das nicht grade hoffnungsselig ist, erhielt sich später noch der Glaube, daß Waldeck zum Könige berufen worden sei, um ihn dadurch über das Ungemach, das ihn betroffen, zu trösten. Allein in der Wirklichkeit gestalteten sich die Dinge durchaus anders, als die idealen Hoffnungen der Wohlgesinnten. Die Kluft, welche die Reaktion künstlich zwischen Krone und Volk geöffnet, wurde durch die Ereignisse nicht geschlossen, sondern mit aller Gewalt erweitert.

Am 3. Dezember 1849, dem Tage wo Waldeck nach fast siebenmonatlicher Haft aus dem Gefängniß entlassen wurde, war die Begeisterung des Volkes für den treuen Vertreter seiner Rechte zu einem jeder Polizei-Gewalt spottenden Sturm herangewachsen. Als Waldeck um 2½ Uhr die Straße, begleitet von seinem Vertheidiger und einigen seiner Freunde betrat, war dem Begeisterungsstrom kaum mehr Einhalt zu gebieten. Nicht bloß der Molkenmarkt und die angrenzenden Straßen, sondern fast der ganze Weg bis zur Dessauer Straße, wo er wohnte, war vom Volke dicht besetzt, das ihn sehen und dem Befreiten zujauchzen wollte. Um ihn diesem Strom zu

entziehen, nahm seine Begleitung zu einem Umweg die Zuflucht.
Er bestieg einen Wagen, worin seine Frau und Tochter Platz
genommen hatten und gelangte mühsam erst nach längerer
Zeit durch das Gedränge bis nach der Kurfürstenbrücke, von
wo aus er sich zunächst in die Wohnung eines Freundes in
der Dorotheenstraße begeben wollte. Aber hier, im Angesicht
des königlichen Schlosses, improvisirte sich die Szene ganz unerwartet zu einem Triumphzug. Man spannte die Pferde aus
und Tausende und Abertausende zogen den Befreiten unter
Jubelrufen am Schloß vorbei, bis er endlich in dem Hause
seines Freundes Gelegenheit fand sich dem Begeisterungsstrom
des Volks zu entziehen.

Diesem Triumphzug, den Niemand und am allerwenigsten
Waldeck hätte verhindern können, schloß sich am bald herein-
brechenden Abend eine Illumination in vielen Theilen der
Stadt und besonders in den volksthümlicheren Stadttheilen an.
Selbstverständlich fehlte es auch nicht an Konflikten mit der
Schutzmannschaft, die durchaus „Ruhe und Ordnung" herstellen
wollte. All das aber wurde schon in den nächsten Tagen als
ein „bestellter Tumult" geschildert, der ein Vorspiel zu
einem „Aufstand" hätte sein sollen, den die Wachsamkeit der
Polizei glücklich durch schnelles Einschreiten zu hindern wußte;
und diese Darstellung der Volksstimmung fand
Glauben im Kreise des Hofes und war hinreichend, jeden
Schimmer von Hoffnung fern zu halten, daß das enthüllte
Bubenstück eine richtigere Erkenntniß erwecken und einen
Umschwung der herrschenden Tendenzen herbeiführen würde.

So sicher war die rothe Reaktion ihres Sieges auch an
diesen Tagen und nach solchen Enthüllungen, daß die
Kreuzzeitung mit beispielloser Frechheit nur Hohn ausschüttete
über die ganze sittliche Aufregung des Volkes. Sie sang lauten
Lobpreis zu Ehren des Herrn Gödsche und seines Talentes,
gefährliche Verbrecher auszuspüren. Sie sagte, es
gäbe Menschen, die dies nicht verstehen, wie es viele giebt, die
zum waidmännischen Beruf keine Neigung und keine Anlage
haben. „Aber wer wird, wenn er ein Ehrenmann ist,
sich dieses Mangels rühmen, oder sich gegen einen

anderen Ehrenmann überheben, der Muth, Schlauheit und Stärke genug besaß, um die Fährte weiter zu verfolgen, die Bestie zu stellen, zu fassen oder doch sie wirklich deutlich ins Auge zu fassen und dann erst dem Jäger ein Zeichen zu geben".

Mit diesen frivolen Bildern wurde das Jagdtalent der Spione, die unschuldige Menschen verfolgten, mit der Waidmanns-Begabung die Bestien zu fangen versteht, auf gleiche Stufe der Ehrbarkeit gestellt; und diese Frivolität trug den Sieg über alle Bedenken davon.

Ganz und gar sicher scheint man sich freilich nicht in diesem Siege gefühlt zu haben. Ohm war ja noch im Gefängniß und ein neuer Prozeß, der noch viel enthüllen konnte, stand in Aussicht. Auch in der Kammer machte Herr von Vincke eine schwache milde Schwenkung abseits der Debatte und berührte gerade nicht allzuzärtlich die im Prozeß Waldeck blosgelegte Wunde des Staatslebens. Da trat denn der Rundschauer der Kreuzzeitung mit schweren Waffen auf. Herr v. Gerlach schrieb eine Broschüre über den Prozeß Waldeck, wo er zeigte, daß die äußerst schlechte Leitung des ganzen Prozesses an dem höchst parteiischen Schluß desselben Schuld sei. Bei richtiger Leitung des Gerichtsverfahrens hätten alle Zeugen, die doch nur Gesinnungsgenossen Waldecks gewesen wären, mit auf die Anklagebank gebracht werden müssen. Dann wäre die Staatsanwaltschaft mit reicherem Material versehen gewesen! Die Geschworenen hätte man müssen vor dem Terrorismus der Massen schützen, die ja den Platz vollständig belagert hatten! Und die Richter — nun sie sind eben der schweren Zeit nicht gewachsen, in welcher man lebe. Das Königthum, wenn es gerettet sein wolle aus den Gefahren der Revolution, bedürfe ganz anderer Gerichtshöfe und eines ganz andern Verhaltens als ehedem in den guten Zeiten der vollbewußten Unterthanen-Seligkeit!

Diese Schrift des Rundschauers vollendete was die Kreuzzeitung mit Hilfe der Kamarilla und den Berichten Hinckeldey's über die Tumulte des Volks bei Waldeck's Befreiung, eingeleitet hatten. Es wird von guter Seite behauptet, daß der König Friedrich Wilhelm IV. in diesen Tagen, wo man im Volke meinte, daß er Waldeck zu sich habe rufen lassen, eigenhändig an Herrn von Manteuffel die Worte geschrieben: „Lieber Otto, ich muß einen Gerichtshof haben, der verurtheilt, wo die anderen freisprechen!" — Thatsache ist es, daß bald darauf die Botschaft an die Kammern gelangte, einen Staatsgerichtshof für verfassungsmäßig zu erklären.

## Das Schwanken Deutschlands.

Während die reaktionären Umtriebe in Preußen zerrüttend auf das Staatsleben, auf das Verfassungswesen, auf die Verwaltungsbehörden und auf die sittliche Gesinnung des Volkes einwirkten, beförderten sie in Deutschland ein Intriguen-Spiel der Kabinette, welches systematisch Schritt auf Schritt allen Plänen von Radowitz und der Gothaer den Boden entzog.

Das Drei-Königs-Bündniß vom 26. Mai 1849 war bereits im Entstehen untergraben. Hannover machte wenig Hehl daraus, wie es nur unter der Bedingung beitrete, daß auch Baiern sich dem Bundesstaat anschließen werde, woran natürlich nicht zu denken war. Sachsen dachte nicht anders, sondern fühlte sich nur momentan und so lange preußische Regimenter das Rettungswerk vollführten, veranlaßt, seine Gesinnungen zu verdecken. So stand denn eigentlich Preußen allein da, nur von den kleinen norddeutschen Kabinetten gestützt, die sich zum Theil redlich, zum Theil durch die Volksstimmung gezwungen, dem Bundesstaats-Projekt angeschlossen hatten. Selbstverständlich kam nun Alles darauf an, daß Preußen selber es ernst mit der Sache meine. Mit wie Wenigen auch das Bündniß zuerst aufgetreten wäre, es würde — gleich dem ehemaligen Zollverein — sein Wachsthum mit der Zeit gefunden haben.

Grade aber worauf es einzig und allein ankam, auf die Festigkeit Preußens, ward es selbst den vertrauensvollsten Gemüthern der Gothaer schwer zu bauen. Daß Radowitz es ernst meine, war zweifellos; aber auch andere in der älteren Schule des Staatsbeamtenthums und der Diplomatie aufgewachsene Männer standen fest ein für den Plan. Wir dürfen zwei dieser Männer hier besonders achtungsvoll nennen, weil sie sich trotz ihrer anerkannten konservativen Gesinnungen nicht wenig wegen ihrer deutschen Politik dem Spott und den Intriguen der rothen Reaktion ausgesetzt sahen. Der Eine, Herr von Bülow, vertrat würdig in öffentlicher Rede die preußisch-deutschen Pläne und der Zweite, der ehemalige vormärzliche Minister Herr von Bodelschwingh, hat mit achtungswerther Energie durch viele Monate den Vorsitz in der Konferenz der Regierungsvertreter geführt und daselbst wacker gegen Hannovers Unverschämtheit und Sachsens Hinterhaltigkeit angekämpft. Der Graf Brandenburg war ein schlichter, graber Charakter und fest entschlossen nicht zurückzuweichen von dem einmal der Nation gegebenen Worte, selbst wenn das Ehrenwort mit dem Schwerte in der Hand eingelöst werden müßte. Und so weit eben die Situation fest schien, war auch Herr von Manteuffel anscheinend eine Stütze derselben. Die offiziösen Korrespondenzen rühmten ihm nach, daß er Hand in Hand mit Gagern und — sogar öffentlich in Berlin Unter den Linden — „Arm in Arm mit Simson gehe;" daß er stark genug sei, der Natter Demokratie und der Schlange Reaktion die Köpfe zu zertreten. In einer Zirkular-Note an die preußischen Regierungen vom 7. Juli 1849 spricht er aus: „Wir Preußen dürfen mit gerechtem Stolz auf eine große Aufgabe hinblicken. Während unser Heer berufen scheint, in den deutschen Gauen die Bollwerke der Schreckensherrschaft niederzuwerfen, ist es uns beschieden, die ersten Schritte zur Verwirklichung eines einheitlichen Deutschland zu thun." Daß er späterhin der Erste sein werde, der nach seiner Devise „der Starke weicht einen Schritt zurück", die letzten Hoffnungen Deutschlands zertrümmern werde, das mindestens konnte man ihm in der Mitte des Jahres 1849 noch nicht anmerken.

Gleichwohl war der Boden der ganzen Politik so untergraben, daß selbst die öffentlichen Debatten in den preußischen Kammern, wo die Regierung vollkommen fest zu sein schien, die schleichende Reaktion nicht verdecken konnten. Sie kam höhnend hinter all den parlamentarischen Diskussionen und Demonstrationen hergezogen. Die Kreuzzeitung hatte die Devise: „Gottes Mühlen mahlen langsam" für ihre in der Stille wühlende Partei ausgegeben. Herr von Gerlach aber, der „Rundschauer", besaß das damals besonders gefährliche Talent, die Tendenzen seiner Partei halb witzelnd halb frömmelnd in Schlagworten an den Tag zu bringen, von welchen man wußte, daß sie dort wirken, von wo schließlich die Entscheidung abhängt. Die langsame Mühle und die schlagenden Witzworte haben leider ihre Kunst nicht verfehlt.

Im August 1849 war es der ehrliche Herr Camphausen, der in der ersten preußischen Kammer die Debatte über die deutsche Frage einleitete. Es galt in die preußische Verfassung einen Artikel aufzunehmen, der da besagte, daß alle Bestimmungen der preußischen Verfassung modifizirt werden sollen durch die für den deutschen Bundesstaat zu Stande kommenden Verfassungs-Artikel. Es ward hiermit das richtige Verhältniß befürwortet, daß die deutsche Bundesstaats-Verfassung eine höhere Autorität haben solle als die Gesetze und Verfassungs-Artikel der Einzelstaaten. Bei dieser Gelegenheit war es, wo Camphausen in würdiger und sehr sachlicher Weise den ganzen Jammer der vormärzlichen Bundeszustände auch vom konservativen Gesichtspunkte aus bloß legte. Er sprach aufrichtige Worte des Muthes aus, die ihre Wirkung auf die in allem Glauben an Preußen tief erschütterten Gemüther des Volkes nicht verfehlten. Es waren Worte, welche darthun sollten, daß man in Preußen entschlossen sei mit der ganzen Kraft des Staates und der Sympathie der Nation einzustehen für die Errichtung des deutschen Bundesstaates; daß man die Intriguen des Auslands hingegen nicht fürchte, welches sich hüten werde die gerechten Ansprüche Deutschlands und Preußens als einen casus belli, einen Kriegsgrund, aufzunehmen. Seine sehr ausführliche Rede vom 17. August, die hauptsächlich darthut, daß die deutsche Bundesverfassung von 1815 rechtlich aufgehoben und kein Hinderniß gegen den neuen Bundesstaat innerhalb des alten Bundes sei, schließt mit den unter vollstem Beifall aufgenommenen vielsagenden Worten:

„Ich hoffe es bald zu erleben, daß man um die Allianz des jetzt isolirten Preußens wirbt, wie um eine stolze Braut, wenn wir, nicht mehr zwischen zwei Richtungen schwankend, in einer Richtung fest ausharren und wenn Europa weiß, daß man sich mit uns einlassen kann ohne die Besorgniß, daß wir binnen wenigen Monaten einen andern Weg gehen werden, als heute."

Die Herausforderung Camphausens war so ernst, daß die Regierung nicht umhin konnte, ihre Festigkeit im deutschen Programm zu versichern und die Vorlegung aller Aktenstücke in nächster Zeit zu verheißen. — Aber die Furcht vor dem „Schwanken zwischen zwei Richtungen" und der Zweifel, ob man nicht doch binnen weniger Monate „einen ganz anderen Weg gehen werde", ward auch durch die zustimmende Aeußerung des Ministeriums nicht beschwichtigt. Herr von Gerlach nannte dieses Schwanken nur die Umkehr zur richtigen Lage, aus der man sich im Revolutionssturm entfernt hat. Er stellte sein Programm auf, das da lautete: „Bekämpfung der Revolution in Oestreich und in Preußen und sodann Bekämpfung der Revolution in Deutschland durch Oestreich und durch Preußen. Dies Programm paßt freilich nicht zur östreichischen Verfassung und zur preußischen Verfassung; aber diese Verfassungen sind von gestern und werden morgen nicht mehr sein! — Was aber Deutschland angeht, so ist mir der preußische schwarzweiße Pfennig lieber als ein schwarz-rothgoldener Thaler."

Der Camphausen'sche Antrag wurde der Anlaß, daß endlich auch Radowitz aus dem bisherigen diplomatischen Hintergrund heraus und mit außerordentlich imposantem Effekt auf die öffentliche Bühne des Parlamentarismus trat. Als er zum Erstenmal eine glänzende Rede über die deutsche Frage gehalten hatte, erkannte man in ihm den Mann, dessen seltene Begabung von großem Einfluß auf den König sein müsse.

— Aber der Zustand war bereits so unterwühlt, und selbst Radowitz war schon so fest in eine von Oestreich gelegte Schlinge verwickelt, daß man eine sichere Hoffnung trotz aller guten Reden nicht fassen konnte.

Die Schlinge war „das Interim", das wir nunmehr näher kennen lernen müssen.

---

## Wie das Interim den Keim des Verderbens ausstreut.

Wir müssen daran erinnern, daß sofort nachdem das Reichs= parlament den König von Preußen zum Kaiser von Deutsch= land gewählt hatte, der provisorische Reichsverweser, der Erz= herzog Johann von Oestreich, seinen Rücktritt vom Amte an= kündigte. Obwohl dieses Verhalten sehr loyal damit motivirt wurde, daß das Provisorium aufhören müsse, wenn das Reich ein definitives Oberhaupt erhält, konnte man doch über die wahre Bedeutung dieses Schrittes nicht im Zweifel sein. Es lag in ihm nicht der Wunsch sein Amt dem gewählten Kaiser zu übergeben, sondern im Gegentheil durch Niederlegung des Amtes den offiziellen Uebergang desselben in die Hand des Kaisers zu verhindern.

Indessen hatte man in Berlin nach der Ablehnung der Kaiserkrone keinen Grund den Schritt des Reichsverwesers zu bedauern. Man hatte im Gegentheil erklärt, daß der König von Preußen bereit sei, vorläufig und bis zu den einzuholenden Beschlüssen der Fürsten, das Amt des Reichsvorstandes zu übernehmen. Das gerade aber suchte man in Wien unter allen Umständen zu verhindern, weshalb denn dem Erzherzog Johann die Weisung zuging, sein Amt nicht aufzugeben, sondern im

Besitz der ihm anvertrauten Macht zu bleiben bis er dieselbe dem rechtmäßigen Inhaber überantworten könne.

Der Erzherzog gehorchte natürlich dieser Weisung des wiener Hofes und in Folge dessen erhob sich ein diplomatischer Streit über die Frage, wer denn eigentlich der Vollmachtgeber des Erzherzogs gewesen sei. Er war, wie wir wissen, ohne Zuthun der Kabinette von dem Reichsparlament gewählt; aber der Bundestag war schlau genug, zu erklären, daß er bereits vor dieser Wahl, Namens der deutschen Regierungen, die Zustimmung zu derselben ertheilt habe und ihm deshalb die Zentralgewalt provisorisch übergebe. Dieser prinzipielle Widerspruch wurde im Juli 1848 von der Linken des Reichsparlaments in aller Schärfe zur Sprache gebracht, jedoch von den Mittel-Parteien als unwesentlich durch „Tagesordnung" beseitigt. Jetzt jedoch erhob sich die Frage zu einer sehr prinzipiellen Bedeutung. Es unterlag keinem Zweifel, daß Oestreich den Bundestag als den Vollmachtgeber betrachte und darauf ausgehe, diese Macht in die Hand des wieder herzustellenden Bundestages zu bringen. Von preußischer Seite wehrte man sich natürlich gegen diese Argumente, weil sie in ihrer Konsequenz die Vernichtung der preußischen Pläne mit sich führen mußten.

In diesem diplomatischen Streite, der den Talenten der kleinen wie der großen Kabinette sehr reiche Gelegenheit darbot, ihre völkerrechtliche Weisheit auszukramen, hielt sich Anfangs Herr von Radowitz auf einem sehr klaren Standpunkt. Derselbe gipfelte in folgender Gedankenreihe. Deutschland hatte bis zum Jahre 1848 einen Bund, dieser Bund hatte eine Verfassung und diese Verfassung besaß ein Organ, den Bundestag. Mit der Revolution des Jahres 1848 habe zwar der deutsche Bund selber nicht aufgehört; aber seine Verfassung sei durch rechtsgiltige Beschlüsse aufgehoben worden und sein Organ, der Bundestag, sei für immer aus der Welt geschieden. Deshalb haben Preußen und seine Verbündeten vom Mai 1849 das Recht, sich unter Anerkennung des Bundes zu einer neuen Verfassung zu vereinigen und gehöre es auch zu den Unmöglichkeiten, irgend welche einmal konstituirte Macht wiederum in die Hand des gar nicht mehr rechtlich existirenden Bundestages zu legen.

Dieser an sich ganz korrekte Standpunkt würde sicherlich auch mit aller Konsequenz festgehalten worden sein, wenn nicht der König unabwendbar darauf gedrungen hätte, eine Verständigung mit Oestreich zu suchen. Wir wissen ja, wie er bereits in dem großen Kampfe über die Zirkular-Note vom 23. Januar 1849 seine Zustimmung ganz unerwartet zu derselben gab; aber entschieden hinzufügte, daß darum die Verbindung mit Oestreich nicht aufgegeben werden solle. In Wien war man wohl unterrichtet von dieser widerspruchsvollen Situation; um nun unter dem Schein eines friedlichen Einvernehmens die Pläne des preußischen Kabinettes faktisch zu untergraben, veranlaßte man das bairische Kabinet einen Plan zu einem Interims-Zustand zu entwerfen, der bis zur definitiven Ordnung der deutschen Verfassung die Möglichkeit darbieten sollte, das ganz haltlos gewordene Amt des Reichsverwesers in sichere Hände zu übergeben.

Laut diesem ursprünglichen Plane sollte der Reichsverweser sein Amt, welches ihm das Parlament übertragen hatte, niederlegen; aber seine Macht, welche ihm von den Regierungen anvertraut wurde, in die Hand einer „Bundeskommission" übergeben, welche aus Vertretern Oestreichs, Preußens und Baierns gebildet wurde. Hiermit — so wurde ausgeführt — solle der künftigen Gestaltung Deutschlands keineswegs vorgegriffen, sondern nur interimistisch ein erträglicher Zustand hergestellt werden, um das Eigenthum des deutschen Bundes nicht ganz verkommen zu lassen. Selbstverständlich war Baiern hier nur dazwischen geschoben, um auf Verlangen Preußens unter dem Schein der Nachgiebigkeit bescheiden zurückzutreten und das „Interim" in der Hand Oestreichs und Preußens zu belassen. So wurde denn auch wirklich solch ein „Interim" zu Stande gebracht, das seinem ganzen Charakter nach den Keim der Zerrüttung in alle bundesstaatlichen Pläne Preußens warf.

Der Kernpunkt dieses zwischen Oestreich und Preußen abgeschlossenen Vertrages lautete dahin, daß diese beiden Mächte unter Zustimmung der andern deutschen Regierungen, vorerst bis zum 26. Mai 1850 die Zentralgewalt Deutschlands gemeinschaftlich aus der Hand des Reichsverwesers übernehmen und durch je zwei Kommissare ausüben lassen werden. In dem § 3 dieses Vertrages ward in scheinbar unverfänglicher Manier auf die Bundesakte von 1815 verwiesen, als ob diese noch irgend welche Geltung hätte. Im § 4 aber wurde bestimmt, daß Falls bei Ablauf des Termins die deutsche Verfassungs-Angelegenheit, insbesondere die auf Bildung des engeren Bundesstaates bezüglichen Verhandlungen noch nicht zum Abschluß gediehen sein sollten, die deutschen Regierungen sich über den Fortbestand der hier getroffenen Uebereinkunft vereinbaren werden.

Es ist klar, daß die Freunde des von Preußen erstrebten Bundesstaates die Falle wohl gesehen haben, die in dieser letzteren Bestimmung des „Interims" gelegt wurde. Niemand konnte zweifeln, daß Oestreich im Verein mit seinen Genossen dafür sorgen würde, die Verwirklichung der Projekte von Radowitz jedenfalls bis über den 26. Mai 1850 hinauszuschieben, damit sodann die deutschen Regierungen wieder zusammentreten, um unter Auflösung des Interims den deutschen Bundestag wieder herzustellen!

Die Gothaer waren entrüstet. Ihre Organe traten mit Energie gegen dieses abgeschlossene Interim auf und sprachen es offen aus, daß es ein Werk der Kamarilla sei, welches das Zustandekommen des Bundesstaates verhindern werde. Daß Radowitz diese Gefahr richtig erkannte, ist nicht minder gewiß. Da er jedoch wegen des entschiedenen Willens des Königs den Abschluß des „Interims" nicht umgehen konnte, so fühlte er sich angetrieben, mit möglichster Energie die schleunigste Errichtung des Bundesstaates zu befördern. Er gab die bis dahin beobachtete Zurückhaltung von parlamentarischer Thätigkeit auf und trat am 25. August 1849 als Regierungs-Kommissar mit einer imponirenden Rede in der zweiten Kammer auf, worin er die möglichst baldige Einberufung des Parlamentes der zum Bundesstaat sich bekennenden Staaten verheißt, die partitularistische Haltung der Gegner mit scharfen Worten charakterisirt, über die Bedeutung des verfänglichen „Interim" mit leichter Wendung hinweggeht und darin nur den Sporn erblickt, den Abschluß des Bundesstaates unter allen Umständen zu beschleunigen, damit der letzte Termin, der 26. Mai 1850 eine fertige Thatsache vorfinde. Zum Schluß hebt er zum Lobe Preußens, das die Regierungen Deutschlands gerettet habe, dessen Uneigennützigkeit und Selbstlosigkeit hervor, mit welcher es sowohl den Dankbaren wie den „Undankbaren" Hilfe geleistet.

Bei diesen Worten verließ der bairische Gesandte die Diplomaten-Loge mit sehr ostensiblem Geräusch. — Gut unterrichtet von allen Hof-Intriguen, wußte er sehr wohl wie bodenlos die Hoffnungen waren, welche Radowitz so eindrucksvoll ausgesprochen. Das „Interim" gab den Grund zur Einberufung des alten Bundestages und die „Dankbarkeit" Baierns für die Rettungen sollte sich zum richtigen Termin deutlich genug erweisen.

## Die Verwirrung steigert sich.

Ein traurigeres Bild politischer Verwirrung, welches mit Eintritt Preußens in das sogenannte „Interim" zur Herrschaft gelangte, ist kaum denkbar.

Auf der einen Seite war man bemüht jedenfalls vor dem Termin den das Interim aufstellte, also vor dem 26. Mai 1850, den Bundesstaat des sogenannten „Drei-Königs-Bündnisses" ins Leben zu rufen. Man setzte zu diesem Zweck im Sommer 1849 einen „Verwaltungsrath" dieses Bundes ein, der im Namen der verbündeten Regierungen die Wahlen zum Parlament vorbereiten und mit den anderen Regierungen über den Beitritt zu dem Bunde vom 26. Mai 1849 verhandeln sollte.

An der Spitze dieses „deutschen Verwaltungsrathes" stand der ehemalige vormärzliche Minister Herr von Bodelschwingh, der nunmehr mit Ernst und Würde das wahre Interesse Preußens und des Bündnisses, welches in seinem Namen geschlossen worden war, vertrat. Wer die Protokolle und Aktenstücke dieses Verwaltungsrathes kennt, der muß der Ausdauer und Festigkeit, mit welcher Bodelschwingh den Kampf gegen die unverschämte Niederträchtigkeit Hannovers und die ewige Verschlagenheit Sachsens führte, aufrichtiges Lob zollen. Es hatte die Märzrevolution, welche diesen Minister gestürzt, offenbar einen gewaltigen Einfluß auf den ehemaligen talentvollen Büreaukraten, Polizisten und Absolutisten ausgeübt und ihn zu einem aufrichtigen deutschen Patrioten umgestaltet. Aber das Kehrbild dieses Verwaltungsrathes des „Interim" brachte Alles in Verwirrung. Auf der einen Seite mit Deutschlands Regeneration befaßt, stand auf der andern Seite Preußen im Bunde mit Oestreich da und wühlte gegen seine eigenen Pläne. „Verwaltungsrath" und „Interim" waren thatsächlich, wie die Urwähler-Zeitung sich damals ausdrückte, zwei Gespanne vor und hinter dem Wagen der deutschen Neugestaltung, und Preußen — bot für beide die Kräfte dar.

Der Kampf im Verwaltungsrath entspann sich bereits am 5. Oktober 1849 zu einer ernstlichen Krisis. Die kleinen Staaten Norddeutschlands, und mit ihnen auch Baden, drangen darauf, daß nunmehr ein neues Parlament, der Reichstag, für den Bundesstaat auf Grund der Verträge vom Mai jenes Jahres einberufen werden solle. Hiergegen trat Hannover mit der Erklärung auf, daß die drei Regierungen, Preußen, Hannover und Sachsen, welche im Mai 1849 das Bündniß geschlossen, bereits ursprünglich gar nicht gleichen Sinnes über den Charakter und die Verwirklichung desselben gewesen seien. Preußen wäre wohl entschlossen gewesen, das Bündniß durchzuführen mit denjenigen Staaten, welche ihm beitreten und den andern den Beitritt offen zu halten, dagegen waren Hannover und Sachsen gleich von vorne herein der Ansicht, daß höchstens ohne Oestreich, keineswegs aber ohne Baiern und Würtemberg solch ein

Bündniß verwirklicht werden dürfe. Da nun diese zwei Königreiche vorläufig ihren Beitritt nicht erklärt haben, so seien Hannover und Sachsen auch nicht verpflichtet, das Bündniß zu halten. Die Frechheit Hannovers bestand nun noch besonders darin, daß sein Vertreter auch für Sachsen Erklärungen abgab, obgleich dessen Bevollmächtigter in der Sitzung des Verwaltungsrathes zugegen war und keineswegs von dem Inhalt der Tagesordnung überrascht sein konnte.

Der preußische Vertreter trat dem hannoverschen Diplomaten mit fester Entschiedenheit entgegen und forderte den Sachsen auf, selber das Wort zu nehmen. Dieser that es denn auch mit jener Zweideutigkeit, die das ganze Verhalten Sachsens in jener Zeit charakterisirt. Er ließ die „ursprünglichen Intentionen" unerörtert, sprach von den fortzusetzenden Bemühungen, die anderen Staaten Deutschlands für das Bündniß zu gewinnen und erklärte den Versuch, schon jetzt ein Parlament zu berufen, für ein unzeitiges Vorgehen, welches Deutschland in zwei Lager trennen würde. Der Frage, ob wirklich der hannoversche Bevollmächtigte berechtigt gewesen sei, auch für Sachsen eine Erklärung abzugeben, wich er geschickt aus und zog eine schriftliche Erklärung aus der Tasche, die er im ganzen Umfange verlas und welche hinlänglich bekundete, wie er wohl vorbereitet gewesen sei, Sachsens Stellung selber zu vertreten. Nach einigen anderweitigen Erklärungen der kleinen Regierungen, worunter Mecklenburg und Kurhessen für die Verweisung der schwebenden Frage an eine Kommission stimmten, nahm jedoch der Hannoveraner nochmals das Wort und bekundete mit einer ostensiblen Offenheit, wie er dennoch berechtigt gewesen, die Uebereinstimmung mit Sachsen auszusprechen. Es ward dadurch ganz zweifellos, daß Sachsen und Hannover hinter dem Rücken Preußens eine Art Separatbündniß schon beim Beginn gegen ihr Bündniß mit Preußen abgeschlossen hatten.

Worauf all dies hinauslief, war sonnenklar. Das heillose „Interim" dem Preußen zugestimmt und das es mit Oestreich übernommen hatte, enthielt den Passus, daß der Bundesstaat, so zu sagen, innerhalb des alten Bundesrechtes von

1815 gebildet werden solle, daß jedoch, wenn der Bundesstaat nicht fertig dastehe, am 26. Mai 1850 sämmtliche deutsche Regierungen die weitere Ordnung Deutschlands in die Hand nehmen sollen. Darin lag das Prinzip deutlich genug ausgesprochen, daß der alte Bund das bestehende Recht sei und der neue Bundesstaat der Zustimmung aller deutschen Regierungen zu seiner Gründung bedürfe. Hannover und Sachsen waren nun einig, auf formellem Wege die Konstituirung des Bundesstaates so lange zu hintertreiben, bis der 26. Mai 1850 herangekommen sein und, wie sie sehr wohl wußten, Oestreich den Bundestag einberufen würde.

Die Sitzung vom 5. Oktober zog sich im Kampf der Grundprinzipien bis spät in den Abend hinein. Bodelschwingh war tief entrüstet, und wäre auch der Mann gewesen, der Bundesbrüchigkeit mit dem einzig richtigen Mittel entgegenzutreten. Allein er wußte sehr wohl, wie es mit der Kamarilla in diesem Punkt stand und mußte seinem Gefühl Zwang auferlegen.

Die Berathung sollte am 9. Oktober fortgesetzt werden. Tags vorher legte Bodelschwingh den verhängnißvollen Interims-Vertrag dem Verwaltungsrathe vor und wollte wissen, ob die Vertreter der Regierungen hierin Etwas fänden, was dem Bündniß vom 26. Mai entgegen stehe. Er selber spricht sich hierüber verneinend in offenbar gedrückter und zurückhaltender Stimmung aus, während Hannover und Sachsen, dankend für den richtigen Geist des Interims, das Wort nehmen. Von den kleinen Staaten, die sich meist schweigend verhalten, verdient die Erklärung des Großherzogthums Hessen hervorgehoben zu werden, die offenherzig von der „Gefahr" spricht, welche dem Bundesstaat durch das Interim drohe. Diese Gefahr freilich lag auf der Hand; aber man mußte nunmehr die Augen davor verschließen.

Der Konflikt trat denn auch am Tage darauf, am 9. Oktober, offenbar auf. Sachsen machte Ausflüchte. Hannover war entschieden und erklärte peremtorisch:

„daß die Berufung des Reichstages auf keine Weise

stattfinden dürfe, ehe nicht diejenigen Regierungen, welche der Verfassung nicht beigetreten, die Erklärung abgegeben haben, daß sie die in der Einführung der Reichs-Verfassung liegende Erklärung der rücksichtlich ihrer fortbestehenden Bundes-Verfassung genehmigen wollen."

Und der preußische Vertreter — es ist ein trauriges Zeugniß der bereits damals nicht mehr zu verhüllenden Verwirrung — er erklärt: er **wisse nicht wie die preußische Regierung über diese Kardinalfrage denke** und wolle Instruktionen einholen. Er persönlich aber möge sein Urtheil keinen Augenblick zurückhalten, daß eine Regierung, welche solcher Ansicht wie die von Hannover und Sachsen gewesen, nimmermehr hätte das Bündniß vom 26. Mai abschließen dürfen!

Da Bodelschwingh selber nicht im Stande war zu sagen, wie Preußen über diese Lage der Dinge denke, so ist es selbstverständlich, daß alle seine kleinen Verbündeten auch nicht wußten, was sie zu dieser Streitfrage, wo man sich auf Preußen nicht verlassen kann, sagen sollte. Sie sehen die Verwirrung und behalten sich alle ihre Erklärungen vor!

## Die Sprengung des Drei-Königs-Bündnisses.

Bodelschwingh drang nun auf eine Entschließung des preußischen Ministeriums. Er erklärte entschieden, den Vorsitz im Verwaltungsrath aufzugeben, wenn ihm nicht durch eine feste Position solche Demüthigungen, wie er sie sich in den letzten Sitzungen von den bundesbrüchigen Kabinetten Hannover und Sachsen gefallen lassen mußte, erspart werden. Schleinitz zog die Achseln: wer konnte wissen, ob der König nicht gerade durch die Erklärungen dieser Bundesgenossen sich veranlaßt sehen könnte, das ganze Projekt des Bundesstaates fallen zu laſſen. Nur Graf Brandenburg fand die Ehre Preußens ſo tief engagirt in dieſer Angelegenheit, daß ein Rückſchritt unmöglich ſei. So wurde denn ein Miniſterrath veranſtaltet, bei dem der König anweſend ſein wollte, und zu dem auch Radowitz hinzugezogen wurde, um auf die Stimmung des Königs einzuwirken, obwohl ſonſt die Miniſter nicht gerade erbaut waren von dem perſönlichen Verkehr zwiſchen dem Monarchen und ſeinem vertrauten Freunde.

Ueber den Hergang in dieſem Konſeil ſind wir nicht näher unterrichtet. Charakteriſtiſch iſt es nur, daß ihn der Staatsanzeiger mit einiger Oſtentation und ganz beſonders die Betheiligung von Radowitz an demſelben verkündete. Das Reſultat war momentan günſtig. Es wurde beſchloſſen, die Wahlen zum Reichstage anzuordnen und nöthigenfalls mit den kleinen Bundesgenoſſen ohne Hannover und Sachſen, die Verfaſſung des Bundesſtaates unter beſtimmten Modifikationen in's Leben treten zu laſſen. Einige Modifikationen ergaben ſich naturgemäß von ſelber. Urſprünglich ſollte das Bündniß vom 26. Mai das „deutſche Reich" ohne Oeſtreich repräſentiren; als man ſah, daß Baiern und Würtemberg nicht beitraten, ließ man das „Reich" fallen und nannte die Neuſchöpfung „Bundesſtaat"; jetzt wo vorausſichtlich bloß Preußen mit den Kleinſtaaten verbündet bleiben ſollte, ließ man ſich den beſcheidenen Namen „Union" gefallen, und zwar eine Union, welche „innerhalb des deutſchen Bundes" und auf Grund der Vereinbarung der betreffenden deutſchen Regierungen ſich konſtituiren ſollte. Einige Abänderungen der Verfaſſung, dem gegebenen Verhältniß entſprechend, waren daher unvermeidlich.

Die Entſchließungen des preußiſchen Miniſteriums gewährten Bodelſchwingh eine feſtere Grundlage für die nächſte Sitzung des Verwaltungsrathes. Sie fand am 17. Oktober ſtatt. Das Protokoll dieſer Sitzung, von Blömer, — einem bis an ſein Lebensende der deutſchen Sache und der politiſchen Freiheit treu ergebenen Manne — verfaßt, darf als das beſte Aktenſtück aus dieſer trübſeligen Epoche gerühmt werden. Bodelſchwingh deckte die ganze Miſere und die Schliche der bundesbrüchigen Regierungen auf und erklärte fest und bestimmt, daß Preußen seinen Verpflichtungen gegenüber dem eigenen Volke und der deutschen Nation treu nachkommen wolle und werde. Auch Blömer nahm hier das Wort und beleuchtete die sogenannten „Vorbehalte" von Hannover und Sachsen mit dem richtigen Lichte. Man war sich dessen bewußt, daß die Katastrophe unvermeidlich sei und nahm kein Blatt vor den Mund, um das Verhalten der Bundesbrüchigen mit dem rechten Namen zu bezeichnen.

Selbstverständlich war der Standpunkt, den Preußen nunmehr annahm, politisch vollauf gerechtfertigt; aber das Bleigewicht, welches es sich selber mit dem „Interim" angehängt hatte, verschob den Schwerpunkt nach der ganz entgegengesetzten Seite und die Interims-Verehrer verstanden die Situation besser zu benutzen.

An sich war es eine diplomatische Künstelei, den alten deutschen Bund als rechtsbeständig anzunehmen und dennoch die „Union" gründen zu wollen, als erlaubtes separates Bündniß der einzelnen Regierungen. Die Union wäre auch in ihrer bescheidensten Form das vollste Gegenstück des alten Bundes gewesen, in welchem die Gleichberechtigung aller Verbündeten als Prinzip aufgestellt war und wo das Veto einer einzigen Regierung hinreichen sollte, alle Beschlüsse der anderen ungiltig zu machen. Diese diplomatische Künstelei machte es Hannover und Sachsen sehr leicht, den Widerspruch der Situation bloßzulegen. Die Sitzung am 17. Oktober war daher eine äußerst gespannte. Man wußte auch, daß sie die letzte sein werde, an welcher die Bundesbrüchigen theilnahmen, und bemühte sich gar nicht mit müßigen Versuchen, die Spaltung zu verhüten. Es mußte wohl Jeder fühlen, daß bei solchem Stand der Dinge die Entscheidung auf ganz anderem Gebiete, als dem der bloßen diplomatischen Auseinandersetzungen herbeigeführt werden müßte.

Bodelschwingh erklärte am Schluß seiner sehr ausführlichen Auseinandersetzung, daß Preußen nicht bloß für die baldige Berufung des Reichstages stimme, sondern unverzüglich Anträge stellen werde, die Wahlen vorzubereiten und anzuberaumen.

Die Majorität stimmte ihm bei und unter diesen auch Kurhessen und Mecklenburg-Schwerin, die damals noch von liberalen Regierungen geleitet waren. Die Vertreter von Hannover und Sachsen blieben bei ihrem Votum. Sachsen unter dem verschmitzten Vorgeben, daß die Berufung des Reichstages „voreilig" sei; man solle doch warten, bis Baiern und Würtemberg auch beitreten! Hannover unter der offenen Behauptung, daß ohne Genehmigung sämmtlicher Mitglieder des deutschen Bundes — worunter nicht bloß Oestreich, sondern auch Luremburg und Dänemark gehörten — eine Neugestaltung oder auch nur ein Unions-Bund nicht stattfinden dürfe.

Am 20. Oktober reichten denn auch die Vertreter von Hannover und Sachsen dem Verwaltungsrath die Erklärung ein, daß sie fortan nicht an den Sitzungen desselben Theil nehmen würden. Den Bundesstaat wolle Hannover auch, aber nicht ohne Oestreich. Sachsen wolle nicht auf den Beitritt Oestreichs bestehen, aber jedenfalls auf den von Baiern und Würtemberg. Baiern sendete an Radowitz neue Entwürfe einer deutschen Verfassung, laut welchen das „Reich" von einem Fürsten-Kollegium unter wechselndem Vorsitz von Oestreich und Preußen und Stellvertretung von Baiern regiert werden solle. Würtemberg gab demokratische Erklärungen ab, von welchen es wußte, daß sie Preußen abweisen würde. Hinter all dem aber lauerte der Plan, die Verwirklichung des von Radowitz und den Gothaern verfolgten Planes hinauszuzögern bis zum Mai 1850, wo das Interim ablief und der definitive Bundestag von Oestreich wieder ins Leben gerufen werden sollte.

Wie aber stand es um dieses Interim?

Zu thun hatte es nichts, aber man sorgte dafür, daß es nicht müßig blieb.

Zunächst wurde seine Existenz allen Regierungen angezeigt, worauf die freudigste Zustimmung zu demselben erfolgte. Bald darauf entließ der Kurfürst von Hessen sein liberales Ministerium und schwenkte nach Oestreich hin. In Mecklenburg-Schwerin aber, wo eine konstitutionelle Verfassung eingeführt wurde, traten die abligen Ritter auf, den Protest dagegen einzulegen. Sie erhielten von Charlottenburg aus die Weisung, nicht an den deutschen Verwaltungsrath, sondern bei dem „Interim", welches sich als „Bundes-Kommission" konstituirt hatte, ihren Protest geltend zu machen, weil die alte feudale Verfassung Mecklenburgs unter der Garantie des deutschen Bundes stehe. Bodelschwingh sah in diesem Schritt einen Eingriff in das Recht der Union, der ja Mecklenburg beigetreten sei; allein der König Friedrich Wilhelm IV. billigte den Schritt der Feudalen Mecklenburgs, welche ihren Herzog und dessen Regierung bei der „Bundeskommission" verklagten. In dem Moment, wo man alle Kraft hätte anwenden müssen, um die „Union zu stützen, wurden die Gegner ermuthigt zum Festhalten am alten Bundesrecht.

In der preußischen zweiten Kammer brachte Herr von Beckerath eine Interpellation vor, um Auskunft über den Stand der Union zu erhalten. Herr von Radowitz ertheilte die Antwort, daß Alles im besten Gange sei und die Wahlen zum Reichstage angeordnet werden sollen. Es geschah auch, wie er verkündet und die Wahlen wurden auf den 31. Januar 1850 anberaumt. Die Gothaer waren wieder voll Hoffnung und rühmten Preußens Entschiedenheit. Sie sahen nicht, oder wollten nicht sehen, daß hinterrücks Alles untergraben wird. Schon war man in Wien und München und Charlottenburg darüber einig, daß die Projekte von Radowitz und der Gothaer unhaltbar bleiben würden. In einer Zirkular-Depesche des würtembergischen Ministeriums an die Reichsgesandtschaften wird bereits auf die richtigen Bemerkungen des russischen Gesandten, Herrn von Meyendorf, hingewiesen, daß wenn erst Hannover und Sachsen sich von Preußen lossagen, dieses selber bei Ablauf des im Vertrage vom Mai 1849 an bestimmten Jahres alle Projekte würde fallen lassen. Die Gothaer wurden in dieser Note als eine haltlose Partei bezeichnet, die in ihren ewigen Schwankungen keine feste Stütze bilden würden. Die berliner Staatsmänner würden zur Zeit schon zur richtigen Ueberzeugung kommen, daß sie auf Sand bauen.

In der That hätten sich die Projekte, welche Preußen offiziell vertrat, nur durchführen lassen unter der vollen Sympathie der Völker. Das Jahr 1849 aber endete mit dem vollen Gegentheil dieser Vorbedingung. Das Interim nahm die „Macht" in die Hände, welche ihm der noch bis dahin fortexistirende Reichsverweser übertrug. Die Gothaer blickten hoffnungsvoll nach Erfurt hin, wo der Reichstag die Neugestaltung Deutschlands anbahnen sollte; die deutschen Kabinette jedoch waren der richtigen Ueberzeugung, daß der Keim der Zerrüttung von Preußen selber in all seine Projekte eingeimpft werde.

## Verwirrung im Innern und Gefahrdrohung von außen.

Die Aussicht auf den Zusammentritt eines Unions-Parlaments in Erfurt und die trotz aller Reserven und Vorbehalte doch endlich publizirte und beschworene preußische Verfassung wären wohl geeignet gewesen, die Stimmung des Volkes gegenüber der Regierung günstiger zu gestalten. Es erhob sich auch sofort nach dem Tage der Beeidigung der Verfassung eine ernstliche Agitation in der demokratischen Partei für die Betheiligung an den Wahlen. Aber der Kampf für das Aufgeben der bisherigen Wahlenthaltung, welchen die Urwählerzeitung mit ernster Energie gegen die Nationalzeitung und die Demokratische Zeitung führte, war ein vergeblicher. Allen Einsichtigen wurde es wohl klar, daß die Wahlenthaltung von Seiten der Majorität des Volkes ein Mißstand ist, der den Rechtssinn des Volkes zerrüttet und wenn er lange andauert, zur politischen Gleichgiltigkeit führt; allein die Regierung fuhr dermaßen in Verfolgungen und in Anzettelung politischer Prozesse fort, daß es unmöglich war, den tiefen Unmuth des

Volkes in das ruhige Geleise eines Rechtskampfes überzuleiten. Der Ausgang des Prozesses gegen Waldeck führte nicht den Sturz der verfolgungssüchtigen Reaktion herbei, sondern stärkte diese zu immer neuen Anzettelungen. Die Betheiligung am stuttgarter Parlament wurde zum „Hochverrath" gestempelt, die angeklagten Mitglieder, die meistens die Flucht ergriffen hatten, wurden zum Tode verurtheilt. Als Einzelne, die sich wie Johann Jacoby zum Prozeß einfanden, von den Geschwornen freigesprochen wurden, hatte dies keine andere Folge, als daß man nunmehr für die Beseitigung der Geschwornen in politischen und Preßprozessen agitirte. Als endlich gar im Februar 1850 ein Monstre-Prozeß gegen die „Steuerverweigerer" vom November 1849 in Szene gesetzt wurde und auch dieser trotz aller Hetzereien der Reaktion mit einer Freisprechung fast aller Angeklagten von Seiten der Geschwornen endete, ward das Geschick der Geschwornen-Gerichte besiegelt und die Einsetzung eines „Staatsgerichtshofes" möglichst beschleunigt.

Unter solchen Umständen war es leider allzunatürlich, daß die Demokratie in ihrem tiefen Groll verharrte und den Konstitutionellen und den Gothaern allein das Feld des parlamentarischen Kampfes überließ, um aus dem Zusammenbruch aller Hoffnungen zu retten, was noch zu retten war.

Der Eifer dieser vertrauensvollen Parteien war darum ein sehr lebhafter, weshalb denn auch die Wahlen für das Volkshaus in Erfurt ziemlich günstig ausfielen. Am 12. Februar 1850 trat der Kriegsminister von Strotha mit der Forderung einer Anleihe von 18 Millionen vor die Kammer. Wozu? — Der Kriegsminister sagte: damit Preußen gewaffnet dastehe „gegenüber den Feinden der Ordnung". Die Konstitutionellen und die Gothaer hatten indessen in aller Stille die Zusicherung erhalten, daß die Mobilmachung gegen Oestreich beabsichtigt werde, falls ein Krieg zu Gunsten der Unions-Politik nöthig sein sollte. Es wurde daher aufs schleunigste eine Kommission gewählt, um über den Antrag einen Bericht zu erstatten. Die Entscheidung der Kammer wurde auf den 21. Februar angesetzt, wo zugleich die Wahlen für das Staatenhaus in Erfurt von Seiten der Kammer vollzogen wurden, und in welchen die Regierung mit offenkundiger Absicht den Gothaern alle möglichen Zugeständnisse machte. Selbstverständlich führte dieses Verhalten der Regierung zu einer ganz unbedingten Bewilligung der Anleihe und zwar — wie Herr von Beckerath versicherte — als „Vertrauensvotum, daß Preußen sein Wort einlösen und das Werk der Neugestaltung Deutschlands im Unions-Projekt kräftig durchführen werde."

Die Abendsitzung, wo dieses Vertrauensvotum thatsächlich ertheilt wurde, war gerade Fastnacht; man konnte es der Kreuzzeitung nicht verdenken, wenn sie darin eine fröhliche Maskerade erblickte. In der That fehlte auch der Aschermittwoch dazu nicht. Die Wahlen zum erfurter Staatenhaus, die in der Kammer so gothaisch freundlich ausfielen, erhielten ihre Ergänzung durch die andere Hälfte der Mitglieder, welche von der Krone ernannt wurden. An ihrer Spitze stand der Professor Stahl, der natürlich mit seinen Genossen die Kehrseite der von der Kammer Gewählten bildete.

Entsprechend dieser Situation war denn auch das zwiespaltige Verhalten der zwei Organe, welche die preußische Politik nach außen repräsentirten. Auf der einen Seite ging der Verwaltungsrath der Union ganz den Weg der Politik Radowitz. Der von der Ritterschaft in Mecklenburg-Schwerin angeregte Verfassungsstreit wurde als eine Frage erklärt, welche einzig und allein vor das Schiedsgericht der Union gehöre, weil Mecklenburg die Unions-Verfassung anerkannt habe. Die preußischen Mitglieder des Interims, der sogenannten „Bundes-Kommission", kümmerten sich jedoch nicht um die Ansichten des Verwaltungsrathes und zogen unter offenkundiger Zustimmung des Königs, den Konflikt in Mecklenburg-Schwerin vor ihr Forum, worüber die Kreuzzeitung ein freudiges Loblied des „wiedererstandenen Rechtsbewußtseins" in Deutschland anstimmte.

All das ermuthigte denn auch die Regierung von Hannover, den Bruch mit Preußen offen anzukündigen. Seit dem 20. Oktober hatte sich Hannover nur von der Betheiligung an den Sitzungen des Verwaltungsraths zurückgezogen, welchem Beispiele auch Sachsen folgte. Jetzt jedoch, nachdem die Wahlen zum Reichstag der Union stattfanden, erklärte die hannoversche Regierung ihren vollen Rücktritt von dem Bündniß. Diese Erklärung hatte noch das besonders Charakteristische, daß die offiziellen Zeitungen der hannoverschen Regierung dazu die Erläuterung gaben, wie der gut regierte Staat Hannover „keiner Hilfe gegen die Feinde der Ordnung bedürfe". Das Bündniß vom Mai 1849, welches als Rettung aus den Wirren betrachtet wurde, sei nunmehr, wo es der Rettung nicht bedarf, ein bedeutungsloser Luxus geworden.

In der preußischen Regierung erregte dieses freche Verhalten Hannovers eine tiefe Entrüstung. Der Staatsanzeiger fühlte sich veranlaßt, einen Bericht über die Sitzung des Verwaltungsrathes vom 1. März zu veröffentlichen, worin — mit Ausnahme von Mecklenburg-Strelitz — alle Theilnehmer einstimmig erklärten, daß Hannover wegen Bundesbruchs unter Anklage vor das Bundesgericht zu stellen sei. — In Folge eines Ministerraths, zu welchem wiederum Herr von Radowitz zugezogen wurde, erließ der Minister des Auswärtigen, Herr v. Schleinitz, am 6. März eine Note an den Gesandten in Hannover, worin er den Bundesbruch mit dem richtigen Namen bezeichnete und an den Gesandten die Aufforderung richtete, seinen Posten sofort zu verlassen.

Das Verhalten Hannovers war natürlich nur die Folge des Einverständnisses mit Oestreich und den Kabinetten von München und Stuttgart. Man war nunmehr so weit, ganz offen gegen Preußen aufzutreten. Die östreichischen Noten sprachen freilich immer noch von der Unwahrscheinlichkeit, daß Preußen es wirklich ernst meine mit der Politik Radowitz. Der Scharfblick der östreichischen, von der preußischen Kamarilla gut unterrichteten Diplomatie erklärte all den Ernst der Situation nur für ein Phantasie-Spiel, das in der entscheidenden Stunde doch würde aufgegeben werden. In München bereitete man sich auf eine Rolle vor, wo Baiern die Wonne zu Theil werden sollte, Preußen zu bemüthigen. In Stuttgart hielt der König am 15. März eine Rede zur Eröffnung der Kammern, welche die Situation so deutlich zeichnet, daß wir die betreffende Stelle hier wörtlich anführen müssen.

„Deutschland — so lautet diese Stelle — „hat seit den Märzereignissen des Jahres 1848 nicht aufgehört der Spielball der Parteisucht und des Ehrgeizes zu sein. Der deutsche Einheitsstaat ist ein Traumbild und das gefährlichste aller Traumbilder. Alle Wege, welche man nach diesem verkehrten Ziele bereits eingeschlagen hat und noch ferner einschlagen möchte, werden immer nur zum Gegentheil, das heißt: zur Spaltung und Auflösung der Gesammtheit führen. Die wahre Stärke und Eintracht, die wahre Kultur und Freiheit der Nation beruht im letzten Grunde auf der Erhaltung und Pflege der Eigenthümlichkeit und Selbstständigkeit ihrer Hauptstämme. Daß man diese Wahrheit zuerst in Frankfurt und dann in Berlin verkannte, hat die gegenwärtige Spaltung und Verwirrung unserer Zustände allein herbeigeführt. — Die unparteiische Geschichte wird es einst nicht verschweigen, welche Zwecke, welche Leidenschaften das Bündniß vom 26. Mai gestiftet haben. Die Größe und die Einigkeit der Nation habe nichts mit ihm gemein; auf die Volkssympathieen kann es keinen Anspruch machen. Es ist ein künstlicher Sonderbunds-Versuch, auf den politischen Selbstmord der Gesammtheit berechnet und eben deshalb in der Mitte von den drei größten Landmächten ohne Aussicht auf Bestand in den Tagen der Gefahr. Die Durchführung dieses Bündnisses würde nicht zu vollbringen sein, ohne einen offenen Bundesbruch und ohne wissentliche Verletzung jener feierlichen Traktate, worauf unsere Stellung und unsere Unabhängigkeit gegen Europa, sowie das politische Gleichgewicht Europa's überhaupt beruht!" —

So stand es in Deutschland mit den Kabinetten ein Jahr nach den verhängnißvollen Tagen, wo Preußen die Stimme des Volkes mißachtete!

## Wie die Zerrüttung immer weiter um sich greift.

Das Unions-Parlament wurde zum 20. März 1850 nach Erfurt einberufen. Aber noch ehe dasselbe zusammentrat, hatte man schon Gelegenheit, die Zerrüttung vorauszusehen, welche sich Preußen selber durch das unselige „Interim" vorbereitet, und die innere Anarchie zu beobachten, die jede entschiedene Haltung unmöglich machen mußte.

Wie bereits erwähnt, war es die mecklenburgische Ritterschaft, welche durch ihren Protest gegen die Bundesverfassung den Streit zwischen dem Verwaltungsrath der Union und der Kommission des Bundes anfachte. Die mecklenburgische Regierung rief zum Schutz der neuen Verfassung die Autorität des deutschen Verwaltungsrathes an, während die mecklenburgische Ritterschaft die Interimsbehörde, die Bundeskommission, anrief, damit sie auf Grund „der Rechte des alten deutschen Bundes" die neue Verfassung Mecklenburgs beseitige und die alten Privilegien des Adels wieder in Kraft setze. Die Vertreter Preußens in beiden mit einander in Streit gerathenen Kollegien bildeten einen Gegensatz, der sehr grell den inneren Zwiespalt in der Politik des Berliner Kabinets aufdeckte und den Feinden den Muth gab, den wohlbedachten Plan der Demüthigung Preußens energisch zu betreiben.

In der zweiten Kammer wurde freilich das Ministerium von der konstitutionellen Partei wegen des Verhaltens in der mecklenburger Frage interpellirt. Der Minister von Schleinitz aber machte Ausreden, wie man sie eben zusammenstoppelt, wenn man sichs selbst nicht verhehlen kann, daß man in Zwiespalt und Unklarheit tief verwickelt ist, ohne einen Ausweg zu sehen. Er behauptete, daß die Bundeskommission zwar die Klage der Ritterschaft „angenommen", aber keineswegs damit schon ihre Kompetenz ausgedrückt habe, in der Sache „entscheiden" zu können oder zu wollen! In der ersten Kammer dagegen ließ der vom König für das erfurter Staatenhaus gewählte Professor Stahl eine Rede über diesen Gegenstand los, die sehr un-

zweideutig zeigte, wie dieser Fürsprecher der Reaktion nur nach
Erfurt gehe, um daselbst für das Recht des alten Bundestages
zu wühlen.

Ein anderes Vorzeichen der kommenden Krisis bot Kurhessen dar, das auserlesen war, in der nächsten Zeit eine verhängnißvolle Rolle zu spielen.

Der Staat Kurhessen war von jeher miserabel regiert.
Nach der Juli-Revolution im Jahre 1830 ward zwar der Kurfürst genöthigt, eine anständige Verfassung zu erlassen und zu
beschwören; aber sie wurde nicht gehalten und der Bundestag
war der unermüdliche Schutzgeist aller kurhessischen verfassungswidrig regierenden Minister. Mit den Märztagen des Jahres
1848 brach natürlich auch der Jammerzustand in Kurhessen zusammen und der Kurfürst sah sich genötigt, ein volksthümliches
und deutschgesinntes Ministerium zu ernennen, welches unausgesetzt bis nahe vor dem Zusammentritt des erfurter Parlaments treu zu Preußen stand. Als jedoch die Zeit kam, wo
die Demütigung Preußens beschlossen wurde, da wendete sich
das Blatt in Kurhessen. Am Tage wo Hannover seinen Rücktritt von dem Drei-Königs-Bündniß offiziell anzeigte, fand sich
der Kurfürst von Hessen veranlaßt, das bisherige Ministerium Eberhard zu entlassen und dem vormärzlichen
Minister Hassenpflug das Regierungsheft wieder zu übergeben, der selbstverständlich im ganzen Lande mit tiefer Entrüstung aufgenommen wurde.

Wer die geographische Lage des ehemaligen Staates Kurhessen betrachtete, dem konnte die Bedeutung eines solchen
Schrittes nicht entgehen. Kurhessen bildete damals eine Scheidewand zwischen den älteren Landestheilen Preußens und seinen
westlichen Provinzen, Rheinland und Westfalen. Diese Lage
machte es zur unbedingten Nothwendigkeit, daß Kurhessen stets
zu Preußen in allen Punkten stehe, wo es sich um irgend eine
Machtstellung in Deutschland handelte. Der Rücktritt des
März-Ministeriums in Kurhessen und die Ernennung Hassenpflugs zum Minister-Präsidenten, dessen östreichische bundes-
tägige Gesinnungen man sehr wohl kannte, war daher im Moment, wo die Krisis stets näher und näher kam, ein sehr un-

trügliches Zeichen der bereits fertig ausgesponnenen Netze der feindlichen Koalition.

Die Beleidigungen, welche sich der König von Würtemberg gegen Preußen erlaubte, waren nur die wohlbedachten weiteren Vorläufer der kommenden Ereignisse. Graf Brandenburg verstand diese Herausforderung und beantwortete sie mit der sofortigen Abberufung des preußischen Gesandten aus Stuttgart. Sachsen mit in dem Einverständniß der Koalition, verhielt sich freilich ganz stille. Die Epoche, wo preußische Garden den Thron in Dresden retteten, lag noch gar zu nahe, um schon jetzt den Dank dafür abzutragen. In Baiern jedoch bereitete man sich auf die große Rolle der Demüthigung Preußens vor, die in Kurhessen vollzogen werden sollte.

Unter solchen Umständen bewirkte auch ein Wechsel des Kriegsministeriums in Preußen eine lebhafte Erregung. Der Zweck der bewilligten Anleihe von 18 Millionen konnte nicht mehr verkannt werden. Der Kriegsminister von Strotha wurde als ein Mann ausgegeben, der wirklich ernstlich gemeint habe, es sei das Geld am Besten verwendet, wenn man die Mobilmachung gegen die Demokratie ins Leben treten lasse. Es verbreiteten sich die Gerüchte, daß für eine Vertheidigung Preußens gegen die Koalition nichts Ernstliches geschehen und deshalb auf Andringen von Radowitz und Brandenburg im Verein mit der deutschen Partei die Entlassung des Kriegsministers und die Ernennung seines Nachfolgers Herrn von Stockhausen stattfinde. Es belebten diese Nachrichten wohl die Hoffnung, daß man ernstlich dabei sei, dem deutschen Volke Wort zu halten und gestützt auf dessen Sympathie mindestens in kleinem Maßstabe einen Punkt der Einheit bilden wolle, an den sich später unter günstigerem Umstand der noch widerstrebende Theil anschließen würde; aber in allen, selbst in den hoffnungsvollsten Gemüthern blieb stets die Befürchtung rege, daß im entscheidenden Moment der feste Entschluß fehlen und die Reaktion dennoch siegen werde, welche in allen möglichen Tonarten das Lied des Rundschauers „von der Buße, die Preußen thun müsse wegen seiner sündhaften deutschen Gelüste" tagtäglich wiederholte. Gespannt zwischen Hoffnungen und

Zweifeln trat denn am anberaumten Tage das Unions-Parlament in Erfurt zusammen. Es war ein blasses Abbild des wirklichen Parlamentes, das zwei Jahre vorher im Volkssturm einer großen Revolution als der Zentralpunkt der deutschen Nation wie ein plötzliches Meteor aufstrahlte. In der Noth der Zeit und in der Spannung der Zustände traten sich daselbst die Bevollmächtigten der Regierungen und die Vertreter des Volkes in dem Bewußtsein näher, daß es jetzt nicht gilt viel zu parlamentiren, sondern mit der möglichsten Beschleunigung den Moment herbeizuführen, wo Preußen an der Spitze der ihm treu verbliebenen Verbündeten im Stande sein würde noch vor dem verhängnißvollen Termin, dem 1. Mai 1850, eine definitive verfassungsmäßige Union herzustellen.

Wenn man von diesem Gesichtspunkt aus die Berathungen und die Ergebnisse des erfurter Parlaments betrachtet, so wird man ihm nicht das Lob versagen können, daß es im Ganzen und Großen ein Bild der Einmüthigkeit zwischen der Regierung und der Volksvertretung abgab, wo man endlich bemüht war, den Wünschen und Hoffnungen der deutschen Nation mindestens eine bescheidene Stätte der Erfüllung zu gewähren. Radowitz und Bodelschwingh boten alles Mögliche auf, um die Majorität zur Annahme der Vorlage des Verwaltungsrathes zu bewegen und diese, meist aus Gothaern bestehend, hatten in ihrer Nachgiebigkeit mindestens die Genugthuung, daß die Reaktion unter Stahls Leitung einen kräftigen Widerstand in den Mitgliedern des Verwaltungsrathes fand. Die Unionsverfassung wurde nebst den Zusätzen, welche die Regierungen forderten, in wenig Wochen durchberathen und angenommen. Einige Verbesserungen, welche die Volksvertretung zum Beschluß erhob, fanden bei den Regierungsmännern schließlich auch ihre Zustimmung. Als am 29. April 1850 das Parlament von Seiten des Verwaltungsrathes für geschlossen erklärt wurde, geschah es unter Versicherung, daß die Einmüthigkeit fruchtreich sein würde, und begleitet „von dem aufrichtigen Wunsche, daß das Verfassungswerk in seiner jetzigen Vollendung die Anerkennung finden möge, die es im wahren Interesse aller Theile in Anspruch zu nehmen hat."

Aber noch waren die Schlußworte des Parlaments zu Erfurt nicht verklungen und schon erhob sich der Gegensatz in vollster Rüstung. Das Interim, durch Preußens Zustimmung gegründet, war am Tage darauf, am 1. Mai 1850 abgelaufen, ohne daß das Drei-Königs-Bündniß verwirklicht war.

Nun hatte Oestreich durch den Vertrag über das Interim das Recht, die deutschen Regierungen nach Frankfurt einzuberufen, um einen definitiven Zustand zu schaffen, und somit stand der alte **Bundestag** bereits vor der Thür, als kaum die Unions-Verfassung in's Dasein zu treten versuchte!

## Die Einberufung eines Fürsten-Kongresses.

Die Unions-Verfassung, wie sie im erfurter Parlament beschlossen worden ist, war immerhin ein noch mäßig gutes Werk, freilich zugeschnitten für die herabgekommenen Verhältnisse, wie sie im Jahre 1850 walteten. Die Union sollte bestehen aus Preußen und den Kleinstaaten und denjenigen Staaten, welche sich später anschließen würden. Diese unirten Staaten sollten eine Regierung in einem Fürsten-Kollegium haben, an dessen Spitze der König von Preußen als „Vorstand" treten sollte. Die Regierungsgeschäfte sollten nur die gemeinsamen Interessen der Union umfassen und von verantwortlichen Ministern gehandhabt werden, welche der Vorstand unter Zustimmung der Mitfürsten ernennt. Die Gesetzgebung sollte ausgeübt werden durch die gemeinsame Uebereinstimmung des Fürsten-Kollegiums und der zwei Häuser der Union. Das Eine der Häuser sollte das „Staatenhaus" sein, dessen Mitglieder zur Hälfte von den Volksvertretungen, zur Hälfte von den Fürsten der Einzelstaaten gewählt werden, während das zweite Haus, das Volkshaus, aus einem Drei-Klassen-Wahlgesetz hervorgehen sollte, wie es jetzt noch in Preußen gilt. An Grundrechten enthielt die Unions-

Verfassung ein bescheidenes Maß, so ungefähr wie die preußische Verfassung. An Institutionen sollte nunmehr sofort ein **Ministerium und ein Unions-Gerichtshof** ernannt werden. Sodann wurde bei Schluß des verfassunggebenden Parlamentes die Einberufung eines definitiven **gesetzgebenden Parlamentes** verheißen, womit denn auch die Epoche der Verwirklichung des Unions-Planes beginnen sollte.

Leider aber schimmerte bereits in die letzten Lichtblicke der gothaischen Hoffnungen in Erfurt das Wetterleuchten der Reaktion hinein. Professor Stahl, der Führer der Reaktion im erfurter Parlament, verkündete in einer mit Schlagwörtern wohlausgestatteten Rede, ganz im Geschmack der preußischen Kamarilla, daß **die Grundrechte dieser Unions-Verfassung unannehmbar seien.** Wenn es den Gothaern wirklich, wie sie vorgaben, um die Einheit Deutschlands zu thun sei, so mögen sie es doch dadurch beweisen, daß **sie auf diese gefährlichen Grundrechte verzichten.** Dies allein wäre das richtige Mittel, die Zustimmung der Regierungen für die Verfassung zu erhalten. Daß überhaupt noch eine „Zustimmung" dort nöthig sei, wo die Verfassung ja von den Regierungen selber entworfen und oktroyirt wurde, leuchtete zwar den Gothaern nicht ein, aber die Regierungs-Vertreter, und namentlich Radowitz und Bobelschwingh, auf deren guten Willen man rechnen konnte, zuckten die Achseln und gestanden aufrichtig, daß sie der Zustimmung Preußens zu seinem eigenen Werke nicht sicher seien!

Selbstverständlich höhnte die Kreuzzeitung in Berlin das ganze parlamentarische Spiel in Erfurt und verkündete offen die Nichtigkeit desselben. Ein schlimmes Anzeichen der Zu-Zustände aber war es, daß auch das Regierungsorgan in Berlin, die „Deutsche Reform", düstere Prophezeihungen hören ließ. Rußland, so theilte sie bedeutungsvoll mit, rüste in **bedrohlichem Grade** und blicke als Freund des deutschen Bundes und als Retter Oestreichs mit Unmuth auf die unglücklichen Verfassungs-Experimente Deutschlands, weshalb denn der Abschluß dieser Experimente eine unbedingte Forderung europäischen Charakters sei.

Der Abschluß war nunmehr erfolgt. Der linke Flügel der Konstitutionellen und der Gothaer forderte energisch die sofortige Verwirklichung des Unions-Planes. Die Regierungen der kleinen Staaten waren bereit, den Wünschen nachzukommen. Aber das alte Uebel, das Schwanken des Königs Friedrich Wilhelm IV. im Moment, wo eine Entscheidung unumgänglich war, stellte wiederum Alles in Frage. Von Erfurt heimgekehrt, fanden die Anhänger der Unions-Politik den Boden unter ihren Füßen wankend, während die Feinde wohl wußten, was sie wollten und in Koalition mit Oestreich bereit waren, den alten Bundestag wieder in's Leben zu rufen.

Da ergriff ein Freund der volksthümlichen Reform, der Herzog von Koburg-Gotha, eine Initiative in dieser Angelegenheit, welche der oft geäußerten Sympathie des Königs entgegen kam und die in besonders hoffnungsvollen Gemüthern einigen Erfolg zu verheißen schien.

Der König hatte wiederholt das Prinzip ausgesprochen, daß die Fürsten Deutschlands berufen und berechtigt und auch des besten Willens seien der deutschen Nation Alles zu gewähren, was sie an Einheit und an Freiheit wünsche. Der Herzog — wir wissen nicht ob auf fremde Anregung oder aus eigener Eingebung — richtete nun bei Abschluß des erfurter Parlamentes die Bitte an den König, einen Kongreß der mit ihm verbündeten Fürsten zu berufen, um mit ihnen in persönlicher Berathung und unter Beistand ihrer verantwortlichen Minister das in Erfurt angenommene Werk zu prüfen und hierüber, wie über die Frage der Beziehung zu den andern deutschen Fürsten, Beschlüsse zu fassen. Das so oft ins Licht gesetzte Programm des Königs: „Freie Völker unter freien Fürsten" solle damit seinen Triumph feiern.

So weit es galt, die Initiative fürstlicher Entschließungen anzuregen, war der Plan wohl angelegt. Der König Friedrich Wilhelm IV. widerstand diesem Zuge nicht, der mit seinen zeitherigen Sympathien so ganz im Einklang war. Er erließ am 1. Mai 1850 eine gleichlautendes persönliches Schreiben an alle verbündeten Fürsten, worin er dem Vorschlage des Herzogs von Gotha beistimmte und die Verbündeten auf den 8. Mai nach Berlin persönlich einlud, wo sie in Begleitung ihrer „verantwortlichen Minister" erscheinen möchten. In dieser besonders betonten Begleitung erblickten die Gothaer einen Schimmer von Bürgschaft, daß es nunmehr endlich zum Abschluß ihrer so lebhaft gewünschten Ziele kommen werde.

Als Gegenstand der Berathung wurde die erfurter Verfassung aufgestellt, aber nebenbei auch darauf hingewiesen, daß die Fürstenkonferenz ein einmüthiges Verhalten gegenüber den Plänen Oestreichs herbeiführen solle. „Die gemeinsamen Interessen" — heißt es in der Einladung — „die gleiche Gesinnung der lebhaften Theilnahme an dem Geschicke des gemeinsamen Vaterlandes und das unter Uns allen herrschende erfreuliche und herzliche Vertrauen wird eine solche Zusammenkunft zu einem Unser Aller Wünsche entsprechenden Ziele führen; und das deutsche Volk wird in dieser persönlichen Vereinigung der verbündeten Fürsten eine erfreuliche Beruhigung und die sicherste Bürgschaft für Unsern ernstlichen Willen finden, das in einer schweren Zeit gemeinsam begonnene Werk zum Heile der Uns von Gott anvertrauten Länder auf eine Unser würdige Weise auszuführen."

Die verbündeten Fürsten leisteten, mit geringen Ausnahmen, der Einladung Folge; die Hoffnungen der Gothaer belebten sich wieder auf einige Tage. Die Kreuzzeitung freilich wußte besser Bescheid, wie es mit den Aussichten stehe. Was aber das Volk betrifft, so verkündete zwar am Tage der Zusammenkunft der Magistrat von Berlin in der Person seines Bürgermeisters Naunyn, „daß in den Mauern der guten Stadt Berlin durch die Allerdurchlauchtigsten Fürsten **die größte deutsche That** vollendet, das deutsche Vaterland einer Einigung und Umgestaltung entgegengeführt werden wird, wie sie die glorreichste Vergangenheit der deutschen Fürsten und Stämme **herrlicher nie gesehen;**" — aber ein unbefangener Umblick auf die Zustände in Preußen ließ diese glorreichen Aussichten in sehr trübem Lichte erscheinen.

Während nämlich alle gothaischen Diplomaten darüber einig waren, daß der deutsche Bund in seiner alten Verfassung aufgehört habe zu existiren, waren sämmtliche Staatsanwälte der Gerichte sehr eifrig mit der Aufgabe beschäftigt, alle Mitglieder des stuttgarter Parlaments als „Hochverräther" anzuklagen, weil sie den Umsturz der deutschen Bundesverfassung beabsichtigt haben.

Die Fürsten zogen in Berlin ein. Unter ihnen auch der Kurfürst von Hessen in Begleitung seines verantwortlichen Ministers Herrn Hassenpflug. Und diesem Diplomaten war es vorbehalten, die „größte deutsche That" des glorreichen Fürsten-Kongresses in ein höchst jammervolles Bild der Fürsten-Anarchie zu verwandeln.

## Von den freien Fürsten bis zu den Kreuzzeitungslehren.

Was in dem vom König Friedrich Wilhelm IV. einberufenen Fürsten-Kongreß vom 8. Mai 1850 „zur persönlichen Besprechung der Fürsten untereinander" verhandelt worden ist, liegt jetzt noch unter dem Siegel der höchsten Kabinetsgeheimnisse verschlossen. Wir lassen es dahingestellt sein, ob der Nachwelt bereinst in der Veröffentlichung dieses persönlichen Meinungsaustausches ein neues Licht über den damaligen Stand der deutschen Frage aufgehen wird. Es genügen zur Beurtheilung der Situation die veröffentlichten Protokolle der gleichzeitig stattgehabten Berathungen der in Begleitung der verbündeten Fürsten erschienenen „verantwortlichen Minister". Es zeigen diese Protokolle ein Bild der Jämmerlichkeit, das zur Zeit selbst die sanftesten Gemüther der gothaischen Partei bis an den Rand der politischen Verzweiflung trieb, das wir aber heutigen Tages ruhigern Gemüthes betrachten können, weil wir uns erlöst wissen aus der kläglichen Misere jener Tage.

In den betreffenden Konferenzen war Preußen außer den Ministern durch Radowitz, als Kommissar der Regierung, und Bodelschwingh, als den Vorsitzenden des Verwaltungsrathes der Union, vertreten. Sie erklärten im Namen Preußens, daß dieses die Unions-Verfassung, wie sie in Erfurt abgeschlossen wurde, annehmbar finde und bereit sei zur Durchführung derselben, wenn „alle" Verbündeten damit einverstanden seien. Was geschehen solle, wenn eine einzelne Regierung abweichender Ansicht sei, das ließ das Programm von „den freien Fürsten" nur dunkel ahnen.

Wenn die preußischen Vertreter die Hoffnung hegten, daß von den Verbündeten Niemand einen Einspruch gegen die Union erheben werde, so belehrte sie Hassenpflug, der Vertreter Kurhessens, sofort eines Bessern.

Zunächst trat er mit der Bemerkung auf, daß sein konstitutionelles Gewissen ihm jede Aeußerung verbiete, so lange an dieser Konferenz Männer Theil nähmen, die nicht hierher gehören. Die Fürsten seien eingeladen in Begleitung von „verantwortlichen Ministern". Er sehe aber hier Mitglieder, die dieser konstitutionellen Vorbedingung nicht entsprächen. In der That waren Radowitz und Bodelschwingh nicht verantwortliche Minister. Ihr Einfluß auf die preußische Politik war der Kreuzzeitungspartei ein Dorn im Auge, und Hassenpflug brachte hiermit in der Konferenz nur offiziell zur Sprache, wogegen die Kreuzzeitung bereits lange Zeit wühlte. Die Frechheit, mit welcher Hassenpflug vorweg die Konferenzen für nichtig erklärte, so lange den eigentlichen Fürsprechern der Union ein Sitz in derselben zugestanden werde, empörte selbst das ruhige Gemüth des grabsinnigen Grafen Brandenburg. Man sah, worauf dies hinauslief, und wußte, daß dies die Einleitung sei, um durch die unglückselige Phantasie, eine Union nur unter freier Zustimmung aller Mitglieder zu schaffen, die ganze Konferenz zu vernichten. Zwei Konferenz-Tage wurden mit dieser Wühlerei des für Minister-Verantwortlichkeit schwärmenden Hassenpflug verbracht, wobei manch gefundes Wort von Seiten der Vertreter einzelner Kleinstaaten fiel. Endlich, am dritten Tage, erklärte Hassenpflug seinen Protest dahingestellt lassen zu wollen und gab sein Votum gegen die Ausführung der Unions-Verfassung ab.

Dieses Votum im Namen des „freien Kurfürsten von Hessen" setzte denn auch die ganze Konferenz aufs Trockne. Von einer Durchführung der Verfassung konnte nun nicht mehr die Rede sein. Man mußte auf weitere Verhandlungen verweisen und sich mit einem „Provisorium der Union" zufrieden geben. Nunmehr brachte Preußen die weitere Frage zur Sprache, ob man sich einige gegenüber dem von Oestreich einberufenen Bundestag, und Preußen die Führung hierin überlassen wolle. Hierbei wollte man die von Oestreich veranstalteten Berathungen nur als freie Konferenzen der gegnerischen Regierungen betrachten, für welche die Schranken der alten Bundesverfassung nicht geltend seien. In der Diskussion hierüber entwickelten die Vertreter Preußens ihren Standpunkt dahin, daß der deutsche Bund selber unantastbar bleiben solle, dessen Verfassung aber ungiltig und dessen Organ, der Bundestag, für immer aufgelöst sei. Die Union aber solle als Bündniß im Bunde existiren und die verbündeten Regierungen unter Preußens Leitung sollen mit den anderen deutschen Regierungen eine für ganz Deutschland geltende Verfassung definitiv herstellen.

Keinen denkenden Kopf kann es Wunder nehmen, daß auch hieraus so wenig ein praktisches Ergebniß folgen konnte, so wenig man im Stande ist aus einem in der Luft schwebenden Punkt ein Fundament für einen festen Bau zu machen. So lange die Union ein „Provisorium" bleiben sollte, so lange mußte der Wunsch, durch dieselbe ein Definitivum zu schaffen, eine schöne Phantasie bleiben.

Die Konferenzen gingen resultatlos zu Ende. „Die größte deutsche That, wie sie die deutschen Fürsten und Stämme herrlicher nie gesehen", wurde zum Gespött der unter unausgesetzten Verfolgungen leidenden Demokratie und zum Gegenstand eines wühlerischen Hohns der Kreuzzeitung. Aber Schlimmeres noch war im Anzuge. Es war wirklich so wie die Zeitungen bereits früher berichtet hatten. Das russische Kabinet, gehoben durch seine in Ungarn vollzogene Rettung, fühlte sich berufen, in der deutschen Frage ein entscheidendes Wort drein sprechen zu wollen. Der Prinz von Preußen, der Unionspolitik freundlich gesinnt, sah sich veranlaßt zu einer Reise nach Warschau, um den Kaiser Nikolaus günstig für Preußen zu stimmen. Die offiziellen Zeitungen verkündeten auch, daß diese Initiative den gewünschten Erfolg erzielt und durch Vermittlung Rußlands die Haltung Oestreichs und seiner Genossen eine freundliche Wendung genommen habe.

Während die folgenden Monate ein innerer Kampf zwischen dem linken Flügel der Gothaer und den Organen der Offiziellen ausfüllte, nahm die Kreuzzeitung eine Haltung an, die genugsam zeigte, wie es am Hofe selber mit der deutschen Politik stand.

In der Kamarilla erzeugte der persönliche Einfluß, welchen Bunsen von London aus und Radowitz in Berlin noch immer auf den König ausübten, eine tiefe Verstimmung. Dem mußte eine Ende gemacht werden. Hierzu bot der Keim der Zerwürfnisse, welchen Hassenpflug geschickt genug ausgestreut hatte, die schönste Veranlassung. Unter dem Vorwand, daß man Rußland versöhnen und sich in England im etwaigen Kampf gegen Oestreich eine Stütze schaffen wolle, wurde zunächst die schleswig-holsteinische Frage zur Ruhe verwiesen. Es wurde ein Akt unter dem Titel „das londoner Protokoll" nicht gerade mit offizieller aber doch mit schweigender Zulassung Preußens abgeschlossen, wonach die Schleswig-Holsteiner in ihrem Kampf gegen Dänemark ihrem eigenen Schicksal überlassen blieben. Hiermit verdrängte man den Einfluß Bunsens, der Preußen in London vertrat und den König fortdauernd vor den Schlingen der Reaktion gewarnt hatte. Nunmehr aber wurde ein konstitutionelles Manöver in Szene gesetzt, um unter dem Vorwand, daß die deutsche Politik unmöglich von Radowitz weiter geführt werden könne, weil er kein verantwortlicher Minister sei, auch dessen Einfluß auf den König zu beseitigen.

Die Aufregung in Deutschland griff jetzt in allen und

auch in den konservativen Kreisen um sich. Die offiziösen Zeitungen verkündeten, daß wichtige Minister-Konferenzen stattfinden, in welchen Manteuffel für die Unions-Politik fest dastehe und ihre Durchführung fordere, während alle Schuld der Hinzögerungen und der ewigen thatenlosen Provisorien auf die Unentschlossenheit des „unverantwortlich" waltenden Radowitz falle. Die Kreuzzeitung stimmte in dies Lied mit ein und nannte Radowitz den „bösen Dämon Preußens", der hinter den Coulissen heimlich wirke und die Saat des Verderbens ausgestreut habe, die jetzt als bittere Frucht aufgehe. — Der Rundschauer der Kreuzzeitung aber, offenherziger als all' die Schleicher unter konstitutioneller Schablone, ließ offen seine Stimme für die Rückkehr Preußens zum Bundestage vernehmen und schloß seine Betrachtungen über die in Deutschland herrschende Aufregung, welche einen Bürgerkrieg wachrufen könnte, mit einer Glorifizirung dieser Situation, welche den Bürgerkrieg als erfreuliche Erscheinung der wiederkehrenden Gesundheit pries.

Es verdienen die fanatischen Aeußerungen des Rundschauers aus jener Zeit als Zeugniß der Gesinnungen, welche die Kamarilla beherrschten, der historischen Skizze einverleibt zu werden.

Die Lehre der Kreuzzeitung vom Bürgerkrieg lautet in der Rundschau vom September 1850 wie folgt:

„Der Bürgerkrieg ist die wahre Form, in welcher die Reaktion der gesunden Glieder der Nation gegen die gewaltsamen Angriffe brandiger oder fiebernder Glieder sich äußert. Er ist ein Symptom, daß noch unangefressene Kräfte vorhanden sind, von denen die Heilung ausgehen kann. Er ist eine schöne Probe wahrhafter Treue und Vaterlandsliebe und ein Schau- und Kampfplatz für die edelsten politischen und militärischen Tugenden."

Sollte die Rückkehr zum Bundestag wirklich einen Bürgerkrieg entzünden, so würde er nach der Kreuzzeitung durch das vergossene Bürgerblut nur eine höhere Weihe erhalten!

## Der Konflikt auf seiner Höhe.

Die Sehnsucht des Rundschauers nach einem erfrischenden Bürgerkrieg sollte sich schnell erfüllen. Sein Gesinnungs-Genosse Hassenpflug führte praktisch aus, was längst geplant war und in der Theorie der phantastischen Rundschau nur dunkel hervorschimmerte.

Die Frechheit, mit welcher Hassenpflug in Berlin auftrat, steigerte die Entrüstung in der kurhessischen Ständeversammlung gegen ihn, den man als einen Verächter von Gesetz und Recht längst haßte. Zu alldem kam noch hinzu, daß Hassenpflug in Greifswald, wo er früher als Gerichtspräsident existirte, der Unterschlagung von Staatsgeldern angeklagt und in erster Instanz auch verurtheilt war, wobei es sich ergab, daß er sich notorisch Fälschung von Quittungen hatte zu Schulden kommen lassen. Die Stände in Kassel verweigerten ihm die Bewilligung der direkten Steuern, worauf von Seiten des Kurfürsten die Auflösung der Ständekammer erfolgte.

Nach der in Kurhessen in Geltung gewesenen Verfassung vom Jahre 1831 trat im Falle der Auflösung wie der Vertagung der Kammer ein ständischer Ausschuß in Wirksamkeit, der alle konstitutionellen Rechte der Volksvertretung zu wahren hatte und ohne dessen Zustimmung die Regierung keine Gesetze oder Verordnungen erlassen durfte. Die Verfassung war denn auch nicht bloß von dem Kurfürsten und allen Beamten, sondern auch von allen Offizieren des Heeres beschworen, so daß ein Umsturz derselben ein Akt der gefährlichsten Gewaltthätigkeit war. Hassenpflug indessen wußte was er wollte und nach dem Plan der gegen die Union verbündeten Regierungen sollte. Er erließ eine Verordnung ohne Zustimmung des Ausschusses zur Einziehung der Steuern. Als der Ausschuß hiergegen Protest einlegte und die Gerichte des Landes zum Schutz der Verfassung aufrief, dekretirte er den Belagerungszustand in Kurhessen. Als hierauf, wie vorauszusehen war, mehrere angesehene Offiziere ihm wegen ihres geleisteten

Eides den Gehorsam versagten und die Obergerichte sein Dekret für null und nichtig erklärten, begab sich der Kurfürst sammt seinen Getreuen hinweg aus seiner Residenz und rief den Schutz des Bundestages an, der sich auf Oestreichs Aufforderung und beschickt von Oestreich, Baiern, Würtemberg, Hannover, Sachsen, Kurhessen, Großherzogthum Hessen, Luxemburg und Dänemark für Holstein-Lauenburg in Frankfurt am Main inzwischen konstituirt hatte.

Mit diesem Streich Hassenpflugs wurde der bis zum September hin und her schwebende leere Diplomaten-Streit zwischen Union und Bundestag zu einer praktischen Machtfrage erhoben. Es galt nicht blos einem Staatsstreich gegen die kurhessische Bevölkerung, die sich durchaus keiner rebellischen Handlung schuldig gemacht hatte, sondern einer Herausforderung Preußens, das die Kompetenz des Bundestages nicht anerkennen wollte und ein Einschreiten seiner Gegner in Kurhessen nicht zulassen durfte. Die gewissenlose Regierung des Kurfürsten von Hessen gab es zu, daß das Recht und das Wohl der Bevölkerung zum Spielball eines Koalitionsstreites gemacht wurde, durch den Preußen gedemüthigt werden sollte, wegen der Hoffnungen, die Deutschland noch immer trotz aller trüben Erfahrungen auf diesen dereinstigen Kernpunkt der nationalen Einheit nicht aufgeben mochte.

Wir stehen hier vor einem neuen Punkt der preußisch-deutschen Geschichte, den kein Freund des Vaterlandes durch viele Jahre berühren konnte, ohne einen krampfhaften Schmerz zu empfinden, der das Wort im Munde erstickt. Selbst jetzt, wo die Weltgeschichte ihr Richter- und Rächer-Amt ausgeübt und Genugthuung gewährt hat für all die Frevel jener bösen Tage, kann man sich schwer der Schamröthe erwehren über all die Erniedrigungen, die damals Schlag auf Schlag folgten. Wir begnügen uns mit einer leichten Skizze all der traurigen Erlebnisse, die bitterer waren, als irgend ein Sturz des Staates durch Feindesmacht. Die uns zugedachte Demüthigung wurde durch die Selbsterniedrigung verzehnfacht.

In den ersten Tagen des September 1850, als die Nachricht von dem provozirenden Staatsstreich Kurhessens in

Preußen bekannt wurde, regte sich ein Gefühl tiefer Erbitterung in allen Parteien des Landes. Die Regierungspresse verkündete einen entschiedenen Widerstand gegen die Koalition. Im Volke verbreitete sich die Nachricht, daß der König tief entrüstet sei über die Herausforderung in Kurhessen. Selbst die Kreuzzeitung mit ihrer Sehnsucht nach einem „erfrischenden Bürgerkrieg" trat leiser auf und erinnerte nur bescheiden, daß die Koalition ja in Kurhessen nichts anderes thue als was Preußen auch gethan haben würde, daß die Berufung auf die Bundesakte keine Beleidigung Preußens sei, da doch die Hilfe, welche es Sachsen in Bewältigung der Revolution leistete, gleichfalls auf Grund der Paragraphen 25 und 26 der wiener Schlußakte erfolgt sei. Wer denke denn wohl daran, sagte sie, daß preußische Garden sich an die Seite Bayerhofers — des Führers der Opposition in Kurhessen — und gegen den Kurfürsten von Gottes Gnaden stellen würden! Wenn die Koalition zur Rettung des Kurfürsten und der Autorität seiner Regierung herbeieile, so sei ja Preußen nicht ausgeschlossen von dem guten Werk der Hilfe, sondern eingeladen zur Mitbetheiligung an derselben! Darin liege keine Herausforderung, sondern ein Anruf auf hergebrachte Freundschaft und Bundesgenossenschaft. Wenn die östreichische Presse so frech sei, Preußen mit Hohn zu überschütten, so sei das blos eine Ungezogenheit, in welcher sie in den unpassenden Ton verfalle, der in der preußischen Presse an den Tag trete.

Die Nachrichten aus Kurhessen und Frankfurt nahmen von nun ab einen immer unverhüllteren Charakter der feindseligsten Absichten an. Es war zweifellos, daß die Koalition im Namen des deutschen Bundes einschreiten wolle, angeblich, weil der Kurfürst nicht im Stande sei, die Rebellion durch eigne Macht zu unterdrücken. Was diese Herausforderung noch besonders schärfte, war die Gewißheit, daß die Rolle des Retters in Kurhessen der Regierung von Baiern zugewiesen werden sollte, die mit wahrer Lust nach dem Ruhm dürstete, die Nichtigkeit all' der preußischen Projekte thatsächlich vor den Augen Europa's darzuthun. Ein Gefühl tiefster Empörung griff daher in allen Kreisen um sich. Man konnte sich nicht die Möglichkeit denken, daß Preußen schweigend den Hohn seiner Gegner hinnehmen würde. Selbst von den konservativsten Parteien wurde eine neue entscheidende That dringend gefordert.

Da die ministeriellen Organe fortdauernd stattfindende Minister-Konferenzen unter dem Vorsitz des Königs verkündeten, so sah man mit gespanntester Erwartung irgend einem faßbaren Resultat derselben entgegen. Was indessen die nächsten Wochen brachten, war so zweifelhafter Natur, daß es die Grundlage für die widersprechendsten Gerüchte bildete.

Schon seit langer Zeit hatte die Kreuzzeitung gegen die Rolle des hinter den Coulissen agitirenden Radowitz geeifert und ganz im Geiste der Hassenpflug'schen Invektiven die Forderung aufgestellt, daß dieser heimliche Agitator für die Union entweder entlassen werden oder offen heraustreten solle in der Rolle eines auswärtigen Ministers, der unter voller Verantwortlichkeit nunmehr die Leitung der Geschäfte übernehme. Dieser an sich nicht unbegründeten Forderung wurde denn auch jetzt Folge geleistet. Der Staatsanzeiger vom 26. September brachte wirklich die Nachricht, daß der bisherige Minister des Auswärtigen, von Schleinitz, den Abschied erhalten und Radowitz dessen Amt übernommen habe. Allein ein klarer Einblick in die Haltung Preußens wurde auch in diesem Personenwechsel nicht gewonnen. Die Kunst der Hinzögerungen wurde noch weiter betrieben, während indessen die Koalition sich militärisch verstärkte und Baiern sehr rührig war, sich zu der großen Rolle, die ihm zugewiesen wurde, vorzubereiten.

Endlich nach mehreren Wochen tiefster Verstimmung vernahm man die Kunde, daß nicht in Deutschland und nicht durch das Schwert, sondern in Warschau und durch den Richterspruch des dort befindlichen Kaisers von Rußland die Entscheidung herbeigeführt werden solle. Wirklich begab sich der östreichische Kaiser auf der Reise dahin, während von Seiten Preußens Graf Brandenburg die Mission übernahm, Ausgleichungs-Vorschläge nach Warschau zu überbringen, um auf Grund derselben den drohenden Konflikt durch den Spruch des fremden Potentaten beseitigt zu sehen.

Diese Vorschläge waren so trauriger Natur, daß selbst die Kreuzzeitung damit zufrieden war. Sie rief aus: „Wir können Gott danken, daß dieses erhab'ne Schiedsrichteramt vor allem dem Kaiser Nikolaus, dem bewährtesten Freunde Preußens wie Oestreichs zugefallen ist." Laut diesen Vorschlägen war Preußen bereit die Union fallen zu lassen, und die Berathungen der östreichischen Koalition in Frankfurt als „freie Konferenzen" zu betrachten, an welchen es unter Umständen selber Theil nehmen wolle. Dafür sollte Preußen das Zugeständniß gemacht werden, die Etappenstraße durch Kurhessen besetzen zu dürfen und den Einmarsch bairischer Truppen so lange hinausgeschoben zu sehen, bis die freien Konferenzen hierüber eine Vereinbarung zu Wege gebracht haben würden.

Der Kaiser Nikolaus jedoch benahm sich wie ein Befehlshaber Europa's und ein von Gott bestimmter Retter aller in Revolutionsfieber verfallenen Staaten. Die demüthigenden Vorschläge, welche der Graf Brandenburg überbrachte, mißfielen ihm ganz entschieden. Er fuhr den gradsinnigen Ueberbringer in so brutaler Weise an, daß dieser in tiefster Seele sich verwundet und die Ehre Preußens erniedrigt fühlte durch seine unglückselige Mission. Die Kreuzzeitung, die noch in mildester Version die Brutalität, mit welcher Graf Brandenburg in Warschau behandelt wurde, darzustellen suchte, berichtete gleichwohl von dem Zorn des Zaren gegen die Charakterlosigkeit der preußischen Politik, welche sich in Deuteleien und Schwankungen wohl fühle. So lange Radowitz die Angelegenheiten leite, müsse man von Preußen ganz andere Garantieen fordern, um den Frieden zu sichern.

Graf Brandenburg langte am 31. Oktober tief gekränkt und bis auf den Tod in der Seele verwundet in all seinen patriotischen Gefühlen zu Berlin an. Die Minister eilten zu ihm, um seinen Bericht zu vernehmen; aber sie fanden ihn in einem so zerrütteten Zustand, daß keine Diskussion mehr möglich war. Am 2. November fand noch einmal eine Ministerberathung bei ihm statt, wo Radowitz den Beschluß faßte, vom Ministerium zurückzutreten. Tags darauf erkrankte Graf Brandenburg in bedenklicher Weise. Er sah im Fieber den

Untergang Preußens und beklagte dessen Fall, den er nicht
überleben wollte. Der Tod erlöste ihn auch von der Pein,
die Politik Olmütz mit anzusehen. Er starb am gebrochenen
Herzen am 6. November 1850.

## Vom Tode des Grafen Brandenburg bis zum Gang nach Olmütz.

In der ewig schwankenden Haltung der preußischen Politik führte der so plötzlich eingetretene Tod des Grafen Brandenburg eine neue Situation herbei, welche in den Herzen derer, die die Ehre des Staates höher stellten als die Freundschaft Oestreichs und Rußlands, neue Hoffnungen erweckte. Die Entlassung von Radowitz — das wußte man — war wider den persönlichen Wunsch des Königs erfolgt, weil Manteuffel und seine Gesinnungsgenossen im Ministerium gegen eine Mobilmachung stimmten, die Radowitz für unabweisbar hielt, und für welche auch der Prinz von Preußen mit Entschiedenheit eintrat. Nunmehr, wo der unerwartete Todesfall der tiefen Seelenkränkung des Verstorbenen zugeschrieben wurde, welche er sich von dem Kaiser von Rußland gefallen lassen mußte, erhob sich ein so gewaltiger Sturm der Entrüstung gegen die demüthige Politik des Kabinets, daß nahezu die Sprengung des ganzen Ministeriums unvermeidlich wurde. Der Minister des Kultus Ladenberg forderte seinen Abschied. Auch der ehemalige Liberale von der Heydt weigerte sich, im Ministerium zu verbleiben, wenn man fortgesetzt die erniedrigende Rolle spielen wollte, die nicht blos Deutschland, sondern auch die Ehre Preußens tief verletzte. Aber auch der König empfand das tiefste Mißbehagen der Situation, zumal verfassungsmäßig die Kammern im November einberufen werden mußten und es keinem Zweifel unterlag, daß — mit alleiniger Ausnahme der Kreuzzeitungsmänner — die Schwäche der bisherigen Politik eine einstimmige Verurtheilung bei allen Mitgliedern finden würde.

So wurde denn in einem Ministerrath, der nunmehr stattfand, der Beschluß gefaßt, das gesammte preußische Heer mit Einschluß der Landwehr mobil zu machen. Die richtige Konsequenz dieses Entschlusses hätte denn freilich der Wieder-Eintritt von Radowitz in sein Amt sein müssen; allein man wollte damit nicht den Zorn des Zaren reizen und der Kreuzzeitung nicht das bittere Leid anthun, dem „bösen Dämon Preußens", wie sie Radowitz nannte, wieder die Leitung in die Hand zu geben. Manteuffel, der gehorsame Rechnungsträger jeder wechselnden Laune, stimmte jetzt für die Mobilmachung, die er früher bekämpft hatte, aber zugleich mit dem Zusatz, der ganz dem Gefühl des Königs entsprach, „die Unterhandlungen nicht abbrechen zu wollen". Der Prinz von Preußen, dem die zeitherige demüthigende Situation unerträglich war, begnügte sich jetzt mit dem Ausspruch: „Unterhandeln, es sei! aber nur so, wie sich's mit dem Helm auf dem Kopf und dem Schwert in der Hand geziemt."

Wer es weiß, wie tief in Preußen eine Mobilmachung der ganzen Landwehr in das gesammte Leben des Volkes eingreift, welch schwere Opfer dieselbe allen Familien, arm und reich ohne Unterschied, auferlegt, der wird es als einen lehrreichen Charakterzug des preußischen Volkes gelten lassen, daß der Befehl zur Mobilmachung wie ein Ruf der Erlösung aus dem Bann ewigen Schwankens freudig aufgenommen wurde. Man konnte sich nicht denken, daß eine Maßregel von solch moralischer wie materieller Bedeutung ohne einen klaren der Ehre und dem Interesse des Staates entsprechenden Zweck ins Leben gerufen werde. Der Glaube, daß das Ziel dieses gewaltigen Aufgebots der gesammten Volkskraft kein anderes sein könne als den Volkswünschen und all den früheren Verheißungen nachzukommen, war ein so allgemeiner, daß aller Parteistreit für den Moment verstummte und der Eifer, dem Aufruf der nationalen Wehrkraft nachzukommen, zur Ehrenpflicht jedes Mitbürgers wurde.

Aber dieser tief patriotischen Stimmung des Volkes entsprachen die offiziösen und offiziellen Nachrichten keineswegs. Die „Deutsche Reform", das Regierungsorgan, begann bereits „abzuwiegeln" als kaum noch der Beschluß der Mobilmachung in offizieller Form bis an die Enden des Staates gelangt war. Preußens Ansprüche wurden dahin erläutert, daß man die preußische Etappenstraße durch Kurhessen gegen Einschreiten der Koalitionsheere wahren wolle. Die Neugestaltung Deutschlands sollte in einer Preußen im deutschen Bunde zugestandenen „Parität" mit Oestreich bestehen. Der Preis des Krieges wurde so bemessen, das man wohl sah, es sei bloß zum Schein mobil gemacht worden. In der Reform des deutschen Bundes welche man forderte, sollten nur die Kleinstaaten in ihrer Berechtigung ein Opfer zu Gunsten Preußens bringen. Anstatt sich an die Spitze derselben zu stellen, die bei energischem Auftreten gern Preußen folgen würden, entwickelte man Pläne, welche dieselben geradezu ins Lager Oestreichs treiben mußten.

Noch tiefere Entrüstung riefen die Auslassungen der Kreuzzeitung wach, von welchen man wußte, daß sie der Stimmung der Kamarilla entsprachen. Sie war mit dem Lauf der Dinge zufrieden und blickte mit Zuversicht auf den nunmehrigen Leiter der auswärtigen Angelegenheiten Herrn von Manteuffel, den sie fortan „unsern November-Mann" nannte. Sie stellte spekulative Betrachtungen über die Treue des Heeres an, die nicht wanke, selbst wenn dem Heere Befehle ertheilt würden, welche es tief im Herzen verletzen. Sie erinnerte, wohlbewußt das Gemüth des Königs aufreizend, an den Gehorsam, welchen das Heer in den Märztagen geleistet, als man ehrverletzend ihm den Rückzug aus Berlin befohlen und ihm Demüthigungen vor den überwundenen Rebellenhaufen auferlegt hatte. Sie deutete zwischen den Zeilen an, daß sich dieser Gehorsam auch jetzt zeigen würde, wenn man gegen die treuen Bundesgenossenschaft Oestreichs feindselig auftreten müßte. Aber der „freudige Gehorsam" würde dies nicht sein, sondern der Gehorsam der schmerzlichen Pflicht, die den eigenen Sieg betrauert und über das vergossene Bruderblut Thränen des Schmerzes weint!

Ein Vorgang auf dem sogenannten „Kriegsschauplatz" entsprach denn auch diesen Offenbarungen der Kreuzzeitung.

Am 8. November trafen unweit von Fulda, das von den Preußen besetzt war, bei dem Dorfe Bronzell die preußischen Truppen mit den östreichisch-baierschen zusammen. Von Seiten der preußischen Truppen wurde auf die letzteren gefeuert, wobei einige Feinde verwundet sein sollten, während durch Schüsse der Feinde auf preußischer Seite ein „Schimmel" wirklich verwundet worden ist. Da aber laut den Versicherungen der preußischen offiziellen Presse die Koalitions-Truppen durchaus nicht feindliche Absichten gehabt, ja nicht einmal die Gewehre geladen haben sollten, zogen sich die Preußen zurück. In der That überbrachte ein Parlamentär Preußens sofort nach diesem Vorfall ein Schreiben des preußischen Generals v. d. Gröben an den feindlichen Befehlshaber, worin ihm angezeigt wurde, daß die Preußen morgen den 9. November um 12 Uhr, auf Befehl, der ihm von Berlin zugekommen, Fulda räumen und sich auf die Etappenstraßen zurückziehen werden.

Die Tage, welche auf diesen Vorfall höchst zweideutiger Natur folgten, waren getheilt in Hoffnung und Erbitterung. Die Kriegsstimmung war rege; aber die Kriegsvorbereitung war äußerst mangelhaft. Es war ein herzerhebender Anblick, die Landwehr an den Bahnhöfen in Berlin aus den fernsten Theilen des Staates anlangen und von der Bevölkerung Berlins freudig begrüßt und mit Erfrischungen erquickt zu sehen. Aber es war herzzerreißend sich sagen zu müssen, daß all diese Opferfreudigkeit nur der Spielball augenblicklicher Launen sei, die jeden Tag wechseln und vor der That den Rückzug antreten. Zum 21. November 1850 waren die Kammern einberufen und man sah dem Zusammentreten derselben mit aufreibender Spannung entgegen, weil man überzeugt war, daß sie trotz ihrer unvolksthümlichen Zusammensetzung dennoch im nationalen Sinne für die Ehre Preußens und Teutschlands einstehen würden. Die konstitutionelle Partei die jetzt von tiefem Mißtrauen gegen Manteuffel erfüllt war, erhielt neue Hoffnungen durch die verbreitete Nachricht, daß der König über den Rücktritt des Ministers Radowitz tief betrübt sei. Man hoffte jetzt noch immer auf die Zurückberufung desselben, da man ja doch in der Mobilmachung seinen Plänen zu folgen schien. Die Freunde seiner Politik veröffentlichten daher einen eigenhändigen Brief des Königs an Radowitz, der sehr charakteristisch für das Verhältniß zu demselben ist. Der Brief ist von Sanssouci, 5. November 6 Uhr Abends datirt und lautet wie folgt:

„So eben gehen Sie zur Thür hinaus, mein treuer und theuerster Freund und schon nehme ich die Feder, um Ihnen ein Wort der Trauer, der Treue und der Hoffnung nachzurufen. Ich habe Ihre Entlassung aus dem auswärtigen Amte gezeichnet — Gott weiß es — mit schwerem Herzen. Aber ich habe ja in Freundestreue noch mehr thun müssen. Ich habe Sie vor Meinem versammelten Rathe, um Ihres Entlassungsbegehrens wegen gelobt. Das sagt Alles und das bezeichnet Meine Lage schärfer als es Bücher vermöchten. Ich danke Ihnen aus Meinem tiefsten Herzen für Ihre Amtsführung. Sie war die meisterhafte Ausführung Meiner Gedanken und Meines Willens und beide kräftigten sich und hoben sich an Ihrem Willen und Ihren Gedanken; denn wir hatten dieselben. Es war trotz aller Tribulation eine schöne Zeit, ein schöner Moment meines Lebens und ich werde dem Herrn — den wir beide bekennen und auf den wir beide hoffen, — so lang ich athme dankbar dafür sein. — Gott der Herr geleite Sie und führe in Gnaden bald Unsere Wege wieder zusammen. Sein Friede bewahre, umlagere und beseelige Sie bis auf Wiedersehen. Dies zum Abschied von Ihrem treuen Freunde Friedrich Wilhelm."

Hätte man überhaupt auf die Seelenstimmungen des Königs bauen können, so wäre jetzt der Umschwung wohl in Aussicht gewesen. Auf Grund der Hoffnung, daß der König mit Freuden wiederum die Leitung der auswärtigen Angelegenheit in die Hand seines treuen und theuren Freundes legen würde, richtete die konstitutionelle Partei eine sehr entschiedene Adresse an die Kammern, und forderte darin Aufrechthaltung des deutschen Programms, Durchführung der preußischen Verfaffung, Freiheit der Preffe, Unabhängigkeit des Richterstandes, Selbftständigkeit der Kirche und ein vom Vertrauen des Volkes getragenes Ministerium. Sie stellte solchen Bedingungen die vollste Opferfreudigkeit des Landes und des deutschen Volkes in sichere Aussicht. — Aber die Thronrede, mit welcher die Kammer eröffnet wurde, dämpfte diese Hoffnungen. Sie bewies, daß die Stimmung wiederum sehr schnell gewechselt hatte. „Die meisterhafte und geistreiche Ausführung der Gedanken und des Willens des Königs" wie sie Radowitz verstanden, lag weit ab von dem, was Manteuffel daraus machte. „Unser Novembermann" der Kreuzzeitung hatte die Zügel in Händen, und bereitete sich auf den Gang nach Olmütz vor.

## Wie Manteuffel sich beeilt, die Ehre Preußens zu retten.

In dem patriotischen Eifer, der nicht bloß das preußische Volk sondern auch die Freunde Deutschlands vom Augenblick an erfüllte als die Mobilmachung angeordnet war, wirkte die Thronrede vom 22. November 1850 bei Eröffnung der Kammer sehr niederdrückend. Der König sprach von diesem, das Volkswohl und das Staatsinteresse so tief berührenden Ereigniß in einer merkwürdigen Lauheit. Die herausfordernde Haltung der Koalition erschien ihm bloß als ein „Mißverständniß" über die Art und Weise, wie man die „Zerwürfnisse eines Nachbarstaates" beseitigen solle. Die Mobilmachung — so meinte der König — würde genügen den Frieden zu sichern, nach dem sich alle Betheiligten sehnen.

Die Kammer war mit Ausnahme der Kreuzzeitungs-Fraktion anderer Ansicht. Sie wählte den Grafen Schwerin zum Präsidenten, der an der Spitze der konstitutionellen und gothaischen Partei stand, ohne in seiner derben pommerschen Gradheit in die diplomatische Vertrauensseligkeit derselben aufzugeben. Er trat sein Amt mit einer Würde an, die ganz der Stimmung des Landes entsprach. „Es geht ein fester kühner Geist durch unser Volk!" rief er unter begeisterter Zustimmung der Majorität aus. „Auf des Königs Ruf hat es sich wie Ein Mann erhoben und steht des Befehls seines Kriegsherrn gewärtig. Von allen Seiten, aus allen Gauen des Vaterlandes tönt uns der Ruf entgegen: Preußen will keine Unbill leiden! — Die Hand ans Werk! Das will unser Volk! Die Kammer, wenn sie diesem Rufe folgt, wird Preußens verpfändete Ehre retten und Deutschlands Wohl und Heil begründen."

Aber die Kamarilla war längst entschlossen, diesem Rufe der öffentlichen Meinung die stille Intrigue entgegenzusetzen. Es ist Thatsache, daß die Rüstung äußerst unvollständig war, und es läßt sich kaum bezweifeln, daß im ersten Anprall eines Krieges die preußische Tapferkeit einen schweren Stand gehabt hätte, um sich der Feinde zu erwehren, welche ihre Pläne wohl durchdacht und ihre strategische Position erfolgreich gewählt hatten. Nach wie vor blieb auch der östreichische Gesandte Prokesch von Osten, von intimen Anhängern gut unterrichtet über den Stand der Dinge, der festen Ueberzeugung, daß der König es nicht werde zu einem Kriege kommen lassen. Er sprach dies gegen vertraute Freunde mit lachendem Munde aus. „Wir haben Ursache," sagte er „diesen Frieden jedem Krieg, auch dem siegreichsten, vorzuziehen. Er bringt Preußen zum Gehorsam, verleiht uns hohen Ruhm und verfeindet die preußische Regierung mit dem deutschen liberalen Volke. Ein Besseres können wir gar nicht wünschen." Jetzt galt es demnach schleunigst, die moralische Unterwerfung Preußens herbeizuführen, bevor die Kammern in ihren Adressen die Stimmung des Königs für den Krieg gewännen. Da wurde denn am 25. November der diplomatische Sturm von allen Seiten angeordnet. Rußland, so verkündete die Kreuzzeitung — Rußland ist fest entschlossen, eine Stellung anzunehmen, welche es zweifellos macht, daß wir thatsächlich in einem Kriege gegen Oestreich zugleich einen Krieg gegen Rußland zu führen genöthigt sein würden.

An demselben Tage langte in Berlin auch eine Depesche Oestreichs an, welche strikte forderte, daß die preußischen Truppen die durch Kurhessen gehende Etappenstraße räumen sollen, dafür wolle Oestreich für die Sicherheit der preußischen Militärstraßen sorgen. Verweigere man dies Zugeständniß preußischer Seits, so sei der Gesandte Oestreichs angewiesen, sofort seine Pässe zu fordern.

Ein Ministerrath fand natürlich nach Entgegennahme dieser Depesche in Bellevue im Beisein des Königs statt. In diesem erklärte Manteuffel, daß der östreichische Ministerpräsident Fürst Schwarzenberg sich auf Anregung des östreichischen Gesandten erboten habe, persönlich mit Manteuffel an der Grenze zusammenzutreffen, und mit ihm den Versuch anzustellen, wie der Krieg vermieden werden könne. Der König hielt es für Pflicht, diesen Versuch nicht abzuweisen. Ein Telegramm verkündete dies dem östreichischen Minister. Die Antwort lautete, daß diese Zusammenkunft dringlichst von Seiten Oestreichs ersehnt werde und es deshalb wünschenswerth sei, daß die Minister schleunigst abreisen, um an der schlesischen Grenze zusammenzutreffen. Wer von beiden früher in Oderberg eintreffe, der solle dem anderen entgegeneilen, um die wichtige Zusammenkunft zu beschleunigen.

Manteuffel reiste am 27. November ab; der östreichische Gesandte blieb noch in Berlin. Die Kreuzzeitung athmete froh auf, nachdem sie einige Tage in düstere Stille versunken war. In der ministeriellen Presse waltete die weise Vorsicht, den Feinden ein Loblied zu singen und dem Kriege, wenn er sein muß, den Triumph zu verkünden. Die Stimmung im Volke aber charakterisirte sich wohl am deutlichsten durch die Thatsache, daß der Minister Ladenberg die tiefste Unzufriedenheit mit dem Zustand der Dinge gar nicht zu verbergen suchte und selbst Herr Stiehl, der spätere Vater der Regulative, den Zeitungen die Nachricht zugehen ließ, daß er sich brieflich gegen die demüthigende Politik Manteuffels diesem gegenüber ausgesprochen. Die Stimme der unabhängigen Presse verurtheilte natürlich sehr entschieden die eingeschlagene Politik; aber selbst in den Kreisen der konservativsten Patrioten machte sich eine verzweifelte Stimmung sehr bemerkbar. Die Spenersche Zeitung, bis dahin durchweg ministeriell, brachte einen Artikel, der wahrscheinlich von Ladenberg selber herrührte oder mindestens veranlaßt war. Es hieß in demselben:

„Können wir noch länger in dem Zustand des gepreßten, des beleidigten Nationalgefühls verharren, wo der kühne Muth am nächsten Tage schon wieder gelähmt wird? Was ist das für ein Staat, der keinen Entschluß fassen kann, ohne ihn am anderen Tage wieder fallen zu lassen! Dies kann ein Volk nicht länger über sich ergehen lassen, ohne seine sittliche Kraft einzubüßen und das Zutrauen zu sich selber zu verlieren.

„Lieber wollen wir zu Grunde gehen, als diese unaufhörliche Pein tragen. An dem innersten Marke des Volks zehrt dieses Gefühl der Ohnmacht, das drückende Bewußtsein der Unabhängigkeit von jeder Laune dieses oder jenes Kabinets. Wir müssen laut sagen: Kein Staat Europas befindet sich in solch jammervoller Lage. So kann es, so darf es nicht bleiben."

Als Manteuffel nach Oderberg kam, fand er wirklich den Fürsten Schwarzenberg nicht vor. Er eilte ihm entgegen in das Gebiet Oestreichs und eilte so eifrig, daß er in Olmütz eintraf, wo ihn der Oestreicher freudig begrüßte.

Die Schmach, welche in diesem Schritte dem preußischen Staate angethan wurde, rief in der demokratischen Partei jene Stimmung wach, wo der Schmerz sich in den Humor der Verzweiflung hüllt. Die Nachricht, daß Manteuffel wirklich bis nach Olmütz geeilt sei, ließ voraussehen, was er heimbringen werde. Die ministeriellen Zeitungen aber behaupteten, daß der Minister dem Oestreicher das Ultimatum stellen werde zu wählen, ob sich Preußen auf den Boden der „Solidarität der konservativen Interessen" stellen oder auf die „Sympathie der Völker" stützen solle. Beides stehe Herrn von Manteuffel zu Gebote; was aber auch Oestreich beschließen möge jedenfalls werde Herr v. Manteuffel „die Ehre Preußens retten!"

## Die Demüthigungen in Olmütz.

Die verzweifelte Stimmung, welche sich besonders in der demokratischen Partei bei der Nachricht geltend machte, daß Manteuffel bis nach Olmütz dem ruhig dort verharrenden Schwarzenberg entgegen geeilt, dürfte sich am besten charakterisiren durch einen in der Urwähler-Zeitung vom 29. November enthaltenen Leitartikel. Derselbe thut zugleich dar, daß man im Volke sehr wohl wußte, was auf dem Spiele stehe, und welche Folgen der Gang nach Olmütz nach sich ziehen mußte.

Der Leitartikel hatte die Ueberschrift: „Was kann Gutes aus Olmütz kommen?" und lautete wie folgt:

„Herr von Manteuffel ist nach Olmütz gereist, um, wie man sagt, jedenfalls Preußens Ehre zu retten und uns den Krieg oder den Frieden zurück zu bringen. Man sagt, daß er in der rechten Rocktasche die „Solidarität der konservativen Interessen" mitgenommen und in der linken die „Sympathien der Völker" wohleingepackt hält.

Haben wir nun in Olmütz die Ehre, Gunst in den Augen des östreichischen Ministers zu finden, so überreicht er ihm die „Solidarität der konservativen Interessen", erbittet von ihm Preußens Ehre und überbringt uns den fertigen Frieden.

Sollte aber Fürst Schwarzenberg nicht so gnädig auf uns herabblicken, so wird Herr von Manteuffel plötzlich die wohl eingepackten „Sympathien der Völker" herauslangen, sie dem Fürsten Schwarzenberg unter die Augen halten, umkehren und uns Krieg bringen.

Was er uns aber auch bringen möge, sei es Krieg, sei es Frieden, immer — das steht laut der offiziellen Presse fest — wird es eingewickelt sein in der Ehre Preußens.

Worin nun die Ehre Preußens bestehen wird, das wird von den Umständen abhängen.

Bringt er uns den Krieg, so wird die Ehre Preußens darin bestehen, daß es wirklich glaubt, Herr von Manteuffel habe die Sympathien der Völker in der Rocktasche und daß er diese nur zu schütteln braucht, um die Sympathien wie einen Bienenschwarm um sich herum summen zu hören. Dann besteht Preußens Ehre darin, daß es in Herrn von Manteuffel einen volksthümlichen Minister besitzt, der nur zu winken braucht, um Reaktionäre, Konservative, Konstitutionelle und Demokraten in einem Gefühl der Begeisterung für unser Ministerium zu vereinigen.

Bringt er uns aber den Frieden, ja dann wird es der Ehren gar kein Ende geben.

Dann werden wir die Ehre haben, auch im Norden Deutschlands eine Exekution von Bundestruppen Schleswig-Holstein entwaffnet zu sehen.

Dann werden die Kammern die Ehre haben, auf einige Zeit vertagt zu werden.

Dann werden die Konstitutionellen die Ehre haben, dieselbe Rolle in diesem Jahre zu spielen, die die Demokratie im vorigen Jahre spielte.

Dann wird die Polizei die Ehre haben, noch mehr aufrichtig Konstitutionelle aus Berlin zu bringen, als sie im verwichenen Jahre die Ehre hatte, Demokraten zu maßregeln.

Dann werden die Liberal-Konservativen die Ehre haben, daß ihnen die Augen jetzt aufgehen, wie sie den Konstitutionellen im vorigen Jahre aufzugehen anfingen.

Dann hat das Volk die Ehre, dies ganze Schauspiel für den äußerst mäßigen Preis von einigen Dutzend Millionen Mobilmachungskosten mit anzusehen.

Dann hat Herr von Manteuffel die Ehre, im wahren Sinne des Wortes „unser November-Mann" in der Kreuzzeitung zu sein.

Und die Kreuzzeitung, sie, die bisher stets jammerte, daß Preußen sein Kleinod, seine Ehre, „seine Unterthanen-Ehre" seit dem tollen Jahre 1848 verloren hat, wird dieser Ehren im vollsten Maße froh werden.

Was aber uns betrifft, nun, wir haben bereits die Ehre gehabt, zu sagen, was wir von der ganzen Geschichte halten. Wir meinen:

Unsere großen Herren Minister haben die Ehre, mit der

großen ernsten Aufgabe Preußens gar sonderbar umzuspringen. Die ganze Zeit ihrer Regierung haben wir die Ehre, sie zu betrachten wie Kinder, die die Beinchen in des Vaters Stiefel gesteckt und nun glauben, ungefährdet mit des Vaters Pistolen Soldatspielen zu können.

Gar sonderbar kamen sie uns vor, als sie in dem Vermächtniß der preußischen National-Versammlung herumstolperten und eine Verfassung oktroyirten, in der sie weder vorwärts noch rückwärts konnten. Gar wunderlich nahmen sie sich aus, als sie auch die Beine in die Stiefel des deutschen Einheits-Ganges steckten und im Nachlaß der deutschen Nationalversammlung herumschlenkerten, ohne zu wissen, wie sie all die volksthümlichen Geschichten wieder los werden sollten.

Jetzt haben sie gar harmlos auch zu der **Mobilmachung** gegriffen; — das ist, Gott weiß es, des Vaters **gefährlichste Pistole**. Freilich fragt man: wozu? so muß man leider antworten: — wozu man so viele Dinge gethan und immer einen Ehrentrumpf darauf gesetzt und dann die Dinge fallen ließ, wie man kindlich Spielzeug fallen läßt.

Wir fürchten, daß der letzte Ehrentrumpf: die Mobilmachung, ebenso sonderbar endet, sobald man ihn fallen läßt, wie es wunderlich ausschlägt, sobald man davon Gebrauch macht. —

Unsrer Ansicht nach bringt Herr von Manteuffel mit der „Solidarität" in der rechten und den „Sympathien" in der linken Rocktasche gerade **das** nach Hause, was er bisher von **allen** Missionen nach Hause brachte: **halb fallengelassene Ideen und nicht aufgegebene Gedanken!**

Unsrer Ueberzeugung nach wird der scharfblickende Schwarzenberg ein gar sonderbar Gesicht machen, wenn ihm Herr von Manteuffel die „Solidarität der konservativen Interessen anbietet und dabei lächelnd fragen: „Besitzen denn Exzellenz hierzu die Solidarität Ihrer eigenen Konservativen?" Wenn aber gar Herr von Manteuffel die „Sympathien der Völker" aus der linken Rocktasche herausholt, so dürfte der Fürst noch feiner lächeln und ausrufen: „Exzellenz, bei diesem Ding wird nur denen unheimlich, die zu lange damit gespielt haben!"

Krieg oder Frieden aus den Händen dieses Ministeriums! Wahrlich zu Eurem Krieg ohne den echten Geist rufen wir aus:

„Nicht in Heeren, nicht in Schlachten, sondern mit dem Geiste!"

Und zu Eurem Frieden ohne Heil sprechen wir:

„Wehe, sie heilen den Bruch meines Volkes leichthin sprechend: Friede! Friede! und es ist doch kein Friede!"

Nein! Krieg und Frieden schließen andere Geister! und unsere Ehre kommt nicht von Olmütz!"

Dieser Leitartikel der Urwählerzeitung vom 29. November fand seine volle Bestätigung in den Thatsachen der nächsten Tage. Noch mochten freilich die Konservativen nicht glauben, daß Manteuffel das ganze Maß der Demüthigungen über Preußen ausgeschüttet. Die Zeitungen derselben erschöpften sich in Vermuthungen und wiegten sich in Hoffnungen, daß sich ein ehrenvoller Ausgang aus dem peinlichen Gewirre doch noch zeigen werde. Aber der wohlgemeinte Wahn hielt nicht lange vor. Am 3. Dezember war Herr von Manteuffel wieder zurück. Die Kammer begann eine Adreß-Debatte, in welcher von Seiten der Konstitutionellen der ganze Schmerz über die Olmütz-Politik zur Aussprache kam und selbst der konservative Abgeordnete Stiehl zu dem Schluß gelangte, daß in Olmütz ein schwerer Schlag gegen Preußens Ehre geführt worden sei. Aber die Kreuzzeitungs-Partei hatte der Vertheidigung Manteuffels bereits trefflich vorgearbeitet. — Hier war es, wo er die denkwürdige Sentenz gebrauchte: „Nur der Schwache fühlt sich im Aufgeben eines Planes gereizt; der Starke dagegen weicht ruhig zurück."

Und wahr ist es: so stark im Zurückweichen hat sich kaum ein anderer Minister Preußens, wie dieser November-Mann der Kreuzzeitung, gezeigt.

## Die Zeiten der Schmach.

Wir befinden uns gegenwärtig in der glücklichen Lage, die Schmach von Olmütz als völlig überwunden, ja als gerächt betrachten zu können und vermögen jetzt ruhigeren Blicks als ehedem den traurigsten Abschnitt der Geschichte Preußens und Deutschlands zu betrachten. Gleichwohl wird Niemand, der die Zeiten der Schmach durchlebt hat, ohne tiefen Seelenschmerz bei diesen schweren Erinnerungen verweilen, und die nach uns kommen und sich dessen erfreuen, wofür wir gestritten und gelitten haben, würden selbst in den ausführlichsten Darstellungen doch nur ein verblaßtes Bild von dem Gram erhalten, der in jenen Tagen alle Gemüther der Vaterlandsfreunde, ohne Unterschied der Parteien, niedergedrückt hat. — Dies mag es denn entschuldigen, wenn wir uns hier mit einem flüchtigen Umriß der damaligen thatsächlichen Begebenheiten begnügen.

Der Tag von Olmütz, der 29. November 1850, hat Alles niedergetreten was bis dahin als Hoffnung in den Gemüthern gelebt hatte. In Schleswig-Holstein wehrte sich ein stammverwandtes Volk, mit einer gewählten Statthalterschaft an der Spitze, gegen den Uebermuth der Dänen und zwar seit dem März 1848 theils unter dem Beistand, theils unter dem Schutz Preußens; die Konvention von Olmütz erklärte diese Erhebung des Volkes als eine Rebellion und setzte fest, daß Preußen im Verein mit Oestreich die stammverwandten Gebiete wieder der dänischen Herrschaft ausliefern solle.

Das Bestreben, einen deutschen Bundesstaat unter Preußens Leitung zu gründen, war durch die ganze Zeit seit den Märztagen ein Zielpunkt aller Nationalgesinnten. Der Tag von Olmütz trat jede Hoffnung dieser Art nieder. Fortan sollte Deutschlands Regeneration diplomatischen Minister-Konferenzen anheimgestellt werden, welche in Dresden veranstaltet wurden, von welchen man aber ganz zweifellos voraussehen konnte, daß sie nur eine Vorstufe bilbeten, um balb wieder in den alten Bundestag unter Leitung Oestreichs einzukehren.

In Kurhessen wurde in der frechsten Weise Gesetz, Verfassung und Volksrecht mit Füßen getreten und eine Gewaltherrschaft etablirt, gegen welche sich jedes deutsche Gemüth empörte; Preußen hatte gerüstet, um dieser Frechheit ein Ziel zu setzen. Der Tag von Olmütz kehrte auch hier Alles um. Fortan sollte Preußen selber vollführen helfen, wogegen es sich bis dahin in tiefster Entrüstung wehrte.

Preußen hatte durch die Mobilmachung ein Heer von einer halben Million Streitern aufgeboten, um sich der östreichischen Oberherrlichkeit in Deutschland zu entziehen. Der Tag von Olmütz machte es zum demüthigen Bundes-Genossen seines übermüthigen Gegners und suchte „die Ehre Preußens" darin, Hilfsdienste demselben leisten zu dürfen.

Und doch war mit all dem das Maß der Schmach nicht voll. Wer in der Konvention von Olmütz zwischen den Zeilen zu lesen im Stande war, sah vollkommen richtig voraus, daß das preußische Militär in Kurhessen nicht einmal mit dem Bundesgenossen Oestreich auf gleiche Stufe gestellt wurde, sondern zu der Demüthigung verurtheilt ward, ruhigen Blickes mit anzusehen, wie Baiern daselbst im Namen des Bundes wirthschaftete.

Wer in der damaligen Zeitgeschichte bewandert war, sah all das deutlich genug in der Konvention von Olmütz ausgesprochen, wie schlau dieselbe auch die Kernpunkte zu verhüllen suchte. Das Aktenstück, welches Manteuffel als „Rettung der Ehre Preußens" heimbrachte, darf in der Geschichte der Erniedrigung nicht der Vergessenheit überlassen bleiben. Es verdient als Warnungs-Denkmal in seinem ganzen Wortlaut für ewige Zeiten gekannt zu werden.

Das schmachvolle Aktenstück lautete wie folgt:

„Bei den am gestrigen und heutigen Tage zwischen den Unterzeichneten stattgefundenen vertraulichen Besprechungen haben sich folgende Propositionen als mögliche Ausgleichungspunkte der vorliegenden Differenzen und geeignete Mittel zur Verhinderung von Konflikten herausgestellt, die der schließlichen

Genehmigung der betreffenden hohen Regierungen schleunigst unterbreitet werden.

§ 1. Die Regierungen von Oestreich und Preußen erklären, daß in ihrer Absicht liege, die endliche und definitive Regulirung der kurhessischen und holsteinischen Angelegenheit durch die gemeinsame Entscheidung aller deutschen Regierungen herbeizuführen.

§ 2. Um die Kooperation der in Frankfurt vertretenen und der übrigen deutschen Regierungen möglich zu machen, sollen in kürzester Frist von Seiten der in Frankfurt vertretenen Bundesglieder sowie von Seiten Preußens und seiner Verbündeten je ein Kommissarius ernannt werden, welche über die gemeinschaftlich zu treffenden Maßregeln in Einvernehmen zu treten haben.

§ 3. Da es aber im allgemeinen Interesse liegt, daß sowohl in Kurhessen wie in Holstein ein gesetzmäßiger, den Grundsätzen des Bundes entsprechender und die Erfüllung der Bundespflichten möglich machender Zustand herbeigeführt werde, da Oestreich ferner in seinem Namen und im Namen der mit ihm verbündeten Staaten die zur Wahrung der Interessen Preußens von letzterem geforderten Garantien über die Okkupation des Kurstaates in vollem Maße gegeben hat, so kommen die beiden Regierungen von Oestreich und Preußen für die nächste Behandlung der Fragen und ohne Präjudiz für die künftige Entscheidung über Folgendes überein:

a) In Kurhessen wird Preußen der Aktion der von dem Kurfürsten herbeigerufenen Truppen kein Hinderniß entgegenstellen und zu dem Ende die nöthigen Befehle an die dort kommandirenden Generale erlassen, um den Durchgang durch die von Preußen besetzten Etappenstraßen zu gestatten. Die beiden Regierungen von Oestreich und Preußen werden im Einverständniß mit ihren Verbündeten den Kurfürsten auffordern, seine Zustimmung dazu zu geben, daß ein Bataillon der von der kurfürstlichen Regierung requirirten Truppenmacht (Baiern) und ein königlich preußisches Bataillon verbleiben, um die Ruhe und Ordnung zu erhalten.

b) Nach Holstein werden Oestreich und Preußen, nach gepflogener Rücksprache mit ihren Verbündeten und zwar so schleunig wie möglich, gemeinschaftliche Kommissare schicken, welche im Namen des Bundes von der Statthalterschaft die Einstellung der Feindseligkeiten, die Zurückziehung der Truppen hinter die Eider und die Reduktion der Armee auf ein Mittel der jetzt bestehenden Truppenstärke verlangen, **unter Androhung gemeinschaftlicher Exekution im Weigerungsfalle.** Dagegen werden beide Regierungen auf das königlich dänische Gouvernement dahin einwirken, daß dasselbe im Herzogthum Schleswig nicht mehr Truppen aufstelle, als zur Erhaltung der Ruhe und Ordnung erforderlich sind.

§ 4. Die Ministerial-Konferenzen werden unverzüglich in Dresden stattfinden. Die Einladungen dazu werden von Oestreich und Preußen gemeinschaftlich ausgehen und so erfolgen, daß die Konferenzen um die Mitte Dezember eröffnet werden können.

Olmütz den 29. November 1850.

(gez.) von Manteuffel.   (gez.) Fürst Schwarzenberg."

Als am 3. Dezember die Kammer die Adreßdebatten eröffnete, war das schmachvolle Schriftstück aus Olmütz, wenn auch nicht dem Wortlaut, so doch dem Inhalte nach den Abgeordneten bekannt. Die konstitutionelle Partei, vertreten von Herrn von Vincke, wehrte sich gegen diese Schmach in vollster Entrüstung. Die Rede des Führers endete mit dem Ausruf: „Fort mit diesen Ministern!" — Aber auch die konservativ-konstitutionelle Partei unterdrückte ihre Verstimmung nicht. Die Debatten sollten am 4. Dezember fortgesetzt werden und deshalb beschloß die Adreßkommission unter Zustimmung von Bodelschwingh einen Zusatz zur Adresse, worin ausgesprochen wurde, „nach dem jetzt bekannt gewordenen Inhalt des olmützer Abkommens erkennen wir hierin zu unserm tiefen Schmerz einen Weg, der kaum vereinbar mit der Ehre Preußens und seiner Stellung in Deutschland erscheint."

So kam der 4. Dezember heran unter allen Anzeichen, daß die überwiegende Majorität der Kammer gegen die Schmach von Olmütz entschiedenen Protest einlegen würde. — Aber der

Würfel war gefallen und der Kelch der Demüthigungen mußte bis auf die Hefe geleert werden.

Als die Debatten an diesem Tage eröffnet werden sollten, erschienen fünf Minister — Ladenberg hatte seinen Rücktritt beschlossen, um an der Schmach nicht betheiligt zu sein — mit den bekannten weißen Binden in der Kammer, welche andeuten, daß sie Ueberbringer einer kgl. Botschaft seien. Die königliche Botschaft ward denn auch von dem November-Mann der Kreuzzeitung sofort verlesen. Sie lautete: Die Kammern sind vertagt.

## Der Bruch mit der Revolution.

Mit der Vertagung der Kammern am dritten November 1850 trat die längst geplante, bisher nur schwach verdeckte und frech abgeleugnete Reaktion offen hervor. Sie leitete die Epoche ein, von welcher der ehrliche Camphausen sehr treffend sagte, daß in ihr „das Unrecht auch schamlos geworden sei."

Es bedarf keiner weiteren Erwähnung, daß von allen Winkelzügen der preußischen Politik auch nicht ein einziger im Stande war sich geltend zu machen. Die Unterwerfung in Olmütz war eine ganz vollständige. Oestreich feierte nicht bloß den Triumph, in Holstein und in Kurhessen die Bundesmaßregeln zu Gunsten Dänemarks und zu Ehren Hassenpflugs durchzuführen, sondern genoß auch die Wonne, Preußen als Helfershelfer dabei zu Dienst zu haben. Eine Zirkular-Depesche des Fürsten Schwarzenberg vom 7. Dezember spricht diese Unterwerfung Preußens auch ganz unverhohlen aus. Zum Schein ließ der Tag von Olmütz zwar den Schritt in den Bundestag hinein noch unberührt. Es sollten noch erst in Dresden Konferenzen gehalten und Versuche angestellt werden zur Reform des deutschen Bundes; allein die Bestimmung, daß diese Reform nur durchgeführt werden solle, wenn sämmtliche Regierungen sie gut hießen, ließ selbst die beschränktesten Geister einsehen, daß Dresden nur der Umweg sei, um Preußen und seine Genossen nach Frankfurt am Main zu führen und Deutschland wieder auf den vormärzlichen Standpunkt zurückzuschrauben, wo es eine Domäne der östreichischen Regierungskünste war.

Der Schmerz über diese jammervolle Haltung griff nun tief hinein in alle, selbst in die konservativsten Kreise aufrichtiger Vaterlandsfreunde. Es bemächtigte sich namentlich des höheren Beamtenthums die tiefe Scham über diese Erniedrigungen, welche sich ein Staat wie Preußen kaum nach einer Reihe verlorener Schlachten gefallen lassen durfte. Nicht bloß Ladenberg trat von seinem Ministerposten zurück, sondern auch der Oberstaatsanwalt Sethe legte sein Amt nieder, nachdem das Ministerium die Zumuthung an die Staatsanwaltschaft gestellt hatte, die oppositionellen Zeitungen konfisziren zu lassen, selbst wenn sie eine Freisprechung des Richters voraussähe. — Aber die Reaktion war wohl vorbereitet auf diese Erscheinung. Ein Witzwort Manteuffel's, der diese Opposition der Beamten „die Revolution in Schlafrock und Pantoffeln" nannte, veranlaßte das Ministerium zu Zirkular-Erklärungen, welche unnachsichtliche Beseitigung aller Beamten einschärften, die sich nicht mit vollem Eifer der Umkehr anschlössen. Manteuffel, „unser November-Mann" der Kreuzzeitung, wurde zum Minister-Präsidenten ernannt. Das Ministerium des Innern wurde Herrn von Westphalen, das des Kultus dem Herrn von Raumer anvertraut, die beide nach dem Herzen der Kreuzzeitung ihr Amt zu verwalten bereit waren. Die Rücksichtslosigkeit, mit welcher man nun auftrat, zersprengte denn auch wirklich die Schaar der Beamten, welche in der Kammer zumeist der gothaischen und konstitutionellen Partei angehört hatten. Als die Zeit der Vertagung abgelaufen war und die Kammern wieder am dritten Januar 1851 zusammentraten, war die Situation dermaßen verändert, daß Manteuffel offen das Regierungs-Programm verkünden durfte: „Es sollmit der Revolution gebrochen werden". Als die Liberalen hierauf die durch die Vertagung unterbrochenen Debatten über die auswärtige Politik fortsetzen wollten, wurden sie mit einer Majorität von 147 gegen 141 geschlagen. Der Uebergang zur einfachen Tagesordnung, der keine Kritik der Zustände gestattete, wurde zum Beschluß erhoben. Herr Stiehl und Genossen waren wiederum ministeriell geworden.

Ueber die Epoche, die jetzt im Anzuge war, gab es fortan keine Täuschung mehr. Die Kreuzzeitung illustrirte mit der ganzen Flammenschrift des Fanatismus das neue Programm der Regierung. Ihr Leitartikel vom 10. Januar ist ein charakteristisches Dokument jener Tage. Die Verherrlichung, die sie ihrem Novembermann angedeihen ließ, und die Weisung, die sie ihm für die weitere Ausführung seines Programms ertheilte, verdienen der Geschichte einverleibt zu werden, da sie das ganze Maß der Selbsterniedrigung aufdeckten, welche nunmehr bis zum Sturz des Systems Manteuffel-Westphalen-Raumer über Preußen und Deutschland waltete.

Der Artikel der Kreuzzeitung erläutert den Ausspruch Manteuffels: „Es soll mit der Revolution gebrochen werden", in folgender Weise:

„Diese große Wahrheit hat der Herr Minister-Präsident gestern in der ersten Kammer proklamirt und sich zum Vollstrecker dieses Willens gemacht."

„Es ist schön und erhebend, wenn ein Mann seine Lebensaufgabe in der Verfolgung Eines großen Zieles erkannt hat und diesem mit unerschütterlicher Konsequenz zustrebt".

„Es ist mindestens ebenso erhebend, wenn ein Mann — und ein Staatsmann — es erkennt und gesteht, daß er früher geirrt und nun mit der ganzen Energie, die aus der aufrichtigen Buße erwächst, der Wahrheit sich zuwendet. Ein solcher Mann erringt den größten und schwersten Sieg, den Sieg über sein Herz. Und diesen Sieg hat Herr von Manteuffel errungen!"

„Preußen will mit der Revolution brechen! So breche man denn auch mit ihr da, wo sie sich am tiefsten in das Fleisch des noch gesunden Volkes einzufressen droht, mit dem radikalen Staats-Schulmeisterthum, mit den alles gesunde Volksleben desorganisirenden sogenannten organischen Gesetzen — der Gemeinde-, Kreis- und Provinzial-Ordnung. — Die Regierung beharre im festen Muth, sie fasse Glauben zu ihrer Mission, zu der hohen heiligen Mission, die Wahrheit der Worte zu verwirklichen: Preußen will mit der Revolution brechen, und die Ausführung wird leicht — über Erwarten leicht sein."

„Preußen will mit der Revolution brechen! So breche man denn auch mit der ganzen Revolution, nicht bloß mit der höchsten Blüthe der zahmen Revolution — dem souveränetätslüsternen Kammer-Oppositions-Wesen, — sondern auch mit dem revolutionären Beamtenthum. Auch hier muß die Politik des Ministeriums durchsichtig werden, zerstreuen muß es die dicken Wolken, die bisher aufstiegen aus der von jenen „Helden in Pantoffeln und Schlafrock" dargebrachten Friedens-Pfeife."

Das Programm der Kreuzzeitung wurde von den Männern der Regierung im Laufe der Jahre erfüllt, soweit eine Regierung Dinge zu verwirklichen im Stande ist, die dem Leben und dem Wesen des Staates widersprechen und dem Geiste des Volkes ein tiefes Widerstreben aufzwingen. Die Regierung der Reaktion vertheidigte nur sich selber. Sie verhüllte nur dem Blick des Königs die immer weiter schreitende Kluft zwischen Regierer und Regierten. Aber das Volk in Preußen und in Deutschland, in den Märztagen einmal erwacht zur selbstständigen Erkenntniß, war durch keine Regierungskunst mehr in den vormärzlichen Zustand zurückzubringen. Man konnte die Beamten maßregeln, die Wahlen korrumpiren, die Gesetze oktroyiren, die Polizei abrichten, die Schulen reglementiren, die Religion verfinstern und die Verfassung durchlöchern: aber den Geist des Volkes nimmermehr dem Fortschritt abwendig machen.

„Der Bruch mit der Revolution", die Herrschaft der Kreuzzeitung, gehört den traurigsten Jahren Preußens an, die einen neuen Geschichtsabschnitt für sich bilden. Zum Abschluß unserer hierzu skizzirten Epoche gehört nur noch ein

Blick auf den König, der so viel gewollt und so wenig
zu vollbringen im Stande war, und ein Blick auf das
Volk, das lange schweigend verharrte, aber dennoch zum Lohn
seiner Gesinnungstreue berufen war, nach stillen, schwülen
Jahren, den Anbruch besserer Tage für Preußen und Deutschland zu sehen.

## Die Lage des Königs.

Man ist berechtigt, sich die Frage vorzulegen, mit welchen
Gedanken und Empfindungen wohl ein geistig so hoch begabter
Monarch wie Friedrich Wilhelm IV. diesen Umschwung aller
innern Verhältnisse und diese Demüthigungen in äußeren Angelegenheiten geschehen ließ. Die Antwort hierauf ist schmerz-
lich; aber nicht blos zur Klärung der Vergangenheit, sondern
auch in ihrer allgemeinen Bedeutung lehrreich.

Der Freiherr von Stein sprach es einmal aus: „Wenn
es einem Monarchen an Geist fehlt, so thut es nichts, er kann
Andere für sich arbeiten lassen; aber Charakter, den kann man
ihm nicht borgen."

Auf Friedrich Wilhelm IV. angewendet, kann man nur
sagen: Die Disharmonie zwischen diesen beiden Eigenschaften,
die dem Wollen und dem Thun eines Monarchen ihren Stempel
verleihen, war bei ihm größer als bei irgend einem seiner Vorgänger. Er war geistig so regbar, daß er gleich vielen Selbst-
denkern den reizenden Genuß einer Idee schnell aufnahm aber
auch schnell aufzehrte. Wie Künstler-Naturen der Stimmung
des Augenblicks feurig hingegeben, widerstrebte ihm die Praxis,
die langsam und sorgsam verwirklicht sein will. Dem persönlichen Regiment mit ganzer Seele zugethan, befand er sich
in ewigem Kampf mit der Stätigkeit, die einem Staat erst
einen Charakter leiht. Er drückte wiederholt seinen Unmuth
gegen den „Racker von Staat" aus, der keine persönlichen
Einfälle und Eingriffe zuläßt. Er glich den genialen Malern,

die stets nur Skizzen entwerfen, ohne sich die Ruhe der Ausführung zu gönnen. Daher die wechselnde Vielgestaltigkeit, die ihn Freundschaft und intime Geistesverwandtschaft mit allen begabten Geistern suchen ließ, die Neues schaffen wollten; daher aber auch die schnelle Verflüchtigung der neuen Ideen, die ihn in entscheidenden Momenten in die Macht derer gab, welche die althergebrachte Praxis handhabten. Daher das Ruinenhafte alles Begonnenen, bis ihr Schöpfer selber zur Ruine wurde.

Die Tage, welche wir in dieser historischen Skizze schildern, liegen uns noch zu nahe, um aus ihren nur spärlich ans Licht getretenen Denkwürdigkeiten ein volles Bild zu gestalten. Aber die wenigen Züge, welche bereits bekannt geworden sind, gestatten einen Einblick in das innere Getriebe. Die Klagen, welche die treuesten Anhänger des Königs über die Olmütz-Epoche laut werden ließen, zeigen den tiefen Sturz des Staates und die Illusionen, welche denselben vor dem Blick des Königs zu verhüllen suchten.

Die Denkwürdigkeiten aus dem Leben Bunsens enthalten hierüber so Manches, was noch der weiteren Ergänzung bedarf. Wir führen hier aus denselben nur dasjenige vor, was deutlich genug ist, um auch ohne Erläuterung verstanden zu werden. Wie bereits erwähnt, regte die Mobilmachung in Preußen die Hoffnung aller Freunde des Staates auf einen günstigen Umschwung an. Man setzte voraus, daß nunmehr Radowitz wieder das Staatsruder ergreifen würde. Bunsen hegte noch am 30. November 1850 diese Hoffnung, als bereits Manteuffel die Demüthigung in Olmütz vollzogen hatte. Ein Brief Bunsens von diesem Tage an den Baron von Stockmar — den klugen, treuen Freund Deutschlands und den einflußreichsten Berather der Königin Viktoria von England und des Prinzen Albert — spricht hierüber Folgendes aus:

„Sobald erst Manteuffel entfernt ist, muß Radowitz wieder an die Spitze des Ministeriums treten. Dann hängt Alles davon ab, daß er gleich vom Anfang die rechte Stellung zum Könige nimmt und um der Liebe willen für des Königs unsterbliche Seele und seine Ehre bei Mit- und Nachwelt dem

Könige sage, daß ein ehrlicher Mann nicht Minister sein kann, wenn er fortfahren will, mit einer hochverrätherischen oder stockdummen Kamarilla zu regieren."

Selbst nachdem der Schlag von Olmütz alle Hoffnungen vernichtet hatte, verließ ein Schimmer derselben dennoch Bunsen nicht. In einem Briefe von Camphausen an ihn finden wir freilich ein richtiges und scharfes Urtheil über die Situation ausgesprochen. Camphausen klagt: „Seitdem Sie schrieben und noch abzuwehren hofften, ist der Schlag gefallen. Ein großer Staat, wehrkräftig wie keiner in Europa, ohne Verlegenheit im Innern, des Volksgeistes gewiß, in den Finanzen gesund, leckt den Staub von den Füßen seiner Gegner, ohne nur den Versuch des Widerstandes zu machen, auf eine bloße Kriegsdrohung hin, die bramarbasirende Feinde, bittere Angst im Herzen, ausgestoßen haben." Auch Bunsen war voll der Klage. In einem Briefe an eine hochstehende patriotische Frau (?) schreibt er:

„Am 19. März 1848 wurde das alte, am 3. November 1850 das neue Preußen begraben. Der Prinz von Preußen hat ritterlich für das Vaterland gekämpft, doch vergebens!"

Gleichwohl finden wir Bunsen am 18. Januar 1851 wiederum in Hoffnungen auf eine Aenderung. In einem Briefe an Stockmar schreibt er:

„Die Lage des Königs ist entsetzlich an sich, entsetzlicher durch das Unglück, welches er, wenn ihn nicht Gott herausreißt, unübersehbar über das Vaterland bringen muß. Er, der tausend Eigenschaften hatte, Preußen und Deutschland und die Zeit zu heben und zu trösten!" — doch „die nächste Woche kann eine Krise bringen."

Die Krisis — wir wissen nicht, welche Bunsen nahen sah — trat nicht ein. Ein Brief eines preußischen Diplomaten — sein Name ist nicht genannt — schildert die Situation richtiger:

„Die Kreuzzeitungs-Partei, die hier alles beherrscht, fühlt sich unter dem östreichischen Joch so selig wie der Fisch in seinem Element; und der König — wiewohl er bisweilen sich noch ärgert — hat doch die Gabe, sich Alles einzubilden, was er will, und sich die Wirklichkeit hinwegzuillusioniren. Er glaubt selbst nach der Schwarzenberg'schen Depesche noch fest an den „Sieg von Olmütz", sowie an den „Fortbestand" der Union".

Der Freund der Wahrheit muß sich fragen, wo denn eigentlich die Fäden lagen, an welchen die Kreuzzeitungspartei im Stande war, die Illusionen eines geistig so hochbegabten Mannes wie der König war, für ihre Zwecke zu leiten und ihn fern und abwendig von allen treuen Anhängern zu halten, die ihren Schmerz und Unmuth nicht verhehlen konnten. Wer jedoch den ganzen Jammer dieser Zeit mit offenen Augen überblickt, dem entgeht der Aufschluß nicht, daß auch hier wie in ähnlichen Fällen die Kamarilla, welche jede Tageslaune zu benutzen verstand, die edelsten Empfindungen des Monarchen zum Netze um ihn ausgespannt hatte.

Bei aller Beweglichkeit und Empfänglichkeit für wechselnde Ideen ward Friedrich Wilhelm IV. doch stets von einem religiösen Zug nach einer Richtung hin dauernd getragen, der ihm wie ein ewiger Leitstern in den Irrgängen des Lebens erschien. Je wechselvoller sein reger Geist war, desto mehr suchte seine Seele einen Halt im Wechsellosen, im Geoffenbarten. Den Kämpfen der modernen Welt und der praktischen weltlichen Staatsleitung abgewendet, that es ihm wohl, theologischen Problemen nachzuhangen und sich in Ideen zu vertiefen, die ihn das Heil der Welt im untrüglichen Glauben erblicken ließen.

Die Kamarilla wußte diesen Zug für sich auszubeuten, und der Rundschauer der Kreuzzeitung hatte das Talent, jede Regung der Zeit nach diesem Ideale zu modeln und auszuspinnen.

Der „König David", der „Mann nach dem Herzen Gottes", der Angesichts seines Volkes vor der Bundeslade Jehovah's tanzte, war das Ideal, welches der Rundschauer zu allen Zeiten gar herrlich als Vorbild ausmalte. Auch dieser König hatte eine Revolution durchzumachen und ein Rebell Namens Simei beschimpfte ihn und warf mit Steinen nach ihm. Aber der König David sagte: „Gott habe es ihm geheißen." Die Revolution war also Gottes Wille, um des Königs Sünden zu strafen und ihn verherrlichend zur Buße zu leiten, die er in seinen Buß-Psalmen, so tief die Seele läuternd, dargelegt.

Auch Preußen — so lehrte der Rundschauer — habe gesündigt, gesündigt durch die „Verheißungen in dem Jahre der Schande." Darum ist die Buße als Gnadenmittel zur Läuterung an uns herangetreten. In dieser Buße, in dieser Demüthigung vor Gott ist das Heil. In der Umkehr, im „Bruch mit der Revolution" geht das Licht der Erlösung auf für König und Volk, damit der Thron wieder aufgerichtet werde in obrigkeitlicher Herrlichkeit und das Volk wieder in seiner Sehnsucht gestillt werde nach dem verloren gegangenen edelsten Gut, nach seiner: Unterthanen-Seligkeit!

Mit diesen Phantasmen verhüllte man vor dem Blick des Königs das Elend des Staatswesens, den tiefen immer allgemeiner um sich greifenden Unmuth der Einsichtsvollsten und Gebildetsten und die für seine ganze Lebenszeit unausfüllbar gewordene Kluft zwischen ihm und seinem Volke.

## Das Volk zwischen Revolution und Reaktion gestellt.

Lehrreicher noch als ein Einblick in die Intentionen des Königs ist ein offener Blick auf das in der Olmütz-Epoche zum Durchbruch gekommene politische Bewußtsein des Volkes.

Das Volk hatte eine schwere Schule durchgemacht. Seit dem ersten Auftreten des öffentlichen Lebens in Preußen war alles, was nur den Namen eines verheißungsvollen Fortschrittes hatte, mit fast systematischem Unmuth nach kurzer Frist wieder wie ein abgethanes Spielzeug bei Seite gestoßen worden. Der vereinigte Landtag von 1847 ward in Zorn entlassen, die Nationalversammlung von 1848 durch Militärgewalt gesprengt, die zweite Kammer von 1849 wurde aufgelöst, die Kaiserkrone wurde zurückgewiesen, das Reichsparlament des Hochverraths geziehen, die Drei-Königs-Verfassung wurde fallen gelassen, die preußische Verfassung wurde unter Vorbehalt beschworen, die Unionsverfassung wurde aufgegeben, das erfurter Parlament wurde resultatlos verlassen, der Fürstentag löste sich in Nichts auf, der Verwaltungsrath war verschwunden. Die Millionen der Anleihe waren dahin und selbst die allerschärfste Anspannung der Volkskraft: die Mobilmachung ward nun auch ein leeres Spiel. Mit dieser Reihe von Vorgängen mannigfachster Gestaltung wurde jede politische Ansicht, jede Partei — außer der des blinden Dienerthums oder der wohlbewußten Reaktion — im innern Dasein verwundet. — Nun wurde auch das Beamtenthum noch verdächtigt und der „Revolution in Schlafrock und Pantoffeln" geziehen. Was war natürlicher als die einmüthige Entrüstung, die endlich das ganze Volk erfüllte!

Manteuffel wußte dies; aber sein Dienerthum gegenüber der Kamarilla kannte bald keine Grenzen. Nachdem die Kreuzzeitung wörtlich die Lehre aufgestellt hatte, daß der „Bruch mit der Revolution" nur zu vollführen sei, wenn man das Staatswesen ganz und gar dem Einfluß der sogenannten „Gebildeten" entzieht, „die auf unseren Schulen und Universitäten durchtränkt werden von dem Gift des Pantheismus", verstand sich Manteuffel auch dazu in einem Zirkular an die Regierungen kund zu thun, daß der Sitz der Revolution nunmehr in den Klassen der Gebildeten niedergekämpft werden müsse, weshalb sich denn die Aufmerksamkeit der Behörden auf die in diesen Kreisen verbreiteten Zeitungen und Schriften zu richten habe, um daselbst mit aller Energie den Gefahren des Staates entgegen zu wirken.

Indem in solcher Weise in den regierenden Kreisen die Zeit vorbereitet wurde, in der Professor Stahl als letzte Konsequenz den frechen Ausspruch that: „die Wissenschaft muß umkehren", entwickelte sich im Volke selber das Bewußtsein einer geistigen Selbsthilfe, eine Emanzipation von jeder Art Regierungs-Einfluß, eine Lossagung von Allem was ein Volk mit seiner Regierung verbindet, und eine Ueberzeugung, daß die von den Kabinetten zurückgedrängte Revolution nicht verloren gehe, sondern nur in das Bewußtsein des Volkes zurückkehre und dort als tief innerlicher Widerstand fortleben müsse, bis eine Zeit des neuen Umschwungs heranbrechen werde.

Nicht bloß die Gesinnung, sondern auch die Sprechweise des Volkes ward durchtränkt von diesem Bewußtsein. Eine Lüge nannte man eine „Verheißung", einen Wortbruch eine „Errungenschaft". Das Vertrauen wurde zum Spott. Eine Wahlbetheiligung wurde als „Volksverrath" angesehen. Die Mißachtung gegen Alles, was von der Regierung ausging, griff so um sich, daß selbst die Besprechung und Beurtheilung derselben kaum mehr gehört werden mochte. Der Hilferuf der Konstitutionellen, die jetzt in der Kammer gehöhnt wurden, fand ein verschlossenes Ohr im Volke. Der Hohn der Kreuzzeitung gegen die Verfassung fand im Hohngelächter des Volkes seinen Wiederhall, das den konstitutionellen Glauben an Verfassungs-Paragraphen mit tiefster Verachtung von sich abwies.

Die Reaktion, welche mit der Olmütz-Epoche um sich griff, vollendete in ganz eigener Weise die Impulse, welche die Revolution dem Volke ertheilt hatte. Die Zeit, wo in Preußen ein großer Monarch dem Volke voranleuchtete in Bildung und Aufklärung, war längst dahin. Nicht minder war die Epoche überwunden, wo ein streng geschultes Beamtenthum ein Muster der Staatsordnung war und in stiller Wirksamkeit die Fesseln des feudalen Staatswesens auflöste. Die Revolution hatte den Volksgeist geweckt und die Reaktion hatte ihm die geistige Selbsthilfe aufgezwungen. Zwischen Regierung und Volk war eine Kluft geöffnet, die sie weit auseinander trieb. Es ist eine lehrreiche Thatsache, daß je schroffer die Reaktion auftrat, desto entschiedener der innere Widerstand des Volkes wuchs. Die Regierung konnte nur die Regierung zurückschrauben; das Volk ging geistig vorwärts trotz aller Reskripte und aller Maßregelungen.

Mit der Einkehr Preußens in den Bundestag und der Wirthschaft Raumer's und Westphalen's im Innern war das eigentliche Staatsleben, das nur in zeitgemäßen Reformen seinen berechtigten Ausdruck findet, ganz zurückgedrängt. Das Volk stand nur noch zwischen den zwei zerstörenden Impulsen, zwischen der mißglückten Revolution und der unglückseligsten Reaktion. Hier war Rath und Hilfe der Besonnenen vergeblich. Wer sich nicht der Reaktion anschließen konnte, mußte auf den neuen Umschwung hoffen, der die Früchte der Revolution dereinst zur Reife bringen sollte.

Als ein Abbild der verzweifelten Zustände jener Epoche dürfen wir einen Leitartikel der Urwählerzeitung vom 22. März 1851 hier vorführen. Er zeigt in drastischer Form die Sünde der Reaktion, mit deren einstweiligem unheilvollen Siege wir unseren Rückblick auf Deutschlands Verfassungsgeschichte abschließen — einer Reaktion, die in ihrer Wuth nicht die Revolution überwinden, sondern sie nur weit ins Volkswesen zerstreuen konnte.

Der Artikel war „Behandlung der Revolution" überschrieben und lautete wie folgt:

„Es läßt sich mit der Revolution doch gar schwer umgehen. Da mühen sich unsere Staatsmänner schon drei Jahre ab und werden mit dem bischen Revolution nicht fertig.

Der große Graf Arnim-Boitzenburg gedachte die Revolution hinter sich zu kriegen, indem er ihr vorsprang.

Die Revolution ließ ihn vorspringen und vortanzen und blieb, was sie war: ein den veralteten Staatskünstlern unverständlich Ding.

Da kam die ehrliche Haut Camphausen und gedachte das wilde Kind Revolution durch einen guten getreuen Taufpathen gutgesinnt zu machen. Er ließ durch den zweiten vereinigten Landtag dem Kinde einen sanften Namen geben. Der vereinigte Landtag ließ am 18. März „auf beiden Seiten tapfere Herzen schlagen" und machte aus der Revolution ein „denkwürdiges Ereigniß".

Die Revolution ließ den Taufpathen Taufpathe sein und kümmerte sich nicht viel um „die tapferen Herzen", noch um den neuen Namen.

In der Nationalversammlung stand man so recht mit diesem

Ding zwischen Thür und Angel. Hier galt es schon um Anerkennen oder Verleugnen. Aber allenthalben, wo eine
Versammlung zwischen Thür und Angel steht, weiß ihr irgend
ein Altflicker der Weltgeschichte die Seitenthür einer motivirten
Tagesordnung zu öffnen, und auch die Nationalversammlung
quetschte sich durch diese hohle Gasse und die Revolution blieb
als "Katastrophe", als "Thatsache", als "Uebergang" ruhig auf
dem Platze.

Nun nahm sie der gute Handels- und Hansemann in
die Hand; und es kam denn auch wirklich eine Art Handeln
und Hanseln heraus. Dieser sagte zu ihr: "Komm mein
wildes unschuldiges Kind, Du sollst vollständig anerkannt werden, ich will Vaterstelle bei Dir vertreten!" und damit griff
er der verblüfften Range an beide Ohren, stellte sie in der
National-Versammlung gar liebreich vor sich hin und rief aus:

"Sehen Sie, meine Herren, das wilde liebe Kind ist von
uns "anerkannt" (allseitiges Bravo!) und jetzt, da ihm nichts
zu wünschen übrig bleibt (Verwunderung im Zentrum) wollen
wirs beweisen, daß wir "ein Ministerium der That" sind (Bravo
rechts) und wollen wir das liebe Kind schließen." (Zischen links.)

Und richtig, es war dies die Zeit, wo viel Freiheits-Ge-
setze entworfen und viel Konstabler entstanden sind; und es
stand fest, mit diesen blauen Schließern muß die anerkannte
Revolution geschlossen werden. Aber schließen hin, schließen
her, der Schlüssel war nicht richtig. Das anerkannte Kind
wurde noch toller als je und das "Ministerium der That"
stürzte wie der Riese Goliath weiland in das Hirn getroffen
von des kleinen Davids Stein'schen Antrag.

Der alte Pfuel meinte es mit der Revolution grade nicht
so böse; aber es ist einmal so Soldaten-Manier, ein bischen
grimmig dreinzuschauen. Er betrachtete sie als ein "Mißverständniß". Aber ach, der brave grade Mann, er selber
war ein Mißverständniß; ein Mißverständniß nach oben, ein
Mißverständniß nach unten. Er traf weder für die Reaktion
noch für die Revolution den Nagel auf den Kopf. Was
Wunder, wenn er vernagelt davon gehen mußte.

Endlich kam die wahre Staatsrettung und — ja willst

Du wissen, wie die es machte? nun, so laß Dir's durch ein feines Beispiel beibringen.

Ein Mann, der eine Schaale Quecksilber hatte, erfuhr, daß dies ein der Gesundheit sehr gefährliches Metall ist. Da nahm er denn die Schale und warf sie zornig auf die Erde, und siehe da, es blieben nur die Scherben liegen, das Quecksilber war fort. Wie freute sich der Mann über seine glückliche Erfindung. Das gefährliche Quecksilber war vertilgt. — Freilich liefen nach kurzer Zeit eine ganze Masse Quecksilber-Kügelchen auf dem Boden zusammen. Aber das störte seine Freude nicht. Er schlug mit der Hand darauf und — husch, war ein Kügelchen nach dem andern wieder fort und vertilgt. Freilich hielt es nicht lange an, und aus allen Ecken und Winkeln kamen staubige Quecksilber-Kügelchen herangehuscht. — Allein das thut nichts! Er machte sich das Vergnügen, mit dem Fuß darauf zu treten und tüchtig zu zerreiben und siehe da, es wurde immer weniger. — Zwar sammelt es sich nach einiger Zeit wiederum an vielen Stellen an; allein jetzt war's ein Spaß. Der gute Mann tanzte recht tüchtig darauf herum und richtig, das gefährliche Metall war vollständig vertilgt.

Wo war's geblieben? — Ja, der gute Mann sollte es bald gewahr werden. Eine der schauderhaftesten Krankheiten war sein Loos. Speichelfluß, Ablösung des Fleisches von den Knochen und ein ganzes Heer zerstörender Leiden befiel ihn, und der herbeigerufene Arzt, der nicht mehr helfen konnte, richtete folgende Worte an ihn, als er den Unglücklichen auf das Quecksilber fluchen hörte:

„Armer Mann, das Quecksilber hat keine Schuld. Hättest Du es damals, als es in der Schaale war, in die Hand eines einsichtigen Menschen gegeben, so wäre es nicht nur nicht gefährlich, sondern würde wohlthätig verwendet worden sein. Schon als Du es auf den Boden ausschüttetest, hast Du verderblich gehandelt. Als es zusammenlief in einzelnen Kugeln, wäre noch Rettung für Dich gewesen, wenn Du sie hättest behutsam sammeln lassen; aber Du hast mit der Hand darauf geschlagen, nun, da hast Du Deine eigene Hand vergiftet. Du glaubtest das Quecksilber zu vertilgen, aber in Deine eigene

Haut drang eine verheerende Masse davon ein. Vielleicht war noch eine Heilung möglich, ehe Du mit den Füßen darauf herumtratst: doch seitdem Du es zu zerreiben anfingst, ist es durch die Sohlen in die Glieder Deines Leibes gefahren. Als Du aber gar darauf lustig herumtanztest und es ganz vertilgt zu haben wähntest, da, Unglückseliger, wisse, da hat sich das Quecksilber in die Luft gemischt, nicht nur den Fußboden, sondern die Wände, die Möbel, die Decke Deines Zimmers hast Du dadurch mit Gift geschwängert. Als Du lachend meintest, nun sei alles fort, da hast Du nicht nur Gift geathmet, sondern Gift in den Speisen genossen, bist auf Gift gegangen und hast auf Gift gesessen und geschlafen! —"

Brauche ich Dir, mein freundlicher Leser, zu dem Beispiel noch die Deutung zu geben?

Damals als die Staatsrettung begann, war das Quecksilber noch in der Schaale. Die Revolution hatte ihre großen Sammelpunkte in den Parlamenten. Männer von Einsicht, und vor Allem erfüllt mit Liebe und Achtung für die Nation, hätten mit Muth gegenüber den Fehlern und mit Ausdauer gegenüber den Mißgriffen des Volkes durch jene Versammlungen Großes und Dauerndes geschaffen. Der kleine Geist des Staatsretterthums aber hat sich beeilt, das Gefäß zu zerbrechen, und der Inhalt, früher gesammelt und behandelbar, wurde nun zerstoben.

Freilich dauerte die Freude nicht lange. Die Nationalversammlungen wurden gesprengt; aber an allen Ecken und Enden erstanden Kügelchen von demselben Geiste. — Wie lustig patschte das Staatsretterthum mit der Hand darauf! Die Bürgerwehren: patsch! die Volksvereine: patsch! die demokratischen Zeitungen: patsch! Lauter Siege über die Revolution. — Das sprang wie Quecksilber fort und — war nicht zu sehen. Fast drei Jahre schon wird alltäglich gestaatsrettet und immerfort die Revolution todtgeschlagen; aber immer und immer kommen die Quecksilberkügelchen hervorgerollt und immerfort müssen sie zertreten werden. Früher in den demokratischen, dann schon in den konstitutionellen und nur gar in den konservativen Kreisen!!!

Darum, mein freundlicher Leser, sucht Herr von Manteuffel immer noch die Revolution, um mit ihr zu brechen. Wo aber sucht er sie jetzt? Seine neueste Denkschrift sagt darüber wörtlich Folgendes:

„Die Revolution hat ihren Sitz und ihre Wurzel nicht in Straßenkrawallen, Verschwörungen und einzelnen verbrecherischen Plänen, sondern in dem weit verbreiteten, namentlich in den sogenannten gebildeten Ständen vorhandenen Mangel an Religiosität, in der Verwerfung jeder Autorität, in der Vergötterung menschlicher Weisheit."

O göttliche Weisheit! Ja, es ist wahr! Die Revolution ist weit, weit zerstreut durch die Gesammtnation. Hand und Fuß und Luft ist getränkt damit. Was vor dem Staatsretterthum gestaltet, gestaltend und gestaltbar war, ist jetzt in Atome verflüchtigt. Die Gutgesinnten sind getränkt, die gebildeten Stände sind getränkt, das Beamtenthum ist getränkt, das Schulmeisterthum ist getränkt, die Konservativen sind getränkt damit!

Aber nicht die Demokratie hat das gethan, nicht der Mangel an Religiosität, sondern dieselbe Weisheit hat es gethan, die Quecksilber zertritt und sich einbildet, es ist verschwunden, wenn es nicht sichtbar ist.

Wunderlicher Irrthum!

Quecksilber und Revolution sind am gefährlichsten, wenn sie verdunstet in der Luft schweben und unsichtbar werden."

---

Das preußische und deutsche Volk, zwischen Revolution und Reaktion gestellt, hat viel und lange Zeiten hindurch gelitten. Die wahre Rettung, die **Reform**, trat spät auf und wirkt erst jetzt wieder aufrichtend auf uns ein. Die Rettung heißt: **Erlösung aus der Schmach von Olmütz und Gründung des deutschen Reiches auf der Basis der großen Volksjahre!**

---

Franz Duncker's Buchdr. in Berlin.

Im Verlage von **Franz Duncker** in Berlin sind ferner erschienen und daselbst, sowie durch alle Buchhandlungen zu beziehen:

## Schiller's Leben und Werke
von **Emil Palleske**.
Siebente Auflage.
**Zwei Bände eleg. geh. nur**
**einen Thaler.**

Dr. **Constant Wurzbach von Tannenberg** sagt über dies Werk: „Das trefflichste und wahrste Buch, das bisher über **Schiller** erschienen, das Musterbild einer Biographie."

## Goethe's Leben und Werke
von
**G. H. Lewes.**
Mit Bewilligung des Verfassers übersetzt
von
Dr. **Julius Frese**.
**Neunte Auflage. 2 Bände eleg. geh. nur**
**einen Thaler.**

Ueber dieses, allgemein als das vortrefflichste und eingehendste Werk über das Leben und die Werke unseres größten Dichterfürsten anerkannte Buch, äußerte sich **Adolph Stahr** in der **Kölnischen Zeitung**: „Lewes ist mit einem Werke über Göthe's Leben und Geistes-Entwickelung vor uns hingetreten, das nicht nur in jener untergeordneten Rücksicht die Beachtung des deutschen Lesers verdient, sondern das vielmehr ohne Frage **alle seit fünf und zwanzig Jahren in Deutschland selbst zu Tage getretenen Versuche** ähnlicher Art übertrifft. Das Urtheil über dieses Buch hat sich um so mehr befestigt, als durch die treffliche, mit Kenntniß, Geist und Sorgfalt gearbeitete deutsche Uebersetzung von Dr. Frese das Werk des Engländers dem weitesten Leserkreise zugänglich gemacht worden ist."

## H. Heine's Leben und Werke
von
**Adolf Strodtmann.**
Zweite Auflage.
Zwei Bände oder zwanzig Lieferungen.
Preis 2 Thaler.

Die **Hamburger Börsenhalle** äußert sich über dieses Werk: „Jeder deutschen Celebrität wünschen wir einen so fleißigen und gewissenhaften Biographen, wie er **Heine** zu Theil geworden ist. Es tritt uns überall ein mit saftigen Farben gemaltes, Licht und

Schatten richtig enthaltendes, also nicht durchweg glorificirtes Bild Heine's entgegen. Was aber dem Werke den Hauptwerth verleiht und von den gediegenen Studien ihres Verfassers rühmliches Zeugniß giebt, das ist die Darlegung der allgemeinen, literarisch-historischen Gesichtspunkte, gleichsam der wohlausgeführte kulturhistorische Hintergrund, von dem sich das Bild der geschilderten Persönlichkeit und der Verlauf ihrer Entwicklung überall plastisch abhebt."

---

## Geschichte des Elsasses
### von den ältesten Zeiten bis auf die Gegenwart.
### Bilder
### aus dem politischen und geistigen Leben der deutschen Westmark.
In zusammenhängender Erzählung
von
Dr. **Ottokar Lorenz** und Dr. **Wilhelm Scherer**.
**Zweite, neu durchgesehene Auflage.**
Mit einem Bildniß Jacob Sturm's, Originalradirung von William Unger.
1²/₃ Thlr.

„Im neuen Reich" urtheilt über die erste Auflage dieses Werkes: „Wir gestehen offen, daß wir seit langer Zeit kein deutsches Buch mit so viel Genugthuung gelesen haben, als dieses. Selten genug trifft es sich ja bei uns, daß die Studien gediegener Forscher sich mit dem Tagesinteresse begegnen und noch seltener, daß der Gründlichkeit wissenschaftlicher Kenntniß Geschmack und Kunst der Darstellung ebenbürtig ist. Glücklich ist hier alles vereinigt, was zusammenwirken mußte, um ein Werk zu schaffen, an dem die Nation in engeren und weiteren Kreisen ihre Freude haben darf: Gesichtete Auswahl eines aus den besten Quellen geschöpften Stoffes, geistvolle Charakteristik von Personen und Zuständen, fesselnde Erzählung der wichtigsten Ereignisse und über dem Ganzen ein warmer Hauch überzeugter nationaler Gesinnung."

Für **Lehrer- und Schüler-Bibliotheken, sowie zu Prämienvertheilung** dürfte dieses Werk ganz besonders zu empfehlen sein.

---

## Naturwissenschaftliche Volksbücher
### von
### A. Bernstein

sind jetzt in neuer und verbesserter **vierter** Auflage erschienen und zwar in 20 Bändchen à 6 sgr. oder 40 Lieferungen à 3 sgr., so daß es auch dem Unbemittelten nicht schwer fallen kann, sich nach und nach dieses ausgezeichnete Werk anzuschaffen, über welches sich **Berthold Auerbach** äußert: „Seit **Hebels Darstellung des**

Weltgebäudes und anderen kleinen naturgeschichtlichen Aufsätzen des unübertroffenen rheinländischen Hausfreundes ist nichts in deutscher Sprache erschienen was klarer, gesunder und anschaulicher die großen Eroberungen der Naturwissenschaft dem schlichten Verstande darlegt, als das obengenannte Buch."

Die neueren Forschungen und Entdeckungen hat jetzt A. Bernstein in einem

## Supplementbande zu den Naturwissenschaftlichen Volksbüchern.

Preis 6 sgr.,

oder in zwei Lieferungen à 3 sgr.,

niedergelegt, welcher auch denen, die die früheren Ausgaben besitzen, eine willkommene Vervollständigung des Werkes sein wird.

Allen denen, die für die Verbreitung einer wahrhaft gesunden Volksbildung bemüht sind, sei dieses Werk zur Anschaffung für Volks-Bibliotheken, zu Geschenken für Lehrer und Schüler auf das Dringendste empfohlen! —

# Naturkraft und Geisteswalten

von

## A. Bernstein.

Eleg. broch. 1 Thlr. 15 sgr., Prachtband mit Goldschnitt. 2 Thlr.

Es dürfte wohl zur Genüge bekannt sein, daß unter all' den wackeren Männern, welche ihr Leben den gemeinsamen Interessen der Menschheit geweiht und die nach Kräften den Fortschritt in der Kultur angestrebt haben, A. Bernstein der erleuchtetsten, besonnensten und thätigsten einer war. Was auf der Erde Großes unternommen wurde, um die Natur dem Menschengeiste dienstbar zu machen, wo es galt, das Dunkel der Geschichte untergegangener Völker zu erhellen, oder den Blick in die unerreichbaren Fernen des Universums zu erweitern, da war er an der Seite der besten Vorkämpfer, nahm sie in Schutz vor dem Spott und der Mißgunst der Gedankenlosen und legte Zeugniß für ihre Errungenschaften ab. Ein Mann, der so mit Leib und Seele seit fast einem halben Jahrhundert an der Spitze unserer mächtigen Kulturbewegung blieb, ist gewiß geeignet, uns mit den neuesten Fortschritten des Menschengeistes, mit den erhabenen Werken der freien Zivilisation vertraut zu machen. In dem Buche „Naturkraft und Geisteswalten" geschieht dies in der anziehendsten, geschmackvollsten und gleichzeitig populärsten Form. Wer Bernstein's Werke näher kennt, dem wird es nicht entgangen sein, daß dieser Autor mit der großen Fülle des Wissens und einem überraschend scharfen Blick, eine so populäre Art der Darstellung verbindet, daß jeder Leser, und mögen die Fühlhörner seines Geistes noch so langsam vorwärts kriechen, das Dargestellte begreifen muß. Bernstein ist ein Popularphilosoph in des Wortes hervorragendster Bedeutung und seit Redtenbacher, dem ersten Professor des Maschinenbaues, habe ich keinen Gelehrten gekannt, der die Dinge mit schärferem Blick durch und durch sieht und sie in klarerer Anschauung seinen Lesern zeigte als der Autor von „Naturkraft und Geisteswalten".

## Die Hauptströmungen
### der
## Literatur des neunzehnten Jahrhunderts,
Vorlesungen, gehalten an der Kopenhagener Universität von
### G. Brandes.
Uebersetzt und eingeleitet
von
### Adolf Strodtmann.

Von diesem Werke, welches auf vier bis fünf Bände berechnet ist, sind bereits erschienen: **Erster Band. Die französische Emigrantenliteratur und Einleitung zur Geschichte der romantischen Schule in Deutschland. Zweiter Band. Die romantische Schule in Deutschland. Dritter Band. Die Reaction in Frankreich.** Preis pro Band 1 Thlr. 15 sgr. Das literarische Centralblatt äußert sich über das Werk: „In diesen Vorlesungen ist Alles Geist, Kraft, Schärfe der Charakteristik, Fluß, Klarheit und Eleganz. Es sind Feuerreden eines Reformators; Gedanke um Gedanke trifft, Blitz auf Blitz, Schlag auf Schlag gegen die bisher in Dänemark gang und gäben Ueberzeugungen. Ein geborener Redner und Agitator spricht hier und zwar mit der Sicherheit eines geistigen Großstädters gegen Kleinstädter- und Pfahlbürgerthum; er sagt das Schärfste, greift schonungslos an, poltert aber nie, bleibt immer in den feinsten Formen."

Im Verlage der **Expedition des Sonntagsblattes** (**Franz Duncker & C. F. Liebetreu**) in Berlin ist erschienen und durch alle Buchhandlungen zu beziehen:

## Wilde Rosen.
### Bilder aus Nah und Fern
von
### J. von Sydow.

Preis eleg. geh. 1 thlr. 10 sgr., in Prachtband mit Goldschnitt 1 thlr. 25 sgr.

In allen größeren Zeitungen hat dieses Werk, das sich besonders zu Festgeschenken eignet, das gebührende Lob erfahren.

www.ingramcontent.com/pod-product-compliance
Lightning Source LLC
Chambersburg PA
CBHW050843300426
44111CB00010B/1111